DIGITAL
CONSTRUCTION

"十三五"国家重点图书出版规划项目
国家自然科学基金资助项目（51578139）
中国工程院重点咨询项目（2019-XZ-029）

丛书编委会主任丨丁烈云

国家出版基金项目
NATIONAL PUBLICATION FOUNDATION

数字建造丨运营维护卷

长大跨桥梁健康监测与大数据分析
——方法与应用

Big Data Analysis and Structural Health Monitoring
of Long Span Bridges: Methods and Applications

张 建 吴 刚丨著
Jian Zhang, Gang Wu

中国建筑工业出版社

图书在版编目（CIP）数据

长大跨桥梁健康监测与大数据分析：方法与应用 / 张建，吴刚著. — 北京：中国建筑工业出版社，2019.9
（数字建造）
ISBN 978-7-112-24111-8

Ⅰ.①长… Ⅱ.①张…②吴… Ⅲ.①长跨桥－桥梁－结构－安全监测－数据处理 Ⅳ.①U448.43

中国版本图书馆CIP数据核字（2019）第179104号

全书从基于监测数据的长大跨桥梁预防性维护讲起，详细介绍了基于人工智能与计算机视觉的结构智能检测、基于视频技术的桥面车辆时空信息获取、基于大数据的结构监测异常数据分析与压缩、基于贝叶斯理论的长大跨桥梁环境振动数据的不确定性分析、基于长期监测数据的长大跨桥梁温度场统计分析与温度应力计算、基于非接触测量的桥梁拉索多点同时识别、长大跨桥梁不确定性分析与风险评估等技术与理论。

该书具有以下鲜明特色：一是在介绍基本概念与理论的同时，以长大跨桥梁的监测数据处理为主线，贯穿于全书详细介绍了结构健康监测领域的最新热点与先进技术，使读者在学习基础理论的同时，能够了解该领域的最新研究成果与发展趋势；二是每类方法与理论都结合具体的长大跨桥梁工程案例，包括江阴大桥、苏通大桥、美国Throgs Neck大桥等重大工程，从而有利于读者理论与实践结合，提高解决实际工程问题的能力。本书可供大专院校高年级学生、研究人员与土建、交通等相关领域工程技术人员追踪结构健康监测领域最新技术，并在工程实际中切实推广应用。

总 策 划：沈元勤
责任编辑：赵晓菲　朱晓瑜
责任校对：芦欣甜
书籍设计：锋尚设计

数字建造｜运营维护卷

长大跨桥梁健康监测与大数据分析——方法与应用
张建　吴刚　著

*

中国建筑工业出版社出版、发行（北京海淀三里河路9号）
各地新华书店、建筑书店经销
北京锋尚制版有限公司制版
北京雅昌艺术印刷有限公司印刷

*

开本：787×1092毫米　1/16　印张：21¾　字数：380千字
2019年12月第一版　2019年12月第一次印刷
定价：157.00元
ISBN 978 - 7 - 112 - 24111 - 8
　　　（34609）

《数字建造》丛书编委会

丛书序言

伴随着工业化进程，以及新型城镇化战略的推进，我国城市建设日新月异，重大工程不断刷新纪录，"中国制造、中国创造、中国建造共同发力，继续改变着中国的面貌"。

建设行业具备过去难以想象的良好发展基础和条件，但也面临着许多前所未有的困难和挑战，如工程的质量安全、生态环境、企业效益等问题。建设行业处于转型升级新的历史起点，迫切需要实现高质量发展，不仅需要改变发展方式，从粗放式的规模速度型转向精细化的质量效率型，提供更高品质的工程产品；还需要转变发展动力，从主要依靠资源和低成本劳动力等要素投入转向创新驱动，提升我国建设企业参与全球竞争的能力。

现代信息技术蓬勃发展，深刻地改变了人类社会生产和生活方式。尤其是近年来兴起的人工智能、物联网、区块链等新一代信息技术，与传统行业融合逐渐深入，推动传统产业朝着数字化、网络化和智能化方向变革。建设行业也不例外，信息技术正逐渐成为推动产业变革的重要力量。工程建造正在迈进数字建造，乃至智能建造的新发展阶段。站在建设行业发展的新起点，系统研究数字建造理论与关键技术，为促进我国建设行业转型升级、实现高质量发展提供重要的理论和技术支撑，显得尤为关键和必要。

数字建造理论和技术在国内外都属于前沿研究热点，受到产学研各界的广泛关注。我们欣喜地看到国内有一批致力于数字建造理论研究和技术应用的学者、专家，坚持问题导向，面向我国重大工程建设需求，在理论体系建构与技术创新等方面取得了一系列丰硕成果，并成功应用于大型工程建设中，创造了显著的经济和社会效益。现在，由丁烈云院士领衔，邀请国内数字建造领域的相关专家学者，共同研讨、组织策划《数字建造》丛书，系统梳理和阐述数字建造理论框架和技术体系，总结数字建造在工程建设中的实践应用。这是一件非常有意义的工作，而且恰逢其时。

丛书涵盖了数字建造理论框架，以及工程全生命周期中的关键数字技术和应用。其内容包括对数字建造发展趋势的深刻分析，以及对数字建造内涵的系统阐述；全面探讨了数字化设计、数字化施工和智能化运维等关键技术及应用；还介绍了北京大兴国际机场、凤凰中心、上海中心大厦和上海主题乐园四个工程实践，全方位展示了数字建造技术在工程建设项目中的具体应用过程和效果。

丛书内容既有理论体系的建构，也有关键技术的解析，还有具体应用的总结，内容丰富。丛书编写者中既有从事理论研究的学者，也有从事工程实践的专家，都取得了数字建造理论研究和技术应用的丰富成果，保证了丛书内容的前沿性和权威性。丛书是对当前数字建造理论研究和技术应用的系统总结，是数字建造研究领域具有开创性的成果。相信本丛书的出版，对推动数字建造理论与技术的研究和应用，深化信息技术与工程建造的进一步融合，促进建筑产业变革，实现中国建造高质量发展将发挥重要影响。

期待丛书促进产生更加丰富的数字建造研究和应用成果。

中国工程院院士

2019年12月9日

丛书前言

我国是制造大国，也是建造大国，高速工业化进程造就大制造，高速城镇化进程引发大建造。同城镇化必然伴随着工业化一样，大建造与大制造有着必然的联系，建造为制造提供基础设施，制造为建造提供先进建造装备。

改革开放以来，我国的工程建造取得了巨大成就，阿卡迪全球建筑资产财富指数表明，中国建筑资产规模已超过美国成为全球建筑规模最大的国家。有多个领域居世界第一，如超高层建筑、桥梁工程、隧道工程、地铁工程等，高铁更是一张靓丽的名片。

尽管我国是建造大国，但是还不是建造强国。碎片化、粗放式的建造方式带来一系列问题，如产品性能欠佳、资源浪费较大、安全问题突出、环境污染严重和生产效率较低等。同时，社会经济发展的新需求使得工程建造活动日趋复杂。建设行业亟待转型升级。

以物联网、大数据、云计算、人工智能为代表的新一代信息技术，正在催生新一轮的产业革命。电子商务颠覆了传统的商业模式，社交网络使传统的通信出版行业备感压力，无人驾驶让人们憧憬智能交通的未来，区块链正在重塑金融行业，特别是以智能制造为核心的制造业变革席卷全球，成为竞争焦点，如德国的工业4.0、美国的工业互联网、英国的高价值制造、日本的工业价值网络以及中国制造2025战略，等等。随着数字技术的快速发展与广泛应用，人们的生产和生活方式正在发生颠覆性改变。

就全球范围来看，工程建造领域的数字化水平仍然处于较低阶段。根据麦肯锡发布的调查报告，在涉及的22个行业中，工程建造领域的数字化水平远远落后于制造行业，仅仅高于农牧业，排在全球国民经济各行业的倒数第二位。一方面，由于工程产品个性化特征，在信息化的进程中难度高，挑战大；另一方面，也预示着建设行业的数字化进程有着广阔的前景和发展空间。

一些国家政府及其业界正在审视工程建造发展的现实，反思工程建造面临的问题，探索行业发展的数字化未来，抢占工程建造数字化高地。如颁布建筑业数字化创新发展路线图，推出以BIM为核心的产品集成解决方案和高效的工程软件，开发各种工程智能机器人，搭建面向工程建造的服务云平台，以及向居家养老、智慧社区等产业链高端拓展等等。同时，工程建造数字化的巨大市场空间也吸引众多风险资本，以及来自其他行业的跨界创新。

我国建设行业要把握新一轮科技革命的历史机遇，将现代信息技术与工程建造深度融合，以绿色化为建造目标、工业化为产业路径、智能化为技术支撑，提升建设行业的建造和管理水平，从粗放式、碎片化的建造方式向精细化、集成化的建造方式转型升级，实现工程建造高质量发展。

然而，有关数字建造的内涵、技术体系、对学科发展和产业变革有什么影响，如何应用数字技术解决工程实际问题，迫切需要在总结有关数字建造的理论研究和工程建设实践成果的基础上，建立较为完整的数字建造理论与技术体系，形成系列出版物，供业界人员参考。

在时任中国建筑工业出版社沈元勤社长的推动和支持下，确定了《数字建造》丛书主题以及各册作者，成立了专家委员会、编委会，该丛书被列入"十三五"国家重点图书出版计划。特别是以钱七虎院士为组长的专家组各位院士专家，就该丛书的定位、框架等重要问题，进行了论证和咨询，提出了宝贵的指导意见。

数字建造是一个全新的选题，需要在研究的基础上形成书稿。相关研究得到中国工程院和国家自然科学基金委的大力支持，中国工程院分别将"数字建造框架体系"和"中国建造2035"列入咨询项目和重点咨询项目，国家自然科学基金委批准立项"数字建造模式下的工程项目管理理论与方法研究"重点项目和其他相关项目。因此，《数字建造》丛书也是中国工程院战略咨询成果和国家自然科学基金资助项目成果。

《数字建造》丛书分为导论、设计卷、施工卷、运营维护卷和实践卷，共12册。丛书系统阐述数字建造框架体系以及建筑产业变革的趋势，并从建筑数字化设计、工程结构参数化设计、工程数字化施工、建筑机器人、建筑结构安全监测与智能评估、长大跨桥梁健康监测与大数据分析、建筑工程数字化运维服务等多个方面对数字建造在工程设计、施工、运维全过程中的相关技术与管理问题进行全面系统研究。丛书还通过北京大兴国际机场、凤凰中心、上海中心大厦和上海主题乐园四个典型工程实践，探讨数字建造技术的具体应用。

《数字建造》丛书的作者和编委有来自清华大学、华中科技大学、同济大学、东南大学、大连理工大学、香港科技大学、香港理工大学等著名高校的知名教授，也有中国建筑集团、上海建工集团、北京市建筑设计研究院等企业的知名专家。从2016年3月至今，经过诸位作者近4年的辛勤耕耘，丛书终于问世与众。

衷心感谢以钱七虎院士为组长的专家组各位院士、专家给予的悉心指导，感谢各位编委、各位作者和各位编辑的辛勤付出，感谢胡文瑞院士、丁士昭教授、沈元勤编审、赵晓菲主任的支持和帮助。

将现代信息技术与工程建造结合，促进建筑业转型升级，任重道远，需要不断深入研究和探索，希望《数字建造》丛书能够起到抛砖引玉作用。欢迎大家批评指正。

《数字建造》丛书编委会主任
2019年11月于武昌喻家山

本书前言

近年来我国土木工程建设取得举世瞩目的成绩，呈现出更高（超高层建筑）、更快（高铁）、更长（隧道和桥梁）、更大（工程体量）等特点。以长大跨桥梁为例，世界10座最长大桥排名中8座桥梁来自中国，世界10座最长跨海大桥排名中6座桥梁来自中国，使得我国成为名副其实的桥梁大国。在各类型长大跨桥梁的建造不断创造新世界纪录的同时，如何通过有效维护管理措施保障其服役安全与长寿命是国家重大需求。西方发达国家的桥梁建设热潮已超过半个世纪，为数众多的老旧桥梁导致其维护管理压力巨大。因此国内外亟须加强桥梁工程运营维护领域的学科交叉与颠覆性技术突破。

智能传感、大数据、人工智能、物联网等技术的出现为长大跨桥梁维护管理方面的技术突破提供了良好契机，这些前沿科学技术与土木工程的交叉融合已成为国内外研究的热点。为此，本书面向长大跨桥梁健康监测这一重大国家需求，结合大数据技术体系，具体介绍了基于海量监测数据实现长大跨桥梁状态识别与性能评估的结构健康监测技术。全书从基于监测数据的长大跨桥梁预防性维护讲起，详细介绍了基于人工智能与计算机视觉的结构智能检测、基于视频技术的桥面车辆时空信息获取、基于大数据的结构监测异常数据分析与压缩、基于贝叶斯理论的长大跨桥梁环境振动数据的不确定性分析、基于长期监测数据的长大跨桥梁温度场统计分析与温度应力计算、基于非接触测量的桥梁拉索多点同时识别、长大跨桥梁不确定性分析与风险评估等技术与理论。

该书具有以下鲜明特色：一是在介绍基本概念与理论的同时，以长大跨桥梁的监测数据处理为主线，贯穿于全书，详细介绍了结构健康监测领域的最新热点与先进技术，使读者在学习基础理论的同时，能够了解该领域的最新研究成果与发展趋势；二是每类方法与理论都结合具体的长大跨桥梁工程案例，包括江阴大桥、苏通大桥、美国Throgs Neck大桥等重大工程，从而有利于读者理论与实践结合，提高解决实际工程问题的能力。

本书可供大专院校高年级学生、研究人员，以及土建、交通等相关领域工程技术人员追踪结构健康监测领域最新技术，并在工程实际中切实推广应用。

本书内容是作者及指导的学生包括夏琪、李攀杰、赵文举、田永丁、朱峰岐、倪富陶、张博、蒋赏、张建亮、张光伟、谈雨晴、王琳、蔡得旭等知识积累和学术成果的总结，书中工程案例来源于长期与A. E. Aktan教授、张宇峰研究员级高工、许肇峰高工等的密切合作，谈雨晴、谢枝芄、谷相玉等为本书图例、文献整理、文字校对等具体工作付出了辛苦劳动，在此向他们表示诚挚的感谢。

大数据技术体系庞大，内容复杂，本书仅是抛砖引玉，尝试为读者提供一个了解土木工程与大数据技术交叉融合的窗口，期望共同研究和推动基于大数据的结构健康监测理论的系统发展，因此本书在方法研究、工程应用，乃至具体章节的撰写等方面不足之处很多，恳请读者与专家同仁不吝赐教、批评指正。

2019年春于南京

目录｜Contents

第 1 章

结构健康监测与
大数据技术背景

1.1　土木工程结构维护管理的现状

土木工程结构是国民经济和社会发展的核心基础设施，既包括与人们"住"和"行"息息相关重大公共建筑结构（超高层建筑、大跨空间结构等）、重大交通工程结构（高铁、隧道和长大桥梁等）、重大地下工程结构（地下综合交通枢纽、地下综合管廊等）等，又包括与国家安全相关的重大海洋工程结构（海洋平台、海上人工岛等）、重大能源工程结构（核电站安全壳、LNG储罐等）。目前我国每年的土木工程建设规模已经超过世界上其他所有国家的总和，未来20~30年仍是我国大规模土木工程建设的高峰期。尤其在"十三五"期间随着"一带一路"合作倡议，"海洋强国""新型城镇化""西部大开发"和"新能源发展规划"等国家重大发展战略的深入实施，重大工程结构仍有大量新建的强劲需求。但与此同时，我国为数众多的土木交通基础设施面临巨大的维护管理压力。

目前，我国已经累计公路446.39万km，桥梁75.71万座，铁路11.2万km[1]，尤其是长大桥建设方面，10座世界最高大桥排名中8座桥梁来自中国，10座世界最长大桥排名中8座桥梁来自中国，10座世界最长跨海大桥排名中6座桥梁来自中国，使得中国成为名副其实的交通与桥梁大国；美国拥有公路658.66万km，桥梁61.07万座，铁路22.48万km[2]。规模庞大的基础设施为人们的便利生活提供了良好的基础，但是近年来世界各国尤其是发达国家普遍出现了基础设施老龄化特征。20世纪80年代美国大量桥梁开始进入老龄化状态。现如今全美607380座桥梁平均年龄为42年，其中病害桥梁有151497座，占总数的25%，结构病害桥梁66749座，占总数的11%[3]；而我国刚刚经过基础设施建设黄金期，桥梁老龄化问题逐步凸显，调查显示我国四、五类危桥总数超过9万座。基础设施结构在漫长服役周期内，由于环境侵蚀、日常服役荷载甚至超载的作用导致结构的性能逐渐发生退化并且随时可能遭遇地震、台风等极端自然灾害的侵袭。因此，土木工程结构的安全、健康、耐久对保障其长寿命与安全服役至关重要。

目前世界各国均通过桥梁管理系统来管理桥梁结构，根据各国的行业规范进行桥梁结构性能评估。下面通过综述中国、美国、日本等国家基本规范，探讨如何对桥梁结构进行规范化的性能评估。桥梁结构性能评估一般分为：技术状况评定（一般性评定）和承载能力评定（适应性评定）。技术状况评定主要针对桥梁巡检过程中记录的状态进行等级评定，而承载能力评定主要针对桥梁服役状态以及未来服役期限预估而进行评定。

1.1.1 技术能力评定规范

目前中国现行的桥梁技术状况评定规范主要有住房和城乡建设部的《城市桥梁养护技术标准》CJJ 99—2017[5]、交通运输部的《公路桥涵养护规范》JTG H11—2004[6]和《公路桥梁技术状况评定标准》JTG/T H21—2011[7]。《城市桥梁养护技术标准》主要针对城市桥梁养护工作，根据桥梁状况指数BCI确定各部位技术状况的评估指标后运用分层次加权平均方法得到整体技术状况。《公路桥涵养护规范》根据现场检测桥梁部件的缺损情况、缺损在结构使用过程中的影响因素大小以及桥梁缺损的变化趋势三个方面，综合评定桥梁技术状况。《公路桥梁技术状况评定标准》采用分层综合评定与单项指标控制相结合的方法。该规范根据桥梁构件、部件、上部结构、下部结构、桥面系的技术状况综合评定全桥的技术状况等级。在综合评定之外还给出多个单项控制指标用于评定桥梁技术状况等级。

目前美国国家桥梁检测规范框架如下：最高准则为《国家桥梁检测标准》[8]；桥梁设计参考准则为AASHTO出台的《荷载抗力因子桥梁设计方法》[9]；检测工作开展参考FHWA出台的《桥梁检测工作者参考手册》[10]；承载能力评估标准参考AASHTO出台的《桥梁性能评估手册》[11]；标准构件性能评估参考AASHTO出台的《桥梁单元检测指导手册》[12]。技术能力评估标准参考FHWA出台的《国家桥梁结构调查与评价——记录与编码指南》[13]，在该指南中规定桥梁的状况等级评价包括桥面、上部结构、下部结构、水道及水道保护共四个构件组。各构件的状况等级用0~9的自然数表示，其中"9"表示最佳的状况。

日本由于铁路交通运输的运营起步较早，在相关的土木工程结构上积累了比较多的经验。日本国土交通铁路局和铁道综合技术研究所在2007年联合制定的《铁道构造物设计标准和解说——混凝土建筑物篇》[14]中规定，在铁路交通结构的养护管理运营过程中从初期检查、整体检查、局部检查和临时检查4个层次来区分结构健全度的检查级别。在该设计标准中对铁道交通结构的健全度从严重到健康划分为A、B、C、S共4个等级并制定了对应危害性和结构参数变化程度的应对措施。日本土木工程学会于2014年11月出版了《既有混凝土构造物性能评价指南》[15]，主要通过目测、人工检测等方法将混凝土结构的部件分成1类、2类、3类三种状况。除此之外，日本土木工程学会也于2007年发布了《日本混凝土结构规范——维持管理篇》。该规范利用目视调查、计测与试验等手段对桥梁进行检测和评定，并根据非线性有限元分析定量预测结构性能的安全状况，这也是在规范操作中首次将非线性有限元分析法纳入流程。在2013年新版规范中，对于检测方法强调人工目视检测与健康监测方法并行。由此可以看出，在结构性能评估领域，人们逐渐意识到健康监测对于评估的重要性，目标是逐步取代传统检测手段。

德国养护、检测规范主要是德国工业标准DIN 1076[16]。DIN 1076桥梁检查包括一般检查和常规监测，所有桥梁结构均应在每年几乎相同时间段内进行一般检测，主要检查明显的损伤和缺陷。常规监测每年2次，主要针对严重损伤和缺陷进行监测。德国规范在结构状况等级评价方法中，结构物划分为13个构件组，每个构件组可再分为更细的结构构件。对每个构件组病害的评价，均有标准的病害评价等级分类，并有对病害的简单描述和对一些特征病害的再细分，每种病害均由对应的状况评价表就可以得到各种构件组的状况等级评价值。

丹麦的桥梁管理体系DANBRO[17]，首先评价桥梁结构的15个标准构件的状况，状况等级分为0~5，根据这些得到的数据进行整座桥梁的状况评价，全桥的状况等级不能高于构件中最高的状况等级，也不能低于如桥台、桥墩、支座、桥面板、主梁等主要构件任一个的状况。

英国公路桥梁评定标准BD 21/01[18]，主要用于干线公路桥梁的评价，而用于评价非干线公路桥梁时，则需要参阅运输部标准——BD34、BD46、BD50和BA79。BD 21/01标准可用于评价钢桥、混凝土桥以及圬工拱桥。

1.1.2 承载能力评定规范

定期检查是深入了解桥梁结构服役状况的最直接形式，但其对于真实服役状况知之甚少，所以在一定情况下需要启动特殊检查，以了解结构的真实性能状况[19]。特殊检查针对桥梁技术状况评定较差的情况（四、五类桥梁）或者打算提高桥梁的荷载等级，或者桥梁遭受了意外状况，需要对桥梁结构做一个全面的了解，此时需要进行承载能力评定。下面介绍我国和美国目前桥梁结构承载能力评定的一般流程，并分析其存在的问题。

在我国，桥梁结构性能评估基于外观的基本调查法一般参考：《城市桥梁养护技术标准》CJJ 99—2017、《公路桥涵养护规范》JTG H11—2004、《公路桥梁技术状况评定标准》JTG/T H21—2011；基于设计规范的检算评定方法和基于荷载试验的评估方法一般参考：《公路桥梁承载能力检测评定规程》JTG/T J21—2011。在进行承载能力检测评定时需要进行以下工作：

（1）桥梁实际状况与状态参数检测评定：对桥梁缺损状况、几何形态、材质强度、腐蚀程度、实际荷载等情况进行检测，确定桥梁检算系数Z_1，承载能力恶化系数ξ_e，截面折减系数ξ_s、ξ_c，活荷载影响系数ξ_q，用于修正作用效应和结构抗力，使其更加贴近于实际状况。

（2）承载能力检算评定：桥梁结构承载能力的检算评定即对比作用效应函数S与结构抗力函数R。当作用效应小于结构抗力时（$S/R<1$），我们判定桥梁结构承载能力满足要求；当二者比值在1.0~1.2之间，需进行荷载试验来判定其具体承载能力状况；当作用效应大于结构抗力1.2倍时判断结构承载能力不足，桥梁需进行检修维护。

（3）荷载试验评定：当通过检算分析尚无法评定桥梁承载能力时，需进行静力荷载试验。荷载试验之前需按照控制内力、应力或变位等效原则，计算静力荷载试验效率并控制其值在0.95~1.05之间，使得荷载试验能够充分反映结构受力特点。为了获得结构试验荷载与变位的相关曲线以及防止结构意外损伤，一般采取静力分级加载。加载完成后，计算主要测点的静力荷载试验结构校验系数$\zeta = S_e/S_s$，其中S_e（S_s）是试验荷载作用下主要测点的实测（理论计算）弹性变位或应变值。当$\zeta > 1$时，判断承载能力不满足要求，若$\zeta < 1$且残余变形、裂缝宽度等满足限值时，根据ζ确定检算系数Z_2，再进行承载能力检算，进一步确定桥梁承载能力。

基于联邦公路管理体制，美国公路与交通运输管理逐步形成了独具特色的三层次标准规范管理体系。第一层次为联邦法案，用于制定行业管理基本法规。第二层次是联邦级的公路行业技术指南，依照联邦法案制定有关安全、环保等行政规章和行业技术标准。第三层次是各州颁布的标准法规，在国家颁布的标准条例的基础上根据本州的实际情况对不适合本州的部分进行调整或未涉及的内容进行补充和完善。

美国公路和运输官员协会（AASHTO）于1931年第一次颁布了公路桥梁检测评定规范。1970年以前，AASHTO公路桥梁设计规范是基于允许应力法（ASD）设计，ASD是建立在结构的承载能力不得超过规定极限应力的基础上的，在AASHTO1970年出版的《桥梁维护检查手册》中详细介绍了ASD。1994年，AASHTO《桥梁条件评估手册》（MCE）提出了新的基于荷载因子设计法的评定方法——荷载因子评定法（LFR），并取代了之前颁布的《桥梁维护检查手册》。同年，AASHTO的国家桥梁组委会投票表决通过了基于荷载与抗力因子的桥梁设计规范，并在1998年指定该设计方法作为公路桥梁的主要设计方法。基于荷载与抗力因子的桥梁设计方法推出了基于可靠性的极限状态设计理念，为每个适用的极限状态提供了更加均匀和可控的安全级别。基于这一理念进一步发展了现有桥梁的评估方法，AASHTO颁布了2003版《公路桥梁状况评价及荷载、电阻因子额定值指南》，第一次介绍了基于结构可靠性的荷载与抗力因子（LRFR）评定法。目前，AASHTO2011年出版的《桥梁评估手册》（MBE）中的桥梁承载能力评定方法LFR和LRFR广泛用于美国各州的桥梁评定。一般桥梁承载能力评定有以下三步：①检算评定；②桥梁评级；③荷载试验评定。其中，检算评定主要包括LFR法与LRFR法。LFR法分为2个评定等级，LRFR分为3个评定等级。

根据AASHTO MCE（1994）中的LFR法，美国的公路桥梁分为2个评价等级，即库存评级与运营评级。①库存评级。库存评级通常根据结构的设计应力来评定，它反映了桥梁及结构的裂化状况。基于库存评级的桥梁评估允许使用较新的结构承载能力。②运营评级。运营评级通常反映了结构可能受到的最大的允许活载。在这一评级系统中，允许使用桥梁所能承载的最大数量的车辆来计算，但这可能会导致桥梁使用寿命的减少。根据运营评级的评价结构可以用来决定是否做出桥梁加固及关闭桥梁通行的相关决定。

根据AASHTO MBE（2011）中的LRFR法，美国公路桥梁分为3个评价等级，即设计荷载评定、法定荷载评定和允许荷载评定。①设计荷载评定。设计荷载评定是桥梁评定的第一个等级，在对桥梁的尺寸及性能状况进行核查后，使用HL-93规定的荷载及LRFD设计标准来进行相关评定，它用来评价现役桥梁在新的设计标准下的表现。根据这些检查来甄别现役桥梁在强度极限状态下设计层面的可靠性或者在一个较低等级的可靠性（与运营评级相比）。它们之间的不同主要是在于γ_L系数的取值不同。在库存等级评定中γ_L系数的取值为1.75，反映了校准后的可靠性指标为3.5。而在运营等级评定中γ_L系数的取值为1.35，反映了校准后的可靠性指标为2.5。②法定荷载评定。第二等级评定提供了适用于AASHTO以及国家的法定荷载作用下的保证结构安全的荷载承载能力，国家的法定荷载是指其可适用于任何类型的公路桥梁。这一评定法的活载系数是基于在役桥梁的交通状况来选取，评估中主要考虑结构的应力极限状态，而使用极限状态及疲劳极限状态可以选择性地应用。法定荷载评级的相关评定结果可以作为桥梁维修加固的决策依据。但是需要注意的是通过库存评级（评定系数$RF \geq 1$）的桥梁，承载力满足AASHTO和各州规定的法定荷载的要求，仅通过运营评级（评级系数$RF \geq 1$）的桥梁，承载力满足AASHTO规定的法定荷载的要求，但不能够满足各州规定的法定荷载要求，尤其当州的法定荷载显著大于AASHTO规定的法定荷载时。③允许荷载评定。允许荷载评定是在至少满足第2水准评定的前提下，评定桥梁通过特殊重车的安全性。在实际交通情况中，由于桥梁可能会受到高于法律规定的许可车辆类型（超重车辆）通行，对此允许荷载评级提供基于此状况下的桥梁安全性、维护性的一系列程序评估。在规定的车辆许可类型及交通状况下，经校准的荷载系数用于表示超重车辆引起的荷载效应。允许荷载评级在对车辆许可证申请进行相关检查时，提供了相关的适用性标准。允许荷载评级程序只适用于有足够能力承受法定满载作用下的桥梁。

美国承载力评定中荷载一般只考虑永久荷载和交通活荷载，只在特殊情况下才考虑环境荷载，如风荷载、雪荷载、温度作用、水流荷载、地震作用等。其检算法评定分为3个水准评定：设计荷载评定、法定荷载评定和允许荷载评定，每种评定方法采用不同的荷载及荷载效应系数。根据评定因子（RF）得到检算结果，确定是否需要进行荷载试验评定。

美国基于荷载试验的评定方法分为诊断试验和验证试验。诊断试验可以是静载试验或动载试验，用于了解桥梁现状，明确其受力状态，减少材料特性、边界条件等不确定性，了解加固效果、损伤的影响等。在开始诊断试验之前，承载力应先按检算公式得出其承载力理论值，然后根据试验测试结果比较，修改评定系数理论值。验证试验大部分为静载试验，用于确定桥梁处于线弹性状态的最大承载能力。在试验过程中，试验荷载逐渐施加于桥梁的不同部位，同时检测桥梁的状态，直到加载到试验目标荷载，或桥梁表现出非线性受力状态或有明显的破坏迹象。利用诊断试验和验证试验进行承载力评定都适用于正常使用状态承载力的评定，其不同之处在于对抗力及活载效应的取值不同。由此可以看出，美国承载能力评定规程中的荷载试验与我国大同小异，其验证试验过程与我国荷载试验基本一致，不同点在于增设诊断试验，用于修正理论计算过程中的误差值，使得结果更加接近于真实值。

1.1.3 维护管理新理念

基础设施安全、健康和耐久问题严重，迫切需要良好的维护，但是目前世界各国着重关注的还是基础设施建设，在维护管理上投入预算严重不足，亟须更加先进、完善的管理方法对基础设施进行更有效的管理。基础设施资产管理是从经济管理学中引入的一个概念，其核心内容是要将基础设施作为资产运营，客观精确地把握和评估其健全状况，预测其中长期资产状况，在预算制约的前提下实现优化管理。在资产管理概念的引导下，工程师们希望一方面能够保证结构在服役期内安全工作，并在一定程度上延长结构寿命；另外一方面希望最优化控制结构服役期间内的维护成本。在这样的思考下，人们反思过去模式的缺陷，提出了基于全寿命周期成本的全新桥梁设计理念，并逐步衍生出全寿命周期维护管理概念，全寿命周期结构性能评估概念，极大地推动了基础设施管理系统，尤其是桥梁管理系统的发展[20]。

（1）基础设施资产管理[21]，与传统的设施管理不同，它体现了一种全新的观念：指综合运用土木学、管理学和经济学的相关理论，系统地、科学地计划、安排和配置基础设施的投资、设计、建设、运营、更新、维护管理等活动。

（2）全寿命周期成本，在产品寿命周期或其预期的有效寿命期内，产品设计、研究和研制、投资、使用、维修及产品保障中，发生或可能发生的一切直接、间接、派生或非派生的所有费用的总和。

（3）长期性能，2008年美国联邦公路局发起了桥梁长期性能研究计划，打算耗费20年时间，收集美国国家公路桥梁的科学数据，建立详细及时的桥梁健康数据库，开展桥梁结构性能理论和应用技术的研究，为桥梁设计理论的发展提供数据支持，对桥梁养护维修与加固的效率进行量化，优化桥梁养护作业以便于减少交通拥堵和事故，孕育下一代桥梁养护管理系统，为政府制定相关政策提供依据。

（4）预防性维护，是以时间为依据的维护，土木工程结构随着时间的延长，其性能会逐步降低，若能够在结构降低到极限状态之前，定期对结构进行预防性维护，提前发现微小损伤并将其修复，可以防止结构产生重大损伤从而非常有效地延长结构的服役时间。

（5）桥梁管理系统，是近30年来在世界范围内土木工程界出现的一个跨学科、跨领域、综合型的工程技术集成系统，它是涉及传统的工程结构分析、材料技术、系统科学、管理科学、统计科学、计算机科学等多种学科的系统工程。为了更好地进行桥梁维护管理，世界各国相继都建立了自己的桥梁管理系统，在其发展历程上，主要分为两个阶段：第一阶段是桥梁数据库管理系统，主要部分是一个庞大的数据库系统，存储桥网内桥梁的各种数据，并提供查询、检索等基本服务，其功能和结构都很简单；第二阶段是在桥梁数据库管理系统的基础上增加了桥梁技术状况评价、中、长期需求预测及费用分析和优先排序，养护加固维修计划决策等功能，其结构日趋复杂，各种功能更加适合于辅助桥梁管理者做出决策。

（6）智能结构，是指具备自感知、自修复、自适应、可恢复等智能特点的结构。土木工程结构的智慧是实现健康的先进手段与技术保障。智能结构通过智能手段能够在多灾害下通过监测与控制抵御灾害实现安全运行，在日常条件下的渐变过程中通过自传感与自修复实现耐久性。更重要的是，智慧是土木工程结构更高层次的追求，是未来土木的一种理想结果与状态表征。其具体表现在，结构的智慧，类似人体的大脑，利用人工智能技术自主学习，实现结构的自修复、自恢复、自适应等自主能力。

1.2 结构健康监测技术概况

通过对土木工程结构维护管理现状的研究发现，目前无论是技术状况评定还是承载能力评定，都属于典型的事后维护管理方法，耗时费力，更多地依赖结构检测结果，而新兴的结构健康监测技术在桥梁结构性能评估环节并没有得到太多的应用。相对于检测技术，结构的监测能够实时监测桥梁状态并累计长期监测数据。如何将健康监测数据与大数据技术融入桥梁性能评估过程中，是实现桥梁结构检测、评估的自动化、智能化的关键点。

1.2.1 结构健康监测的基本定义

结构健康监测技术的概念于20世纪30年代开始被提出，并被普遍认为是提高工程结构健康与安全及实现结构长寿命和可持续管理的最有效途径之一。结构健康监测技术的基本思想是通过测量结构的响应来推断结构特性的变化，进而探测和评价结构的损伤以及安全状况。一般来说，结构健康监测系统包括：传感系统、信号传输与存储、结构状态参数与损伤识别，以及结构性能评估等几部分。

经过几十年的发展，新型智能传感技术如无线传感、光纤传感、微波雷达技术等如雨后春笋般出现并得到迅速推广，各类型传感器和数据采集系统等健康检测技术所需要的硬件基础逐步建立，基于监测信号的各类型结构识别方法、损伤识别方法、结构性能评估预测和风险分析等方法日益成熟。这些技术的发展整体推动了结构健康监测技术的发展及其在工程应用中的有效性与可靠程度，在保证基础设施安全服役与最小化维护成本等方面被寄予厚望。健康监测技术具有以下四大功能（图1-1）：①结构全寿命周期安全与成本最优，通过健康监测实现预知性维护管理，最优化全寿命周期成本；②大型复杂结构安全保障与新型设计方法验证，作为最优化的辅助手段验证全新设计理论同时保障安全运营；③结构管理养护的自动化与智能化，实现结构检测的快速与自动化；④受灾结构的信息收集与快速评估，实时获得结构服役期间的响应并实时预警。所以说结构健康监测技术既具有重要的理论意义和学术价值，又具有广阔的应用前景。

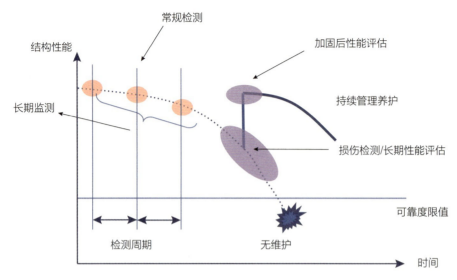

图1-1　结构健康监测在结构全生命周期维护管理中的应用

1.2.2　先进传感技术

传感技术是实现结构健康监测的前提条件，其性能直接决定了监测效果的优劣。传感器要求具有高度感受结构力学状态的能力，能够将应变、位移、加速度等测量参数直接转换成采集信号输出。最早开发的传感器技术是电子式传感技术。随着力学、信息、网络等学科的研究发展及实际工程应用的需求，越来越多的诸如光纤传感技术、智能化无线传感技术、动态称重系统等新型传感技术得到了广泛的应用。

1. 无线加速度传感技术

在结构检测和监测项目中，加速度响应是一种常见的测量对象，技术发展已经相当成熟，目前在结构健康监测系统中常见的加速度计类型有：伺服加速仪、压电式加速计、电容式加速计、应变片式加速计、微机电系统（MEMS）加速度计、光纤光栅加速度计、激光测振仪。伺服加速仪又称力平衡式加速度计，是一种具有零频率响应的高精度传感器，具有优异的频率特性，非线性影响低于0.1%，被广泛应用在强震观测、低频和超低频工程振动测量领域。压电式加速度传感器是基于压电晶体的压电效应工作，最常用的如PCB公司生产的ICP加速度传感器，将传统的压电加速度传感器与电荷放大器集于一体，提高了测试精度和可靠性。光纤光栅加速度计通常是利用惯性原理，通过感知惯性力所产生的位移或者应变来测得相应的加速度，具有更高的稳定性和抗干扰能力。MEMS加速度计主要由传感元件和包括信号增幅、调整和输出的微电路组成，采集处理速度很快，可以在短时间内进行多次测量，得到比较平稳准确的平均值，配合无线数据传输技术可以实现大型结构的多点测量。

随着结构健康监测技术在大型工程结构在线安全监测方面应用探索的深入，监测系统涉及的传感器数目、有待处理的数据量以及系统的复杂性都在不断增加。传统有线的监测系统和方法存在着引线多、信息量传输大以及维护需要巨大人力物力等问题，很大程度上制约了监测系统的处理速度、可靠性和灵活性，使健康监测技术不能真正实用化。智能无线传感网络近年来成为结构健康监测领域研究的热点，因其具有快速部署、自组织成网和分布式协调工作的能力，能够满足健康监测系统进行多点测量、高效、高性能的监测需求。例如Lynch等人[22]利用PCB3801电容式加速度计在韩国Geumdang大桥上搭建了14个无线传感单元，测量已知重量的卡车匀速行进时结构的竖向加速度，并和基于PCB393C压电式传感器传统有线监测系统结果进行对比，验证了该无线传感网络测量准确性。

2. 光纤应变传感技术

应变作为对结构损伤最敏感的指标之一，在结构性能评估中受到广泛关注。传统应变技术包括电阻应变片、钢弦式应变计和PVDF压电传感器等电子式应变传感技术，由于其通过电导线进行信号传输，在信号转换和传输工程中存在损耗率大的问题。伴随着光纤通信的快速发展，各种光纤传感技术应势而出。由于光纤传感技术具有抗电磁干扰、耐腐蚀、质量轻、体积小、传感一体化、系统集成性高及分布式测量等优点，适合土木结构的长期实时监测，因此成为应变传感技术主流，目前典型的有：光纤布拉格光栅传感（FBG）、布里渊散射光传感（BOTDR）、光强型传感和干涉式传感。

然而光纤FBG传感器属于典型的点式应变传感，测量信息太局部，捕捉体形巨大的土木结构上的裂纹等损伤犹如大海捞针；布里渊散射光传感可以实现分布传感，但是精度及敏感度低，测速慢。针对上述问题，吴智深等人[23]开发了长标距应变传感器，采用光纤布拉格光栅（FBG）、布里渊散射光纤或碳纤维作为传感芯，通过长标距化使得输出能够反映被测结构一定区域或特征尺度范围内的物理量变化，实现了分布式平均应变动静态测量。为了克服传统光纤传感技术光纤易脆断、滑移、耐久性差等缺点，长标距应变传感器采用高耐久纤维复合材料进行光纤封装提高耐久性，通过光纤与树脂界面粘结变刚度设计解决光纤锚固技术难的问题，通过改变传感器标距内部段截面刚度实现增敏效果。并且长标距传感器可以串联形成分布式传感网络对结构进行监测，将结构局部与整体相结合，实现了对结构关键区域的高精度、动静态监测，为进行结构全面识别和多层次分析提供基础。

此外，针对不同材料还有很多其他先进的应变传感技术，比如利用层-层自组装技术（LBL）的适形的聚电解质功能化的碳纳米管传感"皮肤"进行全场应变测量，用来克服传统应变传感器只能点式测量的局限性。在复合材料中嵌入具有机电传感转导机制的聚电解质碳纳米管，利用电阻抗成像技术（EIT）通过结构边缘电压输出重建出空间导电率分布得到应变分布。

3. 位移传感技术

在结构健康监测、检测及静载试验中桥梁挠度是评价结构安全的关键参数，因此结构在一定荷载作用下的位移是桥梁健康状态的重要指标。传统位移传感技术有以下几种：①传统的拉线或拉杆式位移计。需要固定的基点，而实际桥梁要么横跨大江大河要么横跨交通要道导致无法设置固定基点从而导致拉线或拉杆式位移计无法使用；②连通管测量。常使用的连通管在测量动位移时容易受到连通管内液体黏滞阻力的影响导致其波峰受到消减影响；③GPS测量系统。是一种全球导航卫星系统，可以测量土木工程结构的动静态响应，由于其采样频率最高只能10~20Hz，目前只能测量长周期结构的变形，而且准确性受数据采样频率、多径效应、卫星可见性、观测环境等因素的影响，且花费昂贵。

目前新型位移传感技术主要包括：①基于激光测量系统。系统由激光发射源和PSD或CCD探测器组成，根据激光定向直线传播原理，通过测量发射端和受信端的光程差实现位移测量，是一种非接触式测量，测量精度和分辨率都很高，但其动态测量对环境要求高，激光在传播过程中容易受环境湿度及气流影响。②数字图像相关性解析（DIC）。一种基于现代数字图像处理和分析技术的非接触式全场光学测试方法，其测试基本原理是分析加载变形前后被测物体表面的数字图像，通过一定的相关算法对相应数字图像的散斑特征点进行匹配跟踪，进而获取加载前后被测物体表面的位移变化信息，可实现可视化实时监测且无电磁干扰，但观测范围受设备性能影响且监测准确性受环境随机因素影响。③微波雷达。微波雷达设备主要包括雷达信号处理机和监控单元两大部分。通过改变雷达波束照射位置获得区域内目标全程各点的径向微变形数据，基于微波雷达测位移设备可非接触式、多点同时监测桥梁振动位移，有望成为一种新的监测技术。④遥感技术。通过飞行器等不同搭载平台利用合成孔径雷达或光学成像设备获得遥感图像，比较相同区域内在不同时段内的图像差异求得位移变化，实现自动化、智能化、专用化快速获取空间信息，目前存在分辨率不够的问题。

4. 动态称重系统

动态称重（WIM）和桥梁动态称重（BWIM）可以测量移动的荷载，而不会中断常规交通。WIM系统通常将传感器嵌入到路面或放置到路面下面，测量通过测点的车辆荷载。BWIM系统不是将传感器安装在道路上，而是在现有桥梁上，并在车辆经过时测量车辆的重量。由于方便性和成本效益，BWIM系统获取实际车辆荷载比WIM系统更具有优势[24]。对于大多数无车轴识别器的BWIM系统，它们大都采用移动车辆引起的应变响应，通过应变计，应变传感器或光纤光栅（FBG）传感器测量。近年来快速发展的光纤传感技术展示了其用于桥梁动态称重系统的潜力。

BWIM系统的理论方法分为静态和动态分析方法。早期的BWIM技术大都是静态分析方法。早期是利用桥梁影响线与测量的应变数据间的关系提出了BWIM系统，该算法的实质是静力反问题的求解；其他BWIM方法，如影响面积法、反力法等也得到了发展和证明。在考虑BWIM应用时的动态特征时，研究人员开发了动态分析方法，如移动力识别法（MFI）、车桥耦合方法和小波等方法。这些技术都已经证明可以提高BWIM系统的准确性。研究结果表明，通过优化传感器布置，使用有限元分析，对扫描频率和传感器类型的合理选择，以及关键位置的选择，可获得更高的准确度。

欧洲COST 323于1997年颁布了《欧洲动态称重指南》，对动态称重系统的标定方法、使用条件，以及精度等级进行了明确指示；在2001年时，WAVE项目[10]深入的开发研究了桥梁动态称重技术，致力于将BWIM技术应用于超载车辆监督管理、桥梁结构性能评估等方面，同时还成功开发了SiWIM商用软件，之后广泛应用于欧洲等国家；Yang[25]利用WIM系统在中国18个省、3个自治区和2个直辖市内采集车辆荷载数据，分析疲劳荷载模型。

1.2.3 结构识别理论

1. 加速度模态识别理论

基于环境随机激励的结构健康监测技术以行车荷载、风载、地震等自然环境激励作为系统输入，经动力测试得到动力响应信息（加速度、应变等响应）进行结构模态参数识别。基于环境振动的加速度模态识别理论发展历史悠久。早在1977年，Abdel-Ghaffar等人[26]便首次在金门大桥上进行环境振动测试分析得出结构的动力特性。在随后的40年里，大量的环境振动下利用加速度响应对结构参数进行识别的方法被研究，Ibrahim[27]利用ITD法构造自由响应采样数据的增广矩阵识别系统模态参数，Brownjohn等人[28]利用NExT、SSI和p-LSCF 3种模态参数识别方法对Humber Bridge的频率、阻尼和振型进行了识别与比较，Catbas等人[29]基于环境振动测试数据，结合随机减量法和CMIF方法识别布鲁克林桥的基本模态参数（频率、阻尼和振型）等。随着监测数据以及系统复杂性的不断增加，环境振动加速度数据的采集也由传统的有线测量向无线传感网络过渡，且随着数据采集硬件不断发展，监测数据的长度和质量都得到提升，保证了采集数据的可靠性。此外，利用识别的结构模态参数（自振频率、频响函数及位移模态、模态柔度等）可进行结构有限元模型修正，基于修正后的精确有限元模型可很好地进行结构的安全评估和长期性能预测。

然而尽管加速度模态识别理论已发展得如此成熟，将环境振动加速度模态识别方法用于工程实践中仍有很大的局限性。因为即使得到非常精确的有限元模型利用环境振动频响函数也只能识别出结构的基本模态参数（如固有频率、阻尼比和位移模态振型），这些参数并不能有效地进行结构长期性能评估。究其原因在于从环境振动中识别的频响函数和真实频响函数只是形状相同而幅值并不同，结构的基本模态参数识别与频响函数的绝对幅值无关，所以当前很少有人对环境振动数据计算频响函数的幅值进行研究。但是环境振动频响函数的幅值却对结构柔度识别至关重要。作者团队研究了从仅有输出数据的环境振动测试中识别结构未缩放位移柔度的方法并从理论上揭示出环境振动下频响与理论频响之间的关系：具有相似形状但是频响幅值不同。

利用环境振动位移频响用模态参数识别算法（如PolyMAX法）可以识别出基本模态参数，根据所识别基本模态参数、结构模态质量与频响函数的关系计算得出结构模态质量，进而由已识别出的各类参数推导得出结构非缩放位移柔度矩阵。该矩阵具有工程意义，可以用其了解所研究结构的相对刚度分布和预测静力荷载下的结构变形。但是由于环境激励力的强度未知得不到结构真实位移柔度，仍无法得到结构深层次信息。基于加速度测量的位移模态结构损伤识别方法已进行了充分的研究，包括频率法、模态振型方法以及延伸出的模态曲率法、模态柔度法、应变能法等。但是研究表明这些指标对损伤并不敏感，例如损伤不能导致频率的显著改变且受温度因素影响，曲率模态法、应变能法、柔度差法在有噪声情况下可能发生误判，因此基于加速度模态这一宏观特征所衍生出来的各个指标对结构的微观损伤并不敏感，难以满足实际工程的需求。

2. 长标距应变模态理论

基于加速度测量的模态理论发展较为成熟，但是在应用过程中还存在诸多局限性，特别是对结构微小损伤的识别无法有效实现。基于点式应变测量的应变模态理论虽有一定发展但远不如基于加速度的模态分析理论发展成熟。究其原因，传统的点式应变对结构局部信息（如局部小孔、切槽）敏感，因此它不适合进行以结构宏观信息识别为目的的模态分析。长标距传感技术所输出为一定标距长度内的平均应变，因此它在反映结构局部信息的同时，具有能够反映结构宏观模态信息的特点。基于此，吴智深团队进行了一系列的基于长标距应变的应变模态理论分析，创新扩展了传统的应变模态理论。

通过上述研究发现：①长标距应变FRF是个更类似位移FRF，而不同于速度或加速度FRF的物理量，因此对低频响应更为敏感，更适合于高柔度结构（高层建筑、大跨桥梁和缆索）的监测和模态识别；②基于位移FRF和基于长标距应变FRF提取结构固有频率和阻尼比等价有效；③与位移FRF相比，长标距应变FRF实部、虚部的模态常量与之不同，但是相位相同。因此，结构区域分布应变模态分析理论，能够从频率、振型、阻尼、相位角等各方面全面代替传统的加速度模态体系，解决了其只反映宏观而不能精确反映局部特性的问题。

基于区域分布的长标距应变模态理论解决了传统点式应变的不足，建立了应变与转角的关系，实现了宏微观相结合，且通过改进的共轭梁法进行挠度计算可以准确反演位移模态，不存在传统点式应变模态计算位移模态时误差被放大的问题；基于区域分布的长标距应变能够反映结构的裂纹宽度和微小损伤的特性，许多基于应变模态的损伤指标被提出，如长标距应变模态振型曲率差、长标距应变模态振型平方差、长标距应变能、长标距应变柔度等，因其包含了损伤的直接信息，故能很好地识别复杂损伤，且根据模态参数构建的灵敏度方程可以进一步实现结构的损伤定量。

3. 结构系统识别方法

除了利用上述模态分析方法进行结构模态参数识别外，其他利用图像处理法、时频分析法及直接反演法等计算的结构参数识别也是进行结构损伤识别的重要手段：①直接反演法。利用改进的共轭梁法，吴智深等提出由长标距应变直接反演计算结构挠度和转角的方法，物理关系明确直接，无误差累计，且所有参数与结构受载形式及大小、截面刚度条件均无关，方便实用。②图像识别方法。利用非接触式传感器并基于计算机图像处理技术可识别出结构参数——单位桥面响应（UISs）。该参数作为一种新的损伤指标，可以有效进行桥梁结构损伤识别。③希尔伯特-黄变换（HHT）。HHT变换是1998年由美国NASA黄愕博士[30]提出的一种全新数据处理方法，把结构振动信号通过EMD分解成有限个不同特征时间尺度的IMF之和，利用HT变换构造解析信号得出时间序列任意时刻的瞬时频率和幅值，对其进行拟合获得结构模态参数。④小波变换。小波变换是近年来发展起来的一种新的数学分支，它能够同时给出信号的时/频域信息，可使多自由度系统的模态自动解耦，是目前结构模态参数识别方法研究的一个热点。⑤扩展Kalman滤波（EKF）。Kalman滤波理论以状态方程为其数学工具，将传统Kalman滤波方法中的状态向量进行增广，将系统的物理参数并入其中，从而在利用量测的动态数据对结构状态进行滤波、估计的同时，得到结构物理参数的最优估计。⑥神经网络。多层前馈网络等反向传播算法（Back Propagation，BP），因其结构简单、状态稳定成为土木结构健康监测方面最得力的工具之一，并且被广泛地应用到结构损伤识别中。

另外，由于车辆荷载是引起桥梁损伤、病害和可靠度降低的重要原因之一，因此近年来车辆荷载的识别引起人们的广泛关注成为研究热点。除了BWIM技术外，各国学者提出了各种创新方法，主要包括以下几种：①基于图像车辆荷载识别方法。Catbas等人[31]基于计算机图像处理技术开发了一种车辆荷载识别方法，利用监测相机可以识别出桥上行车类型，根据预先确定的各种类型车辆车重分布利用监测相机数据采用一系列先进计算机图像处理算法可以确定车重，根据相机图像坐标及世界坐标间的几何关系可以确定行车位置。②基于动态广义影响线的荷载识别理论。基于移动荷载测试和区域分布应变可以得出的动态广义影响线进行车辆荷载近似行驶速度和载重识别。在移动荷载作用下，只有当荷载作用在某点附近时，该点处长标距应变才会产生明显变化，而当车载作用下截面弯矩值为零时，车辆一定处于相邻两跨之间。因此对连续梁桥而言，将发生明显响应时的相应桥长与监测处产生明显响应时相应的持续时间的比值作为车辆的近似行驶速度。将车辆荷载影响线积分与跨中截面弯矩影响线积分的比值作为移动荷载载重。③基于视频拍摄车辆荷载识别方法。Chen等人[32]结合动态称重系统和计算机图像处理技术对长大跨桥梁上行车荷载的时空分布进行识别。对于移动荷载，在动态称重系统位置处通过相机进行图片采样，利用动态称重系统输出数据识别车流载重数据，结合模式匹配和粒子滤波技术进行移动荷载识别。该方法的准确性和有效性已在杭州湾大桥上进行验证。

1.2.4 结构健康监测规范制定情况

结构健康监测融入性能评估规范已经是大势所趋，在结构健康监测技术规范化发展的历程中，许多国家都做出了有特色的工作，在此做一个简单的综述。2003年，国际结构混凝土联合会（FIB）发布了《现有混凝土结构的监测和安全评估》，提出了监测和安全评估概念，内容涵盖了结构和材料、目视检查和传统现场测试、无损检测、测量方法、系统实现和数据采集、数据统计分析和评估、系统分析、监测实例等。该报告层次分明比较完善，关于系统组成、传感器和损伤识别方法介绍尤为详细，但只涉及混凝土结构。2004年，国际标准化组织（ISO）发布了名为《基于动力试验和调查测量结果的桥梁力学振动评估》的国际标准。考虑动力检测的目的、数据分析和系统识别技术以及桥梁建模和评估。内容包括：研究范围、术语和定义、振动测试、数据分析和结构识别方法、桥梁建模、监测数据评估及应用、时频分析方法和荷载模拟等。该草案结构简明，但涉及的内容不够全面。2015年，国际智能基础设施结构健康监测学会（ISHMII）已完成土木基础设施结构健康监测的国际规范的编制。

在美国，德雷塞尔（Drexel）大学智能基础设施与交通安全中心在美国联邦公路管理局（FHWA）的组织下于2002年完成了《重要桥梁健康监测指南的范例研究》，内容涵盖了健康监测的概念、手段和应用前景、传感器、数据采集系统、网络的传输和控制、测量校核、数据管理和分析、应用实例等。美国土木工程学会结构识别委员会于2012年出版了结构识别最新进展报告，在全面介绍结构识别领域最新技术的基础上，详细叙述了国内外十数个建筑结构和桥梁结构健康监测的经典案例[33]。

在加拿大，新型结构及智能监测研究网络（ISIS）于2001年9月发布了《结构健康监测指南》，对结构健康监测系统组成、静态测试、动态测试、周期性测试进行了详细规范，并给出了具体的桥梁结构健康监测案例。

在欧洲，国际结构混凝土协会（FIB）于2002年出版了既有混凝土结构健康监测和安全性能评估最新进展报告[34]，并以此为基础历经十余年的修改，正在编著形成欧洲混凝土结构健康监测规范。2006年，结构评估监测与控制组织（SAMCO）

在欧盟的组织下发布了《结构健康监测指南》，用于推广和应用现有的监测技术，内容包括：作用分析、结构诊断、损伤识别、传感器种类及其应用、桥梁交通荷载识别和局部损伤识别方法。该指南特别介绍了一些发展中的损伤识别方法，但在系统组成和监测实施方面阐述不够全面。

在日本，土木工程学会于2006年发布了《基于监测数据的桥梁性能评价指南》，提出了在桥梁结构性能评估中引入结构健康监测数据，并强调在建设过程和使用过程中关注监测数据进行性能评估。2007年，日本混凝土结构健康监测控制委员会（JSCE 328）发布了《混凝土结构健康监测技术指南》，提出了综合监测方法和并用监测方法，均将结构健康监测融入性能评估流程中。

在我国，天津市2011年颁布了《天津市桥梁结构健康监测系统技术规程》DB/T 29-208-2011作为地方工程建设标准。2014年，中国建筑科学研究院主编了《建筑与桥梁结构监测技术规范》GB 50982—2014作为国家标准颁布。2016年4月，欧进萍等人[35]主编《公路桥梁结构安全监测系统技术规程》由交通部发布实施，其中具体规定了公路桥梁结构安全监测系统的总体设计、监测内容与测点选择、传感器模块、数据采集、传输与管理模块、结构安全预警和评估以及系统集成与状态显示的技术要求。李宏男等主编的《结构健康监测系统设计标准》CECS 333：2012[36]自2013年3月1日起施行。吴智深等主编了《光纤传感式桥隧结构健康监测系统设计、施工及维护规范》[37]，规范了光纤传感技术在桥梁、隧道等交通工程结构健康监测系统中的应用，旨在提高其使用效率及结构健康监测系统设计、施工和维护管理水平，推动桥隧等交通工程结构的施工、运营及管养的智能化与科学化。

纵观结构健康监测领域规范发展历史，可以看出各国规范相对较为分散，世界各国并没有较好的统一标准来对结构健康监测系统进行规范[38]。

1.3　大数据技术背景

虽然结构的检测技术在结构运维方面起到了支撑作用，但结构的检测技术需要大量的人力物力，费时费力，费用昂贵；健康监测在先进传感技术、结构识别理论等方面取得了丰硕的成果，但现阶段健康监测技术虽然在及时预警方面起到了积极的作用，但是缺乏有效的数据处理方法。结构检测与健康监测技术发展仍然面临很多问题与挑战，其中一个关键的挑战是如何应对结构检测、健康监测系统的海量数据问题。从海量数据中挖掘出有效范式以支撑土木工程的维护管理仍然有待解决，近年来蓬勃发展的大数据技术为这一问题的解决提供了新的范式与解决路径。

随着科学技术的不断发展进步，人们对于世界范围内的研究基本框架也在不断发生变化。Gray[39]认为科学研究范式经历了以下几个阶段：

（1）过去几千年的经验科学，主要通过实验以及自然现象进行归纳总结得到结论；（2）最近几百年的理论科学，主要通过理论模型与概括以及演绎法来预测一些现象，并通过大量实验进行验证；（3）近几十年的计算科学，通过计算机构建模型，并模拟复杂现象；（4）如今的数据探索，利用传感器产生的数据或者模拟生成的数据，将其存于计算机中，研究者利用专门的软件进行分析与研究。

如今大数据时代的到来，科学研究方式也开始逐渐朝着数据探索方式发展，而数据探索的方式就好比能够同时进行无数的真实试验并且提供了丰富的试验数据。然后通过计算机进行分析、模拟，发现更多现象与规律。因此，"第四范式"——数据探索，是一种对过去范式的结合，并且更贴近真实世界，利用计算机的强大计算能力在海量数据里发现规律。而计算机的强大计算能力也需要依靠一套合理的分析技术去发挥，这套技术就是"大数据技术"。

随着"第四范式"的不断发展，大数据技术也将与各个领域结合越发紧密。在天体物理中，引力波的数据分析中就应用了大数据技术与人工智能技术[40]。当前在土木工程领域，特别是结构健康监测领域，也有越来越多学者开始从数据角度入手研究，注重数据之间的关联性分析。

1.3.1　大数据定义

"大数据"这一概念最早应当是从20世纪90年代开始使用，而它的流行归功于90年代末期Mashey[41]的多次受邀报告。大数据最初是指具备以下特点的数据集：数据量大、类型复杂、传统数据分析软件难以在可接受的时间范围内对其进行分析。针对大数据的3V模型，分别是体量大（Volume）、实时性强（Velocity）和类型复杂（Variety）。在近5年中，3V模型逐步发展成为4V模型，包括了体量大（Volume）、实时性强（Velocity）、类型复杂（Variety）、价值密度低（Value）。这一模型说明了基于大数据进行价值挖掘的必要性及其价值。同时，我们将逐渐摆脱过往抽样的思路，以全样本的角度展开对数据的分析，挖掘知识以减少决策成本。需要说明的是，随着技术发展，大数据体量标准一直在提升。

根据国际数据公司（IDC）的报告，全球数据量从2005年的130 EB（表1-1）增长到了2013年的4400EB（在中国产生、使用的数据约占13%），并预计到2020年将会达到44000EB，大约每两年增长1倍。因此，麦肯锡定义大数据为那些数据集尺寸超过当前主流软件所能捕获、存储、管理、分析的能力。而美国国家标准与技术研究院对大数据的定义是数据的体量、获取速度或表达方式使得传统关系型数据分析方法无法处理或需要有效的水平扩展来进行有效分析。Mauro等人[42]通过对大数据相关语料库进行分析得出4大主题：信息、技术、方法、影响，提出了一种目前较为合理，且受到多数人认可的大数据定义。大数据被定义为是一类具有大体量、高速处理、类型复杂特点的信息资产，并且需要特定的技术与分析方法来将其转化为价值[43]。

数据量级单位表 　　　　　　　　　　　　　　　　　　　表1-1

字节数	单位
1000	Kilobyte（KB）
1000^2	Megabyte（MB）
1000^3	Gigabyte（GB）
1000^4	Terabyte（TB）
1000^5	Petabyte（PB）
1000^6	Exabyte（EB）
1000^7	Zettabyte（ZB）
1000^8	Yottabyte（YB）

1.3.2　大数据技术体系

大数据技术体系主要由三部分构成：存储技术、计算技术、分析技术。这三者缺一不可。如果没有存储技术，则大数据的批处理分析无法完成。如果没有高效的计算技术，则大数据的流处理分析无法完成。如果没有分析技术，则根本无法挖掘出有用的知识。因此，要使得大数据技术产生价值，这三者技术需按图1-2进行有机整合[44]。这种层次性结构有助于解决大数据分析系统设计的复杂性。从下至上，各层分别将其自身抽象，为上一层提供一种服务。基础设施层将底层的存储、网

图1-2　大数据层次体系

络硬件设施进行抽象，为计算层提供原始数据的访问服务。计算层则将与原始数据的交互访问、利用几种编程模式将大数据计算模式进行抽象，为应用层提供对数据的分析接口。应用层则根据大数据应用的实际需求采用不同的分析算法来获得想要的结果。表1-2对各逻辑层中的技术以及技术分类进行了总结，下面就根据基础设施层、计算层、应用层分别介绍其中所采用的常用技术。

各逻辑层中大数据技术分类

表1-2

大数据系统逻辑层	大数据技术	技术分类
应用层	数据挖掘 机器学习 可视化技术 ……	分析技术
计算层	GFS、HDFS MapReduce、Spark、Storm ……	计算技术 存储技术
基础设施层	SSD、PCM DAS、SAN、NAS ……	硬件技术 网络技术

1. 基础设施层

基础设施层处于整个大数据技术体系的最底层，为上部各层提供存储、计算、网络三大基本功能，这里主要介绍一下与大数据相关性更大的存储功能。基本设施层的存储功能需要满足以下两个要求：①能够永久、可靠地存储进行数据存储；②存储系统能够方便地扩展，并支持大体量的数据查询与分析。为了更好地满足这两个要求，相关技术主要从存储设备与存储体系两个角度进行完善。在存储设备中，主要由随机存储器、磁盘、存储型闪存三种。而现在常见的存储体系主要有三种，分别是直连存储（DAS）、网络直连存储（NAS）、存储区域网络（SAN）。关于更多存储系统的发展细节可以参考Goda和Kitsuregawa的文章《存储系统的历史》[45]。

2. 计算层

计算层处于底层与上层应用之间，是一个承上启下的角色，它需要对底层资源进行有效的管理，并为上层应用提供良好的分析接口，以便上层大数据能够快速地得到需要的结果。因此，计算层需要从文件系统、数据库、编程模型三方面技术来实现计算层的功能要求。

首先，当前大数据存储多采用大规模集群分布式存储的方式，因此文件系统也相应地需要使用分布式文件系统以可扩展的方式对大规模数据进行有效管理[46]。

其次，数据库技术本身已经发展超过30年，针对不同的应用特点，学者已经提出了很多不同的数据库系统。最后，在解决了大数据的分布式存储管理问题之后，需要对这些大数据进行高效快速的计算。然而传统的串行化的编程模型难以在可接受的时间范围内解决大数据应用所提出的问题。因此，针对大数据的新型编程模型以及相应的开发平台是当前研究一大热点[47, 48]。

3. 应用层

应用层主要利用计算层提供的计算框架与数据库对大数据进行有效分析，因此需要基于上文提及的大数据并行计算框架开发出一系列大数据分析算法，包括机器学习、数据挖掘等并行化算法。在过去，对大量数据进行计算挖掘有用的信息是数据挖掘所做的主要工作。在2006年IEEE数据挖掘国际会议中（ICDM）选出了最具影响力的10个算法[49]，按照排序顺序分别是C4.5、K-means、SVM、Apriori、EM、PageRank、AdaBoost、KNN、Naïve Bayes、CART。这10个算法覆盖了分类、聚类、回归、统计学习、关联性分析等数据挖掘中的最重要的分类领域。除了数据挖掘之外，近几年机器学习及对现有算法进行并行化设计因大数据而受到越来越多的关注[50~52]。

1.3.3 大数据分析关键技术

1. 深度学习

深度学习属于机器学习中的一类算法，这类算法采用深度模型学习数据的表征（Representation），并且更强调多层次表征组合学习。因此，深度学习最大特点就是能够使用通用的学习算法来自动化地进行特征分析，极大地减少了人工进行特征挖掘的需求。深度学习过程通常如下[54]：首先让数据在深度网络模型中进行前馈（Feedforward）计算，再根据结果进行后向传播（Backpropagation）更新模型参数，之后不断地反复迭代使得模型的输出接近目标函数的结果。深度模型中的每一层网络的参数则建立了该层表征与上一层表征之间的联系。现在常见的深度模型包括深度神经网络（Deep Neural Network，DNN）、深度信念网络（Deep Belief Network，DBN）等多种模型架构，其中DNN属于最常见的一类模型，相比传统（浅层）神经网络，它在输入层与输入层之间包含了更多的隐藏层。DNN的输入通常是向量、多维数据，其输出可以是标量、向量、多维数据等。DNN这种网络架构能够对复杂的非线性关系进行建模，形成多层次组合模型，这种组合模型很好地符合深度学习中多层次表征组合学习的目的。DNN本身包含了很多基本方法的变体，每一种具体不同的架构设计往往适用于某一个特定领域，因此对网络架构的对比通常需要在同一个数据集上进行评估。

DNN发展到现在，其中发展最成功的两大结构体系是卷积神经网络（Convolutional Neural Network，CNN）与循环神经网络（Recurrent Neural Network，RNN）。其中，卷积神经网络在图像、视频、语音处理上的应用已经有了巨大突破，循环神经网络则在序列数据处理上展现出威力。相比传统全连接DNN结构，CNN与RNN在"陷入局部最优"（过拟合）、"难以训练"（梯度消失、参数量过多）、"无法对序列数据建模"等问题上有了很大的突破。

（1）卷积神经网络

CNN是一类深度前馈人工神经网络[55]，已经在图像分析中得到了成功的应用[56]。CNN常用来同时处理多个数组数据，比如彩色照片可以由3个二维数组表示，语音等信号可以由多个一维数组表示，视频则可以由多个三维数组表示。

传统的神经网络使用矩阵乘法来建立输入与输出之间的关系。其中，参数矩阵中每一个独立的参数都描述了每一个输入单元与每一个输出单元之间的关系。因此，传统DNN中的参数量非常大。而在CNN当中，通过使用较小的卷积核尺寸进行卷积运算，带来了局部连接这一特点。如在进行图像处理时，输入的图像数据包含百万个像素点，但是我们只需要通过几十到上百个像素点的卷积核来观测一些有意义的局部特征。这意味着需要保存的参数更少，需要的计算量也更少了。

参数共享是指在一个模型的多个函数中使用相同的参数。在传统的神经网络中，当计算一层的输出时，权值矩阵的每一个元素只使用一次，当它乘以输入的一个元素后就再也不会用到了。在卷积神经网络中，同一个特征图采用同一个卷积核进行卷积运算，不同的特征图采用不同的卷积核运算。这样设计的原因有两方面原因：①对于数组数据来说，局部数据之间具有较强的相关性，能够组合形成容易被检测的特征；②这些局部特征与其在信号中的所在位置无关，即这些特征在信号中的任意区域都应能被检测到。因此从数学角度而言，这种特性应该由卷积运算来执行过滤。因此，具有局部连接、参数共享特征的CNN在存储需求和统计效率方面极大地优于传统DNN中的稠密矩阵的乘法运算。深度卷积神经网络与具有相同数量参数的浅度神经网络相比，具有更好的泛化能力。

其次，在卷积层运算之后往往会引入非线性激活层，使网络能够对非线性关系进行建模。目前常见的非线性激活层有Sigmoid、TanH、Softsign、Rectified Linear Unit（ReLU）等。在非线性激活层之后一般是池化层，由于同一个特征在相近位置的表现会不太一致，因此可以采用粗过滤（池化）的方法来得到更加一致的特征结果，并且使得更高层次的表征计算量更少，以提高抽象层次。目前常用的池化层有最大化池化（Max Pooling）与均值池化（Average Pooling），前者是取计算单元中的最大值为池化结果，后者是取计算单元的所有值的均值结果作为池化结果。

总的来说，CNN这个结构使得网络中的参数数量大幅减少，同时又能够有效地挖掘局部特征，使得其能够较好地自动学习低层特征，然后进行特征组合形成高层次的特征抽象，极大地减少了人工进行特征工程的需要。目前，从2012年AlexNet[57, 58]在ImageNet的图像分类比赛中拔得头筹之后，CNN已经在图像分类、语义分割、对象检测、个体分割等领域取得了巨大的成功。

（2）循环神经网络

循环神经网络是一类单元连接形成一个有向环的人工神经网络。这种结构体系使得RNN具有能够保存动态序列信息的能力，因此RNN很适合处理序列数据，既能够建立起数据之间的前后依赖，又可以对变化长度的序列数据进行处理，好比CNN适合对不同尺寸的图像进行处理。现在RNN已经广泛应用在语音识别、机器翻译、文本生成、无分割连续的手写体识别中。需要特别说明的是，在深度学习中，递归神经（Recursive Neural Network，RNN）是一种能够对树模型进行建模的深度神经网络，循环神经网络是递归神经对序列模型进行建模的一种特例[59]。

在RNN中，神经元的输出可以在下一个时刻直接作用于自身，其在t时刻的输出不仅受到t时刻上层输出的影响，而且受到$t-1$时刻其自身输出的影响。因此如果按时刻展开RNN结构，即t时刻的网络的输出是该时刻的输入和所有历史共同作用的结果。可以说，CNN的深度体现在网络层数，而RNN的深度则体现在时间长度上，所以从这个意义上来说，这两类模型都属于深度模型。RNN早期模型如1990年Elman[60]提出的Simple-RNN（S-RNN），此模型把当前输入的状态和前一时刻的状态向量进行线性变换后通过非线性激活函数得到新的状态向量，因此S-RNN对于序列数据的次序敏感。

但是，RNN也会出现"梯度消失"现象[61]，导致在更新参数的时候无法影响更靠前的时刻，无法对"所有历史"产生影响，使得序列数据之间的长距离依赖特征无法有效捕捉。为了解决这个问题，基于门机制（Gating Mechanism）的RNN变种架构被提出，其中较出名的是由Hochreiter与Schmidhuber[62]在1997年提出了Long Short-Term Memory（LSTM）这一结构体系，通过门的开关实现时间上的记忆功能，并防止梯度消失，并由Graves等人[63]在2013年进行改进。LSTM其实就是将RNN中隐藏层的一个神经元，用一个更加复杂的结构替换，称为记忆块。记忆块中的三个核心"门"分别是输入门、输出门、遗忘门，这三个门本质上就是权值矩阵，类似电路中用于控制电流的开关。当值为1，表示开关闭合，流量无损耗流过；当值为0，表示开关打开，完全阻塞流量；当值介于0与1之间时，则表示流量通过的程度。而这种从0到1的取值就是通过非线性激活函数实现的。LSTM将RNN的隐藏状态s_t分为两个部分：记忆细胞c_t与工作记忆h_t。遗忘门控制前一时刻c_{t-1}的保留程度，输出门控制当前时刻c_t的输出量，输入门控制当前时刻x_t与前一时刻h_{t-1}当前时刻c_t中的保留程度。需要特别说明的是，在LSTM中上述三种门均不是静态的，而是由前一时刻h_{t-1}和当前时刻x_t共同决定，通过对其线性组合后非线性激活得到。有了重新设计的隐藏层结构之后，梯度消失的影响减少了很多，使得RNN的训练更加容易，也使得序列数据能够通过较少的预处理与特征工程之后进行建模训练。

除了基于门机制的结构能够降低梯度消失的影响，还可以通过合理的初始化权值、ReLU代替Sigmoid、Tanh作为激活函数等方法来应对梯度消失问题。随着不断研究深入，更多基于门机制的RNN模型被提出，如GRN、Bi-RNN、Deep RNN、Echo State Network、Clockwork RNN，在各类细分领域得到了很好的应用。

在本书第4章中将使用LSTM对结构响应进行预测，并结合异常检测算法来判断响应是否出现异常，并区分结构异常与系统异常。

2. 聚类分析

聚类分析是将一个数据集中的数据划分成多个子集（又称为簇）的过程，每个子集中的数据应该是相似，且与其他子集中的数据不相似。Fraley等人[64]认为聚类分析需要满足以下三点：①同一簇（Cluster）中的数据实例应尽可能相似；②不同簇的数据实例应尽可能不同；③数据之间的相似性或不相似性度量必须明确且含有实际意义。当数据属于欧氏空间时，相似性度量又可称为距离度量，常用的距离函数有闵式距离、欧氏距离（闵式距离的一种特例）、余弦距离、皮尔森相关系数、马氏距离等。当数据属于非欧空间时，常用的相似度函数有Jaccard相似系数、汉明距离（Hamming Distance）、编辑距离（又称Levenshtein距离）[65]等。当数据同时包含两种空间时，可先分别对两个空间的相似性单独计算，然后根据一定的规则将两者计算结果进行整合。

聚类分析属于无监督学习范畴，通常的聚类过程可分成下面4步进行[66]：

（1）特征提取：从原始数据集中挖掘并选择最具有代表性、区分性的特征。

（2）聚类算法设计：根据实际问题的特点设计（选择）聚类算法。

（3）结果评估：量化聚类结果并评估算法的有效性。

（4）结果解释：对聚类结果给出实际解释。

目前已有的聚类算法在簇（Cluster）的定义、如何有效寻找聚类、距离与相似性度量定义上有很大的差异性，因此，即使在同一个数据集上，采用不同的聚类算法，也会产生不一样的聚类结果[67]。而聚类算法结果评估指标常分为内部评估指标与外部评估指标。内部评估指标是采用聚类分析过程中使用过的数据进行评估，而外部评估指标是采用聚类分析过程中未使用过的数据进行评估。Saxena等人[68]整理了6种常用的内部评估指标与6种常用的外部评估指标。当采用内部评估指标时，不同算法评估结果往往不一致，此时无法判断不同算法的好坏；而采用外部评估指标时，也会在一些特殊情况出现评估分数与实际结果不一致的情况。这些问题主要还是因上述簇的定义的差异所引起的。

常见的簇定义通常包括较小的簇成员距离、密集数据区域、符合特定的统计分布等。因此，聚类分析也被认为是一种多目标优化问题。合理的聚类算法选择以及相应的参数设置依赖于需要分析的数据集以及分析目的。聚类分析通常不是一个自动化的任务，需要不断地迭代、反馈、调优直到达到所需要的聚类结果。目前聚类分析有两种基本的策略：一类是层次算法，一类是点分配算法。层次算法第一步是将所有数据点各自作为一个簇，然后根据邻近性的定义，将每个簇与其最接近的一个簇进行合并，通过不断合并直到某一次合并不再满足算法要求后停止。点分配算法是根据一定顺序将每一个数据点分配给最合适的簇当中，往往此类算法会有初始簇的估计，并且簇在算法过程中会发生合并或者分裂。而Han等人[69]认为可分为基于划分、基于密度、基于模型、基于网格这四大类算法。本书更倾向于后者的分类方法。下面就各类算法进行简要介绍，具体算法细节可以参考相应文献。

（1）划分式聚类算法：此类算法的核心思想是将数据点分配给最合适的簇，并认为对应簇的数据点的中心即为该簇中心，反复迭代更新簇中心直至满足算法收敛要求，得到最终结果。这类算法的优点是时间复杂度相对较低，缺点是不适合非球状的聚类问题，通常需要预设簇的数量，聚类结果容易陷入局部最优。常见的算法：K-means、K-medoids、CLARA、CLARANS、BFR等。K-medoids是对K-means在数据适应性方面的改进算法，能够对离散数据进行聚类，且对噪声的鲁棒性较好，但是相对K-means，该算法在大数据量的分析中所需时间过久。

CLARA则在K-medoids的基础上采用随机抽样的技术，使得算法能够在大数据量上进行分析。CLARANS能够在空间数据库上进行聚类，并且计算效率相比CLARA有提高。当在高维欧氏空间进行聚类时可以采用BFR算法，但是其对数据分布要较强的假设：数据需要满足以质心为期望的正态分布[70]。

（2）层次化聚类算法：首先每一数据点自我形成一个簇，然后反复地将所有簇中簇中心点距离最近两个簇进行合并，直到某一次合并不再满足算法要求后停止。所以，此类算法需要提前确定下面3个问题：①簇（簇中心点）如何表示；②如何确定要合并的两个簇；③簇合并如何结束。采用这种过程的算法一般也称为凝聚层次聚类，若将上述过程反过来执行，则是裂化层次聚类。此类算法的优点是能够适应多种数据类型，适应任意的簇形状，具有一定的可扩展性。缺点是时间复杂度一般较高。目前典型的算法有BIRCH、CURE、ROCK、CHAMELEON等[71]。其中，BIRCH、CURE均适合在欧氏空间进行大数据量的聚类分析，CURE相比BIRCH能够在高维空间以及非球面簇形状进行分析。ROCK则是在CURE基础进行改进，能够在非欧空间进行应用。CHAMELEON采用k最近邻图进行动态建模，因此其聚类效果相比固定建模的方式会更好，但是代价是计算复杂度较高。

（3）基于密度的聚类算法：只要邻近区域的密度（对象或数据点的数目）超过某个阈值，就继续聚类。此类算法善于解决不规则形状的聚类问题，广泛应用于空间信息处理，但是当数据密度不均衡时其结果较差。常见的算法：DBSCAN、OPTICS、DENCLUE等[72]。DBSCAN就是对这一类算法定义的直接实现，但是DBSCAN的聚类结果往往受预先设定的近邻参数影响较大，OPTICS针对这一问题进行改进，使其对预设参数不再敏感。DENCLUE则能够对高维数据进行处理，并且抗噪性较好，算法效率相比前两者更高。这三种算法都能够对大数据量的问题进行分析。

（4）基于网格的聚类算法：基于网格的方法把数据对象所属的空间量化为有限数目的单元，形成一个网格结构。将数据对象嵌入到对应的网格当中，之后所有的聚类操作都以网格为基本单元进行，所以这种方法的主要优点是它的处理速度很快，其处理速度独立于数据对象的数目，只与网格空间中每一维的单元数目有关。但这种算法效率的提高是以聚类结果的精确性为代价，结果对算法预设参数敏感，且无法处理不规则分布或高维的数据。代表算法有STING、CLIQUE等。STING能够将数据进行层次化网格聚类，其最大特点是能够进行并行处理，因此具有很好的可扩展性，能够对大数据量的数据进行聚类。CLIQUE则是结合了网格聚类与基于密度聚类的算法特点。

（5）基于模型的聚类算法：这类算法的基本假设是认为由同一种模型生成的数据为一个簇，当数据由多种模型生成时，则聚类结果为多个簇。由于这类算法常采用统计模型，因此最大的优点是聚类结果往往更具有统计意义，其次是能够修改模型类型、预设参数等适应多种数据分布。缺点是算法时间复杂度较大，且对数据假设偏强。常见的算法包括混合高斯模型（Gaussian Mixture Model，GMM）、DBCLASD[73]等。GMM的模型是多个相互独立的正态分布模型，利用期望最大化（Expectation Maximum，EM）算法进行参数拟合来进行聚类。DBCLASD则是一种动态递增的算法，每一次计算最近邻点与簇的距离是否满足由簇中数据点生成的期望距离分布，若符合则归入该簇，反之则不归入。

聚类分析已经广泛地应用在很多领域，包括图像分割、物体识别、文字识别、智能商务、Web搜索、生物学等等领域。图像分割是图像处理中的重要一步，分割往往可以通过层次化聚类实现。在文字识别中，聚类可以在手写字符识别系统中用来发现子类，比如有手写数字的数据集，使用聚类可以把"2"的子类分别找出来，即对应可能出现的"2"的变体，进一步使用基于子类的多模型可以提高整体识别的准确率。在商务智能应用中，聚类可以用来把大量客户分组，其中同一组内的客户具有非常类似的特征，有利于开发针对性的加强客户关系的商务策略。在Web搜索中，每次搜索往往会出现大量相关网页，通过聚类分析可以将结果进行整合，以更加清晰、有效的方式呈现给用户。在数据挖掘中，聚类分析往往是试验性的第一步[74]，之后根据实际问题采取算法进一步处理，比如在预测模型建模、数据可视化中常用到聚类分析技术[75]。需要特别说明的是，聚类分析又称作数据分割，根据数据的相似性把大型数据集合分成多个组，因此聚类分析也可以使用到异常检测中。

在结构健康监测领域中，许多学者使用聚类分析发现了数据当中的潜在规律，并以此为突破口建立了新指标与结构状态之间的关系。Li等人[76]基于对索力时程数据中的峰值数据进行提取，结合聚类分析发现索力比存在固定的几类模式，并定义了索力比这一指标，采用高斯混合模型对其进行参数拟合，通过不同时间的索力比模型参数的变化来反映索状态变化。Langone等人[77]利用数据归一化与自适应核化聚类对结构振动响应数据进行分析，使用未损伤时的结构响应数据进行校准之后，最大化地降低环境等因素对损伤特征指标的影响。

1.3.4 大数据技术应用概况

大数据技术不光在计算机领域有着巨大的价值，它也为越来越多的其他传统领域，如金融、机械、土木工程等，提供了新的解决方案与思路。本节介绍智慧交通、城市规划、建筑工业化、结构运营管养四个领域中大数据应用，以体现大数据技术作为"第四范式"在各个领域的作用。

1. 智慧交通应用

智慧交通前身为智能交通系统（Intelligent Transportation Systems，ITS）。ITS最早由美国在20世纪90年代提出，经过20多年的发展已有了巨大的进展。在最近几年，随着来自更多不同来源的更多数据被收集，ITS逐渐从过去的技术驱动系统走向数据驱动的智慧交通[78]。在交通领域中充分运用物联网、云计算、人工智能、自动控制、移动互联网等现代电子信息技术以及大数据技术，通过对大量交通信息数据进行处理，可使交通系统在区域、城市、城际甚至更大的时空范围具备感知、互联、分析、预测、控制等能力，以充分保障交通安全，发挥交通基础设施效能，提升交通系统运行效率和管理水平。下面主要就道路智慧化与运输智慧化两方面做介绍。

（1）道路智慧化

在道路智慧化过程中，提高道路的通畅程度是首要任务，结合大数据，我们需要从过去传统被动控制与管理转向预判性主动控制，因而对交通拥堵的识别、预测是这一目标的基础工作。

对于交通数据时空特征的分析可以基于轨迹数据进行交通热点分析和异常轨迹的检测，也可以利用历史流量的序列进行区域短时交通流量的预测，还可以在历史拥堵状态数据的基础上研究时空关联性，挖掘拥堵的原因和分析拥堵的趋势。其中，与本节有较大关联的是交通数据的时空聚类分析和基于历史拥堵状态的时空关联性分析。但是，此类方法只能做到定性与少量定量分析，在拥堵分析方面，目前的研究大多集中于拥堵路段或区域内部的交通状态分析和预测，缺乏城市道路拥堵路段的关联性研究，且难以在从主动控制需求产生的角度进行精准化交通需求管理。

近期，基于上海市网约车数据的拥堵区域识别研究，城市道路拥堵形成、发展与消散的机理分析以及城市道路拥堵时空关联性分析，实现对城市道路拥堵全生命周期发展机理的深入理解，从而在城市交通拥堵治理的研究、管理决策中起指导作用。

（2）运输智慧化

运输智慧化主要以公共交通为载体，依靠人员手机信息、车辆信息、交通信息等多源大数据，通过对居民出行模式、地铁车站人流量时空分布等多种数学模型建立，为公众快捷方便的公共交通服务，并提高整体运输效率。

Yuan等人[79]基于一个时变的路段网络图，然后利用出租车的GPS轨迹历史数据去建立不同时刻网络图中各路段所需通行时间模型。建模完成之后，根据出发地与目的地以及出发时间进行两阶段算法得到最快路线规划。使用超过33000辆的出租车的3个月GPS轨迹建模之后，然后采用前面所述算法进行实际路线规划，与其他具有竞争力的方法结果相比，该方法所提供的路线中有60%~70%行驶时间更短，20%结果一致。平均以后，该方法中50%的线路比其他方法结果快至少20%。

由于人们在各个站点对自行车的需求不一致，导致某些站点出现无车可借，而另一些站点可能会出现大量车被还回而无法接纳。因此，提前预测各个自行车租赁点人们对车的需求量（如在未来一个小时各个站点的借出和还回的自行车数量），将有助于提前调度不同租赁站点之间的自行车，做到供求平衡。Li等人[80]利用公共自行车租赁系统数据以及聚类和层次化预测的方法来预测各个租赁站点未来一段时间的租/还数量。该方法在美国纽约与华盛顿两个城市进行验证，均获得较好的结果，超过所有9个基准算法。

2. 城市规划应用

城市规划是着力于研究城市用地未来发展、城市环境与公益设施使用与保护以及城市区基础设施（包括交通、公共网络等）设计等问题的一个兼具技术性与政治性的领域。该领域常需要结合社会学、工程学、设计学等多学科知识，并以此来解决城市规划中会碰到的诸多领域问题[81]。城市规划越来越多地借用了相关学科的理论、知识和方法，因此借用系统工程中的概念，可以将城市规划称之为一个"开放的巨系统"。当对城市进行规划时，规划师需要充分考虑城市当前的建筑、道路、基础设施等在未来的作用，并且结合城市的经济、环境、文化、交通等多因素需求进行土地利用、道路交通、公园绿地及开敞空间、城市基础设施四大规划，满足城市规划的基本职能、实施职能、宣传职能、政治职能。传统的城市规划往往基于美学、建筑学、工程学等学科进行城市发展预测与规划，是一种更偏向感性认识的设计规划。随着城市规划的发展，研究人员及业内人士逐渐意识到这种经验科学的弊病，开始提倡通过数理分析的方法重新构建城市研究方法。在此背景下，空间句法、GIS分析等多种量化分析方法都成为新的研究手段。然而，城市规划学科本身理论基础不稳，属于多学科融合领域，理念变化频繁，目前仍然没有明确的系统化的分析框架。其次，不多的"科学性"规划实践在实际工作中被"效率"、甲方主观要求等多方面压制。数据获取尽管有改善，但是依然有很多鸿沟要跨越。与此同时，如前文所说，现在科学研究"第四范式"——数据密集型科学发现的时代已经来到，数据获取方式日益增多，数据的开放程度也越来越大。于是随着定量城市研究与大数据发生有机结合，产生了四大变革、七类模型，使用计算机对大量的已知数据进行分析挖掘出数据间的相关关系，并以此去发现新的理论、机理。

郑宇等人[82, 83]在2015年提出了城市计算这一概念以及对应的分析基础框架，其中城市规划则是一典型应用场景。如，利用高速和环路等主干道将城市分割成区域，然后分析大规模车流轨迹数据在不同区域之间行驶的一些特征，便可找到连通性较差的区域，从而发掘现有城市道路网的不足之处，也可以利用人的出行数据来分析各个区域的功能以及配套商业的成熟度。由大规模数据驱动的兼顾大尺度范围和精细化研究单元的"大模型"定量城市与区域研究工具出现。在实际应用中，国内外不少学者基于公共交通智能卡数据（Smart Card Data，SCD）进行城市研究。比如采用公交SCD对城市空间结构分析，能够帮助解决城市的居住、就业和职住平衡问题。还能利用包括SCD在内的多种大数据以及小数据评价城市增长边界的实施效果。

因此，总的来说，基于大数据的城市规划能够更有效地发现城市的内在运行特征、机理，并且能够更加准确地去判断城市未来的发展需求，以此进行更合理的城市规划。但是以目前的发展情况来看，大数据不太可能给规划带来整体性、实质性的变化，特别在大数据来源、大数据处理分析技术等方面的相关问题亟待解决。

3. 建筑工业化应用

建筑工业化是指通过大范围使用计算机进行现代化的制造、运输、安装和科学管理的生产方式，代替传统建筑业中分散的、低水平的、低效率的手工业生产方式。通过大数据对以往建筑生产中数据进行处理，可进一步提高建筑产业的智能化、信息化和自动化水平。它的主要标志是建筑设计标准化、构配件生产工厂化、建造智能化与数字化、施工组织管理科学化。本节主要介绍大数据在设计、建造、施工中的落地应用。

（1）建筑设计标准化与自动化

在进行建筑设计时，设计人员通常是在项目的约束条件下根据过去的经验规律进行试验型设计，然后在几种可行的方案中选择较优选项。这种设计方法，在面对常规建筑设计时会造成明显的人员浪费，应该根据历史设计方案自动给出合理设计方案；而在面对非常规建筑设计时，根据经验规律的设计方案往往不容易达到最合理设计。随着计算机硬件水平不断发展与算法的不断进步，一种名为"生成设计"（Generative Design，GD）的设计方法开始引领工业界设计方式的转变。

生成设计是一种模仿自然进化法则的设计方法。设计人员或者工程人员只需要将设计目标、材料参数、施工方法、造价等条件输入到生成设计软件中，算法将快速遍历各种设计方案，并且每一次迭代都会对设计结果进行测试并学习。最终会给出几百几千个可行的方案，并以多种方式呈现供设计人员根据需求选择。生成设计不仅能够节省设计人员的时间，还能够提出一些传统工艺无法实现的设计，从而推进工艺的发展。其次，在一些重要结构进行数值模拟分析时，对模型的复杂度与精度之间的权衡是一个较为困难的问题，Gandomi等人[84]提出了一种多目标遗传算法来对复杂工程问题进行建模，这一方法能够自动地选择模型中最重要的一些参数去建立模型，并在精度与复杂度之间取得平衡。该作者针对混凝土徐变建模这一问题，利用NU-ITI数据库数据进行模拟，得到了良好的结果。

除此以外，通过大量历史设计数据以及多种学习算法，也能够帮助设计人员对一些常规建筑进行快速选型设计。Jootoo等人[85]利用NBI数据库中的超过60万座桥梁数据进行分析，结合特征工程以及机器学习等方法建立了一套桥梁选型算法，以帮助工程设计人员根据设计需求快速准确地选定合理的桥型。在构件层次上，基于过往的设计数据进行大数据分析，可为装配式建筑的构件模数化、标准化提供参考，以形成通用标准，降低生产成本。

（2）施工智能化管理

传统的施工管理数字化水平很低，多数采用人工抽检来进行。因此会存在施工质量不达标、施工安全问题严重、材料管理不到位等多种问题。随着越来越多检测、监测设备入驻施工现场，施工现场的数据量大幅度增长，使得施工管理的智能化程度逐步提高。

住建部于2014年颁布《建筑与桥梁结构监测技术规范》GB 50982—2014，详细规范了结构在施工期间监控与使用期间监控。施工监测能够一定限度地解决施工质量不达标的问题。如江苏大剧院的底环梁设计超出了一般的常规设计，导致在上部各阶段施工荷载作用下，大型空间混凝土结构尤其是底环梁部分受力复杂，力学机理不明确。对于施工安全问题，随着摄像设备的高清化、廉价化，施工过程安全问题可以采用计算机视觉技术替代人工进行分析判断。通过施工区域的实时高清影像，计算机可对视频每一帧进行动作识别，从而对工人的行为进行安全性预判。Gong等人[86]利用计算机视觉技术与Bag-of-Video-Feature-Words模型、简易贝叶斯分类器去学习、识别在复杂施工现场的工人动作与机械设备的行为。Ding等人[87]利用一个同时使用CNN与LSTM两种架构的深度学习模型对施工现场的监控画面进行学习，自动化地判断危险行为。除上述问题以外，施工过程会经常遇到施工工期延后的问题，因此需要对延期的原因进行分析，方便工程人员更加快速有效地判断工程延误原因，并进行相应整改，加快工程进度。Kim等人[88]分别利用统计与机器学习方法进行施工延期因素分析。

同时，施工现场的大量数据结合BIM、虚拟现实、增强现实、大数据、物联网、智能机器人、智能穿戴设备、手持智能终端设备等技术和设备，能够实现施工现场与项目管控信息系统的远程控制、联动管理和互联互通，进一步降低施工现场的人工管理费用，提高现场智能化程度。

（3）数字化建造与施工技术

在全球工业化、信息化、智能化的大背景下，3D打印、机器人、人工智能、大数据等技术的涌现为重大土木工程结构的智慧建造提供了新的机遇与技术保障。通过结合3D打印与"生成设计"等新型建筑设计方法，可进一步开展新型结构体系、防腐防火一体化、梁柱连接节点、围护体系与主体结构标准化连接件等装配式建造技术开发与应用，并促进超高、超长、超深结构等复杂工程结构自适应施工控制理论和技术，实现施工的高效化和精准化。同时，利用面向土木工程需求的光测、光纤、雷达等三维感知与监测技术，基于土木工程结构监测的人工智能和大数据处理方法进行结构全寿命周期成本最优决策，提供城市基础设施快速检测、快速评估系统、快速应急保障方案。

1.4 结构健康监测与大数据技术融合发展的趋势

结构健康监测与大数据技术的融合发展是未来结构健康监测与运维的重要发展趋势。本节从检测技术与监测技术两方面出发，介绍融合结构检测与监测结果的长大跨桥梁性能评估思路。

1.4.1 融合结构检测与监测结果的结构性能评估思路

受环境因素和荷载效应共同耦合作用，结构会逐渐劣化，直至显著损伤乃至破坏。基于定期检测的结构技术状况评定是现有评价桥梁当前服役性能的主要手段。我国以住房和城乡建设部的《城市桥梁养护技术标准》和交通运输部的《公路桥涵养护规范》为指导，通过人工点检或无损检测技术对桥梁构件破损状况进行评分，再根据其重要程度进行综合评估和安全等级划分；对于划分为四、五类的桥梁再进行静载试验评估承载能力。美国联邦政府交通部门通过收集全国桥梁结构基本信息，建立了国家桥梁档案数据库以方便维护管理。在此基础上，美国联邦公路局开发了桥梁等级管理Pontis®系统；同时美国交通运输委员会领导的国家公路合作研究项目开发出BRIDGIT™系统。这两大桥梁管理系统至今在工程实践中广泛应用。日本土木工程学会出版的桥梁维护管理规范中，在结构的评定过程中率先引入了结构的非线性抗震分析以应对其地震频发的工作环境。

近年来，基于桥梁监测数据对桥梁进行性能评估与长期性能预测成为研究热点。例如，Liu等人[89]通过引进状态函数外推桥梁非监测测量点的数据以及引进预测函数预测桥梁未来时间的监测数据极端值，推导了在活荷载监测数据的影响下桥梁的当前以及未来一段时间的性能评估。Okasha等人[90]利用贝叶斯更新理论，将健康监测数据与先验的荷载效应模型结合，对船的两种失效模型进行了全寿命周期的性能评估。但是仅利用监测数据提升结构长期性能模型的方法需要处理健康监测不确定性因素的影响，考虑到桥梁结构长期性能劣化过程的复杂性，简单的数学预测模型计算方便但是不能反映桥梁退化的环境—荷载的耦合演化过程。

针对桥梁的劣化，大量的学者从劣化的机理角度建模，基于劣化模型对桥梁进行长期性能研究。Akgul等人[91]针对某一座钢桥主梁，选取了25个确定性的参数和13不确定性的参数，结合AASHTO规范建立各种极限状态方程计算当前状态下桥梁的可靠度并引入钢结构腐蚀渗透模型进行时变性能的预测。Saad等人[92]考虑了混凝土桥梁在疲劳、腐蚀共同作用下结构性能的退化，并依据预测的结构可靠度模型进行桥梁结构的优化设计。但结构的破坏是耦合多个时空尺度的现象，仅仅基于结构参数的劣化模型忽略了对微观、细观损伤机理的描述，不够准确。Sun等人[93]将连续损伤模型耦合在有限元方程的应力应变关系中，在多尺度框架下寻求解决大型工程结构中损伤跨尺度演化致结构失效过程的模拟和分析问题，通过多重网格自适应划分实现了桥梁的损伤演化过程。但是桥梁结构在服役期间受各种不确定性因素的影响，使得此种预测方法与桥梁结构的实际演化相差甚远。

另外，在已知极端灾害发生的情况下，目前绝大部分在役桥梁缺乏一套迅速反应的技术方案及评估方法。美国交通运输委员会NCHRP14-29项目报告指出，在灾害发生的瞬间到一天范围之内，现今最有效的手段依然是传统的基于人力的目测或设备的非破损检查，或已有健康监测系统桥梁的快速损伤识别；同时指出许多高科技手段，如以无人机为代表的机器人、人工智能及大数据技术，在不远的将来将代替人力进行完全自动化检测及评估。

总体来说，传统检测需要大量的人力物力，费时费力，费用昂贵；而现阶段健康监测技术虽然在及时预警方面起到了积极的作用，但是缺乏有效的数据处理方法，全寿命周期内结构性能评估与维护管理处于起步阶段，难以有效实现对大部分在役桥梁结构的长期性能评估与安全管理。因此，利用先进的传感技术和监测手段对重大工程结构进行快速、自动化、智能化检测与监测，从结构检测和监测两方面的技术突破真正实现对桥梁安全性能的评估，通过全寿命周期内的理论突破切实有效地保障结构安全并最小化结构全寿命周期内的维护管理费用。例如本书作者提出采用现代无人机技术、微波雷达技术、机器视觉技术等先进技术对重大工程结构进行快速、自动化、智能化的检测和监测，研究重点是利用定期检测和监测数据进行理论创新，实现在役工程结构的长期性能评估及全寿命周期管理，所提出的研究思路如图1-3所示。一方面，利用现代无人机技术、深度学习等先进技术对结构的服役状态进行智能检测，实现结构的外观病害自动化检测和精准评估；另一方面，利

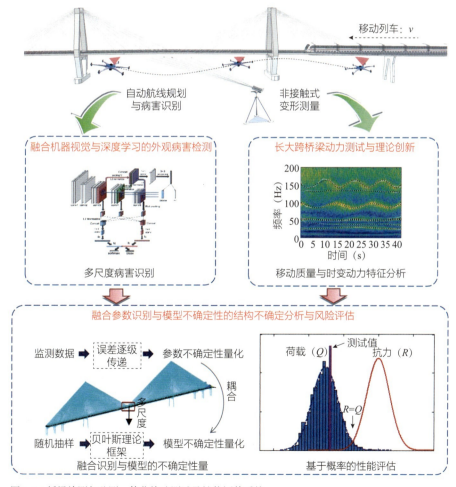

图1-3 桥梁检测与监测一体化快速测试及性能评估系统

用微波雷达非接触式位移测量设备、长标距应变等先进传感技术对结构的动力响应进行采集，并结合新型信息技术实现结构的快速动力测试。重大工程结构的智能化检测和自动化检测技术是结构健康检测技术的未来发展趋势，是保障结构安全运营及状态预警的重要手段。在结构的智能化检测和自动化检测技术中均涉及海量数据的处理，都需要用到新兴的大数据技术。因此，在本书1.4.2节和1.4.3节将分别详细介绍检测技术智能化和监测技术对大数据技术的需求。

1.4.2 检测技术智能化对大数据技术的需求

各种智能化的检测设备与技术层出不穷，其应用场景与数据处理与大数据技术的发展密不可分。随着硬件设备的自动化以及人工智能算法的引入，智能化检测技术必定是今后的发展方向。首先，随着机械制造自动化水平越来越高，结构检测市场的逐步扩大，基于广泛的无损检测方法和半破损检测方法，便携化的无损检测装备逐步出现，越来越多的自动化的检测设备走进桥梁检测领域，推动着结构检测技术不断进步与发展，全自动化检测机器人逐步代替人工检测，实现全自动化检测。其次，新型智能传感技术如无线传感、光纤传感、基于生物的传感技术、微波雷达等如雨后春笋般出现并得到迅速推广，各类型传感器和数据采集系统等健康检测技术所需要的硬件基础逐步建立，同时基于图像视频数据传感及分析正在如火如荼地展开研究。然后，基于机器视觉的裂纹识别算法、基于三维点云的结构几何鉴定算法等理论与算法的建立进一步提升了检测在处理数据方面的智能化程度。总之，随着传感器技术不断发展，计算机数据存储与计算能力的不断增强，更多数据分析算法的提出，结构检测技术的智能化成为一大趋势。

检测技术目前在隧道结构、路基路面结构、铁路结构和桥梁结构四个方面呈现全面自动化的趋势。其中，隧道、路基路面与铁路的结构形式较为单一，因此均有较全面的自动化检测系统被相应开发，而桥梁结构形式多样，长期以来，传统的桥梁检测需要维护人员悬挂在桥梁下方，或从高架平台上进行检测。不仅耗时费力，还易忽略细节之处，为桥梁质量埋下隐患。若借助智能检测机器人，这些作业将改为使用配备摄像头的小型无人机和带集音器的机器人。对于水下作业，水下机器人检测系统一样可代替人工作业，通过实时视频对水下结构进行观测。这些自动化检测设备多集中在局部区域的检测，因而桥梁全面的自动化检测系统也是一大研究热点与趋势。

首先，大数据等人工智能技术已经在土木工程中损伤检测、裂纹检测、基于空间数据的结构几何评估等多子领域进行应用。在损伤检测中，Lin等人[94]设计了一种针对时域信号分析的CNN架构，其输入为9个节点的竖向振动加速度信号，输出为11个元素的向量，分别表示10个单元是否损伤以及结构是否完整。并利用数据增强技术增加了可用的训练样本，训练的CNN模型在4种测试工况中，预测准确率分别达到94.57%、93.9%、86.99%、77.86%。在裂纹识别中，Cha等人[95]设计了一种CNN架构，通过4万张256×256像素的图片混凝土裂纹图片进行训练，可达到98%的分类（是否有裂纹）准确率，进一步在55张大尺寸图片上采用滑动窗口的方式对其进行裂纹所在位置的检测，其结构明显好于Canny边缘检测、Sobel边缘检测这两种传统方法。

其次，地面三维激光扫描技术是一门新兴的测绘技术，是测绘领域继GPS技术之后的又一次技术革命。该项技术现在已经成为空间数据获取方面重要的技术手段，为测量和研究目标构筑物的三维信息带来了方便，在古文物保护、数字城市建设、建筑监测等多个领域得到了应用。三维点云技术主要由两大方面构成：①点云数据获取；②基于点云数据的三维重建。目前越来越多学者开始将该技术应用到土木工程中，Riveiro等人[96]利用激光扫描技术进行大型三维点云建模，并结合启发式方法与图像处理工具自动化地对石拱桥结构不同的部位进行分块处理，这些分块结果能够为结构提供几何角度监测的必要数据。Cabaleiro等人[97]利用密集点云数据与莫尔理论对具有非常规几何外观的木结构梁进行了自动化变形监测，这种非接触测量结果与传统接触式测量结果误差在实验室环境下不超过5%。Qi与Su等人[98]设计了一种全新的神经网络来处理三维点云数据，使得此类神经网络（称为PointNet）能够直接基于点云数据进行三维物体分类、分块。

最后，当大数据分析技术、云计算技术与计算机视觉技术相结合，我们能够以更低成本对更广的范围进行检测，并从海量数据中挖掘出更深入丰富的信息。如，传统的震害调查需要对震害现场进行抽样、调查和访问，费时费力，且结果不够精确。现在，图像获取变得非常容易，特别是结合无人机，能提供更多角度的图像，通过多种图像处理分析方法，对大量照片进行分析，可以快速确定建筑物的破坏情况，得出建筑物的破坏规律，并确定地震烈度。国内外越来越多学者开始使用无人机高效拍照、图像处理技术、云计算技术对灾害前后的结构、区域乃至城市进行震后快速评估。在多张图片进行三维空间模型重建过程中，最常用的就是Structure from Motion（SfM）技术与Multiview Stereo（MVS）技术。使用这些技术方法能以较低的成本获得实际物体的三维点云数据。Agarwal等人[99]建立了一套采用分布式计算机视觉算法的三维重建系统，通过图像分享网站中超过10万张的城市照片分析，能够在不超过1天的时间内对城市三维模型进行重建。Byrne等人[100]采用无人机所拍摄的视频对结构进行三维模型重建研究，并说明了合理的视场角选择能够同时满足精细度要求与拍摄覆盖度要求。

在养护市场爆发式增长的背景下，智能化的检测技术将缓解技术人员的不足，同时还将提高检测的精度，并得到高度量化的结论，提供更有效的管养决策方案，提高基础设施的安全性。因此，检测技术的智能化必然是未来维护管养领域发展的重点。

1.4.3 健康监测技术对大数据技术的需求

结构健康监测会产生海量的监测数据，大量的监测数据本身就是大数据技术的基础，大数据技术的发展能够充分深入挖掘结构健康监测数据的信息以更好地支持长大跨桥梁的运维。结构健康监测技术具有良好的学科交叉背景，能够快速吸收新的技术推进其发展。一切新技术的接入，都旨在降低健康监测系统布置以及运营门槛的同时，提高结构健康监测技术的智能化程度。如今，大数据技术引入将对健康监测系统全方面进行改善提高；数据挖掘、机器学习技术的融入，可以利用更多类型的监测数据并挖掘更多丰富的结构相关信息知识；云计算与物联网技术的融入，可以使结构群协同分析具有可行性；计算机视觉技术的融入，可以使监测范围进一步扩大。健康监测在大数据技术的推动下迎来了进一步的发展。

结构群的海量检测数据的处理问题是大数据技术良好的应用场景，下面以长江流域多座跨江大桥结构群协同监测为工程案例进行介绍。这些大桥通过应用分布区域传感理念，由关键监测区域构成关键监测段再构成监测子群最后可形成监测结构群。图1-4为长江流域五大桥协同监测网络系统。

虽然结构群协同监测在创造如此多的优势的同时，同样面临着数据处理的挑战，迫切需要与大数据技术融合来进一步进行结构数据的深层次的挖掘和分析来支持桥梁结构的运行与维护。下面列举一些健康监测数据与大数据技术结合的例子。例如，在监测系统中数据的准确性是有效评判结构状况的前提与基础，需要大数据技术进行自动化的检测与修正。由于监测系统在采集数据过程中会遇到噪声干扰、传感器故障或者传输网络故障等状况，这些海量原始数据中会包含大量噪声，甚至存在严重故障数据，这些数据的存在会直接影响后期桥梁健康诊断的准确评估和及

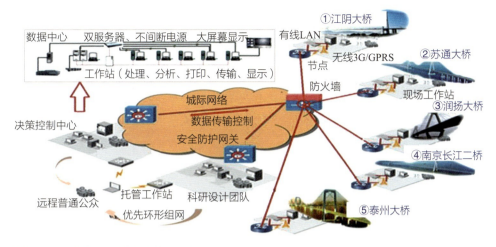

图1-4 长江流域五大桥协同监测网络系统

时预警。因此，利用数据挖掘、机器学习等大数据应用层相关技术使得健康监测系统具有更高效的自动化判别数据异常以及区分结构异常（Structural Anomaly）和系统异常（System Anomaly）的能力是一大趋势。进而对出现系统异常的数据进行数据进行预处理，保证其传输至后续结构性能评估以及结构寿命预测中的数据是基本准确有效的，避免出现"垃圾进垃圾出"的情况。Bao等人[101]利用计算机视觉与深度学习技术对监测数据进行异常分析，自动化地对6类异常模式进行识别。本书作者利用Long Short-Term Memory（LSTM）深度模型以及数据异常检测等技术来实现系统自动化地异常分析，将在第四章结合工程案例进行详细介绍。其次，基于监测数据的深入挖掘需要大数据技术，以支持大跨桥梁结构的运维。通过图像数据与大数据的深度学习技术进行结构的外观病害检测；通过长江流域多座跨江大桥的温度监测数据的协同分析，可得出适用于既有环境下桥梁的温度场分布，并与现有规范中温度假设进行对比互验，得出温度对桥梁结构的影响；基于视频技术开发桥梁运营阶段车辆荷载的快速识别方法，可实现对结构群协同监测范围内车辆荷载的快速识别与特征统计，避免昂贵的路面动态称重系统的安装；通过各类桥梁结构的结构群监测数据协同分析，揭示结构在运营时的内在机理，建立结构变化的固有模式，形成控制的指标及评价方法。

本章介绍了土木工程结构维护管理的迫切需求，详细综述了现有结构技术能力评估、承载能力评估规范方法、现有结构检测方法。传统的检测方法能够有效地对结构性能进行评估，但主要依靠人工，费时费力，因此，基于先进传感技术的结构健康监测技术应运而生。本章对结构健康监测的基本定义、常用的先进传感技术、环境振动测试、冲击振动测试、桥梁结构的快速测试方法以及结构健康监测规范制定情况进行了详细介绍。然而，不管是在结构检测技术还是在结构健康监测技术中，均会产生更多的数据类型（如图像、时间序列等）和更大量的数据，如何对海量数据进行有效的分析是一个亟待解决的问题。近年来，大数据技术是一个很热门的研究方向，本章详细介绍了大数据的定义、技术体系、关键技术和现有的应用概况。最后，对大数据技术与结构检测、健康监测的融合趋势进行了分析，指出利用大数据技术可以深入挖掘大量检测和健康监测系统采集数据的内在信息，从而实现结构智能化检测、自动化监测和有效评估，切实有效地保障结构的安全运行并减少结构的维护管理费用。

全书分别从多个维度进行了健康监测数据与大数据技术相融合以进行长大跨桥梁的性能评估。首先，在基于图像大数据的健康监测方面，针对结构外观智能化检测和车流时空分布这两个研究热点展开，在第二章和第三章以开发的吸附式结构外观检测无人机和安庆长江大桥车流量时空分布分析为例展示了大数据背景下自动化检测与人工智能的有机结合。而为了能快速、实时地从大体量监测数据中找出潜在的异常监测数据，第四章进行了基于大数据的结构监测异常识别分析；第五章对基于监测数据与快速贝叶斯理论的长大桥参数识别与不确定性量化分析以及在苏通大桥的应用情况进行了介绍；在第六章与第七章分别从长大跨桥梁的温度场监测分析与多尺度温度场应力计算的角度进行了长期数据的挖掘工作；第八章进一步考虑了新型的非接触式测量带来的数据分析难题，进行了基于非接触式测量与信号盲源分离的桥梁挠度监测与索力识别；第九章又进一步考虑不确定性的影响，进行了基于误差逐级传递与随机抽样理论的长大跨桥梁性能评估。

第 2 章

基于大数据的
结构智能检测技术

检测是结构建造、运营、维护的重要环节，自动化、智能化已经是工程检测技术发展不可避免的趋势，本章从隧道结构、路基路面结构、铁路结构和桥梁结构四个方面综述自动化检测方法发展的现状，并对基于图像处理的结构外观病害检测方法研究现状进行了总结介绍，针对现有技术中存在的问题，详细介绍了基于深度学习技术的裂缝自动化检测方法，并以开发的吸附式无人机为例展示了大数据背景下自动化检测与人工智能的有机结合。

2.1 结构检测的智能化趋势

传统的检测技术以人工检测为主，主要依赖于目测法和基于仪器的局部检测方法，往往需要中断结构的使用，并借助支架或者桥梁车等大型设备的协助，检测准确性在很大程度上依赖于检测人员的专业水平和检测经验。并且，根据国家中长期路网规划，青藏公路、川藏铁路等中国乃至世界上最为复杂艰巨的公路铁路建设已完成或即将新建，其特点是路网所包含的桥隧数量巨大（例如全长1542km的川藏铁路81%为桥隧）且所处自然环境极其复杂（复杂地质条件、显著地形高差、频发山地灾害、强烈板块活动）。常规以人工为主的检测技术难以胜任地处偏远、环境恶劣、数量巨大桥梁群的检测评估。

在结构检测市场的逐步扩大与检测效率亟须提高的背景下，不断有先进的新技术被引入到土木工程结构检测当中。无损检测设备逐步倾向于便携化、智能化以及无人化操作，并且能够全面代替人工检测，实现全自动化检测。下面从隧道结构、路基路面结构、铁路结构和桥梁结构四个方面综述自动化检测方法发展的现状。

2.1.1 隧道自动化检测技术

隧道结构大部分由钢筋混凝土构成，所以在大多数情况下，隧道结构出现的损伤主要表现为隧道裂缝、混凝土脱落、风化和泄露。目前，比较成熟的隧道自动化检测系统有TunConstruct系统、ROBINSPECT系统以及ZOYON-TFS系统。

TunConstruct系统主要有三大功能：①表面清洁准备；②裂缝注入式修补；③纤维复合增强材料加固[102]。TunConstruct系统包含一个移动操纵平台，该平台由一个7自由度的机械手组成。使用过程中，操作人员只需在驾驶室通过人机交互界面控制机械手臂，通过视觉识别系统确认距离隧道表面的距离，接触表面后通过压缩空气清除表面杂物，将干净的结构层清理出来，然后通过喷嘴向隧道裂缝中注入环氧树脂，进行结构裂缝的修复，最后在结构表层铺装纤维复合增强材料进行加固修补。TunConstruct系统在使用过程中，无须进行交通封堵，也不需要搭建脚手架，大大降低了隧道结构损伤检测修补的费用。

ROBINSPECT系统是欧盟委员会第七框架系统下面的子项目，该系统由隧道结构检测技术驱动，并将最新的智能化机器人系统集成进去，同时该计算机的视觉识别系统具有自主学习能力，能够从广泛的隧道结构病害数据库中获取重要信息[103]。ROBINSPECT系统包括一个轮式移动平台，其上搭载一个臂展在4~7m的机械操作手臂，机械手臂上搭载各种摄像机与人工视觉算法的裂缝检测和表征裂纹超声波系统。该系统分为三个层次对隧道进行检查：①第一层次利用激光导航地位系统沿着隧道行进，依靠系统所携带的单反相机进行拍摄，通过图像识别法来识别隧道损伤；②如果损伤较大则进行第二层次的检查，利用激光探查和记录损伤大小；③如果采集到的损伤是一个相关损伤则进入第三层次检查，将机器人顶端的超声波传感器与裂缝接触，用声波来测量裂缝的特性（宽度和深度等），同时立体摄像机采集周边的空间位置信息。操作人员只需要在控制程序后台进行操作，该系统在TunConstruct系统的基础上进一步降低了人员操作的工作量，并且能够更为完善地输出隧道结构损伤状况。

ZOYON-TFS系统（图2-1）是国内首台自主研发的快速、无损隧道多功能检测系统，由武汉武大卓越科技有限公司自主研发，以中型卡车作为车载平台，在平台上安装多个精密传感器，通过无损检测方式，一次通行即可完成全部隧道综合数据的采集。该系统主要包括主控子系统、形变子系统、裂缝子系统、红外子系统4个部分。其中，主控子系统采用主动、被动、授时同步等多种方式，协同各个传感器同步采集数据，为多个业务测量系统提供统一的时空基准；形变子系统由单台高精度激光扫描仪构成，用于检查出隧道表面细微的段差并测量出检查所需要的高精度3D形状，检测形变精度0.2mm；裂缝子系统由34台LED照明及16台高速相机组成，裂缝检测精度达到0.2mm；红外子系统由多台高分辨率红外热像仪组成，用于完成隧道内壁热图像数据的采集，通过温度差异性分析，实现隧道内壁渗水、漏水、脱空等病害的识别。人工检测1km隧道肉眼测量约需要20人消耗4h才能完成，而该系统可以以80km/h的速度对隧道进行动态连续检测，每日检测里程可达500km，仅需1名技术操作人员，检测效率是人工检测的6400倍，填补了国内市场空白。

 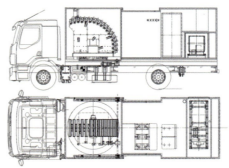

（a）ZOYON-TFS系统检测隧道　　　　　　（b）ZOYON-TFS系统结构图

图2-1　ZOYON-TFS隧道快速测量系统[53]

2.1.2　道路自动化检测技术

道路结构相较于隧道、桥梁、铁轨要简单一些，目前路面无损检测技术也非常成熟，自动化检测设备也非常繁多。对于路面结构，其衡量指标比较成熟，主要有：路面损坏（PCI）、路面平整度（RQI）、路面车辙（RDI）、抗滑性能（SRI）、结构强度（PSSI）等。下面以澳大利亚ARRB公司开发的鹰眼2000以及美国东北大学开发的VOTER小车作为典型案例进行简要阐述。

鹰眼2000系列（Hawkeye 2000）是由澳大利亚ARRB集团开发的模块化路面检测评估解决方案。系统的模块化设计便于其不断地升级与扩展，对于计算机硬件的要求较低可以安装在多种车辆上[104]。鹰眼2000中可集成的模块有路面裂缝自动检测系统，可以自动检测路面裂缝以及其他路面特征；数字激光断面仪，可以与多种传感器搭配使用收集路面状况基本数据；数字成像系统，可以实现路面裂缝识别和路面状况记录；地理信息系统，可以收集路面地理信息生成连续三维地图；光检测和测距系统，可以便捷测量检测车附近的距离信息。

VOTER多功能检测车项目是于2009年受美国国家标准与技术研究院（NIST）技术创新项目资助，由美国东北大学王明亮教授团队牵头完成[105]。该项目成功地将路面检查从定期巡检过渡到公路的连续全网络健康监测。检测车集成了多样化的传感器，如TEASe胎压激振声传感器、GEARS千兆赫兹电磁阵列漫游传感器、SLiMR表面观察毫米波雷达等。将这些传感器集成为一个多模块传感器中心，安装在专用的检测车上或者现有的公用设施车辆（如出租车、邮车、环卫车、警车等），让其在城市公路或者州际公路上运行。在行进过程中，由轮胎和高频脉冲雷达产生的声波来检测路面表面缺陷、地下结构脱落状况、腐蚀层的厚度和性质，用毫米波雷达来确定路面近表面性能

（如钢筋锈蚀状况），辅以光学系统进行路面状况记录。在检测车运行的过程中，车载数据处理中心能够很快根据所测得数据计算出路面质量评价指标，并实时地将计算结果记录到Google road模块，便于在线查询，同时能够为路基路面维护业主提供详细的损伤状况报告，指导业主更有效地对路面进行维护管理，极大地降低了维护管理费用。

2.1.3 铁轨自动化检测技术

对于铁轨维护管理工作者来说，有几个指标是需要重点关注的，如：轨距、外轨超高、轨道曲率、轨间水平误差、轨道垂直断面。这些指标可以用来判定铁轨结构是否处于安全服役状态，所以世界各国铁轨检测工作者围绕着这些可量化的指标开发了许多自动化检测设备。

日本新干线Doctor Yellow由7节车厢组成，全身涂成醒目的橘黄色，给人以安全感。它被称为黄色医生，因为这是用在东海道和山阳新干线上的铁道监测和维护车辆[106]。它是在700系列新干线的基础上发展而成的，总共生产了2辆。它的任务是检查铁路质量、电缆线、通信电路和其他信号机器。Doctor Yellow的最高时速是210km。Doctor Yellow有规律地在日本各条新干线上运行，大概每六天重复检察同一条线路，车上装有探伤设备，可高速行驶同时监测铁路状况。

ENSCO集团公司将其铁轨检测产品分为四大类：单厢检测车、专用检测车、高速铁路检测卡车和无人驾驶检测车[107]，比如为华盛顿都会区运输局（WMATA）开发的铁轨检测车（WMATA Track Geometry Vehicle）就是典型的单厢检测车，在该检测车上搭载多样传感系统，可以动态连续记录轨道垂直断面，也可以通过超声波、红外线等多种方法探测记录铁轨损伤。针对铁轨便捷检查的CTIV（Comprehensive Track Inspection Vehcle）是典型的高速铁路检测卡车，可以便捷地完成铁轨重要参数的检查，并通过红外线、超声波等手段探测铁轨损伤并记录图像。ENSCO公司集团正在研发的V/TI（Vehicle/Track Interaction Monitor）是目前少有的全自动化无人铁轨检测车，全面依靠无线网络传输数据，操作人员远程控制，动态记录并存储铁轨损伤信息，为铁轨养护部门提供关键的养护信息以及管养建议。

CRH380B-002高速综合检测列车（图2-2）是我国自主创新研制的高速综合检测列车，设计时速400km，采用先进的检测技术和方法，该列车能够在时速350km以上运行条件下持续运营检测，CRH380B-002高速综合检测列车在功能和技术上都远远超过了国际水平，具有完全自主知识产权，是世界上速度等级最高的高速铁路综合检测轨道装备[108]。CRH380B-002高速综合检测列车安装了GPS天线、语音

轨道检测系统　　　　　　弓网检测系统

轨道动力学检测系统　通信检测系统　　信号检测系统

（a）CRH380B-002实物图　　　　　　（b）CRH380B-002综合系统

图2-2　CRH380B-002高速综合检测列车

检测天线、数据检测天线、激光位移传感器、摄像头、火花传感器等上千个传感器和相关检测设施，具备了对高速铁路轨道、接触网、轮轨、动力学、通信、信号等六大系统200多个参数进行实时同步检测、试验及综合处理的能力，并可将数据通过车地无线数据传输系统传至地面控制中心。电磁兼容性好是该检测车的另一大优点。一般来说，列车牵引功率的加大、电气设备密度增大，使动车组电磁环境更加恶劣和复杂，同时精密检测设备对电磁干扰提出了更高技术要求，通过对受电弓离线电弧引起的电磁干扰与防护、电力电子器件引起的电磁干扰与防护、电磁干扰抑制技术等方面进行了专题研究，分析了检测列车的电磁空间分布特性，制定了电缆走行线路、电磁敏感设备安装位置、电缆电磁防护、敏感设备的电磁屏蔽、接地方案等一系列技术措施。检测试验结果表明，车内最大干扰电场低于标准要求的10%，效果良好，完美地实现了电磁兼容技术的创新，实现了高速条件下检测数据实时采集和精确测量，构建的车载综合数据处理系统，满足了各检测系统同步检测、数据集成、综合处理和分级评判的需要，不仅进一步保障了高速列车运营的安全性、平稳性、舒适性，同时还可提高高速铁路基础设施检测效率，为我国高速铁路基础设施管理和养护维修辅助决策系统提供支持、保证高速铁路高效安全运营，也为我国高速铁路基础理论研究和高速列车应用技术研究提供试验平台。

2.1.4　桥梁自动化检测技术

1. 索的自动化检测方法

悬索桥和斜拉桥作为特大型经济桥梁，被普遍采用。悬索和拉索作为这类桥梁的主要构件，其安全性得到了普遍关注。缆索检测及维修主要由人工完成，常见的方法是，用卷扬机拉动检修人员挂笼，沿着拉索上下移动进行检测和维修。这种方法效率低、危险性高，因而一些融合先进技术的检测新方法涌现出来（图2-3）。由中铁大桥局武汉桥梁科学研究院新技术研究所研制的斜拉索无损检测机器人"探索者"，机器人搭载高清分辨率数字式摄像头、磁通量缆索无损断丝检测系统，内置视频和雷达系统。通过其陀螺防翻转系统，检测人员还可实时控制机器人的运行姿态、纠正其偏转角度。机器人在斜拉索上爬升的过程中，会对斜拉索的外观损伤、内部钢丝缺陷（锈蚀、断丝等情况）进行全自动无损检测。

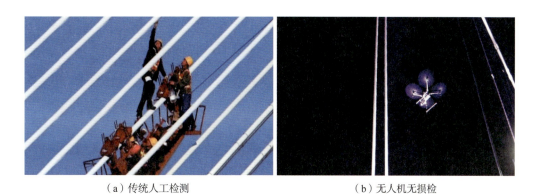

（a）传统人工检测　　　　　　　　　　　　　（b）无人机无损检

图2-3　拉索检测技术

2. 桥面自动化检测方法

桥面板自动化检测：桥梁面板性能评估机器人RABIT™，这一项发明极大地提升了桥梁面板结构检测的自动化水准[109]。RABIT™桥面评估工具拥有六大核心技术，分别是：①全景摄像技术，实时360°高品质的采集所检测桥面板周围图像；②全高清专业相机，近距离拍摄桥面板高清晰度图像，应用图像处理法发现桥面板结构表面损伤；③电阻率检测技术，用来检测混凝土内部腐蚀状况；④冲击振动回波测试和超声波测试技术，用于评价混凝土桥面板强度和探明混凝土结构内部损伤；⑤探地雷达技术，利用电磁波探明混凝土桥面板中钢筋腐蚀状况，为混凝土桥面板恶化提供定性评估；⑥全球定位系统（GPS），实时记录所检测桥梁的地理信息系统，为数据存储提供完备的存档记录。六项核心技术保障了RABIT™桥面评估工具的实用性及有效性。

裂缝自动化检测：桥梁裂缝是桥梁检测工作者非常关心的指标，在传统检测方法中，主要依赖人工检测，费时费力，所以桥梁从业人员一直在思考如何能够更高效地完成桥梁裂缝的检测，于是诞生了一系列自动化、半自动化检测方法。Kang等人[25]发明了一种利用双电缆悬挂装置的桥梁检测系统，主要针对中桥桥梁结构下部裂缝进行检测。Yang等人[110]研发了一种利用固定照相机来识别结构加载过程中裂缝变化的系统装置来进行裂缝检测。Takahiro等人[111]开发了搭载机械手臂的接触式桥梁检测无人机，不仅可以识别裂缝的几何信息，同时可以识别出裂缝的深度信息。图2-4（a）是一爬行机器人在桥梁顶部进行裂缝检测，图2-4（b）是机械手臂接触式无人机检测裂缝深度。目前裂缝处理技术已有很好的发展。

（a）爬行机器人裂缝检测　　　　　　　　（b）机械手臂接触式裂缝检测

图2-4　桥梁裂缝及深度检测自动化方法[111]

Jung等人[112]将无人机技术应用到了桥梁裂缝的检测中，通过无人机采集桥梁结构表面图像，利用三维重建算法得到结构的几何模型，随后利用RCNN深度学习技术实现图像中裂缝的检测，结合传统的图像处理方法及事先放置的标定板实现裂缝的进一步分割、定量分析，取得了较好的效果。Cha等人[113]通过应用超声波信标定位技术实现了无人机在桥梁底部等无GPS环境下的自动飞行，并利用基于深度学习的检测方法自动识别裂缝，实现了从巡检到裂缝识别全自动的桥梁裂缝检测。瑞士无人机制造商Flyability公司开发了可碰撞无人机Elios，它拥有碳纤维保护笼和飞行控制算法，解决了无人机领域里的两大挑战：如何处理障碍物及其碰撞；如何提高安全性，增强与人的互动。它可以在复杂、凌乱的环境中或在封闭的室内自由飞行，比如在梁与其他传统方法难以到达的区域之间的空隙中以及大型桥梁上的箱梁内，在没有工程师进入梯子或脚手架空间的情况下获取相关数据，完成检测（图2-5）。

桥下部结构自动化检测：传统的水下设施检查方式分为水下检查、结构表面检查、水下取样三个步骤。通过潜水员对水下桥墩开裂、移位等明显损伤进行调查，而后基于调查的结果对局部位置详细检查，最后根据检测目的现场取样用于实验室

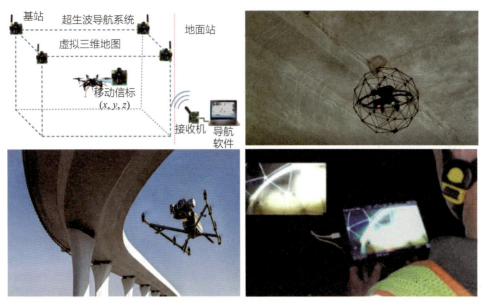

图2-5　基于无人机平台的桥梁裂缝检测[112, 113]

精查。传统的检测方式受水深、流急和浑浊程度的影响，要充分考虑潜水员的安全性，检测能力有限。

水下遥控机器人（Remotely Operated Vehicles，ROV）有多种，通常可分为小型观察型和作业型两种。按动力范围和作业水深分类，作业型又可分为轻型、中型、大型和超深型几种。目前在ROV的基础上，已经研制成功更为先进的水下LBV（Little Benthic Vehicle）多功能运动车，它是ROV和水下爬行器的完美结合，它具有普通ROV的功能外，还具有爬行器功能。如果需要仔细观察某一个平面物体，LBV可以转换到爬行器模式，借助4个轮子在平面上自由爬行，可以仔细检查物体表面。另外还具有成像声呐和水下定位系统。水下机器人检测作业的优点在于能深水检测，这是组合式水下摄像仪检测以及潜水检测无法比拟的优势；缺点是目前水下机器人的推进器动力还不足。因此，检查型的水下机器人目前适合于流速较低跨海桥梁以及库区桥梁的基础检测，对于流速较大的桥梁基础尚不能完成检测任务。此外，基础冲刷作用会导致桥梁墩底掏空，可能造成坍塌事故。目前针对冲刷的监测手段主要有声呐测探仪［图2-6（a）］（Sonic Fathometers）和时域反射计（TDR）两种，前者通过测量不同材料中声波反射确定沉积物表面，后者通过测量不同材质间介电常数变化来确定冲刷深度。此外Zarafshan[114, 115]利用驱动杆系统通过测量杆自振频率变化检测冲刷作用，也有学者利用探地雷达（Ground Penetrating Radar，GPR）通过发射高频电磁波确定沉积物与水接触面来监测冲刷深度。

也有学者利用无人机搭载蓝绿激光进行水下冲刷探测图［2-6（b）］，机载激光水下目标探测的基本原理与回声探测的原理相似，它基于海水中存在的蓝绿光窗口，利用机载蓝绿激光发射和接收设备，通过从无人机上由激光雷达向下发射高功率、窄脉冲的激光，同时测量水面反射光与海底反射光的走时差，并结合蓝绿光的入射角度、海水的折射率等因素综合计算，获得被测点的水深值，再与定位信号、飞行姿态信息、潮汐数据等融合、确定出特定坐标点的水深，并进行目标识别的一种先进水下探测技术。无人机载激光水下探测具有很好的灵活性，能够对大面积的海域进行实时探测，特别适用于浅海水及港口、河道，具有较强的干扰性。相比之下，复杂的声波回声测深技术不仅不能探测凸起于海床上的礁石或岩石，而且测量精度、测量点密度难以达到目前国际水文测绘的精度要求标准。

总的来说，自动化、智能化已经是工程检测技术发展不可避免的趋势，费时费力的人工接触测量逐渐被各种自动化的非接触测量方式取代，但是海量的检测数据如何高效存储、传输、快速处理、深入挖掘等仍然是亟须解决的问题。

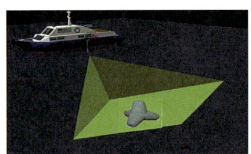
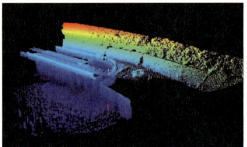

（a）三维声呐摄像技术

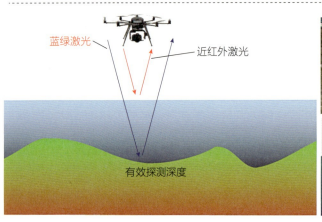
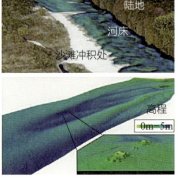

（b）无人机搭载蓝绿激光冲刷探测

图2-6　水下结构自动化检测[114, 115]

2.2 结构外观病害检测现状

结构裂缝是土木工程领域最常见的病害之一，对结构的耐久性和安全性产生极大的危害，结构的破坏过程实质上就是裂缝产生、扩展和失稳的过程，因此裂缝是各类型结构健康状况的主要评价指标之一。而现阶段裂缝检测依然是主要依靠人工检测，人工地贴近裂缝表面手工的勾画裂缝，从而进行裂缝长度、宽度、类型等方面的分析。尤其是桥梁裂缝的检测，往往需要借助脚手架、桥检车等平台的协助，人工检测方法劳动强度大、安全性低、检测效率低、人为主观因素对检测结果影响大。在图像处理技术和无人机技术飞速发展的今天，海量结构外观检测图像的获取也变得越来越廉价，而基于无人机载图像的裂缝检测技术代替人工检测已经成为未来一段时间内结构外观裂缝检测技术发展的主流。

传统的基于图像处理的裂缝检测技术经过多年的发展已经趋于成熟，目前基于图像处理的裂缝勾画的传统方法主要有边缘提取[116]、阈值分割[117]、渗流模型[118]、基于活动轮廓模型的方法[119]、基于神经网络的方法等[120]。这类方法主要是依赖于图像中典型的裂缝特征比如较低的灰度值、突兀的边缘信息等，人为地设置一些阈值或者滤波器，利用方法中包含的先验知识将图像中的这类型特征分离出来。比如传统方法中的阈值分割类型的方法就是提取出图像中一定范围内灰度值较低的部分，边缘检测类型的方法则是通过人为设置滤波器将图像灰度值突变的部分分割出来，而基于图像增强类型的方法是想办法增强图像中的线状元素等。这些传统的方法往往只能包含人为设置的对裂缝特征总结的一部分先验知识，传统方法本身只是提取出了对应这部分先验知识的特征，并不知道被分割出的部分代表着什么，所以抗干扰能力差、适用性差，无法在复杂的工程环境中应用。并且这些传统方法的针对特定的图像也往往需要人工干涉去调整参数，才能得到较好的效果，这对于大量的检测数据处理来说是不现实的。

20世纪90年代，LeCun等人[121]确立了CNN的现代结构，后来又对其进行完善，设计了一种多层人工神经网络LeNet-5用于手写字体检测，但是对于复杂问题的处理结果并不理想；2006年，Hinton等人[122]提出了深层网络训练中梯度问题的解决方案"无监督预训练对权值进行初始化+有监督训练微调"，至此开启了深度学习在学术界和工业界的浪潮；2014年，Szegedy等人[123]提出了Inception结构，提高了网络的性能而又不大量增加计算量；2015年，He等人[57]提出了残差结构，解决了梯度消失的问题，使网络做得很深同时带来了更好的分类性能。在目标检测领域，Girshick等人[124]于2014年开发了RCNN，将CNN方法引入到目标检测领域，大大提高了目标检测效果，改变了目标检测领域的主要研究思路，紧随其后Fast RCNN和Faster RCNN被相继提出；2017年，He等人[125]开发了Mask RCNN，在Faster RCNN基础上进行扩展，不仅对图像中的目标进行检测，还可以对每一个目标给出一个高质量的分割结果。

人工智能等新技术也逐渐被应用到了土木工程的各个方面，Ding等人[87]同时使用CNN与LSTM两种架构的深度学习模型对施工现场的监控画面进行学习，自动化地判断危险行为。Abdeljaber等人[126]将一维的CNN作为振动信号的特征提取，并以此来对结构的损伤位置进行实时预测，在实验室模拟中取得了较好的效果。Lin等人[94]将深度学习应用到基于加速度测量的结构损伤识别中，不同于传统的从数据中提取结构模态等信息的方法，他将数据作为深度学习的输入直接输出结构损伤的位置，虽然他采用的是有限元模拟，但也说明了深度学习在土木工程领域应用的潜力。Bao等人[101]将深度学习应用到结构健康监测中的异常数据分析中，将数据转化为图像，采用深度受限玻尔兹曼机进行分析，能够高效地识别出采集数据中的异常数据。

随着深度学习在图像识别领域取得的惊人的成功，近两年，深度学习技术也开始逐渐被应用到裂缝检测中。与传统的基于数据图像处理的裂缝检测方法相比，基于深度学习的裂缝检测方法更像是通过海量数据来教会方法本身能像人一样判断被检测的图像是否包含裂缝，而不是人为地给算法设置数量有限的先验知识。而基于深度学习的裂缝检测又可以分为两类：①图像中裂缝的定位；②图像中裂缝的分割。

在国外，Cha等人[95]首次将深度学习应用到基于图像处理的裂缝检测中，利用一个固定大小的窗口扫描整个输入图像，同时利用训练好的深度卷积学习网络判断每个窗口内是否包含裂缝，从而实现了裂缝在图像内的定位检测，取得了较好的效果。Gopalakrishnan等人[127]针对路面裂缝，利用开源的网络框架替换深度学习网络的最后一层结构，对比不同替换方法对结果的影响。在国内，李惠等人利用深度受限玻尔兹曼机实现了钢结构疲劳裂纹的检测，虽然检测的窗口只有24×24像素大小，但仍然是属于开创性的工作。之后，一大批学者先后提出了多种改进的基于深度学习的裂缝检测方法，比如Li等人[128]提出了新的基于Faster-RCNN的训练方法，不仅能够对图像中的损伤进行识别，同时还能对损伤的地理坐标进行定位。以上学者的工作都属于深度学习检测裂缝的第一类，即图像中裂缝的定位。

而在利用深度学习实现裂缝的自动化分割方面，Zhang等人[129]提出了一种CrackNet深度学习框架，用360个滤波器提取图像特征作为输入，采用全卷积网络对道路裂缝进行自动化勾画并取得了很好的效果，但是CrackNet需要人为地事先设置滤波器去提取图像中的各类型特征，而后才能实现裂缝的自动勾画。

以往人们研究的重点都在于如何利用图像来得到勾画的裂缝二值化图像，相对而言，对于裂缝宽度测量的研究并不突出，实际上对于图像中较宽的裂缝（大于5像素宽度），通过简单的数像素的方法就可以得到相对误差较小、比较精确的结果。Jahanshahi等人[130]利用不同方向的卷积核确定裂缝的法线方向，从而找到裂缝中心与两侧像素边缘的交点，利用两侧像素点之间距离计算裂缝宽度。Liu等人[131]利用三维重建原理，计算二维图像上裂缝边缘的两像素点对应的三维空间点坐标，从而计算裂缝宽度。Lu等人[132]也是利用拍摄图像数像素的方式来计算裂缝宽度（像素解析度：0.00698mm/pixel），以显微镜测量结果作为真值（像素解析度：0.000168mm/pixel）对比计算精度，计算结果的绝对误差很小，但是5像素以内的裂缝宽度计算相对误差较大。Kim等人[133]研究了不同二值化分割方法、参数对计算裂缝宽度的影响，在他的文章中，不同方法选取合适的参数对于不同的图像情况误差可以控制在11%以内。但是对于图像中的细微裂缝（小于5像素宽度），按这样的方法计算结果的相对误差往往较大、计算精度差，但是以往人们并没有针对这个问题进行过研究。并且，如果有方法能够提高5像素以下的裂缝宽度的计算精度，意味着与传统的裂缝宽度计算方法对比，对于某个裂缝达到相同的测量精度时可以拥有更大的视场。以常规相机为例，假设拍摄一张图像的大小为三通道4000×6000像素，而目标是检测到图像中0.1mm宽度的裂缝并得到比较精确的计算结果。按照传统的计算两个像素点之间距离方法计算裂缝宽度，在图像中裂缝宽度大于5像素时是比较精确的，那么相机的视场只有8cm×12cm大小。但是假设对于3个像素宽度的裂缝也能达到较好的测量结果，那么对于同一个相机，视场大小可以扩展到13.3cm×20cm大小，相机的视场面积扩展到将近原来的3倍大小。

针对现有技术中存在的技术问题，作者团队开发了基于多尺度特征融合深度学习的裂缝自动勾画和基于多尺度深度学习的裂缝自动勾画方法，前者能够实现图像中裂缝的快速实时高精度自动化勾画，但是容易丢失一部分模糊的细微裂缝（Hairline Crack）信息，后者完成自动勾画花费的时间稍长，但是能够有效地捕捉到图像中的模糊细微裂缝（Hairline Crack）[134]。同时，针对图像中细微裂缝（小于5像素）难以准确测量的问题，开发了基于Zernike正交矩的裂缝宽度测量方法，相对于传统方法能够实现对图像中的细微裂缝更高精度的测量[135]。此外，还开发了基于吸附式无人机桥梁裂缝自动化检测设备，克服了传统无人机难以获取细致的裂缝图像的问题，并实现了无人机飞行过程中裂缝的实时识别和快速测量，大幅提高了检测效率。

2.3 基于多尺度特征融合深度学习的裂缝快速自动勾画

在前人工作的基础上，作者团队开发了基于多尺度特征融合的裂缝自动勾画方法，融合深度学习网络各层特征，实现完全基于深度学习的裂缝自动化勾画，整体思路如图2-7所示[134]。在深度学习定性识别图像中裂缝的过程中，深度学习网络各层会学习到裂缝的不同尺度的特征，利用迁徙学习的思想，将不同尺度的特征进行融合从而实现精确到每个像素的预测，实现了完全依靠网络本身检测和自动勾画图像中裂缝。

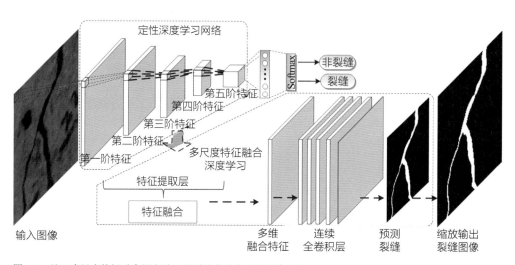

图2-7 基于多尺度特征融合深度学习的裂缝自动化检测整体思路

1. 数据库建立及特征提取网络

在深度学习中，模型越复杂、越具有强表达能力越容易出现"过拟合"现象，从而也就需要更多的数据来避免"过拟合"。数据库的容量和质量，很大程度上影响着训练模型在实际工程中应用中的好坏，利用CNN实现图像裂缝的自动识别，首先要构建一个包含各类型桥梁常见病害和复杂背景下的裂缝数据库（图2-8），相机拍摄图像800张，每张图像大小4000×6000像素，这些图像中包含有工程中不同类

图2-8 裂缝图像数据库

型的裂缝以及背景环境，具有足够的复杂程度，用这些图像构建两个网络训练和测试的数据库。

以GoogLeNet作为定性识别裂缝的迁徙学习框架，构造训练集224×224大小图像包含裂缝图像64319个、非裂缝图像64681个，构造测试集，测试集包含224×224像素大小裂缝图像15648个、非裂缝图像16452个，并替换网络的最后一层为Softmax二分类层。GoogLeNet主要由卷积层、池化层、Inception结构、非线性激活层、损失层以及辅助层构成，下面简单介绍GoogLeNet结构各层的功能。

卷积层和池化层主要有以下两个作用：①实现数据的降维，扩大了感知野，保留主要特征的同时减少参数和计算量，防止过拟合、提高模型泛化能力；②保持输入数据的不变性，这种不变性包含平移（Translation）、旋转（Rotation）、尺度（Scale）。

Inception结构：在GoogLeNet之前，主流的网络结构突破大致是网络更深（层数）、网络更宽（神经元数），但纯粹的增大网络参数容易过拟合，网络越深计算复杂度越大难以应用，梯度越往后越容易消失，难以优化模型。Inception结构的目的是增加网络深度和宽度的同时减少参数。Inception结构将1×1、3×3、5×5的Conv和3×3的Pooling堆叠在一起，一方面增加了网络对尺度的适应性，一方面增加了网络的宽度。并且，在Inception结构中采用不同大小的卷积核意味着不同大小的感受野，也意味着不同尺度特征的融合。

Relu激活函数层：Relu激活函数（Nair and Hinton，2010）是一种非线性的激活函数，Relu会使一部分神经元的输出为0，这样就造成了网络的稀疏性，并减少了参数的相互依存关系，缓解了过拟合问题的发生：

$$h = \begin{cases} w^{\mathrm{T}} \cdot x, & w^{\mathrm{T}} \cdot x > 0 \\ 0, & \text{else} \end{cases} \tag{2-1}$$

其中，h是输出，x是输入，w^{T}是权重。

Softmax层：Softmax用于多分类过程中，它将多个神经元的输出，映射到（0，1）区间内，P是预测带第n类的概率：

$$P\left(y^{(i)} = n \mid x^{(i)}; w\right) = \begin{bmatrix} p\left(y^{(i)} = 1 \mid x^{(i)}; w\right) \\ p\left(y^{(i)} = 2 \mid x^{(i)}; w\right) \\ \vdots \\ p\left(y^{(i)} = n \mid x^{(i)}; w\right) \end{bmatrix} = \frac{1}{\sum_{j=1}^{n} e^{w_j^{\mathrm{T}} \cdot x^{(i)}}} \begin{bmatrix} e^{w_1^{\mathrm{T}} \cdot x^{(i)}} \\ e^{w_2^{\mathrm{T}} \cdot x^{(i)}} \\ \vdots \\ e^{w_n^{\mathrm{T}} \cdot x^{(i)}} \end{bmatrix} \tag{2-2}$$

Dropout层：目的是为了防止CNN中的过拟合，让每次迭代随机地取更新网络参数，引入这样的随机性就可以增加网络的泛化能力。对于每一个Dropout后的网络，进行训练时，相当于每一个Mini-Batch都在训练不同的网络

在建立好训练集和测试集的基础上，利用迁徙学习策略训练深度学习模型，最终训练好GoogLeNet模型对于裂缝的识别准确率为98.47%。将GoogLeNet网络中各层输出分为5阶，第1阶特征为64个112×112大小特征图，第2阶为192个56×56大小特征图，第3阶为480个28×28大小特征图，第4阶为832个14×14大小特征图，第5阶为1024个7×7大小特征图，各阶特征图如图2-9所示。

输入图像：224×224×3
第1阶：112×112×64

第2阶：56×56×192

图2-9　深度学习各阶特征（一）

第3阶：$28 \times 28 \times 480$

第4阶：$14 \times 14 \times 832$

第5阶：$7 \times 7 \times 1024$

图2-9 深度学习各阶特征（二）

从图中可以看出，深度学习各层网络可以有效地学习到裂缝的特征，从低阶特征中可以直观地看出网络的输出中包含了裂缝的形态和边缘信息。

2. 不同特征融合对比分析

在构建的包含64319个224×224大小裂缝数据库中，随机抽取3240张作为多尺度特征融合深度学习的数据库，并对这3240张图像进行人工标记，逐个像素地对图像中裂缝进行勾画，部分训练样本及标签如图2-10所示。同样，在测试集中随机抽取807张裂缝图像作为融合网络测试的数据库，同样进行人工标记。

裂缝样本

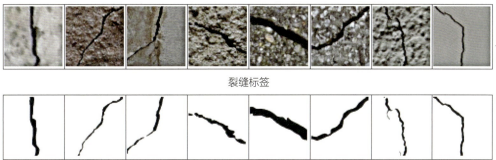

裂缝标签

图2-10 部分裂缝数据及标签

融合不同高低阶特征，对比分析不同特征提取层及融合对裂缝自动勾画检测的影响。搭建融合不同特征层的网络Net1、Net2、Net3、Net4，如图2-11所示，其中Net1只融合了第1阶特征，Net2融合了第1、2阶特征，Net3只融合了第5阶特征，Net4融合了第4、5阶特征，每个网络训练迭代20万次，对比不同特征融合检测裂缝的效果。

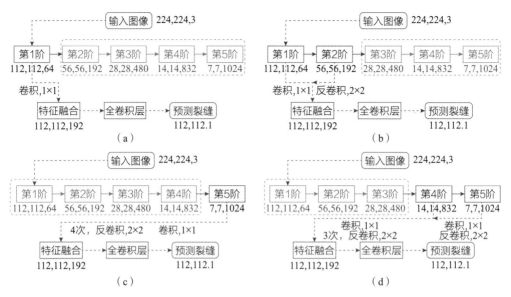

图2-11 搭建融合不同特征的网络结构

用来对比分析检测效果的裂缝有四种：①简单裂缝：背景单一，形态简单，用传统方法就可以轻易识别的裂缝。②细微裂缝：裂缝较细，并且由于拍照等原因，裂缝模糊不清、断断续续。③纹理复杂：裂缝形态简单，但是背景区域纹理复杂，用传统的边缘检测算法很难有效检测的裂缝。④人工标记干扰：在图像中有人工标记干扰的裂缝，检验不同网络对于类似于裂缝图像的抗干扰能力。

由图2-12可以看出，深度学习网络各层提取特征，高阶特征对裂缝的"语义"更加敏感，也就是对图像中裂缝分布的位置的预测更准确，而低阶特征对于目标的"边缘"信息更加敏感，也就是对图像中裂缝的边缘定位更精确。如果仅仅由高阶特征作为输入，会得到相对准确的图像中的裂缝分布图，但是对裂缝边缘的定位效果会很差；如果仅仅由低阶特征作为输入，最终分割出的裂缝会有比较精确的边缘定位，但是分割出的图像中也会包含有大量的噪声。所以应该融合高低阶不同阶次的特征来预测裂缝，尤其是对于复杂的工程环境，高阶特征融合的模型更加容易训练，对于复杂情况的泛化能力也会更好。

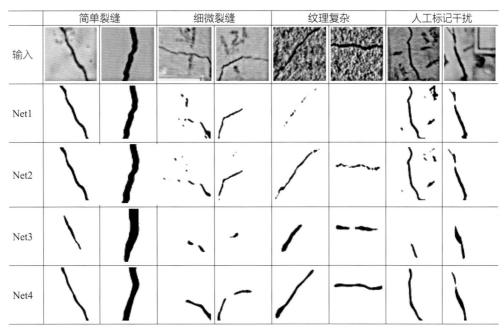

	简单裂缝		细微裂缝		纹理复杂		人工标记干扰	
输入								
Net1								
Net2								
Net3								
Net4								

图2-12 融合不同特征层对预测裂缝结果影响对比

3. 多尺度特征融合深度学习检测裂缝

采用由前3阶特征融合的网络对不同环境下的裂缝进行检测，首先用训练好的裂缝定性深度学习网络实现裂缝定位检测，利用滑动窗口扫描的检测方式扫描检测图像，结果如图2-13第1列所示，将检测到裂缝的窗口内图像作为基于多尺度特征融合深度学习网络的输入，从而实现裂缝的自动勾画，结果如图2-13第2列所示。在检测到裂缝的每个窗口内，采用自适应阈值分割和Canny算子检测的结果进行视觉上直观的对比，部分输出结果如图2-13第3列和第4列所示。采用Precision、Recall以及F-measure作为提出方法裂缝自动化勾画效果的评价指标，其中Precision是指检测出的裂缝像素中真正属于裂缝像素的比例，Recall是指检测出的裂缝像素中真正属于裂缝的占到图像中全部真实裂缝像素的比例，F-measure是综合考虑Precision和Recall加权调和平均指标。

采用传统方法检测裂缝结果作为对比，可以看出开发方法能够适用于工程中的各种复杂环境，相比于传统的方法，检测能够达到更高的精度。对于一张6000×4000大小的图像，完成自动勾画需要16s左右的时间，对于输入的3000×2000大小的图像，需要4~5s的时间完成检测，测试大量裂缝图像的平均F值为85.88%，开发方法能够搭载在无人机硬件上满足实时采集数据实时分析的需要。

深度学习裂缝定位	提出方法裂缝自动勾画	自适应阈值分割检测结果	Canny算子检测结果

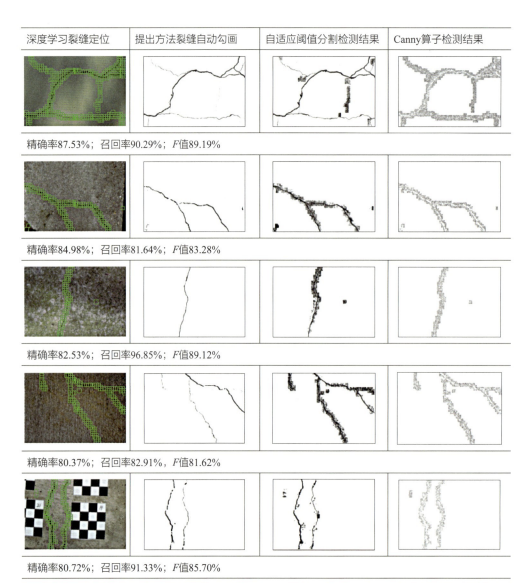

精确率87.53%；召回率90.29%；*F*值89.19%

精确率84.98%；召回率81.64%；*F*值83.28%

精确率82.53%；召回率96.85%；*F*值89.12%

精确率80.37%；召回率82.91%，*F*值81.62%

精确率80.72%；召回率91.33%；*F*值85.70%

图2-13　基于多尺度特征融合深度学习的裂缝自动化检测效果

2.4　基于深度学习的裂缝精细化检测及亚像素宽度测量

上述开发的基于多尺度特征融合深度学习的裂缝自动化检测技术检测速度快、精度高，但是对于图像中的细微裂缝检测能力有限，容易漏掉细微裂缝的信息，作者又开发了基于多尺度深度学习与传统方法相结合的裂缝精细化自动勾画方法，同时又针对传统方法难以测量图像中细微裂缝的问题，开发了基于Zernike正交矩的细微裂缝宽度测量方法，总体思路如图2-14所示。

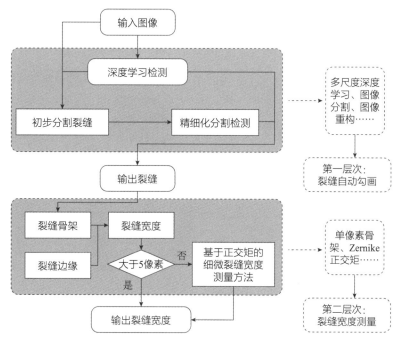

图2-14 基于多尺度深度学习的裂缝自动勾画整体思路

1. 基于多尺度深度学习的裂缝精细化检测

采用多个尺度的深度学习模型进行图像裂缝的定性分析，其原因如下：①采用固定大小输入的深度学习模型扫描检测图像，可以缩小裂缝的检测范围为后续的裂缝分割提供便利。正如传统的Bernsen、Niblack等阈值分割方法，阈值分割的窗口大小等参数的选择对于分割效果是有很大影响的，对于大量的图像数据不可能人工地针对每个图像去调整窗口大小等参数，固定大小输入的深度学习模型相当于检测数裂缝区域，并自动选择了窗口大小。②可以避免过多的人工干涉、调整系数，所以采用自适应阈值分割的方法提取裂缝信息，但即便是使用图像增强的方法增强图像中的裂缝信息，自适应阈值分割仍然可能会遗漏掉图像中的细微裂缝信息，所以需要更小尺度的深度学习模型进一步缩小裂缝提取的范围，保障提取裂缝的完整性。

最终，搭建了两个尺度的深度学习模型，大的尺度深度学习模型输入图像大小为224×224像素大小，仍然采用本书2.3节中的训练好的GoogLeNet模型，小的尺度的深度学习模型输入图像大小为32×32像素大小，采用ResNet 20模型，结构如图2-15所示，ResNet模型中引入了残差结构，解决了深度学习随着网络加深而出现的梯度消失问题，得到了更好的定性分类结果。构造ResNet 20模型的训练集32×32像素大小图像包含裂缝图像24073个、非裂缝图像26766。测试集32×32像素大小图像包含裂缝图像5030，非裂缝图像5274个，采用迁徙学习的策略训练模型，对于

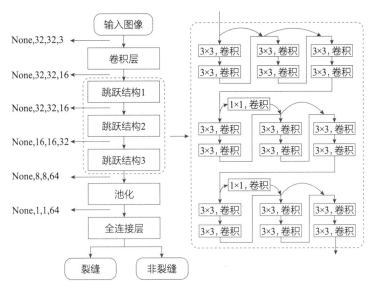

图2-15 ResNet 20模型结构

32×32裂缝图像的识别准确率为90.76%，对于非裂缝图像的识别准确率为95.3%。

基于多尺度深度学习的裂缝精细化自动勾画方法具体步骤如下：

（1）确定裂缝范围：利用大尺度的深度学习模型GoogLeNet模型（224×224×3）移动扫描检测图像，判断图像中是否存在裂缝同时确定裂缝分布的大致范围。

（2）初步提取裂缝二值化图像：
对于大尺度的深度学习检测到裂缝的每个224×224窗口内，对图像进行"中值滤波—图像相减"的处理，再对每个224×224窗口内进行自适应阈值分割。利用小尺度的深度学习扫描检测每个确定包含裂缝的224×224图像，对图像进行"中值滤波—图像相减—基于Hessian矩阵的图像增强（取尺度因子$n=1$）"处理，在每个检测到裂缝的小窗口32×32范围内进行自适应阈值分割，对两个尺度处理的结果取并集操作得到整个图像初始的裂缝二值化图像（分为裂缝像素和背景像素），如图2-16所示。

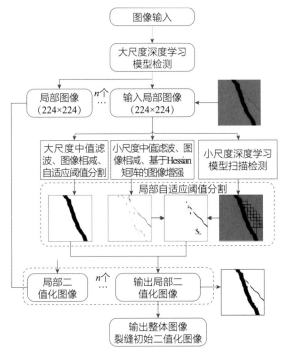

图2-16 初步提取裂缝二值化图像

（3）精细化提取裂缝勾画图像：上一步得到的裂缝二值化图像中可能会包含很多的干扰信息，再次利用深度学习实现裂缝的精细化检测。首先利用二值化图像的连通性及提取的单像素骨架信息，将二值化图像每个连通域、每个分支分割出为独立的部分。将每个分割出独立的裂缝像素区域及其周围的背景像素，对应原图（RGB图像）构造深度学习输入的"单因素"的检测图像，构造图像中空余的其他"裂缝像素"的部分用其周围像素（RGB）三通道值的均值填充。从而可以实现单因素分析，判断分割出的二值化图像对应部分是否为裂缝，实现对上一步提取裂缝的精细化检测，输出最终的裂缝勾画结果。

开发的基于多尺度深度学习与传统方法相结合的裂缝精细化自动勾画方法，能够高精度地检测自动勾画出图像中的细微裂缝，如图2-17所示，这对于工程结构中研究裂缝的扩展及预测很有意义。

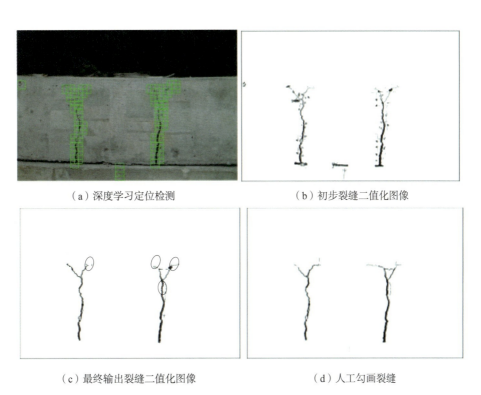

（a）深度学习定位检测　　　　　　　　（b）初步裂缝二值化图像

（c）最终输出裂缝二值化图像　　　　　　（d）人工勾画裂缝

图2-17　确定裂缝范围

2. 基于Zernike正交矩的细微裂缝宽度测量

对于图像中的细微裂缝，传统的数像素的裂缝宽度测量方法难以满足精度要求。在此基础上，又开发了基于Zernike正交矩的裂缝宽度测量技术[136]。在利用

Zernike正交矩求解线宽时，假设裂缝线宽的两条边缘处均为理想阶跃。因此，基于Zernike正交矩的线宽模型如图2-18所示。其中：图2-18中ψ为线宽与单位圆x轴的夹角，背景灰度为g，灰度阶跃值为h，即线宽灰度值为$g+h$，线宽值为l_1+l_2。将该线旋转至与y轴平行后得到图，y轴左侧部分宽度为l_1，右侧宽度为l_2。

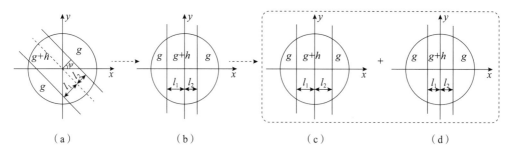

图2-18　Zernike正交矩线宽计算模型

　　图2-18（b）中的线宽在直接利用正交矩求解时比较复杂，且通过求解可以发现正交矩的表达式中l_1、l_2是相互独立的。因此，本书通过分别求解l_1、l_2再相加的方法求解正交矩。将图2-18（a）中的图像顺时针旋转角度ψ后可以得到图2-18（b）。为了分别求解l_1、l_2，将图2-18（b）中y轴的左半部分、右半部分分别以y轴为对称轴构建镜像。图2-18（c）与图2-18（d）均是图2-18（b）镜像后得到的对称线宽，其求解原理是完全相同的。由于实际图像是由离散像素点构成，在构造对称线宽时，以旋转后线宽的累积灰度值最高一列（即最亮一列）为中心列，分别进行镜像操作，即可得到两幅对称图像。

　　通过旋转后的图像$f'(x,y)$的2阶和4阶Zernike正交矩来计算线宽$2l$的值。

　　首先计算图像$f'(x,y)$正交矩值：

$$A'_{20} = \iint_{x^2+y^2 \leqslant 1} f(x,y) V_{20}(\rho,\theta)\mathrm{d}x\mathrm{d}y = -\frac{4}{3}hl\sqrt{\left(1-l^2\right)^3} \qquad （2-3）$$

$$A'_{40} = \iint_{x^2+y^2 \leqslant 1} f(x,y) V_{40}(\rho,\theta)\mathrm{d}x\mathrm{d}y = \frac{4}{5}hl\sqrt{\left(1-l^2\right)^3} - \frac{32}{15}hl^3\sqrt{\left(1-l^2\right)^3} \qquad （2-4）$$

　　根据以上式子可以得到裂缝线宽$2l$的表达式为：

$$2l = 2\sqrt{\frac{5A'_{40} + 3A'_{20}}{8A'_{20}}} \qquad （2-5）$$

　　根据上式分别求解l_1和l_2，则l_1+l_2就是求解得到的该点处的裂缝宽度值。在实际计算过程中，正交矩值是通过模板系数与图像的卷积来求取的。值得注意的是，用提出方法计算得到的裂缝宽度看作是沿裂缝长度方向7个像素范围内的平均宽度。

作者将开发的基于Zernike正交矩的裂缝宽度测量方法与传统方法对比，发现该方法测量图像中细微裂缝宽度的误差期望与标准差均低于其他方法结果，如图2-19、图2-20所示。

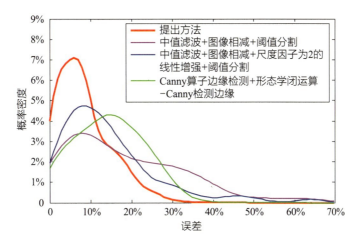

图2-19 本方法与传统方法结果统计对比

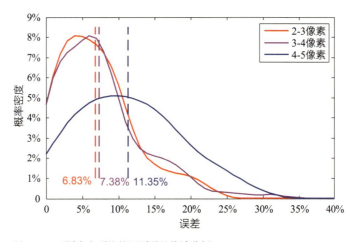

图2-20 不同宽度裂纹的识别误差统计分析

2.5 基于吸附式无人机的桥梁裂缝自动化检测设备开发

借助本书2.3节和2.4节所述的裂缝检测算法，通过对待测结构表面采集图像或视频信息，即可展开裂缝检测。然而，桥梁结构一般高度高、跨度大，在不借助桥检车等大型检测设备时很难获得桥梁表面细致的图像。由于无人机具有灵活便捷、成本低等优点，近年来已经开始应用于结构健康检测中[137, 138]。但无人机应用于桥梁裂缝检测还存在三个主要问题尚未克服：①无人机在检测过程中会在三维空间内频繁移动，这造成图像的比例参数随之发生变化，拍摄时图像平面与结构表面的不平行也会带来图像的倾斜变形。②传统无人机的操作要求较高，桥梁结构一般具有复杂的几何外形，在检测过程中操作人员既要控制无人机获取合适的图像信息，又要避免发生碰撞，同时桥梁底部等环境GPS信号差，进一步增加了操作的难度。近年来基于视觉和局部定位系统的无人机自动导航技术开始被应用于无人机检测中，Kang和Cha[113]应用超声波信标系统在桥底无GPS环境中为无人机提供自动导航，并结合深度学习技术实现裂缝识别与定位。然而，现有方法都依赖于额外的传感器和复杂的系统。③传统的无人机在进行桥梁检测时必须与结构表面保持一定的安全距离，导致无人机难以获取细致的裂缝图像，无法达到高精度的裂缝检测要求。

为推动桥梁裂缝智能检测进展，作者团队在研究裂缝自动化识别和测量算法的同时，开发了一种基于吸附式无人机平台的裂缝自动化检测设备[237]。该设备针对传统无人机在桥梁检测中的三个问题，通过结合无人机和爬壁机器人两种平台的优势，既实现了高精度的裂缝检测，又降低了检测过程的操作难度和危险性。此外，通过应用轻量化的端对端深度学习模型和移动端平台移植技术，开发了集成裂缝识别和宽度测量功能的安卓应用，实现了无人机检测视频与智能手机的实时传输、裂缝实时识别和指定裂缝宽度快速测量，大大提升了裂缝检测效率。应用所开发的吸附式无人机检测系统进行裂缝检测的总体思路如图2-21所示，操作人员控制无人机起飞后到达桥梁待检测的位置，无人机缓慢靠近后吸附于桥梁表面开始检测。检测过程中无人机相机拍摄的表面病害视频通过无线信号实时传输到地面站的智能手机上，通过所开发的裂缝检测应用实时识别视频中的裂缝。

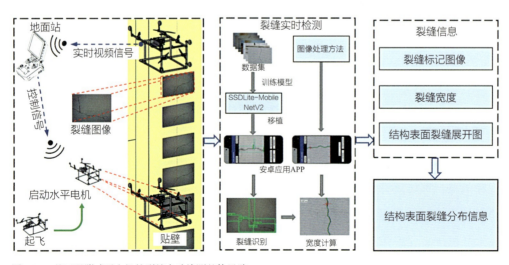

图2-21 基于吸附式无人机的裂缝自动检测整体思路

2.5.1　吸附式无人机系统

　　所开发的吸附式无人机检测系统由两部分组成，分别是包含无人机机身和相机等部分的无人机主体以及包含无线视频传输设备、遥控器和智能手机的地面站。

　　与传统的无人机类似，该无人机主体采用四旋翼的布局，由复合材料框架、无刷电机、飞行控制器和电池等部件协同工作实现正常飞行的功能。不同的是，无人机在顶部和前部均安装有伸出机身的轻质轮，用以接触结构表面，使得无人机能贴在桥梁底部或桥墩上近距离检测裂缝。机身前部还安装有两个水平方向的电机提供水平推力，一旦无人机接触到桥墩等结构立面，水平电机触发启动将无人机紧压在结构表面。无人机主体的构成如图2-22所示。主框架由碳纤维材料制成，无人机整体重量约为3.5kg，载荷为2kg，飞行时间约为20min。无人机搭载的相机采用无畸变镜头，其拍摄的视频畸变可忽略不计。相机以每秒30帧的速率录制3840×2160像素的视频，并通过无线视频发射器以每秒30帧速率发送640×480像素视频到地面站。

　　吸附式无人机在检测过程中从起飞到吸附检测包括三种飞行状态：正常飞行状态、针对桥梁底部裂缝检测的顶部吸附状态和针对桥塔桥墩等构件的立面吸附状

图2-22　吸附式无人机主体构成图

态，如图2-23所示。无人机从起飞至到达桥梁待检测位置附近时处于正常飞行状态，此时仅有升力电机工作，无人机的操控与普通无人机相同。当无人机接触到桥底时进入顶部吸附状态，在无人机顶部的四个柔性轮的支撑下无人机不会与桥底发生碰撞，升力电机产生的升力和空气负压力将无人机紧贴在桥底，操作人员可通过控制两个水平电机使无人机开始移动检测裂缝。立面吸附检测时检测人员控制无人机起飞后到达待检测位置，并慢慢靠近结构表面；无人机与结构立面接触后水平电机即启动并将无人机紧压在结构表面。

地面站的构成如图2-24所示，当地面站的数据接收模块接收到无人机传输的视频信号时，将该信号同时转换成智能手机可以直接读取的免驱摄像头信号和电脑读取的USB信号。智能手机读取后，通过所开发的裂缝自动检测应用实时处理该视频，识别视频中的裂缝，并保存裂缝图像后进行快速宽度测量。传统基于图像的裂缝检测设备一般采用离线检测方法，即先拍摄结构表面的裂缝图像，然后将数据导入计算机进行后处理，这种方法降低了检测效率。由于无人机一般续航时间短和离

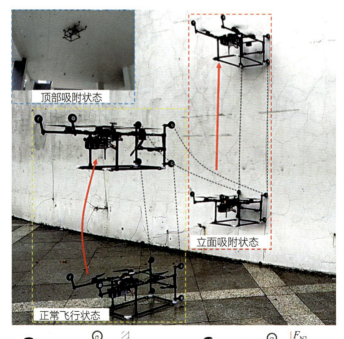

图2-23　吸附式无人机检测过程示意图

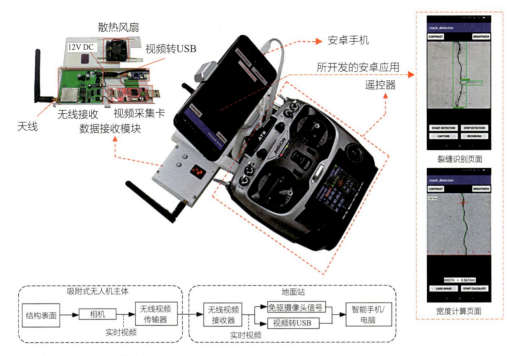

图2-24　无人机地面站构成图

线检测时往往还会造成遗漏检测的问题。针对该问题，作者团队开发了裂缝视频实时传输处理的方法，其处理过程可分为四个步骤：

步骤1：无人机吸附桥面开始检测，通过地面站遥控器上的开关启动相机以每秒30帧的速率拍摄3840×2160像素视频，该视频保存在相机内存卡的同时传输到无线信号发送器。

步骤2：无人机上的无线信号发送器将视频信号转换为模拟视频信号，将视频质量降低到640×480@30FPS，并通过5.8GHz无线电信号发送到地面站。

步骤3：地面站中的接收机接收5.8GHz无线信号，并将其转换为640×480@30FPS模拟输出到智能手机中。

该方法的视频信号延迟小于10ms，虽然无线视频的分辨率从3840×2160像素降低到640×480像素，但视频质量满足裂缝识别要求，同时低质量图像进行深度学习识别的速度更快，裂缝宽度检测利用相机内存中保存的原视频完成。无人机搭载的相机CMOS尺寸为6.16mm×4.62mm，焦距12mm，系统设计用于检测宽度大于0.1mm的裂缝，根据针孔相机模型可以计算物距约为15cm，因此相机安装在无人机前部距离柔性轮边缘15cm的位置。由于该无人机在检测时吸附于结构表面，相机的物距不变，检测过程中图像的比例参数也保持不变。

2.5.2 裂缝实时检测方法

在本书2.3节和2.4节中介绍了作者团队提出的基于深度学习的高精度裂缝识别算法，但上述算法依赖于深层的模型结构，造成单张图像的识别时间较长，不能满足实时检测的要求。为提升检测速率，采用轻量化的端对端模型SSDLite-MobileNetV2网络结构作为实时裂缝识别的检测器。

SSDLite-MobileNetV2是为移动设备等具有较低运算能力的平台设计的网络结构，它通过将原有SSD模型结构中的VGG-16网络替换为深度更小、参数更少的MobileNetV2，并应用深度可分离卷积结构代替传统卷积结构大大减少了计算量和参数数量，提高了模型的检测速率，使其在COCO数据集上以谷歌Pixel 1智能手机为运算平台达到了5帧的视频识别速度[139]。SSDLite-MobileNetV2的网络结构与原SSD网络结构的对比如图2-25所示。

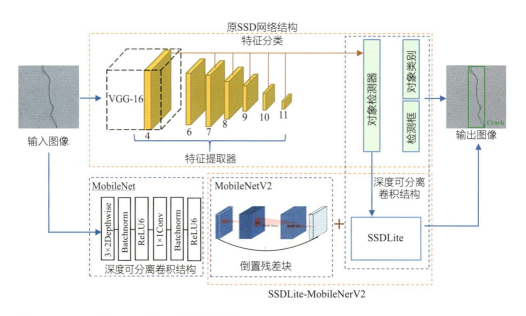

图2-25 SSDLite-MobileNetV2与SSD网络结构对比

现有的基于深度学习的裂缝识别方法采用的数据库通常采用相机拍摄裂缝的方式收集裂缝图像，这种方式采集的裂缝图像一般具有较大的视场，且图像质量一般较好，不存在复杂的光线和噪声污渍等背景。而所研发的吸附式无人机因为拍摄时与结构表面距离近，其获取的图像与普通裂缝图像相比存在以下区别：拍摄时裂缝图像基本与结构表面平行，图像的视场小，且检测过程中可能存在无人机本身的阴影、无线传输时带来的噪声等。为使模型训练的图像数据库与真实检测中的尽可能相同，图像数据库由所开发的吸附式无人机在实际工程结构上采集得到。考虑到实际检测中无人机可能在暗光和亮光条件下工作，获取的视频可能包含污渍、阴影、噪声等干扰，图像数据库采集过程中也采集了大量复杂条件下的图像，如图2-26所示。最后选取1330张尺寸为640×480像素的图像以8∶2的比例制作训练集和测试集。

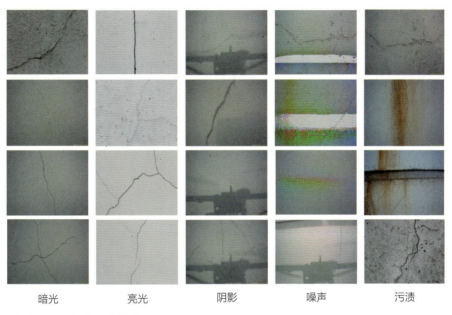

| 暗光 | 亮光 | 阴影 | 噪声 | 污渍 |

图2-26　复杂条件下图像数据

训练采用的计算机配置为CUDA 8.0，CUDNN 5.1，GPU（NVIDIA GeForce GTX 1080Ti），CPU（Intel Core i7-8700K@3.7GHz）和24GB DDR4内存，训练采用的框架为TensorFlow。训练完成的模型转化为TFLite格式移植到所开发的裂缝检测应用中，测试中模型的识别帧率约为6fps。

整套检测系统被应用于某建筑物外墙的裂缝检测中，检测范围面积约为8m×3m，通过对比人工检测和采用所研设备检测的裂缝检测结果分析该设备的准确性。检测时操作人员控制吸附式无人机以约0.3m/s的速度在墙面上爬行检测，检测过程约耗时30min，所检测的建筑物和检测过程如图2-27所示。

检测过程中对智能手机上的裂缝识别过程录制了4min的视频，通过将该视频转换成单帧图像，可以用人工评判的方法评价视频中的裂缝是否被准确识别。最终根据视频转换的6960张图像判定该检测系统的裂缝识别精度为94.48%，裂缝识别如图2-28所示。

裂缝宽度计算过程的算法采用本书2.4节所开发的亚像素裂缝宽度计算方法，

图2-27　检测过程示意图

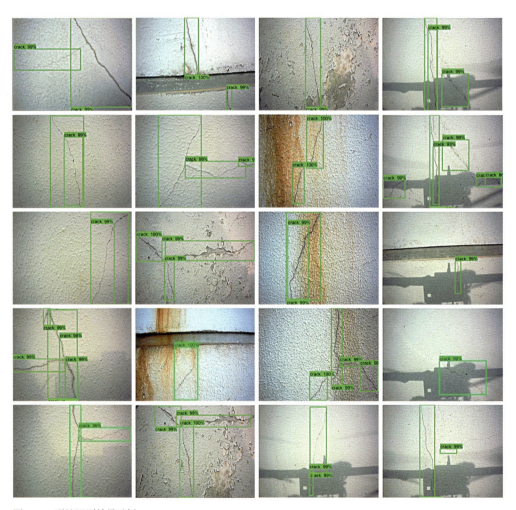

图2-28　裂缝识别效果示例

为了评估裂缝宽度测量的准确性，通过对两条典型裂缝（宽度约为0.1mm的细裂缝和宽度约为0.2mm的宽裂缝）的20个测量位置同时采用人工测量和所开发的智能手机应用测量，结果表明两者的测量平均误差为3.74%，证明所研究的裂缝检测设备具有较高的准确性。然而，在检测效率上，所研究的设备远高于人工目视检测。在裂缝识别的检测上，人工目视检测需要耗费约6h从所转换的6960张图像中挑选包含裂缝的图像，而所开发设备的裂缝识别与无人机飞行检测同时完成。由于裂缝检测视频中每一帧图像是连续的，相邻帧之间有一定重叠，我们根据相邻帧图像之间的重叠部分计算相邻图像的平移，并逐一进行拼接，最终从裂缝检测视频得到所检测区域的高清裂缝全景展开图，如图2-29所示，从该图中可以清晰明了地观察检测区域内裂缝的分布情况。

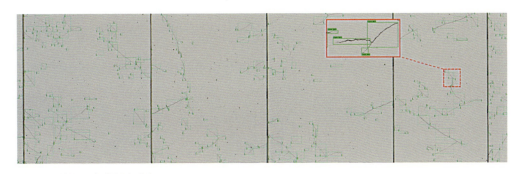

图2-29　检测区域裂缝展开图

在本章中，仅仅对深度学习在大数据下的裂缝检测进行了介绍分析，但这部分内容仅仅属于大数据背景下整个土木工程基于图像检测领域的冰山一角。基于无人机的土木工程结构外观检测的智能化，应该从结构到构件的多个尺度、多个层次来实现。首先判断结构整体的类型以及从整体上看是否发生严重损伤，这对于重大灾害等突发事件后结构群快速检测评估及救援工作有重要意义。其次，要实现结构各构件的自动识别以及分割，构件的自动识别包括构件的类型以及材质等，构件的自动分割对于进一步的损伤定位及评估工作有很大帮助。最后，是对结构上表面局部损伤的定位、定性、定量三个层次的分析。

第 3 章

基于视频技术的桥面车辆
时空信息获取方法及系统

车辆荷载作为桥梁结构的重要外部荷载直接关系到桥梁的安全与寿命。随着近年来我国交通运输业的飞速发展，广大公路网中的车流密度逐渐增加，车重显著提升，由此给桥梁结构带来很大负担。如何有效、低成本地获取通过桥梁的车辆信息，进而对结构的承载能力、疲劳寿命及安全性能进行评估，是工程界特别是桥梁健康监测领域中的热点。本章将详细介绍基于视频技术建立的桥面车辆时空信息获取系统，通过该系统所获得的数据为管理部门对桥梁的维护提供支持。桥面车辆时空信息主要包含车辆在桥面的位置、速度、车型、大小、轴数等，它是反映桥梁运营状态的重要指标，也是智慧交通的重要组成部分。大量学者对车辆时空信息的获取进行了深入研究并提出了多种技术方法，为桥梁的维护、管理及加固提供支持。当前获取车辆时空信息的方式主要有三种。第一种为浸入式传感[140~142]。在这种传感方式中，通常将感应线圈、磁力计、压电电缆等传感器埋入路面铺装层之下，用来直接获得桥梁或道路的交通量、车速、轴距等参数。这种浸入式传感方式的优点是测量精度较高，稳定性强，但难以对传感器进行安装、更换及维护且可能对结构造成损伤。基于这些原因，关于桥梁的表面粘贴传感方式被广泛研究。利用桥梁上粘贴的应变计，研究人员基于弯曲应变通过小波分析[143]与虚拟简支梁法[144]来识别车速与车轴。还有一些学者在桥梁上安装应变花通过剪应变来获取车辆参数[145~147]。这些粘贴在结构表面的传感器较浸入式传感器安装更方便，然而当大量车同时在桥面上行驶时，车辆参数很难被精准识别。近年来，视频技术作为一项新的手段被用来获取桥面车辆信息。Chen等人[32]利用桥面上安装的多台摄像机并结合动态称重系统，通过应用模板匹配、粒子滤波等视频技术获得了长大跨桥梁上车辆荷载的时空分布。而对于众多没有动态称重系统的桥梁，Zaurin等人[148~150]在平行及垂直于车流方向共布置两个摄像机对车辆位置与轴数进行识别。这种基于视频的非接触监测方式成本较低，不会对结构造成破坏，并且镜头方便安装与维护。然而当前基于视频的方法通常存在如下缺陷：①常用的移动目标检测方法如帧差法、基于高斯混合模型的背景消除法、光流法等在阴影去除、遮挡分割与光线快速变化下的目标检测方面稳定性不足。②基于外形轮廓及像素个数的车型分类方法很难区分多种复杂车型。近年来，卷积神经网络（CNNs）由于精度高、泛化能力强，在工程中获得了广泛应用[94, 95, 129, 151, 152]。本章中应用Faster R-CNN[153]对视频中的每一帧进行目标定位与分类，有效解决了传统移动目标识别中存在的问题，提出了包含基于Faster R-CNN的目标检测、多目标跟踪与图像标定的桥面车辆时空信息获取系统[154]。

3.1 车辆时空信息获取系统框架

为了对桥面移动车辆进行监测，两个镜头被分别安装在道路的两侧，如图3-1所示。为了获得车辆特征与长度，镜头被安装在特定高度并面向车辆的正面及侧面。之后在每个镜头的视野中创建虚拟检测区用于计算车辆参数。所提出的系统框架展示在图3-2中，其主要包含基于Faster R-CNN的目标检测、多目标跟踪及图像标定。首先建立了一个关于八种车型的图片数据库用于训练网络。在跟踪方法中，通过计算虚拟检测区内不同帧中的车辆边界框间距离来确定跟踪目标。为计算车辆参数，作者提出了基于已知长度移动标准车的图像标定方法。所提出的系统已被编程且拥有16FPS的帧率。本章剩余部分安排如下：在3.2节中介绍基于Faster R-CNN的车辆定位与分类方法；3.3节介绍多目标跟踪方法；图像标定方法将在3.4节中介

图3-1 虚拟检测区与镜头位置的示意图

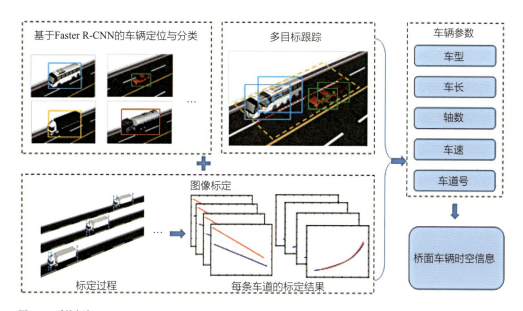

图3-2 系统框架

绍。在3.5节中会阐述车辆参数与空间位置的计算方法。所提系统已应用于安庆长江公路大桥，相关内容将在3.6节中展示。

3.2 基于Faster R-CNN的车辆检测

近几年，CNNs被广泛应用于多目标检测。Girshick等人[124]将候选区域与CNNs相结合生成基于区域的CNN（R-CNN）。在R-CNN中，候选区域通过选择性搜索的方法[155]来生成，再通过CNNs提取候选区的特征，之后在这些特征上训练二元支持向量机（SVM）分类器，最后利用特定类的边界框回归器来改进定位精度。与之前在ILSVRC2013数据集上表现最好的方法OverFeat[156]相比，R-CNN显著地提升了平均精度均值（mAP）。然而，R-CNN是很耗时的，因为每张图中的约2000个候选区域重复使用深度卷积网络来提取特征。为了提升性能，空间金字塔池化网络SPP-net[157]被提出。对于SPP-net，一张输入图像的特征只被计算一次，并且候选区域的特征被池化为固定维度的向量并作为全连接层的输入。尽管SPP-net的训练与测试时间显著地减少了，然而其训练过程类似R-CNN包含了多个阶段并且其中固定的卷积层限制了精度。2015年，Fast R-CNN[158]被提出，在提升训练与检测速度的同时提高了检测精度。然而Fast R-CNN仍使用比较耗时的方法如Selective Search来生成候选区域。为了融合区域生成器与Fast R-CNN，引入了候选区域生成网络RPN来生成候选区，并且RPN与Fast R-CNN共享卷积层。融合的网络被称作Faster R-CNN，它在本章中被用于车辆的逐帧检测。

3.2.1 Faster R-CNN结构

Faster R-CNN是一个多任务网络可同时对目标进行定位与分类。它由RPN及Fast R-CNN组成，二者共享卷积层如图3-3所示。

RPN以图像作为输入，输出一系列矩形目标区并伴随相应的得分。它采用随机梯度下降的方法进行端到端的训练，为对目标进行二元分类与回归。首先，图像的特征通过共享卷积层被提取，然后一个3×3的空间窗口以步长为1在特征图上滑动。每个滑动窗映射到一个特征向量并与9个在缩放图（短边为600像素）中不同尺寸及高宽比的锚点区域（Anchors）相关联。根据缩放图与其中车辆尺寸的大小，锚点区域的大小设置为128、256和512像素，高宽比设为2∶1、1∶1及1∶2。然后，为进行二分类与边界框回归，每个特征向量分别全连接至一个18维的向量与一个36维

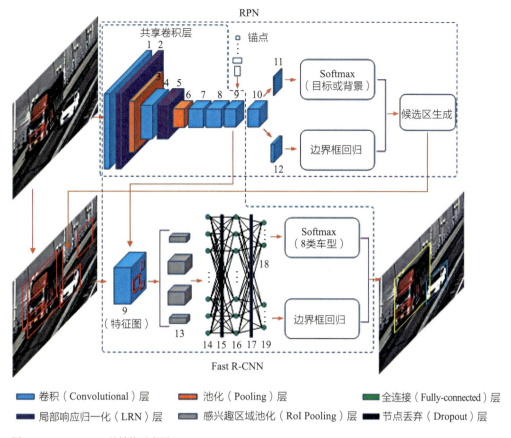

图3-3　Faster R-CNN的结构示意图

的向量。滑动窗特征提取及分类与回归的结构由一个3×3的卷积层后跟随两个1×1的卷积层来实现，如图3-3所示。RPN的损失函数定义为：

$$L(p_i, p_i^*, t_i, t_i^*) = \frac{1}{N_{\text{cls}}} \sum_i L_{\text{cls}}(p_i, p_i^*) + \lambda \frac{1}{N_{\text{reg}}} \sum_i p_i^* L_{\text{reg}}(t_i, t_i^*) \qquad (3-1)$$

式中：i为锚点区域的编号；p_i为第i个锚点区域是目标的预测概率；p_i^*为真实标签，对于正样本为1，负样本为0；λ是一个平衡系数用来平衡二分类和回归两部分；t_i和t_i^*分别代表预测区域与真实目标区域的参数化坐标；N_{cls}和N_{reg}分别为小批量样本的大小及锚点区域的个数，它们用来归一化式（3-1）中的两部分；L_{cls}和L_{reg}为二分类及回归的损失函数，分别由式（3-2）及式（3-3）计算而得：

$$L_{\text{cls}}(p_i, p_i^*) = -\log[(p_i^* \cdot p_i + (1-p_i^*)(1-p_i)] \qquad (3-2)$$

$$L_{\text{reg}}(t_i, t_i^*) = \sum_{j \in \{x, y, w, h\}} \begin{cases} 0.5(t_{i,j} - t_{i,j}^*)^2 & \text{if } |t_{i,j} - t_{i,j}^*| < 1 \\ |t_{i,j} - t_{i,j}^*| - 0.5 & \text{otherwise} \end{cases} \qquad (3-3)$$

式中：x，y，w及h表示的是边界框的中点坐标、宽与高。更多关于4个参数化坐标的细节可在文献[153]中找到。利用RPN，生成候选区的速度较之前的如Selective Search和EdgeBoxes[159]等算法要快很多。

在Fast R-CNN中，图像的特征通过共享卷积层被提取出来，然后将由RPN生成的候选区域映射到特征图中形成感兴趣区域（RoIs）。这些感兴趣区域被池化为固定长度的向量，并作为后面全连接层的输入，最后进行目标分类与边界框回归。应该注意的是Fast R-CNN与RPN中的分类是不同的。对于一个感兴趣区域，Fast R-CNN的损失函数表达如下：

$$L'(u, u^*, v, v^*) = L'_{cls}(u, u^*) + [u^* \geqslant 1] L_{reg}(v, v^*) \qquad (3-4)$$

式中：$u = (u_0, u_1, \cdots, u_k)$为$k+1$类的概率。在我们的研究中，$k$为车辆类型设为8，1为背景类。$u^*$是目标真实标签，当$u^* \geqslant 1$时$[u^* \geqslant 1]$为1，其他情况$[u^* \geqslant 1]$为0。$v$和$v^*$分别代表预测边界框与真实目标边界框的参数化坐标。$L'_{cls}$是log损失函数，$L_{reg}$已展示在式（3-3）中。所使用的Faster R-CNN的各层参数已列在表3-1中。

Faster R-CNN各层参数　　　　　　　　　　　　表3-1

层数	类型	深度	卷积核	步长	补零位	激活函数
1	CONV	96	7×7	2	3	ReLU
2	LRN	—	—	—	—	—
3	Max Pooling	96	3×3	2	1	—
4	CONV	256	5×5	2	2	ReLU
5	LRN	—	—	—	—	—
6	Max Pooling	256	3×3	2	1	—
7	CONV	384	3×3	1	1	ReLU
8	CONV	384	3×3	1	1	ReLU
9	CONV	256	3×3	1	1	ReLU
10	Sliding CONV	256	3×3	1	1	ReLU
11	CONV（cls）	18	1×1	1	0	—
12	CONV（reg）	36	1×1	1	0	—
13	RoI Pooling	256	—	—	—	—
14	FC	4096	—	—	—	ReLU
15	Dropout	—	—	—	—	—
16	FC	4096	—	—	—	ReLU
17	Dropout	—	—	—	—	—
18	FC（cls）	9	—	—	—	—
19	FC（reg）	36	—	—	—	—

3.2.2　数据库的建立

为了提升训练模型的泛化能力，车辆的图像数据库采集来自8台不同地区的监控镜头，场景包括桥梁、公路与城市街道。车型被分为8种，包括重型货车、重型厢式货车、罐车、轿运车、轻型卡车、轻型厢式货车、客车及小型车，如图3-4所示。在数据库中共有1694张像素为1280×720的已标注图片，其中1200张用于训练其余的用于测试。训练图片采用水平翻转的方式用于数据增强。在标注数据时以下几点应被注意：①为了精确定位，需要用矩形边界框紧紧包裹住车辆目标，这一点在后面计算车辆参数中是非常重要的；②为提升部分被遮挡目标的识别精度，车辆互相遮挡的情况被大量加入到数据集中；③因为车辆的正面包含了主要特征，所以我们仅标注面向镜头的车；④为了提升标注效率，在图片中忽略远离镜头的车辆。图3-5中展示了一些标注后的图片。

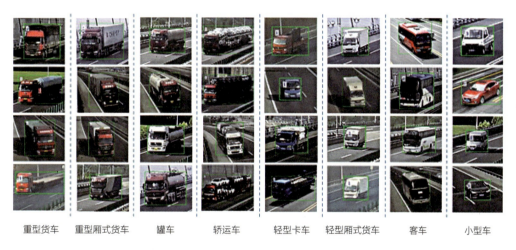

| 重型货车 | 重型厢式货车 | 罐车 | 轿运车 | 轻型卡车 | 轻型厢式货车 | 客车 | 小型车 |

图3-4　8种车型实例

图3-5　数据集中的标注图片

3.2.3　训练与测试

训练中采用的是四步交替训练方法[153]。第一步，RPN采用端到端的训练方式进行了8万次迭代，其用一个在ImageNet数据集[160]上预训练的ZF模型[161]进行初始化。

第二步，Fast R-CNN利用前面RPN生成的候选区域框进行了4万次迭代训练，其初始化与第一步中使用的模型一致。然后固定Fast R-CNN训练后的卷积层对RPN再次训练，此时意味着RPN和Fast R-CNN共享了卷积层参数。在最后一步，保持卷积层固定的同时，对Fast R-CNN独有层进行微调。在训练中，基础学习率、动量参数与权重衰减系数分别被设为10^{-3}、0.9和5×10^{-4}。训

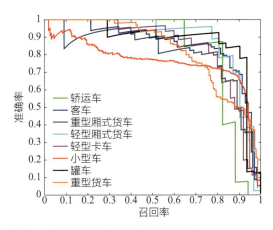

图3-6 八种车型的准确率—召回率曲线

练及测试执行在一台配置为GPU（NVIDIA GeForce GTX 1080Ti）及CPU（Intel Core i7-8700K @3.7GHz）的计算机上。在测试集上，8种车型的准确率—召回率曲线展示在图3-6中。由图中可以看出结果在准确率与召回率上有较好的平衡。为了定量评估测试结果，利用11个等间距插值点[162]来计算每种车型的平均精度（AP），结果见表3-2所列，8种车型的平均精度均值（mAP）为81.5%。

在测试集上八种车型的平均精度（AP）　　　　　　　　　　表3-2

车型	重型货车	重型厢式货车	罐车	轿运车	轻型卡车	轻型厢式货车	客车	小型车
AP(%)	78.3	80.0	87.1	80.3	82.8	86.7	83.2	73.3

3.3 多目标跟踪方法

为了计算车辆参数，需要在视频中对车辆目标进行跟踪。主要的多目标跟踪方法可分为基于检测的跟踪与无检测跟踪[163]。利用Faster R-CNN的逐帧目标检测，在本书中选择基于检测的跟踪方法。对于固定的镜头而言，车辆在桥面由远及近地行驶。由于远离镜头的车辆在视频中目标过小难以识别，而距离镜头较近的车辆，其车身可能部分超出镜头视野范围，因此需在合适位置创建虚拟检测区[164, 165]。在车辆检测中排除中心在检测区外的目标边界框。在本小节中所提到的边界框，都在检测区范围内。

为了对检测区内的多辆车进行跟踪，并考虑目标偶然漏检的情况，每辆车在检测区中移动时在存储空间内都形成了相应的信息序列，如图3-7所示。序列中

的每个元素都包含了边界框的坐标、车型、车道编号及相应的帧号。在车辆离开检测区后，存储空间中相应的信息序列被自动清除。下面介绍信息序列的生成过程。当在当前帧中检测到在检测区内的车辆边界框时，首先需要判断此时存储空间中是否存在任一车的信息序列。若存在，则对在当前帧中检测到的每一个目标边界框计算其与当前存在的每一个信息序列的最后一个元素所对应的边界框的距离d：

$$d_{i,j} = \sqrt{(x_i^{cur} - x_j^{eis})^2 + (y_i^{cur} - y_j^{eis})^2} \tag{3-5}$$

式中：x，y为边界框的中点坐标；cur代表在当前帧中检测出的边界框；eis代表存在的信息序列最后元素所对应的边界框；i和j为边界框的编号。对于当前帧的一个边界框来说，将根据式（3-5）计算得到的距离最小值与距离阈值δ进行比较。若该距离最小值小于阈值则说明距离最小的两个边界框代表的是同一目标，这样就实现了跟踪的目的。图3-8为多目标跟踪示意图。

为了识别车辆所在车道，提出了一种基于判断边界框左下角坐标与车道分界线位置关系的简单方法。如图3-8所示，首先建立车道分界线所在的直线方程。图中客车由于其边界框的左下角点在分界线上方，所以判断其属于车道1，而轿车由于其边界框的左下角点在分界线下方，所以判断其属于车道2。对于一个在当前帧中被跟踪的目标边界框，将其对应的坐标、车型、车道号、当前帧号封装为一个元素加入到对应的信息序列的末尾。关于信息序列的跟踪模式如图3-9（a）所示。对于当前帧的一个车辆边界框，如果没有与其距离小于阈值δ的相应目标或者在当前帧时刻不存在信息序列，则说明该车此刻刚进入检测区，其模式在图3-9（b）展示。当一

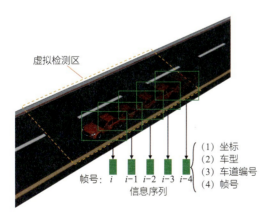

图3-7 车辆对应的信息序列

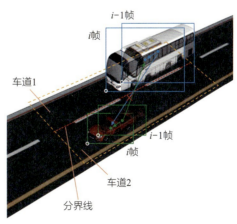

图3-8 多目标跟踪示意图

信息序列超过q帧都未增加元素则说明对应的车辆已离开了检测区。在本书中q值取5，相应于这种情况的信息序列模式展示在图3-9（c）中。当确定车辆离开检测区后，根据完整的信息序列计算车辆参数，然后删除该信息序列仅保存车辆参数。车辆参数的计算将在后面详细介绍。在跟踪过程中我们关注的是当前所存在信息序列的末尾元素，而不仅仅是相邻帧中的目标，所以在目标偶然漏检的情况下跟踪目标仍不会丢失，相应的模式如图3-9（d）所示，这种措施大幅提高了跟踪方法的鲁棒性。

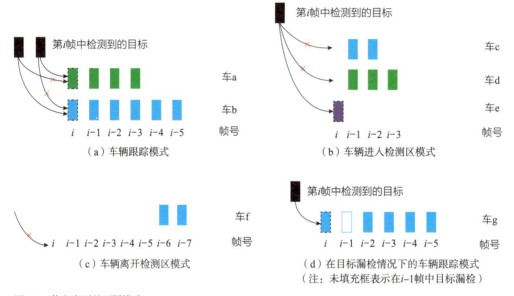

图3-9 信息序列的不同模式

3.4 图像标定方法

为了在视频中获得车辆的长度与速度，需要得到世界坐标与相应图像坐标的关系。对于单镜头而言，此关系通常基于特定的标定物[166, 167]或参考点来获得。然而由于桥梁通常处于通车状态，在其上不方便布置特定标定物且很难找到参考点。在本节中将详细介绍一种新的基于已知长度移动标准车的图像标定方法。视频中的一辆车在X轴方向主要由正面及侧面所组成，如图3-10所示，其中NF和NS分别为车正面及侧面的像素个数，横坐标X_A、X_B、X_C和X_D分别属于车辆左边缘，车辆正面与侧面分隔线，车辆侧面中线及车辆右边缘。为了计算车辆的长度及速度，需获得的是NS及像素所代表的沿车道方向的实际长度。

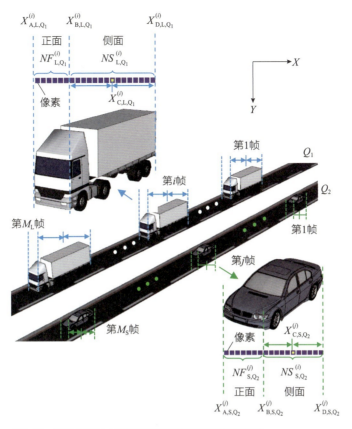

图3-10 基于大型与小型标准车的图像标定过程示意图

3.4.1 车宽所占像素数的标定

为了计算车辆长度，首先需要获得NS。而一个车辆边界框的宽度由NF及NS组成，如果已知NF则会很容易得到NS的值。因此以X_A为参考坐标来标定NF，即在每条车道上找到关于不同车宽的NF与X_A的关系。首先将常见车辆按车宽分为三类，包括宽体车（重型货车、重型厢式货车、罐车、轿运车及客车）、中体车（轻型卡车、轻型厢式货车）和窄体车（小型车）。为了在一条车道上标定NF，当标准车在视频中移动时对视频帧进行间隔采样。基于大小标准车的图像标定过程展示在图3-10中，图中下标Q_1和Q_2为车道的编号，L和S分别代表大小标准车。为了更好地展示，图中所有关于同一辆标准车的采样帧被叠加在一起，大小标准车的采样帧数分别为M_L与M_S。当在每个采样帧中标定NF时，需要手动标记X_A和X_B并通过$X_\mathrm{B}-X_\mathrm{A}$来计算$NF$。为了在所有采样帧上用多项式并基于最小二乘法来拟合X_A和NF的关系，在每个采样帧中将X_A和NF成对保存。多项式的系数按式（3-6）来计算：

$$\hat{\boldsymbol{a}}_{\mathrm{K,Q}} = \underset{\boldsymbol{a}_{\mathrm{K,Q}}}{\arg\min}\left[\sum_i |f_{\mathrm{K,Q}}(X^{(i)}_{\mathrm{A,K,Q}}, \boldsymbol{a}_{\mathrm{K,Q}}) - NF^{(i)}_{\mathrm{K,Q}}|^2\right] \tag{3-6}$$

式中：α是多项式系数向量；K是车宽类型，包括：宽体、中体、窄体；Q为车道编号；f是关于X_A和α的多项式函数；i是采样帧的编号。实际上只有宽体与窄体车被选为标准车，中体车在每条车道上的NF值按宽体、窄体车标定结果的中间值来计算以此来提高标定效率。

3.4.2 像素代表长度值的标定

在标定完NF后，对像素所代表的沿每条车道的真实长度进行标定。结合标准车的已知长度，位于车辆侧面中线上的像素所代表的沿车道真实长度RL以参考坐标X_C来标定。RL为车辆侧面所有像素的平均代表值，它通过标准车总长度L_{CV}除以NS而得。NS与X_C分别由X_D–X_B与（X_B+X_D）/2计算而得，其中X_D应被手动标记而X_B已在本书3.4.1节中得到。X_C和RL的关系在所有采样帧上用基于最小二乘法的多项式进行拟合，类似于基于参考坐标X_A来标定NF。多项式的系数按式（3–7）来计算：

$$\hat{\boldsymbol{\beta}}_{K,Q} = \arg\min_{\boldsymbol{\beta}_{K,Q}} \left[\sum_i | g_{K,Q}(X_{C,K,Q}^{(i)}, \boldsymbol{\beta}_{K,Q}) - L_{CV,K} / NS_{K,Q}^{(i)} |^2 \right] \tag{3-7}$$

式中：$\boldsymbol{\beta}$是多项式系数向量；g是关于X_C和$\boldsymbol{\beta}$的多项式函数。在实际标定RL时，不需按车宽对标准车进行分类，因为在一条车道上不同车辆在X_C与RL的关系上具有相似性，这点将在本书3.6节中被验证。

3.5 车辆参数与空间位置的计算

3.5.1 车辆长度与轴数的计算

图像标定后，当一辆车出现在检测区内时，车辆的长度L_V可根据相关信息序列元素中的车型、车道号及边界框坐标用式（3–8）与式（3–9）来计算：

$$L_V = g_{K,Q}(X_C, \hat{\boldsymbol{\beta}}_{K,Q}) \cdot NS = g_{K,Q}\left[(X_D - \frac{1}{2}NS), \hat{\boldsymbol{\beta}}_{K,Q}\right] \cdot NS \tag{3-8}$$

$$NS = (X_D - X_A) - f_{K,Q}(X_A, \hat{\boldsymbol{a}}_{K,Q}) \tag{3-9}$$

式中：X_A和X_D分别为检测到的车辆边界框的左右边横坐标。因为检测得到的边界框位置和真实目标边界框的位置在一些帧上可能会有比较明显的差别，所以当车辆在检测区行进时逐帧计算其车长。当采用本书3.3节中的方法判断车辆离开检测区后，所有的车长计算结果按大小进行排序，并按比例排除其中较大及较小的一些值，之后将剩余结果进行平均后作为车辆长度。这种车长计算方法可以大幅降低偶然误差，其过程将在本书3.6.2节中详细介绍。

车辆的轴数可根据车长及车型来估算。根据相关规范标准和对公路上常见车型的调查，轻型卡车、轻型厢式货车、客车及小型车的轴数通常为2，其余车型的轴数与对应的车长见表3-3所列。

四种车型的车辆长度所对应的车辆轴数 表3-3

轴数	重型货车及罐车长度（m）	重型厢式货车及轿运车长度（m）
2	≤ 9	≤ 11
3	9~10.5	11~14
4	10.5~13	14~16
5	13~14.5	16~18
6	≥ 14.5	≥ 18

3.5.2 车速的计算

根据车辆在检测区内移动的距离和时间来计算车速。为计算移动距离，首先通过本书3.3节中的方法识别出车辆在检测区中运行的第一帧及最后一帧。之后利用RL的标定结果来计算移动距离。由于车辆在检测区内移动的距离通常较车长大很多，为提升计算精度其距离采用分段计算的方式，如图3-11所示。每段长度按式（3-10）计算：

$$L_{\mathrm{R}}^{i} = g_{\mathrm{K,Q}}(X_{\mathrm{M}}^{(i)}, \hat{\boldsymbol{\beta}}_{\mathrm{K,Q}}) \cdot \frac{X_{\mathrm{C}}^{(\mathrm{Ent})} - X_{\mathrm{C}}^{(\mathrm{Lea})}}{N_{\mathrm{R}}} \qquad （3-10）$$

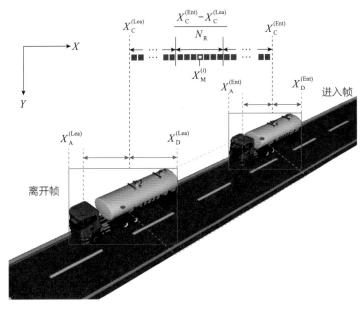

图3-11 车速计算示意图

式中：i为分段号；N_R为分段数量；$X_M^{(i)}$为第i段中线的横坐标；L_R^i为第i段的长度；上标Ent与Lea分别代表车辆关于检测区的进入帧与离开帧。车辆在检测区内移动的总距离为各分段长度之和，而相应的移动时间可通过视频的帧率来获得。最终车速V由式（3–11）计算而得：

$$V = \frac{L_d}{T_m} = \frac{F_v}{N_f} \sum_{i=1}^{N_R} L_R^i \qquad (3-11)$$

式中：L_d为车辆在检测区中的移动距离；T_m为相应的移动时间；F_v为视频的帧率；N_f为车辆在检测区移动过程中所经历的总帧数，该值可从相应的信息序列中获得。

3.5.3 车辆参数的计算流程

基于目标检测、跟踪和图像标定的车辆参数计算方法已被编程，具体计算流程如图3-12所示。

3.5.4 车辆空间位置的计算

在获得车速后，通过式（3–12）并结合车速不变假设[148]可计算得出任意时刻桥面上的车辆位置P_T：

$$P_T = (T - T_1)V + P_1 \qquad (3-12)$$

式中：T为需要计算的任意时刻；T_1为车辆离开检测区的时刻；V为车速；P_1为检测区的出口位置。

综前所述，根据所提出的系统获得了车辆参数及任意时刻车辆在桥面的位置，即获得了车辆在桥面上的时空信息。

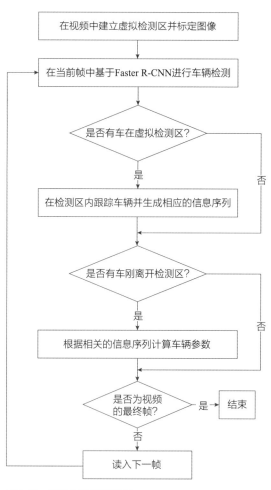

图3-12 车辆参数计算流程

3.6 安庆长江大桥工程应用

将提出的车辆时空信息获取系统应用于安庆长江公路大桥中。该桥位于长江的安庆段，是一座双塔斜拉索桥，如图3-13（a）所示。其主桥长为1040m，采用双向四车道。为了实时监测桥面车辆，两个镜头分别被安装在南北桥塔之上，如图3-13（b）所示，每个镜头监测两条车道，其分辨率为1280×720像素。

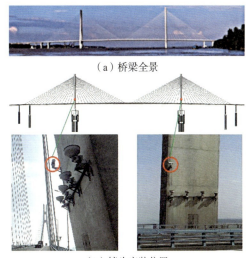

（a）桥梁全景

（b）镜头安装位置

图3-13　安庆长江公路大桥

3.6.1　标定过程

在基于标准车的图像标定中，以间隔4帧对视频进行采样。在图3-14中，以一些采样帧作为例子来阐明基

（a）基于宽体标准车的标定过程

（b）基于窄体标准车的标定过程

图3-14　上游侧外车道的标定过程

于宽体与窄体标准车的标定过程。在每个采样帧中，只有X_A、X_B及X_D三个坐标需要手动标记。NF和RL的标定结果展示在图3-15中。对于大小标准车，X_A和NF的关系在采样帧上都表现出了明显的线性，如图3.15（a）（c）（e）（g）所示。因此在所有车道上，基于最小二乘法来线性拟合X_A与NF间的关系。为了提高标定效率对于中体车的NF取宽体车与窄体车标定结果的平均值而不再单独对其进行标定，相关结果也展示在图3-15中。相比于X_A与NF的关系，X_C与RL的关系在采样帧中展现出了非线性，如图3-15（b）（d）（f）（h）所示。因此基于最小二乘法用三次多项式去拟合该关系。值得注意的是在同一车道中关于宽体与窄体车的RL标定结果曲线是非常接近的，这证明了在一条车道中，同一横坐标所对应不同车的RL计算值近似为常数。这一现象与客观实际相吻合，并且间接证明了所提标定方法的合理性。因此在标定RL时可忽略车辆种类。

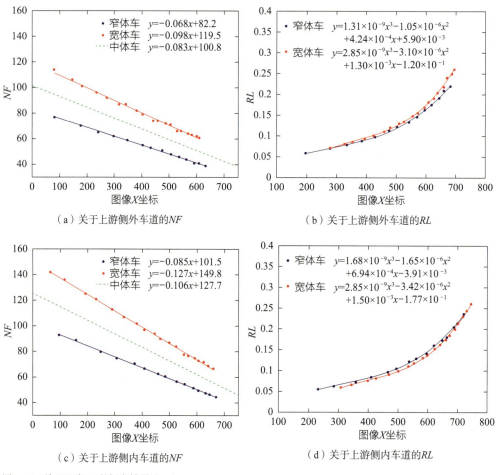

图3-15　关于NF与RL的标定结果（一）

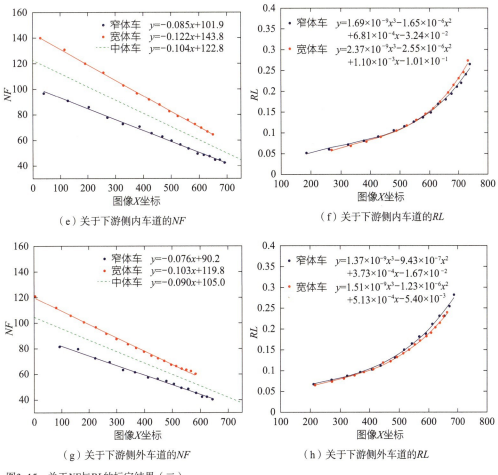

（e）关于下游侧内车道的NF　　　　　（f）关于下游侧内车道的RL

（g）关于下游侧外车道的NF　　　　　（h）关于下游侧外车道的RL

图3-15　关于NF与RL的标定结果（二）

3.6.2　车辆参数的计算

用训练过的Faster R-CNN模型对来自两个镜头的视频中的车辆进行检测。多目标跟踪方法被用来对检测区中的车辆进行跟踪并判断车道。在跟踪中距离阈值δ设为40像素。具体目标跟踪过程展示在图3-16中的左列，其中虚线表示的是车辆正面与侧面之间的分隔线，它们是根据NF的标定结果自动得出。当车辆在检测区行驶时通过式（3-8）与式（3-9）逐帧对车辆长度进行计算。图3-16右列展示了左列图片中出现车辆的车长计算结果。将一辆车所有的车长计算结果按大小进行排序，排除前20%与后20%的计算值。剩余的结果取平均值，该均值与真值分别展示在图中。可以看到长度计算结果围绕着真值波动，这是因为通过检测得到的车辆边界框无法在每一帧中都紧紧包裹目标。在排除极值并平均剩余值后，结果与真值之间的误差被大大减小。

车辆轴数可由车长及车辆类型估算得出。为了验证车型与车轴数识别的精度，

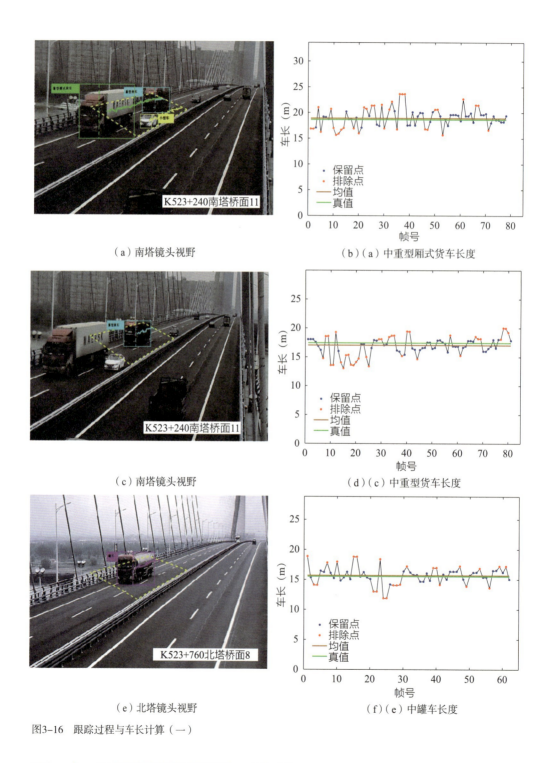

（a）南塔镜头视野

（b）(a)中重型厢式货车长度

（c）南塔镜头视野

（d）(c)中重型货车长度

（e）北塔镜头视野

（f）(e)中罐车长度

图3-16　跟踪过程与车长计算（一）

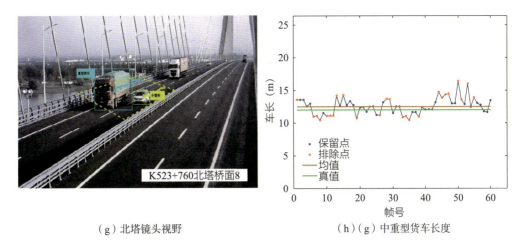

（g）北塔镜头视野　　　　　　　（h）（g）中重型货车长度

图3-16　跟踪过程与车长计算（二）

注：左列图中的轨迹是由不同帧中同一目标边界框的中点连接而成；右列图中以车辆关于检测区的进入帧作为第一帧

在一段时间内统计了3662辆车的参数信息，其识别结果用混淆矩阵展示在图3-17中。小型车的识别精度最高达到99.84%，而轻型厢式货车的精度最低为72.34%。在车轴识别方面，对于常见的二轴及六轴车识别精度高于90%，而对于比较少见的三轴车和五轴车识别精度较低。

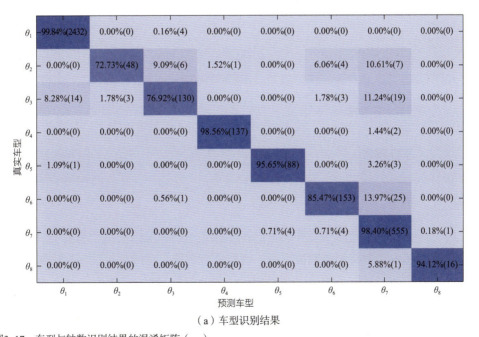

（a）车型识别结果

图3-17　车型与轴数识别结果的混淆矩阵（一）

θ_1—小型车；θ_2—轻型厢式货车；θ_3—轻型卡车；θ_4—客车；θ_5—罐车；θ_6—重型厢式货车；θ_7—重型货车；θ_8—轿运车

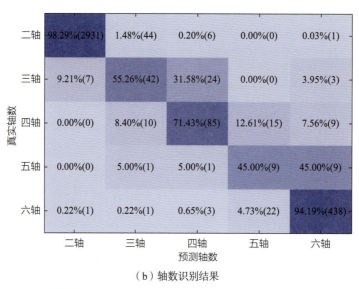

（b）轴数识别结果

图3-17　车型与轴数识别结果的混淆矩阵（二）

为了验证由式（3-11）计算得到的车速的精度，以雷达测速计测量所得50辆车的车速作为对比。结果已列在表3-4中，可看出大部分车速计算误差小于6%。

车速计算结果误差　　　　　　　　　　　　　　　　　　　表3-4

误差	0~2%	2%~4%	4%~6%	≥ 6%
比例	28%（14）	46%（23）	20%（10）	6%（3）

3.6.3　车辆的时空信息

根据计算得到的车辆参数及式（3-12），可得到桥面车辆时空信息。图3-18展示了2018年4月16日四个不同时刻的车辆空间分布情况，直观地展示了交通密度及车辆信息。

本章详细介绍了基于视频技术的桥面车辆时空信息获取系统，其只需两个镜头作为输入端而不需要其他辅助传感器。该系统有效解决了传统移动目标检测方法稳定性不足的问题，在多目标跟踪方面避免了在目标偶然漏检情况下目标丢失的情况，同时标定中不需要布置特殊的标定物或参考点，方便快捷，并已在实桥中获得了成功应用。利用本系统可获得桥梁实时的车辆分布情况，进而可获得桥梁的运营状态信息，为桥梁管理部门对结构的维护、加固提供依据，同时也为交通管理部门提供了实时的车流信息。本系统不仅可以用于桥梁，也适用于高速公路、城市街道等场景，为智慧交通的构建打下基础。

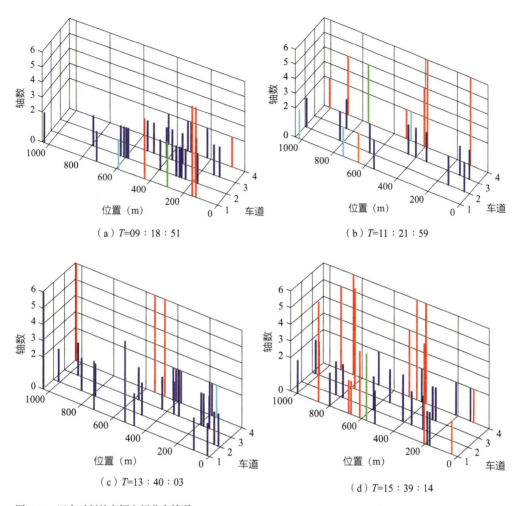

图3-18　四个时刻的车辆空间分布情况

第4章

基于大数据的结构监测
异常数据分析及数据压缩

健康监测技术能够实时采集结构在运营过程中的各种结构响应以及结构的环境信息，通过对监测数据的统计与深入分析以达到结构状态的监控与评估的目的，因而在土木、机械和航天领域广泛地安装了复杂的健康监测系统[168~170]。这些监测系统在服役过程中收集了海量的监测数据。一方面由于外界环境等因素影响，海量的监测数据中包含了各种各样的异常情况，严重阻碍了监测数据的进一步挖掘分析；另一方面海量的监测数据给监测数据的存储和传输造成了巨大的挑战。在内容上，本章首先介绍了传统的异常数据识别方法和数据压缩方法的研究现状及其存在的问题。针对传统异常数据识别方法不能实时预警和预训练过程长，本章提出了一种基于长短期神经网络（LSTM）的异常数据识别方法。针对传统的基于压缩感知的数据压缩方法计算效果不稳定、计算效率低的缺点，本章提出了基于深度学习的数据压缩方法。最后本章采用江阴大桥吊杆数据分别对提出的异常数据识别方法和数据压缩方法进行验证。结果表明提出的异常识别方法能实时地识别出监测数据的潜在异常，提出的数据压缩方法能在较低的压缩率下高精度还原原始数据。

4.1 异常识别与数据压缩

4.1.1 监测数据异常及识别方法

在土木工程领域，海量的监测数据是评价结构健康状况的重要依据。基于海量监测数据的大数据分析流程主要包括：数据提取、数据存储、数据清洗、数据挖掘和数据可视化。其中基于监测数据的数据挖掘分析已经成为当下的一个热门[171,172]。不幸的是，由于健康监测系统长期受到环境等因素的影响，导致监测数据不可避免地包含各种异常情况。根据文件显示[173]，苏通大桥496个传感器每天采集到11904个数据文件，其中有7673个数据文件为良好状态，占比64%；有3225个数据文件为时域特征明显异常，占比27%；有598个数据有明显数据缺失，占比5%；有336个数据严重损坏，占比3%。如果不能有效识别出异常监测数据，将有近40%的异常数据会进入数据挖掘分析阶段。

异常识别最早在19世纪的统计领域开始进行相关研究[174]。经过超过百年的发展，已经有一大批的异常检测算法提供给研究人员、工程人员进行研究、使用。根据异常检测过程是否有领域专家提供的数据标签，可将异常检测算法中主要分为三大类，分别是非监督异常检测、监督异常检测、半监督异常检测。非监督异常检测技术面对的数据集是不带标签的，因此常假定大多数数据都是正常的，认为那些不属于大多数范围内的数据点是异常的。监督异常检测则是利用一个带有"正常"与"异常"标签的训练集训练一个分类器，利用这个分类器去判断未带标签的数据点。半监督异常检测技术是利用仅包含正常的数据集去训练一个模型，然后利用该模型去判断新数据点的正常概率。其中，非监督算法由于不需要对任何数据进行标记，因此在异常检测中属于最常用的一类方法，但是在非监督算法中包含一个隐含假设，即正常数据点远比异常数据点要多很多，当实际使用场景中不符合这一假设，则算法结果往往会导致较高的误报率。另外，半监督算法只需要获取带标记的正常数据，因此相比监督算法适用范围更广一些。

在非监督异常检测中，根据使用模型与判别方法的不同，又可将非监督异常检测算法分为三类，分别是基于统计方法、基于邻近性的方法、基于聚类的方法。首先，基于统计方法，又称为基于模型的方法，假设正常数据对象由一个统计生成模型生成，那些不符合这一模型的则属于异常点。比如，假定数据符合高斯分布，若数据对象出现在这一模型的低概率区，可认为该数据对象不是由该模型生成，则其属于异常点。其次，在基于邻近性的方法中，若一个数据对象与其最近数据对象在特征空间上的距离很远，即该数据对象的邻近性明显偏离数据集中大多数数据对象的邻近性，则可认为该数据对象是异常点。最后，基于聚类的方法假设正常数据对象属于一些范围较大且密集的集群，而异常点在属于范围小且松散的集群，或不属于任何集群。

近年来，随着人工智能和大数据技术的快速发展，机器学习技术开始得到广泛的应用，上述的聚类方法就属于机器学习方法的一种，除了聚类以外，机器学习中最受瞩目的当属各类神经网络的应用。同时基于神经网络的异常识别方法也得到一些发展，Hawkins[175]利用前馈神经网络重建数据输入，并通过最小化重建正常数据输入误差来训练网络，训练好的网络将对异常输入数据有较大的重建误差，进而识别出异常输入数据。借助重建误差来识别异常数据。Malhotra[176]采用LSTM网络的编码–解码模型来准确重建正常数据输入，并借助于异常输入数据的重建误差来识别数据异常。Kim[177]采用LSTM网络编码–解码模型部分重建输入数据，将重建误差大的部分数据认定为数据异常。Filonov[178]和Tuor[179]均利用RNN网络的预测误差来识别异常数据。Bao[101]将监测数据转化为图像，采用深度受限玻尔兹曼机来识别异常监测数据。上述采用神经网络重建输入数据的方法属于离线方式，不能实时预警数据异常。而采用RNN预测误差识别数据异常的方式虽然可以实现实时预警的效果，但RNN网络在训练过程中易"梯度消失"，导致训练失败。将数据转化为图像的异常识别方法，实际上是基于机器视觉的异常判断，然而在转化过程中易丢失大量的信息。

4.1.2　监测数据压缩

一个结构的健康监测系统中会包含各种类型的传感器，如位移、温度、风速、加速度、应变等，为了有效地获取结构信息并节省采集成本和存储成本，不同传感器采样频率不一样，而加速度传感器往往拥有较高的采样频率，并且结构上也会布置较多的加速度传感器。监测系统中这些传感器每天会产生大量的监测数据，特别是加速度数据，海量监测数据在传输和存储方面带来很高的成本，因此，健康监测数据压缩算法的研究就很有必要。

一直以来，信息的采集基本都依赖于Shannon采样定理，为保证采样后的信号能够真实地保留原始信号信息，信号采样频率必须不小于原始信号中最高频率的2倍。但是这种采样方式需要采集大量的数据，特别是在结构健康监测系统中。传统的数据压缩方法是先按采样定理进行采样，然后再对数据进行压缩，这样的压缩方式会造成信息资源的浪费。随着问题的出现，Donoho等人[180, 181]相继提出了压缩感知理论，采用新的采样方法，如果信号是稀疏或者可压缩的，该信号就可以通过随机采样方法采集，并且可以较准确地将信号重构。常见的传统的重构算法有：贪婪迭代算法[182, 183]、凸优化算法[184]和其他基于贝叶斯框架的重构算法[185]。贪婪算法是通过迭代的方法寻找系数向量的支撑集，然后通过寻求局部最优解逼近原始信号，该算法在压缩感知重构数据中得到了较多的应用。凸优化算法的求解思想是将一个非凸优化问题转化为一个凸优化问题进行求解，其重构精度高但是计算复杂性较高。而基于贝叶斯框架的重构算法考虑了信号的时间相关性，信号的时间相关性越高，算法的重构精度就越高。鲍跃全教授[186]在传统压缩感知算法的基础上，提出了群稀疏优化算法。鲍跃全教授等人[187]也将压缩感知理论应用在结构健康监测无线传感数据丢失恢复中，取得了较好的效果。但是，传统方法往往是基于某种基函数，是基于迭代的求逆问题，对于大量的监测数据没有实时性、通用性，难以广泛应用。

此外，结构健康监测系统采集的大量数据中，会包含大量的异常数据，需要被及时的挑拣出来。同时，这些异常数据的形成原因非常复杂，健康监测系统采集的异常数据包含的信息非常复杂。而在传统压缩感知理论中，数据可以被压缩的基础是信号在某些变换基下是稀疏的，即在某些变换基下展开，其展开系数中只有少量的大系数，而其他大部分系数都是非常小的值，而健康监测的异常数据往往不具备这个特性。所以对异常的数据压缩后很难高精度地还原并且可能会丢失重要信息，所以对于实桥监测数据，要实现监测数据的压缩，先要实现异常数据的检测。

针对以上问题，本章首先提出一种基于LSTM网络的监测数据异常识别方法，该方法首先采用少量历史正常数据对LSTM网络完成预训练，由于只采用了历史正常数据，所以该网络仅对正常数据具有良好的预测性能。然后利用训练好的LSTM网络预测误差来识别监测数据异常。基于LSTM网络的异常识别方法只采用了少量历史正常数据，这对于正常数据占比较大的监测数据来说是有益的，大大减低了前期挑选正常历史监测数据的工作量。其次利用LSTM网络的持续输入，可以实现异常数据的实时预警。其次，本章提出一种基于卷积自编码网络的数据压缩框架，在识别出异常数据的基础上，仅对正常的监测数据进行压缩。不同于传统的压缩感知理论，直接利用深度学习提取的高维特征作为压缩后的数据，能够实现实时高效的数据压缩还原，能够在较低的压缩率下高精度地重建原始数据。

4.2　基于长短期神经网络识别监测数据异常

4.2.1　技术框架

传统异常识别方法多属于事后识别，不能做到异常情况的实时预警，易造成严重的财产损失。为了实现实时输入和实时识别，本章提出一种基于LSTM网络进行监测数据异常识别的方法。所提出的监测数据异常识别方法的基本流程如图4-1所示。每个通道监测数据大小既和其传感器布置位置的结构响应有关，也和传感器本身性能有关。理论上，传感器的位置越接近，其相关性越高，进而可以采用一个模型识别多个通道数据异常，反之，则需要对每个通道分别建立异常识别模型。两个通道的相关性强弱可用相关性系数表示，当相关性系数大于80%时，本书认为可以采用一个模型进行识别。

由于监测数据是持续产生，与循环神经网络（RNN）的持续输入贴合，进而可以利用RNN的预测误差进行异常识别。传统的RNN是一类单元连接形成一个有向环的人工神经网络。这种结构体系使得RNN具有能够保存动态序列信息的能力，因此RNN很适合处理序列数据，即能够建立起数据之间的前后依赖，而且可以对变化长度的序列数据进行处理，好比CNN适合对不同尺寸的图像进行处理。现在RNN已经广泛应用在语音识别[188~190]、机器翻译[191,192]、文本生成[193]、无分割连续的

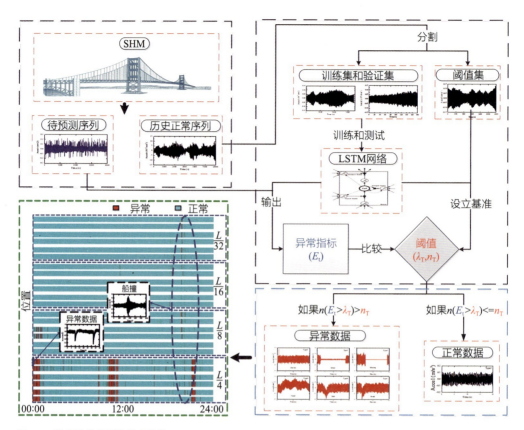

图4-1　数据异常识别的技术路线

手写体识别[59]中。需要特别说明的是，在深度学习中，递归神经网络（Recursive Neural Network，RNN）是一种能够对树模型进行建模的深度神经网络，循环神经网络是递归神经网络对序列模型进行建模的一种特例[60]，本书中的RNN均指循环神经网络。

在RNN中，神经元的输出可以在下一个时刻直接作用于自身，如图4-2中的神经元s，其在t时刻的输出不仅受到t时刻上层输出的影响，而且受到$t-1$其自身输出的影响。因此，如果按时刻展开RNN结构，则如上图所示，即t时刻的网络的输出是该时刻的输入和所有历史共同作用的结果。可以说，CNN的深度体现在网络层数，而RNN的深度则体现在时间长度上，所以从这个意义上来说，这两类模型都属于深度模型。RNN早期模型如1990年[29]提出的Simple-RNN（S-RNN），此模型把当前输入的状态和前一时刻的状态向量进行线性变换后通过非线性激活函数得到新的状态向量，因此S-RNN对于序列数据的次序敏感。

但是，RNN也会出现"梯度消失"现象[61]，导致在更新参数的时候无法影响更靠前的时刻，无法对"所有历史"产生影响，使得序列数据之间的长距离依赖

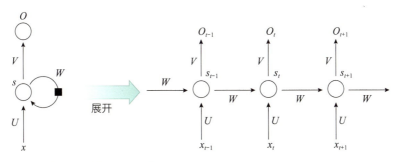

图4-2 循环神经网络结构展开图

特征无法有效捕捉。为了解决这个问题，基于门机制（Gating Mechanism）的RNN变种架构被提出，其中较出名的是由Hochreiter与Schmidhuber[62]在1997年提出的Long Short-Term Memory（LSTM）这一结构体系，通过门的开关实现时间上记忆功能，并防止梯度消失，并由Alex Graves等[63]在2013年进行改进。LSTM其实就是将RNN中隐藏层的一个神经元，用一个更加复杂的结构替换，称为记忆块，如图4-2所示。记忆块中的三个核心"门"分别是输入门、输出门、遗忘门，这三个门本质上就是权值矩阵，类似电路中用于控制电流的开关。当值为1，表示开关闭合，流量无损耗流过；当值为0，表示开关打开，完全阻塞流量；当值介于0与1之间时，则表示流量通过的程度。而这种从0到1的取值就是通过非线性激活函数实现的。LSTM将RNN的隐藏状态s_t分为两个部分：记忆细胞c_t与工作记忆h_t。遗忘门控制前一时刻c_{t-1}的保留程度，输出门控制当前时刻c_t的输出量，输入门控制当前时刻x_t与前一时刻h_{t-1}在当前时刻c_t中的保留程度。需要特别说明的是，在LSTM中上述三种门均不是静态的，而是由前一时刻h_{t-1}和当前时刻x_t共同决定，通过对其线性组合后非线性激活得到。有了重新设计的隐藏层结构之后，梯度消失的影响减少了很多，使得RNN的训练更加容易，也使得序列数据能够通过较少的预处理与特征工程之后进行建模训练。

书中建立的LSTM共包括三个部分：输入层、LSTM循环模块和输出层（全连接层），如图4-3所示。对于给定的输入数据x，LSTM中的遗忘门由式（4-1）进行更新和控制：

$$f_t = \sigma(W_f \cdot [h_{t-1}, x_t] + b_f) \tag{4-1}$$

LSTM中的输入门由式（4-2）进行更新和控制：

$$i_t = \sigma(W_i \cdot [h_{t-1}, x_t] + b_i) \tag{4-2}$$

LSTM中的记忆单元由式（4-3）和式（4-4）进行更新：

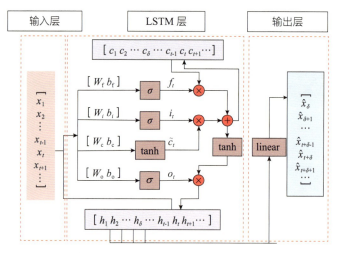

图4-3 长短期神经网络

$$\tilde{c}_t = \tanh(W_c \cdot [h_{t-1}, x_t] + b_c) \tag{4-3}$$

$$c_t = f_t c_{t-1} + i_t \tilde{c}_t \tag{4-4}$$

LSTM中的输出门由式（4-5）进行更新和控制：

$$o_t = \sigma(W_o \cdot [h_{t-1}, x_t] + b_o) \tag{4-5}$$

LSTM中的状态量由式（4-6）进行更新和控制：

$$h_t = o_t \tanh(c_t) \tag{4-6}$$

式中，σ表示非线性sigmoid函数；tanh是LSTM循环模块的激活函数；W是可训练的权重矩阵；b是可训练的激活阈值项。全连接层借用Linear函数对状态量h实现目标项的输出。

首先采用人工观察的方法从历史正常监测数据中截取时间长度为$\delta+1$的监测数据序列，分别作为LSTM的初始训练样本、LSTM验证样本和阈值确定样本。构建的LSTM网络可以基于时间长度为δ历史输入序列$x_{t-\delta-1, t-1}$来预测当前时刻t的结构响应$\hat{x}_t$，预测过程可简记为：$\hat{x}_t = LSTM(x_{t-\delta-1, t-1}, \Theta)$。其中$\Theta$为可训练的参数。

LSTM的训练过程可表示为寻找一组训练参数Θ_T满足：

$$\Theta_T = \arg\max_{\Theta} P(x_t | x_{t-\delta-1, t-1}, \Theta) \tag{4-7}$$

LSTM在训练集和验证集上的预测误差分别表示为J_t和J_v，按式（4-8）进行计算：

$$J_t(\Theta_T) = \frac{1}{n_x} \sum_{i=1}^{n_x} (x_i - \hat{x}_i)^2, \quad J_v(\Theta_T) = \frac{1}{n_y} \sum_{i=1}^{n_y} (x_i - \hat{x}_i)^2 \tag{4-8}$$

式中，n_x和n_y分别表示训练集和验证集的样本数目。若$J_v < J_t$，且J_v和J_t的值随着迭代次数（Epoch）的增加趋于稳定，则认为LSTM的训练结果良好。

由于LSTM的初始训练样本来源于正常历史监测数据，则LSTM对正常监测数据具有良好的拟合能力，对异常监测数据拟合能力较差（图4-4）。监测数据的预测误差反映了监测数据发生异常的可能性。为此，定义t时刻监测数据的异常指标E_t为：

$$E_t = |x_t - \hat{x}_t| \tag{4-9}$$

定义了监测数据的异常指标，还需要确定与异常指标相匹配的阈值，为了避免每个时刻数据都做异常识别而引起的高报警率的问题，本书采用双阈值来识别监测数据异常。首先将待识别的监测数据划分为时间长度适中的分析单位。在每个分析单位中，第一个阈值是用于判断每个时刻监测数据是否发生异常，第二个阈值是用于判断监测数据发生异常的时刻数是否超限。若某一分析单位发生异常，则其满足：

$$n(E_t > \lambda_T) > n_T \tag{4-10}$$

式中，λ_T为第一个阈值，n_T为第二个阈值，$n(E_t > \lambda_T)$为发生异常的时刻数。

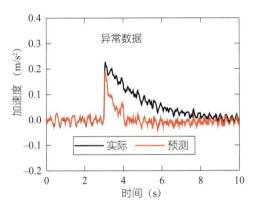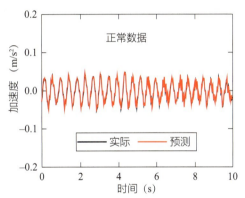

图4-4　LSTM网络的预测结果

两个阈值可基于正态分布叠合二项分布得到，首先利用正态分布来拟合确定阈值样本上的异常指标，参数通过极大似然估计得到。根据正态模型的概率公式，可得异常指标E_t大于阈值λ_T的概率为：

$$P_1\left[E_t > \lambda_T \big| (u, \textstyle\sum)\right] = 2\left[1 - \Phi\left(\frac{\lambda_T - u}{\sum}\right)\right] \tag{4-11}$$

式中，P_1为每个时刻监测数据发生异常的概率；$\Phi(\cdot)$为标准正态分布概率公式；$(u, \sum)$为正态分布的两个参数；λ_T为第一个阈值，且$\lambda_T \in [0, E_{t\,\max}]$。

根据每个时刻监测数据发生异常的概率，结合二项分布可求得每个分析单位发生异常概率为：

$$P_F\left\{n(E_t > \lambda_T) > n_T \bigg| \left[(u, \textstyle\sum), l_F\right]\right\} = \sum_{i=n_T+1}^{l_F} C_{l_F}^i P_1^i (1-P_1)^{l_F-i} \qquad (4-12)$$

式中，P_F 为每个分析单位发生异常的概率；n_T 为第二个阈值，且 $n_T \in [0, l_F]$；l_F 为分析单位的长度；$C_{l_F}^i$ 为二项分布的系数，且 $C_{l_F}^i = \dfrac{i!}{i!(l_F - i)!}$。

根据每个分析单位的发生异常的概率，再次结合二项分布可求得确定阈值样本上发生异常的概率为：

$$P_s\left\{n\left[n(E_t > \lambda_T) > n_T\right] \geqslant 1 \bigg| \left[(u, \textstyle\sum), l_F, n_F\right]\right\} = 1 - (1-P_F)^{n_F} \qquad (4-13)$$

式中，P_s 为确定阈值的样本发生异常的概率；n_F 为确定阈值样本上分析单位的个数，且 $n_F \in [0, n_z]$；n_z 为确定阈值样本的时刻数。

因为确定阈值样本是从正常历史序列中筛选出来的，其存在异常的概率应在任意分析单位数和任意阈值上都取最小值。即寻找第一个阈值 $\lambda_T \in [0, E_{t\max}]$。使其满足：

$$\lambda_T = \arg\min\nolimits_{\lambda_T} P_s\left\{n\left[n(E_t > \lambda_T) > n_T\right] \geqslant 1 \bigg| \left[(u, \textstyle\sum), l_F, n_F\right]\right\}$$

$$\text{s.t.} \quad \forall n_F \in [0, n_z], \ \forall n_T \in [0, l_F] \qquad (4-14)$$

经分析可得 $\lambda_T = E_{t\max}$，则 $n_T = P_1\left[E_t > E_{t\max} \big| (u, \textstyle\sum)\right] \times l_F$。

为了明确书中提出的异常识别方法的可行性，引入查准率 P、查全率 R 和准确率 A 指标进行评价。监测数据的识别结果只有正常和异常两种情况，属于二分类问题。将异常监测数据设定为正例，正常监测数据设定为反例。若将正常监测数据识别为正常数据记为 TN，正常数据识别为异常数据记为 FN，异常数据识别为正常数据记为 FP，异常数据识别为异常数据记为 TP，则查准率 P、查全率 R 和准确率 A 分别计算如下：

$$P = \frac{TP}{TP + FP}, \quad R = \frac{TP}{TP + FN}, \quad A = \frac{TP + TN}{TP + TN + FP + FN} \qquad (4-15)$$

4.2.2 数值模拟验证

由于实际大桥监测数据很难确定具体异常位置，难以与识别结果形成对比，进而不能准确地评价书中提出的异常识别方法，然而有限元模拟数据异常位置分布明确，可以很好地评价书中所述方法。为此，通过软件 MATLAB 模拟一条长为 1200cm 的简支 H 型钢梁，梁的截面积为 24.37cm²，截面惯性矩为 999.97cm⁴。在简支梁点A（1/6跨）、点B（2/6跨）、点C（3/6跨）、点D（4/6跨）和点E（5/6跨）处一起输入高斯白噪声，同时在这5个点分别进行采样，采样频率为50Hz，得到5条具有50万个时间点的正常结构振动响应序列，为了增加异常识别的难度，在5条结构响应序列中分别添加了信噪比为20的噪声，添加噪声后的序列分别记为X_A-X_E。

为了将采集到的结构振动响应序列制作成训练集、验证集、确定阈值集和待识别的异常序列。首先将结构响应序列分割成时间长度为299980的序列和时间长度为200020的序列。通过连续时间窗口将序列截取成时间长度为21的样本，为了增加训练网络和阈值的鲁棒性，以随机的方式选取训练样本、验证样本和阈值确定样本，得到训练样本数、验证样本数和确定阈值样本数分别为189981、9999和99980，对应训练第一个LSTM和确定第一组阈值，其中第一个LSTM记为Net1。为了验证书中所提出异常识别方法的普适性，特设计了跳点（Type2）、数据变小（Type3）、数据丢失（Type4）、趋势项（Type5）、数据漂移（Type6）和数据飙升后下降（Type7）共6种异常情况。序列从第21个时间点开始以500个时间点为一个单位，共分为400个单位。在400个单位中每隔20个单位添加一种异常类型。其中未改变的单位为正常情况（Type1），6种异常类型的数据曲线如图4-5所示。对结构响应序列进行同样的预处理，可训练相应的LSTM和确定对应的阈值，训练好的LSTM按序记为Net2-Net5。

LSTMNet1-Net5的基本参数统一设置如下：网络输入、输出维度分别设置为20和1，Batch设置为256，Dropout设置为0.3，迭代次数（Epoch）设置为20。全连接层的激活函数选择linear函数，误差函数选择均方误差（MSE），优化器选择Adam

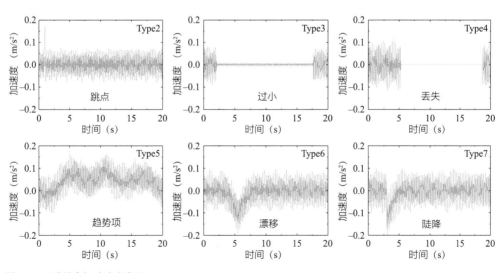

图4-5 六种异常振动响应类型

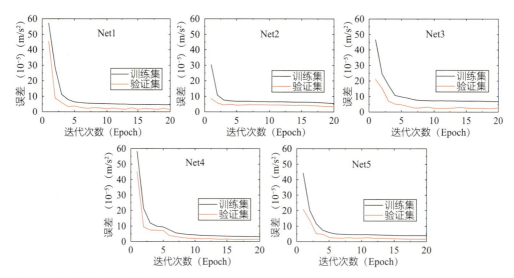

图4-6 网络的训练误差与训练次数的关系

优化器。LSTMNet1-Net5的训练误差J_t和验证误差J_v如图4-6所示。由图4-5可知，训练误差J_t大于验证误差J_v，且两者都趋于稳定，表明LSTM的Net1-Net5训练结果良好。

为了增加阈值和识别结果的稳定性，对确定阈值样本和待识别序列的异常指标作均值窗口处理，均值窗口的时间长度为5。为了不减少确定阈值样本的个数，在采用均值窗口处理时，每次只移动1个时间点。待识别序列采用均值窗口处理时，每次移动5个时间点。结合本书4.2.1节中的结果，可得第一个阈值。第二个阈值与分析单位的时间长度有关，选取分析单位的时间长度，则添加异常情况后的振动响应序列均被分割成了800个分析单位。结合本书4.2.1节的结果，可得第二个阈值。LSTM的Net1-Net5对应的5组阈值见表4-1所列。

网络（Net1-Net5）的阈值 表4-1

网络	Net1	Net2	Net3	Net4	Net5
λ_T（10^{-3}m/s^2）	10.6	11.1	16.1	14.4	9.7

用训练好的LSTM的Net1-Net5分别识别添加异常情况后的振动响应序列$X_{A2} \sim X_{E2}$，识别结果见表4-2所列。表中蓝色标记的预测异常比例为最接近真实异常比例的结果，红色标记的预测异常比例为对应通道的识别结果。结合图4-7所展示的振动响应序列$X_A \sim X_E$的相关系数。可知，虽然最好的预测结果与相关性系数未完

全一致，但相关性系数高的振动响应序列得出来的预测结果均取得了好的效果（异常比例最大只差了1.88%）。因此，对于相关性不强的多通道监测数据，应训练相应通道数的LSTM来识别异常。

5条加速度响应序列的识别结果   表4-2

序列	真实异常比例	预测异常比例				
		Net1	Net2	Net3	Net4	Net5
X_{A2}	38.75%	39.38%	40.63%	39.75%	39.13%	39.00%
X_{B2}	38.75%	98.75%	40.88%	99.00%	39.13%	98.88%
X_{C2}	38.75%	98.38%	98.13%	40.63%	98.25%	98.25%
X_{D2}	38.75%	98.50%	40.63%	98.38%	38.75%	98.88%
X_{E2}	38.75%	38.63%	39.75%	39.00%	38.75%	38.63%

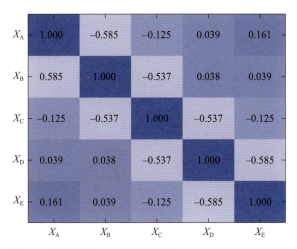

图4-7　异常序列X_A-X_E的相关性系数

基于上述分析结果，用训练好的LSTM的Net1~Net5对应识别添加异常情况后的振动响应序列X_{A2}-X_{E2}。为了进一步说明书中提出的异常识别方法对各种异常类型的识别效果，表4-3给出了各种异常类型的识别结果，表中红色标记的预测异常比例为离真实异常比例最远的数据（最大差值为1.13%），蓝色标记的预测异常比例为最接近真实异常比例的数据，由表4-3可知书中所提出的异常识别方法对6种异常类型数据均具有较好的效果。下面通过计算5条振动响应序列异常识别结果的查准率P、查全率R和准确率A来确定评价书中提出的异常识别方法的性能，如图4-8所示，所有通道的查准率P、查全率R和准确率A均达到了90%以上。图4-9对应地给出了实际异常位置和识别出的异常位置分布图。结合图4-8和图4-9可知，识别出的异常位置与实际异常位置有很好的对应关系，表明书中所提出的异常识别方法具有良好的性能。

6种异常类型数据识别结果 表4-3

序列	真实异常比例	预测异常比例				
		Net₁- X_{A2}	Net₂- X_{B2}	Net₃- X_{C2}	Net₄- X_{D2}	Net₅- X_{E2}
类型1	6.25%	6.38%	6.63%	6.38%	6.25%	6.25%
类型2	6.00%	6.00%	6.25%	5.88%	5.63%	6.00%
类型3	5.75%	5.63%	5.88%	6.50%	5.55%	5.88%
类型4	8.00%	8.63%	9.13%	8.75%	8.38%	7.83%
类型5	6.50%	6.50%	6.75%	7.25%	6.75%	6.88%
类型6	6.25%	6.25%	6.25%	6.25%	6.25%	6.25%

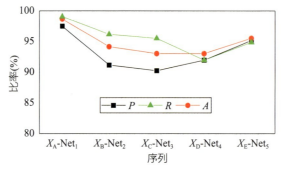

图4-8 识别结果的评价

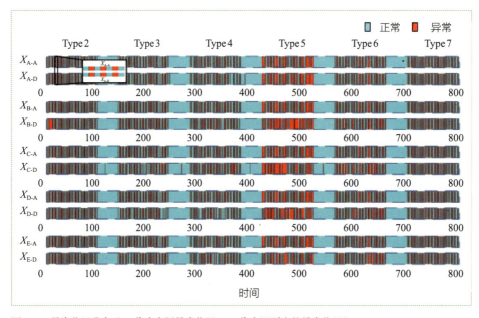

图4-9 异常位置分布（-A代表实际异常位置，-D代表识别出的异常位置）

本节首先介绍了基于LSTM的进行异常识别的基本的方法，然后重点介绍了异常识别的理论基础，最后借由有限元模拟数据明确了本书提出异常识别的具体实现过程和可行性。

4.3 基于卷积自动编码器的长期监测数据压缩

4.3.1 技术框架

一个结构的健康监测系统每天会产生大量的监测数据，以江阴大桥吊杆上的加速度数据为例，每个吊杆的加速度传感器一天采集432万个数据点，这些采集的海量监测数据在传输和存储方面需要很高的成本，因此，健康监测数据压缩算法的研究就很有必要。

本节介绍的健康监测数据压缩框架如图4-10所示，分为两个层次：①直接将监测数据信号作为输入，用一维的深度卷积网络直接提取检测信号的特征，判断检测数据是否异常，异常的数据则意味着不适合进行压缩；②对于正常的监测数据，利用深度学习实现将正常的检测数据进行压缩，使得生成数据能够高度还原原始数据，并且在频域上具有相同的特征。

本节主要介绍高效的健康监测数据的压缩方法，而异常数据的检测是实现数据压缩的重要前提，在本节中不作为重点。

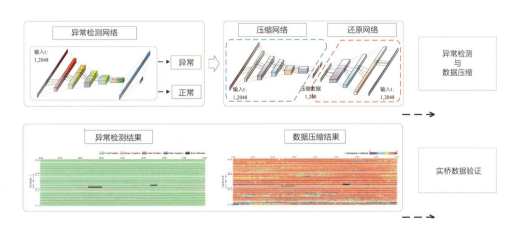

图4-10 基于深度学习的健康监测数据压缩算法框架

4.3.2 基于卷积神经网络的异常识别及数据压缩

1. 基于一维卷积网络的数据异常检测

在土木工程领域，深度卷积神经网络在基于图像的目标检测方面得到了最广泛的应用。深度卷积神经网络的输入没有局限于图像这种单一的形式，因为具有强大的特征提取能力，其在信号处理、数据降维等方面也体现出了强大的优势[121, 194, 195]。在本书4.2节中介绍了一种基于LSTM网络的异常数据检测方法，是一种基于拟合误差的点式异常数据检测方法。在本节中，提出另外一种基于卷积神经网络的异常检测方法，不需要专门针对每一个传感器训练单独的网络。

本节提出的异常数据检测网络结构如图4-11所示，网络一共有6层，前5层主要由卷积层构成，用于数据的降维实现高维特征的提取，最后一层为全连接层，将前面卷积层学习到的"分布式特征表示"映射到样本标记空间，实现输入数据的异常判别。

本节中采用LeakyReLU非线性激活层作为卷积层输出的激活函数，是修正线性单元（Rectified Linear Unit，ReLU）的特殊版本，当不激活时，LeakyReLU仍然会有非零输出值，从而获得一个小梯度，避免ReLU可能出现的神经元"死亡"现象：

$$h = \begin{cases} w^{\mathrm{T}} \cdot x, & w^{\mathrm{T}} \cdot x > 0 \\ negative\_slope \times w^{\mathrm{T}} \cdot x, & \text{else} \end{cases} \qquad (4\text{-}16)$$

其中，h是输出，x是输入，w^{T}是权重，$negative\_slope$保证在输入小于0时有微弱的输出，减轻Relu层的稀疏性，在本节中取$negative\_slope$值为0.2。

Batchnorm（BN）层是深度学习加速收敛速度及稳定性的算法，引入缩放和平移变量，计算归一化后的值，使得每一层网络的输入保持相同分布，且深度学习能够使用较大的学习率，不需要小心地调整参数，极大地提高了学习速度。

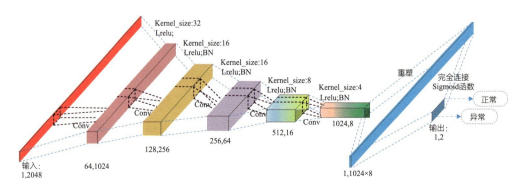

图4-11 数据异常检测网络结构

采用平方损失函数作为异常检测网络的损失函数，它将回归的问题转化为了凸优化的问题。平方损失的损失函数为：

$$C=\frac{1}{n}\sum_{x}(y-a)^2 \tag{4-17}$$

其中，y为期望的输出，a是网络的实际输出。

2. 基于卷积自编码网络的数据压缩

在实现异常数据的检测之后，就可以进行进一步的数据压缩。压缩感知理论指出：只要信号是可压缩的或在某个变换域是稀疏的，那么就可以用一个与变换基不相关的观测矩阵将变换所得高维信号投影到一个低维空间上，然后通过求解一个优化问题就可以从这些少量的投影中以高概率重构出原信号。

传统的压缩感知技术在利用观测矩阵进行数据采样时就已经完成了数据的压缩，压缩的数据本身就是采样后的数据，如何还原数据是其研究的重点。本节中介绍的基于卷积自编码的数据压缩技术与传统方法不同，是将深度学习提取的高维特征作为压缩后的数据，提出方法框架如图4-12所示。

本书提出的数据压缩网络主要分为两个部分，压缩网络部分和重建网络部分。压缩网络用来对输入的数据进行压缩，其中仅包含卷积层，不包含全连接层。利用压缩网络得到压缩数据后，将其与数据的标签信息（标签：第几断面数据）结合后作为重建网络的输入，随后输出还原的数据，然后更新网络的参数，使得输入的原始数据和还原的输出数据差异最小，具体如下：

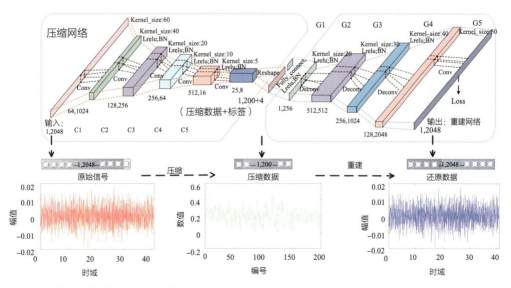

图4-12　基于卷积自编码的数据压缩网络结构

（1）压缩网络：压缩网络由5层网络构成，编号依次是C1到C5，除了C1层仅由卷积层构成，C2到C4层都是由卷积层、Lrelu激活函数和Batchnorm层构成，这些层在本书2.1节中都已介绍过。

（2）重建网络：重建网络的输入是由压缩网络的输出与数据的标签结合而成的，数据的标签即是加速度传感器所在的断面（独热码），不同断面传感器标签不同。重建网络也是由5层网络构成的，编号依次从G1到G5，G1层由全连接网络构成，目的是为了将不同压缩率下的压缩网络的输出调整到256个（2^7）。而G2到G5是由Deconv层构成，反卷积Deconv在实际操作时，分为两步：①现将输入数据进行填充扩大，在元素之间插入0；②对扩充变大的矩阵，用卷积核做卷积操作，输出结果。网络的最后一层为普通的卷积层，利用卷积将多个通道信息结合最终输入单个通道的还原数据[196]。

（3）损失函数：目标损失函数是使整个网络的输出与原始的输入相同。在以往的自动编码器网路中，往往采用最小平方误差作为误差函数，但是对于实桥的加速度监测数据，网络的输入幅值差距较大，采用传统的最小平方误差函数比较容易发散，及时训练完成效果也比较差。

在数据压缩效果评价中，检验数据压缩还原效果常用的指标有相对误差和相关系数，一般定义相对误差计算公式如下：

$$\xi = \frac{\|y-a\|_2}{\|y\|_2} \tag{4-18}$$

而计算相关系数公式如下：

$$\gamma = \frac{\sum_{i=1}^{N}(y_i - \bar{y})(a_i - \bar{a})}{\sqrt{\sum_{i=1}^{N}(y_i - \bar{y})^2}\sqrt{\sum_{i=1}^{N}(a_i - \bar{a})^2}} \tag{4-19}$$

因此本书提出的损失函数由两部分构成：①输出数据与输入数据之间的相对重构误差；②输出数据与输入数据之间的相关系数，公式如下：

$$C = \frac{1}{n}\sum_{x}\frac{\|y-a\|_2}{\|y\|_2} + \left(1 - \frac{1}{n}\sum_{x}\frac{\sum_{i=1}^{N}(y_i - \bar{y})(a_i - \bar{a})}{\sqrt{\sum_{i=1}^{N}(y_i - \bar{y})^2}\sqrt{\sum_{i=1}^{N}(a_i - \bar{a})^2}}\right) \tag{4-20}$$

其中，y为期望的原始数据，a是网络的实际输出，N是每段数据的长度（2048）。

（4）优化策略：对于搭建的异常检测网络和数据压缩网络，本节采用Adam优化策略，Adam在很多情况下算作默认工作性能比较优秀的优化器（Kingma et al，1990）。2014年12月，Kingma和Lei Ba两位学者提出了Adam优化器，结合AdaGrad和RMSProp两种优化算法的优点。对梯度的一阶矩估计（First Moment Estimation，即梯度的均值）和二阶矩估计（Second Moment Estimation，即梯度的未中心化的方差）进行综合考虑，计算出更新步长。Adam优化算法能够自动调整学习率，能够适用于不稳定目标函数以及梯度系数或者梯度存在很大噪声的情况。

4.4　江阴大桥监测数据异常识别和压缩

4.4.1　基于LSTM的江阴大桥船撞监测数据异常识别

为了进一步明确书中提出的异常识别方法在实际工程中的适用情况，特选取江阴大桥的加速度数据作为分析对象。根据历史记录可知江阴大桥在2005年的6月2日发生了轮船撞击主梁的危险事故，撞击位置如图4-13所示。图4-14分别给出了吊杆、主梁和主缆上最接近轮船撞击位置加速度计在轮船撞击时的典型响应数据。由图4-14可知，吊杆加速度计的响应数据对轮船撞击事故最为敏感（图中蓝线内），因此本书将基于吊杆加速度数据进行数据异常识别。江阴大桥的吊杆上共布置12个加速度传感器，分布在主跨的4个截面上，对吊杆进行实时监测，具体位置如图4-13所示。

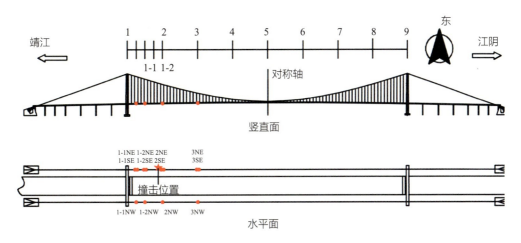

图4-13　吊杆加速度计的布置位置

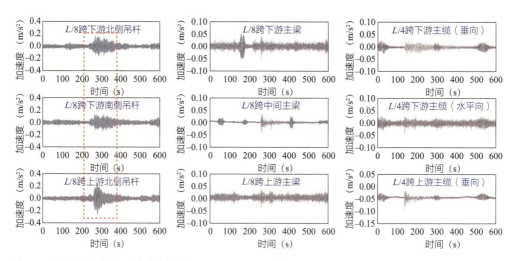

图4-14 轮船撞击下的加速度响应数据

选取2005年6月1日到2日的数据作为分析对象,首先对这一时段12个通道数据作相关性分析(图4-15),可知12个通道数据的相关性均未超过0.8(其中不同通道的相关系数最大为0.729,所有通道的相关系数平均为0.121),不适合采用统一的LSTM网络进行数据异常识别。将建立与通道数相同的LSTM网络数进行各通道数据的异常识别,对

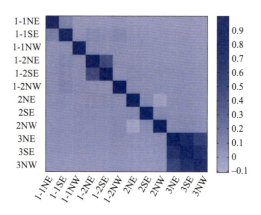

图4-15 12个采集通道的相关性分析

应的网络分别记为LSTM1~LSTM12。然后采用人工观察的方式识别出6月1日18时到20时所有通道监测数据均为正常数据,利用长度为51的时间窗口将所有通道这一时段都截取成36万个等长时间序列,为了增加样本的复杂性,将每个通道的36万个等长序列进行随机打乱。取前18万个等长序列为训练样本(占95%)和验证样本(占5%),取剩下18万个等长序列为确定阈值的样本。采用长度为50的时间窗口将6月1日20时到6月2日24时所有通道数据均截取成等长序列,每个通道均可获得504万个等长序列,全部作为待识别样本。

LSTM1~LSTM12的基本参数统一设置如下:网络输入、输出维度分别设置为20和1,Batch设置为256,Dropout设置为0.3,迭代次数(Epoch)设置为20。全连接层的激活函数选择linear函数,误差函数选择均方误差(MSE),优化器选择Adam优化器。LSTM1~LSTM12的训练误差J_t和验证误差J_v如图4-16所示。由

图4-16可知，训练误差J_t大于验证误差J_v，且两者都趋于稳定，表明LSTM1~LSTM12训练结果良好。

与模拟例子一致，首先对确定阈值样本和待识别序列的异常指标作均值窗口处理，均值窗口的时间长度为5。可得第一个阈值$\lambda_T=\max[(E_t+E_{t+1}+E_{t+2}+E_{t+3}+E_{t+4})/5]$。选取分析单位的时间长度$t_F=20s$，则6月2日0时到24时所有通道数据均被分割成4320个分析单位。12个LSTM网络对应的第一个阈值见表4-4所列。

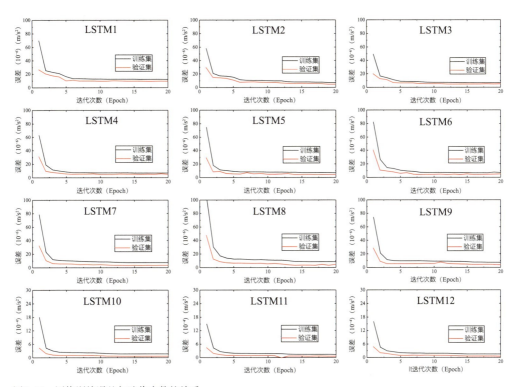

图4-16　网络训练误差与迭代次数的关系

网络LSTM1~LSTM12的阈值　　　　　　　　　　　　　表4-4

网络	λ_T（10^{-3}m/s^2）	网络	λ_T（10^{-3}m/s^2）	网络	λ_T（10^{-3}m/s^2）
LSTM 1	14.10	LSTM 5	6.60	LSTM 9	6.80
LSTM 2	9.80	LSTM 6	15.40	LSTM 10	35.70
LSTM 3	8.60	LSTM 7	11.00	LSTM 11	24.60
LSTM 4	10.00	LSTM 8	11.30	LSTM 12	20.90

用12组训练好的LSTM网络（LSTM1~LSTM5）分别识别12个通道待识别的数据，图4-17给出了通道12待识别数据原始时程曲线、异常指标时程曲线和对应阈值λ_T。由图4-17可知，异常数据被准确地定位出来。图4-18对比分析了实际异常数据分布和识别出的异常数据分布，由图4-18可知，12个通道均在6月2日20时发生异常，与船撞这一事实恰好吻合，证明书中提出的异常识别方法能很好地识别船撞这一异常情况，表4-5给出了各个通道异常识别的准确率。

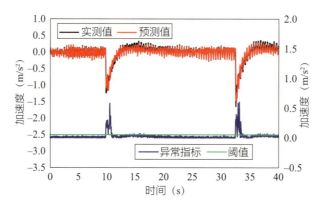

图4-17 异常阈值确定示意图

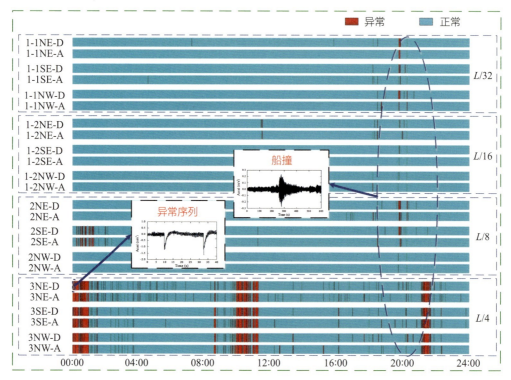

图4-18 异常数据位置识别结果

传感器	准确率（%）	传感器	准确率（%）	传感器	准确率（%）
1-1NE	99.5	1-2SE	99.7	2NW	99.9
1-1SE	99.5	1-2NW	99.9	3NE	96.9
1-1NW	99.2	2NE	98.8	3SE	97.7
1-2NE	99.3	2SE	99.0	3NW	97.4

4.4.2　江阴大桥吊杆长期监测数据压缩

1. 数据库建立

为了进一步明确书中提出的数据压缩框架在实际工程中的适用情况，本节采用江阴大桥某月的吊杆加速度数据作为研究对象，针对框架中提出数据压缩的两个层次，搭建两个数据库，一个用来训练异常数据检测网络，另一个则用来训练数据压缩还原网络。搭建两个数据库时，选取10日、20日及31日的三天吊杆监测数据来构建两个数据库。

对于异常数据检测网络，将数据分为两类，一类是正常的数据，一类是异常的数据，每段数据设置长度为2048个点。通过滑动窗口移动采集数据的方法进行数据库增强，最终搭建数据库中包含训练集和测试集两部分。训练集中包含正常数据14400个正常数据和14400个异常数据，测试集中包含3600个正常数据和3600个异常数据，数据标签采用独热码标签，即正常数据标记为（1，0），异常数据标记为（0，1）。

对于数据压缩网络，仅采用正常的数据做数据集，每段数据长度为2048，而做数据标签时，吊杆一共有四个断面的监测数据，3、4、5、7四个断面的数据采用独热码进行标签，依次标签为（1 0 0 0）（0 1 0 0）（0 0 1 0）（0 0 0 1）。最后搭建训练集中共包含32000个数据，测试集中包含8000个数据。

2. 训练与测试

训练异常数据识别网络时，设置初始学习率为0.0001，参数$beta_1$=0.5，$beta_2$=0.999，$epsilon=1 \times 10^{-8}$。训练时设置每个batch大小为100个，迭代训练20个epoch，训练过程中的绘制的train_loss和test accuracy如图4-19所示，网络训练收敛很快，在训练两个epoch的时候就接近收敛，最终在测试集中得到的测试精度为98.9%。对于每个测试数据，只需要花费不到0.002s的时间。

对于数据压缩网络，设置初始学习率为0.0002，参数$beta_1$=0.5，$beta_2$=0.999，

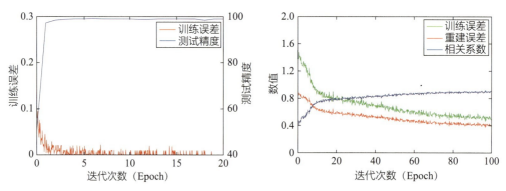

图4-19 异常检测网络收敛曲线　　　　　　图4-20 压缩网络训练收敛曲线

epsilon=1×10^{-8}，设置迭代次数为100个Epoch。图4-20中显示了网络训练中损失函数曲线、Reconstruction Error和重建数据与输入数据的相关系数变化图。其中train_loss在初始参数下接近2，在前10个Epoch收敛较快，随后缓缓下降，而训练数据结果的损失函数值最后稳定在0.5左右，重建误差稳定在0.4左右，平均相关系数最后稳定在0.9左右，用测试数据集测试数据时，测试集平均重建误差为0.4261，测试集平均相关系数为0.8926。对于每一个输入数据的"压缩–重建"，只需要花费不到0.005s的时间。从测试集中随机选取一段吊杆监测数据典型的数据压缩还原后示例，如图4-21所示，按照公式（4-18）和公式（4-19）计算数据压缩后还原的精度。值得注意的是，在测试集上进行数据压缩重建时，对压缩后的数据只取前4位有效数字，作为后续生成网络的输入。

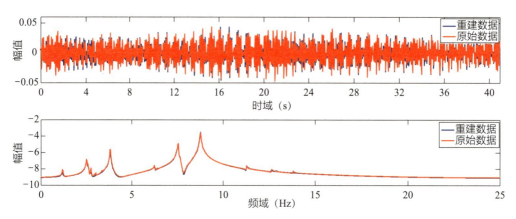

图4-21 吊杆监测数据压缩还原结果示例（相关系数：0.96）

3. 不同压缩率影响

在本书4.3节中提出框架能够将长度为2048的数据压缩为长度为200，将本书4.3节中压缩率为0.1的网络称呼为Net1。依次，添加压缩率分别为0.0625、0.15、0.2的三个网络，分别称呼为Net2、Net3、Net4。即将4-12中压缩网络部分C5层的输出对应的分别调整为16×8、38×8、50×8，并调整生成网络中对应全连接层的数量。仍然采用Adam优化算法训练网络，图4-22中对比了Net1、Net2、Net3、Net4训练过程中损失函数、重建误差、相关系数的变化规律。

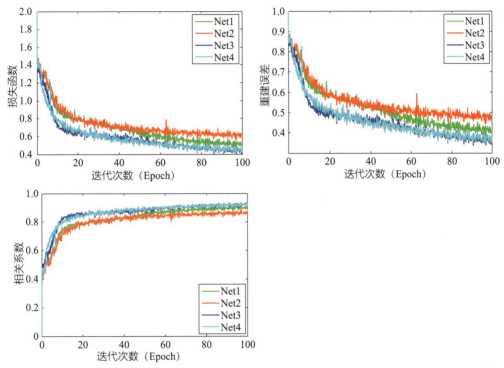

图4-22 数据压缩率对本书提出方法结果的影响

由图4-22可知，Net2压缩率为0.0625，相对于其他压缩率较高网络的重建误差较高，相关系数较低。而Net2、Net1、Net3随着压缩率提高，网络的重建误差明显减低，计算结果的相关系数明显提高。但是当压缩率提高到0.2时，在初始阶段损失函数下降较快，但最终检测的效果反而略微有所下降。

图4-23展示了4种网络在四个断面数据下，压缩数据并进行重建的结果与原始数据在频谱下的对比图（对数坐标系）。由图4-23可知，对于断面1-1和断面1-2两个断面的数据，在用Net1和Net2重建数据时，容易丢失传感器采集的最低阶频率（图中绿色框中部分）。其原因如下：①压缩率过小，特别是Net2，压缩率为0.0625，所以对于10阶以上高频的信息丢失相对于Net3和Net4丢失要严重一些；②加速度传感器采集数据对高频信息比较敏感，低频信息的能量过小，难以捕捉，但是Net3和Net4由于采取了较高的压缩率，所以能够较好地捕捉到低频和高频的信息。

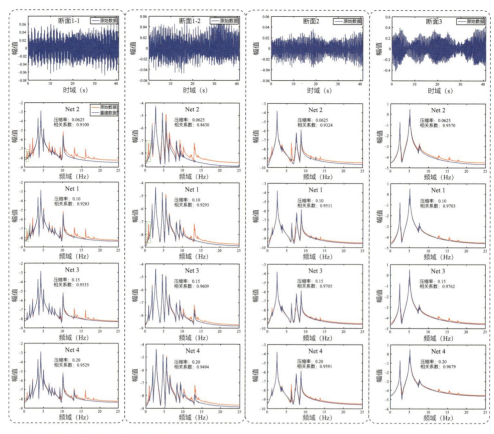

图4-23　不同网络在不同断面的数据重建结果对比

4. 长期监测数据应用

针对本章提出的数据压缩框架，即两个层次——数据异常检测和数据压缩还原，本节对江阴大桥某月4个断面共计12个加速度传感器的监测数据用本书方法进行检测。首先用本书提出的异常数据检测网络对该月的监测数据进行检测，判断异常数据的位置，随后利用本书4.3节中提出的数据压缩框架（压缩率0.1）对监测数据进行压缩，并计算与原始数据的相关系数。

由于本书在搭建训练数据库的时候，采用的是10日、20日、31日三天的监测数据，所以在进行数据检测时，不对这三天的数据进行检测，仅对剩余的28天的监测数据进行检测。对于第一层次异常数据检测部分，与人工识别的结果相比较，以准确度、召回率、F-measure三个指标对监测数据进行统计，异常数据检测结果如图4-24所示。

其中，TP（True Positive）表示正常数据检测为正常数据、FP（False Positive）表示异常数据检测为正常数据、TN（True Negative）表示异常数据检测为异常数

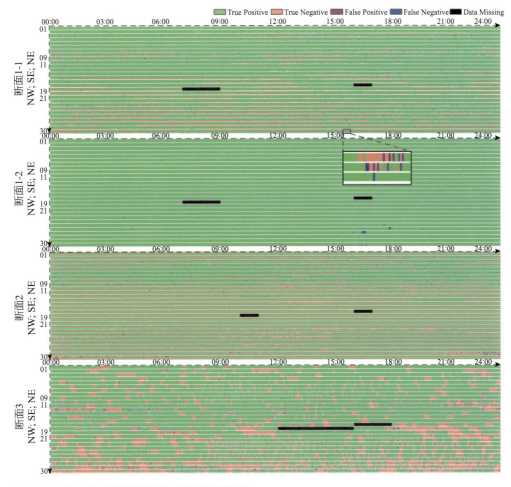

图4-24　江阴大桥吊杆监测数据传感器异常判别结果

据、FN（False Negative）表示正常数据检测为异常数据。

最后，对于1个月监测数据的检测结果进行统计，得到最终的Accuracy为99.15%，Precision为97.93%，Recall为97.13%，F-measure为97.53%。

在本章提出的理论框架中，第二层次的数据压缩部分应该仅对正常的数据进行压缩。但是为了直观地验证本书提出框架的合理性，即数据压缩时应该先进行异常检测再进行数据压缩，在此部分对吊杆1个月的监测数据全部进行了数据压缩还原，并以压缩后还原数据与原始数据的相关系数作为精度指标，对比图4-25观测检测到数据异常部分数据压缩还原效果。

对于1个月的吊杆监测数据，利用本书提出方法的压缩后还原数据与原始数据的相关系数如图4-23所示。对于各个断面的数据，仅对对应人工标记为正常的数据结果进行统计，利用压缩网络对原始数据进行压缩，随后利用还原网络对压缩后的

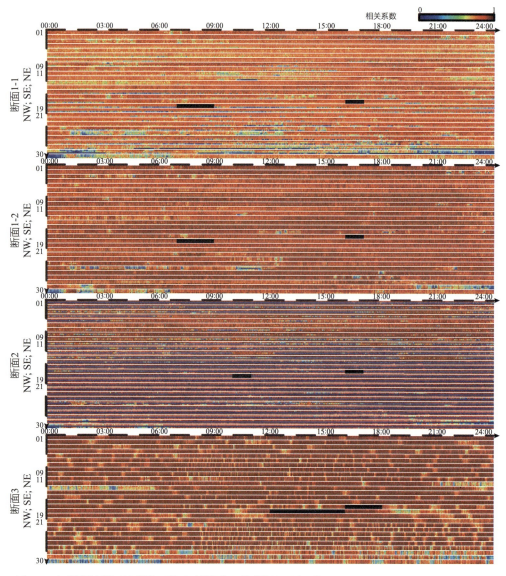

图4-25　江阴大桥吊杆监测数据压缩重建数据与原始数据的相关系数

数据进行还原，计算还原数据与原始数据的相关系数值。对于4个断面的监测数据，分别统计平均相关系数为0.8430、0.8939、0.9227、0.9461。图4-22与图4-23具有非常好的相关性，即对于检测到异常数据的部分，其对应的压缩后数据重建精度往往低于其在对应断面的正常水平。

　　本章详细介绍了基于深度学习的结构健康监测异常数据检测及数据压缩方法。在数据异常检测方面，重点介绍了一种基于长短期神经网络（LSTM）的异常识别方法，利用LSTM网络在拟合数据的预测误差来判断监测数据是否异常，并且将该方法应用到了江阴大桥船撞事件的识别中，结果表明提出方法能够准确地识别出所有吊杆加速度传感器船撞下的异常反应。其次，本节提出了一种基于卷积自编码网络的健康监测数据压缩框架，在高精度检测出异常数据的基础上，能够对监测的正常数据进行低压缩率的压缩，并能够高精度地还原。

第5章

长大跨桥梁环境振动测试
与模态识别理论

环境振动测试直接利用自然条件激励桥梁，相比较于传统的冲击振动测试而言，不需要人工激励装置，也不需要封闭交通，具有更加方便快捷、省时省力的独特优点，在工程结构测试及安全诊断中广泛使用。由于在环境振动测试中，只能采集得到结构的输出动态响应，利用传统的信号处理方法只能识别得到结构的基本动力特性参数，不能有效支持结构的状态评估，本章创新性地提出基于质量改变的结构振型缩放系数和位移柔度矩阵识别方法，并考虑了测量数据中的不确定性，基于快速贝叶斯理论识别得到结构的基本模态参数、位移柔度及预测静力变形的置信区间，可进一步用于结构有限元模型更新及可靠度计算。最后，利用两座大跨度悬索桥的环境振动测试案例详细阐述了传统加速度模态识别理论、基于快速贝叶斯和质量改变的结构振型缩放系数与位移柔度深层次参数识别及不确定性量化理论的具体应用流程及技巧。

5.1　环境振动测试及参数识别理论

5.1.1　概述

如何实现公路网上为数众多桥梁的性能评估与诊断，从而保证它们的健康安全是土木工程领域一项迫切需要解决的关键科学问题。近年来，基于振动测试的桥梁结构性能评估方法得到了广泛研究，其中冲击振动测试和环境振动测试是其主要手段。冲击振动测试是一种广泛应用于结构动力测试和模态参数识别中的测试方法[197]，它通过激励装置激励被测试结构，同时测量作用于结构的输入冲击力和输出结构响应。由于输入冲击力已知，从冲击振动测试数据中，可以精确估计结构频响函数的形状和幅值信息，因此，不仅能够得到频率、阻尼比、位移振型等基本模态参数，还能识别结构深层次参数如振型缩放系数和位移柔度矩阵等。多参考点冲击振动测试为冲击振动测试的一种，近年来其理论体系逐渐发展成熟并开始应用于工程实际，它利用力捶或其他激振器冲击桥梁一个或多个参考点，同时观测冲击力和冲击作用下结构反应，从而识别得到结构的位移柔度矩阵，并预测结构在任何静力荷载作用下的变形，达到结构静力特征（如力—挠度关系）的识别。然而，冲击振动测试的缺点是需要人工激励装置去激励结构，并且在测试过程中需要关闭交通，这在实际工程测试中极为不方便。

环境振动测试直接利用外部自然条件（如地脉动、车辆荷载、波浪荷载以及风荷载等）激励桥梁，不需要额外的激励装置，并且是在结构正常运行条件下对结构响应进行测量[198~200]。相比较于传统的同时测量结构输入和输出的冲击振动测试方法，该方法具有所需测试费用低、时间成本少、不影响交通秩序以及更加符合结构实际受力特点的独特优点。国内外众多长达跨桥梁如美国金门大桥、英国Humber大桥、国内苏通大桥等都安装了健康监测系统并长期监测环境振动下结构反应，在得到桥梁结构在日常服役条件下的振动数据后，便可以利用相应的参数识别方法，得到结构的振动特性，这些数据对发现和应对桥梁突发事件具有重要作用。它和冲击振动的根本区别在于有无荷载激励的观测，冲击振动测试中同时观测结构的输入冲击力时程和输出结构响应，而环境振动测试中只是观测结构的输出响应。由冲击振动测试数据（冲击力和结构反应）所计算的结构频响函数为真实的频响函数（其幅值和理论值保持一致），而环境振动中荷载激励未知，所估算的频响函数为缩放过的值（其幅值和理论值不同）[201]，因此，从环境振动测试数据中仅能输出基本的结构模态参数（如频率、阻尼和振型），这也是环境振动测试的缺点所在，但是这些参数反映了桥梁的基本动力特性，它们为桥梁结构的健康监测、损伤识别、抗震抗风设计、振动控制和模型修正等研究提供了基础参数，对于大跨结构的参数识别方法研究具有十分重要的意义，越来越引起人们的重视。

在环境振动测试的初期，一般采用将传感器一次整体布置于桥梁结构的方式。由于经济和结构运营状态等方面的原因，在整座桥梁所有自由度上安置传感器是不可能也是不现实的，因此，有必要对传感器的数目和测点定位进行优化设计，通过尽可能少的传感器来获取最可靠、最全面的桥梁健康状况信息。环境振动测试中使用较多的振动测试方法为多参考点测试方法，即将所测试桥梁结构人为地划分为几个子结构，依次测试每个子结构在环境振动下的响应，为了能够得到全桥的振动特性，需要在每个子结构之间选择几个不动点（参考点）用来集成整个结构的振型。这种传感器布置的优点是由可移动传感器进行的额外测量增加了空间分辨率，并减少了传感器数量，缺点是增加了后期数据处理的难度。

经过几十年的发展，新型智能传感技术如无线传感、光纤传感、微波雷达技术等如雨后春笋般出现并得到迅速推广[202~205]。在振动测试中，根据被测物理量的不同（如位移、速度、加速度或者应变等），所采用的传感器技术也不同。现有的位移测量设备分为接触式测量和非接触式测量两大类，接触式测量设备主要有拉线式位移计、线性可变差动位移传感器（LVDT）和连通管等，非接触式测量设备主要有GPS[206]、激光测距[207]、图像测量以及微波雷达[208]等。现有直接位移测量手段在实际应用中受到测试环境的影响，导致测试结果精度不够，比如，拉线或拉杆式位移计在现场测试时缺乏固定基点难以应用；GPS测量挠度精度高，其精度可以达到亚毫米到毫米的水平，但是其精度受到很多因素的影响，比如：采样频率、卫星覆盖范围、气候条件、多次反射效应和GPS数据处理方法；连通管或压力变送器易受车流激振影响导致其变形信号容易被严重削峰；激光测距和视频测距方法具有非接触式测量的优点，但激光测距受激光穿透距离近的限制，而视频测距技术中图像质量受环境能见度影响较大。对于应变测量，有电阻应变片、振弦式应变计、PVDF传感器、光纤布拉格应变传感器、布里渊散射传感器、光强型传感器、干涉式传感器、碳纤维传感器以及长标距应变传感器等。对于加速度测量，有基于FBG的加速度计、MEMS/NEMS加速度计、地震仪以及压电式加速度计等。在现有环境振动测试中广泛使用加速度传感器监测结构在自然激励条件下的动力响应。

在信号处理方面，各类型信号处理技术在土木工程监测数据处理中得到了广泛应用，如小波理论、神经网络、模式识别、机器学习等，有效地促进了基于振动测试数据的结构参数识别与信息反演。在结构损伤识别方面，研究了基于各类型损伤指标的损伤定位和定量方法。在结构识别参数方面，可通过数据分析有效识别结构基本动力特征参数。通过对所监测到的结构反应进行傅里叶变换，可识别得出结构的频率等模态参数，这是结构健康监测思路的最早和最明确的例证，也是过去几十年间方兴未艾的模态分析理论的研究基础。近几十年来发展起来的拉普拉斯变化、小波变换、Hilbert-Huang变化等理论具有和傅里叶变换同样的思路但具有不同的理论基础和特性，也都各自延伸出相应的数据分析方法，在评价结构损伤探测以及安全状况评估方面得到了广泛应用[201, 209, 210]。

5.1.2 结构动力学基本理论

本节介绍结构动力学中的重要概念，包括单位脉冲响应函数、结构频响函数以及传递函数与频响函数之间的关系，并介绍了结构基本模态参数识别的基本原理，为后续从结构的振动响应中识别结构的基本动力特征参数奠定基础。

1. 单位脉冲响应函数（IRF）

在单位脉冲激励下的振动响应称为单位脉冲响应函数（Impulse Response Function，IRF）。由于理想的单位脉冲荷载的频率范围是无限宽的，因此单位脉冲荷载能够有效激励起结构响应。作为单位脉冲激励下的响应，单位脉冲响应函数包含了振动结构的全部动力参数，它表征了结构在时域内的动态特性。单位脉冲荷载可用$\delta(t)$函数表示：

$$\delta(t) = \begin{cases} 0, & (t \neq 0) \\ +\infty, & (t = 0) \end{cases} \tag{5-1}$$

并在整个区间上的积分为1：

$$\int_{-\infty}^{+\infty} \delta(t)\mathrm{d}t = 1 \tag{5-2}$$

当单位脉冲荷载$\delta(t)$在极短的时间区间$[-\varepsilon, +\varepsilon]$内作用于结构时，运用动量定理可得：

$$m\dot{x}(\varepsilon) - m\dot{x}(-\varepsilon) = \int_{-\varepsilon}^{\varepsilon} \delta(t)\mathrm{d}t \tag{5-3}$$

由于实际生活中没有负时间的概念，所以可以认为$\dot{x}(-\varepsilon) = 0$，同时对上式取$\varepsilon \to 0$的极限：

$$\lim_{\varepsilon \to 0} m\dot{x}(\varepsilon) = \lim_{\varepsilon \to 0} \int_{-\varepsilon}^{\varepsilon} \delta(t)\mathrm{d}t \tag{5-4}$$

单位脉冲函数$\delta(t)$具有在整个时间区间上积分为1的特征，所以上式得到：

$$\dot{x}(0) = \frac{1}{m} \tag{5-5}$$

此时的结构可以看成初始位移为0，初始速度为1/m的自由振动：

$$\begin{cases} m\ddot{x}(t) + c\dot{x}(t) + kx(t) = 0 \\ x(0) = 0, \dot{x}(0) = \frac{1}{m} \end{cases} \tag{5-6}$$

解之得：

$$h(t) = \frac{1}{m\omega_\mathrm{d}} e^{-\xi\omega_0 t} \sin(\omega_\mathrm{d} t) \tag{5-7}$$

上式称为单位脉冲响应函数，其物理意义表示结构在单位脉冲力作用下的位移响应。图5-1（a）是一个典型的单自由度结构的单位脉冲响应函数图，从该图可以看出其为一条随时间呈指数衰减的曲线，从图5-1（b）中可知曲线的频率为有阻尼自振频率ω_d。对单位脉冲响应函数作傅里叶正变换得到的是结构的频率响应函数（Frequency Response Function，FRF），简称为频响函数，图5-1（b）是图5-1（a）的单位脉冲响应函数进行傅里叶变换得到的频响函数幅值图，从该图可知，曲线峰值处对应的频率是结构的固有频率（Natural Frequency）。当然，根据傅里叶逆变换的概念，对频响函数进行傅里叶逆变换得到的就是单位脉冲响应函数。

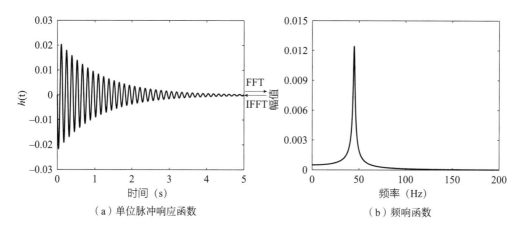

（a）单位脉冲响应函数 （b）频响函数

图5-1 单自由度结构的单位脉冲响应函数和频响函数

前面介绍的是单自由度结构的单位脉冲响应函数，而实际工程中的结构都是多自由度结构，对于N个自由度的结构体系，其动力学基本方程可以表示为：

$$\{\ddot{q}_r(t)\} + 2\xi_r\omega_{dr}\{\dot{q}_r(t)\} + \omega_{dr}^2\{q_r(t)\} = \frac{1}{m_r}\{\phi_r\}^{\mathrm{T}}\{f(t)\} \qquad （5-8）$$

式中：ξ_r为第r阶阻尼比；ω_{dr}为第r阶阻尼固有频率；m_r为第r阶模态质量；$q_r(t)$为结构在模态空间的位移时程；$\{\phi_r\}$为第r阶位移振型；$\{f(t)\}$为作用于结构的外部荷载。

利用Duhamel积分公式，可以得到结构的第阶反应：

$$q_r(t) = \int_{-\infty}^{t}\{\phi_r\}^{\mathrm{T}}\{f(t)\}g_r(t-\tau)\mathrm{d}\tau \qquad （5-9）$$

式中：$g_r(t-\tau) = \frac{1}{m_r\omega_{dr}}e^{-\xi_r\omega_{nr}t}\sin\omega_{dr}t$，且$\omega_{dr} = \omega_{nr}\sqrt{1-\xi_r^2}$，为第$r$阶有阻尼体系的自振圆频率。

利用模态空间与物理空间的坐标转换关系$\{x(t)\} = \sum_{r=1}^{n}\{\phi_r\}\{q_r(t)\}$，结合式（5-9）可以得到结构在物理空间的位移反应为：

$$\{x(t)\} = \sum_{r=1}^{n}\{\phi_r\}\int_{-\infty}^{t}\{\phi_r\}^{\mathrm{T}}\{f(t)\}g_r(t-\tau)\mathrm{d}\tau \qquad （5-10）$$

从而可以得到k点作用有冲击力时，节点点的动力响应为：

$$\{x_{ik}(t)\} = \sum_{r=1}^{n}\phi_{ir}\phi_{kr}\int_{-\infty}^{t}\{f_k(t)\}g_r(t-\tau)\mathrm{d}\tau \qquad （5-11）$$

当作用在k点的冲击力为狄利克雷函数，便可以得到单位脉冲响应函数，在$\tau=0$时，式（5-11）变为：

$$h_{ik}(t) = \sum_{r=1}^{n} \frac{\phi_{ir}\phi_{kr}}{m_r \omega_{dr}} e^{-\xi_r \omega_{br} t} \sin \omega_{dr} t \qquad (5-12)$$

式（5-12）即为多自由度结构的单位脉冲响应函数，它是结构多阶模态的叠加形式。

2. 结构传递函数（TF）

前面介绍了对单位脉冲响应函数作傅里叶变换可得到结构的频响函数，结构的传递函数和频响函数还可以根据结构的特征参数（质量、阻尼、刚度）直接计算。

对强迫振动方程式两边同时进行拉普拉斯变换，并考虑初始位移和初始速度均为零的初始条件得到：

$$\left(s^2 + 2\xi\omega_0 s + \omega_0^2\right)X(s) = \frac{F(s)}{m} \qquad (5-13)$$

式中，$X(s)$ 和 $F(s)$ 分别是位移 $x(t)$ 和力 $f(t)$ 的拉普拉斯变换。将该式写成以下形式：

$$X(s) = H^d(s)F(s) \qquad (5-14)$$

即：

$$H^d(s) = \frac{X(s)}{F(s)} = \frac{1}{m(s^2 + 2\xi\omega_0 s + \omega_0^2)} \qquad (5-15)$$

$H^d(s)$ 称为单自由度结构的位移传递函数（Transfer Function，TF），该函数描述了在拉普拉斯域内激励力 $F(s)$ 与结构的位移响应 $X(s)$ 之间的传递关系。传递函数还可以写为以极点和留数表示的形式：

$$H^d(s) = \frac{1/m}{(s-\lambda_1)(s-\lambda_1^*)} = \frac{A_1}{(s-\lambda_1)} + \frac{A_1^*}{(s-\lambda_1^*)} \qquad (5-16)$$

式中，λ_1 是系统极点（System Poles），λ_1^* 为 λ_1 的共轭；A_1 是留数，A_1^* 为 A_1 的共轭。λ_1 和 A_1 的计算公式如下：

$$\lambda_1 = -\xi\omega_0 + i\omega_0\sqrt{1-\xi^2} \qquad (5-17)$$

$$A_1 = \frac{1/m}{i2\omega_0\sqrt{1-\xi^2}} \qquad (5-18)$$

3. 频率响应函数（FRF）

结构的频响函数（Frequency Response Function，FRF）是结构的输出响应和输入激励力之比，将同时测量的激励力和由该激励力引起的结构响应利用快速傅里叶变换（FFT）从时域变换到频域，经过变换，频响函数最终呈现为复数形式，包括实部与虚部，或者是幅值与相位。与推导传递函数的方法类似，对结构振动方程两边同时进行傅里叶变换，并假设初始位移和初始速度均为零，可得位移频响函数的表达式：

$$H^{\mathrm{d}}(\omega) = \frac{X(\omega)}{F(\omega)} = \frac{1}{m(\omega_0^2 - \omega^2 + i2\xi\omega_0\omega)} \tag{5-19}$$

$H^{\mathrm{d}}(\omega)$称为单自由度结构的位移频响函数，所加的上标d以示与第六章的应变频响函数相区别。该函数描述了振动结构在频域内的特征。上式还可以写为实部（Real Part）和虚部（Imaginary Part）的形式：

$$H^{\mathrm{d}}(\omega) = \frac{\omega_0^2 - \omega^2}{m\left[\left(\omega_0^2 - \omega^2\right)^2 + \left(2\xi\omega_0\omega\right)^2\right]} + i\frac{-2\xi\omega_0\omega}{m\left[\left(\omega_0^2 - \omega^2\right)^2 + \left(2\xi\omega_0\omega\right)^2\right]} \tag{5-20}$$

其中实部和虚部分别为：

$$\begin{cases} H_R^{\mathrm{d}}(\omega) = \dfrac{\omega_0^2 - \omega^2}{m\left[\left(\omega_0^2 - \omega^2\right)^2 + \left(2\xi\omega_0\omega\right)^2\right]} \\ H_I^{\mathrm{d}}(\omega) = \dfrac{-2\xi\omega_0\omega}{m\left[\left(\omega_0^2 - \omega^2\right)^2 + \left(2\xi\omega_0\omega\right)^2\right]} \end{cases} \tag{5-21}$$

相应地，幅值（Amplitude）和相位（Phase）分别为：

$$\begin{cases} \left|H^{\mathrm{d}}(\omega)\right| = \dfrac{1}{m\sqrt{\left(\omega_0^2 - \omega^2\right)^2 + \left(2\xi\omega_0\omega\right)^2}} \\ \theta(\omega) = \arctan\left(\dfrac{H_I^{\mathrm{d}}(\omega)}{H_R^{\mathrm{d}}(\omega)}\right) = \arctan\left(\dfrac{-2\xi\omega_0\omega}{\omega_0^2 - \omega^2}\right) \end{cases} \tag{5-22}$$

式中，$\theta(\omega)$为频响函数的相位。

式（5-19）为单自由度结构的频率响应函数，而实际工程结构大多数为多自由度结构，对多自由度结构的振动微分方程式两边同时进行傅里叶变换，并运用傅里叶变换的微分性质可得频域内的结构振动方程：

$$\left(-\omega^2[M] + i\omega[C] + [K]\right)\{X(\omega)\} = \{F(\omega)\} \tag{5-23}$$

式中，$\{X(\omega)\}$和$\{F(\omega)\}$分别为$\{x(t)\}$和$\{f(t)\}$的傅里叶变换。

结构的位移频响函数矩阵$[H^{\mathrm{d}}(\omega)]$定义为：

$$\left[H^{\mathrm{d}}(\omega)\right] = \left(-\omega^2[M] + i\omega[C] + [K]\right)^{-1} \tag{5-24}$$

由互易性可知，位移频响函数矩阵为对称矩阵，即$H_{pq}^{\mathrm{d}}(\omega)=H_{qp}^{\mathrm{d}}(\omega)$。位移响应的傅里叶变换$X(\omega)$和输入力的傅里叶变换$\{F(\omega)\}$之间的关系可以用位移频响函数矩阵表示为：

$$\{X(\omega)\}=\left[H^{\mathrm{d}}(\omega)\right]\{F(\omega)\} \tag{5-25}$$

位移频响函数描述了结构在频域内的位移响应与激励力之间的映射关系。位移频响函数矩阵的定义式（5-25）包含有丰富的结构信息，如质量矩阵$[M]$、阻尼矩阵$[C]$和刚度矩阵$[K]$，然而从该式还无法知晓结构的固有频率和振型等信息，下面进一步推导在比例阻尼情况下的实模态分析理论以及位移频响函数计算。

在位移振型矩阵为方阵且满秩的情况下，由上式可解出$[M]$、$[C]$和$[K]$分别为：

$$\begin{cases}
[M]=\left(\left[\phi\right]^{\mathrm{T}}\right)^{-1}\left[M_r\right]\left(\left[\phi\right]\right)^{-1} \\
[C]=\left(\left[\phi\right]^{\mathrm{T}}\right)^{-1}\left[C_r\right]\left(\left[\phi\right]\right)^{-1} \\
[K]=\left(\left[\phi\right]^{\mathrm{T}}\right)^{-1}\left[K_r\right]\left(\left[\phi\right]\right)^{-1}
\end{cases} \tag{5-26}$$

将上式的$[M]$、$[C]$和$[K]$代入位移频响函数矩阵的定义式（5-25）得：

$$\left[H^{\mathrm{d}}(\omega)\right]=\left[\phi\right]\left[1/\left(-\omega^2 M_r+i\omega C_r+K_r\right)\right]\left[\phi\right]^{\mathrm{T}}=\sum_{r=1}^{N}\frac{\{\phi_r\}\{\phi_r\}^{\mathrm{T}}}{M_r\left(-\omega^2+i2\xi_r\omega_r\omega+\omega_r^2\right)} \tag{5-27}$$

式中，固有频率为$\omega_r=\sqrt{K_r/M_r}$，阻尼比为$\xi_r=C_r/\left(2M_r\omega_r\right)(r=1,2,\cdots,N)$。

在q点激励，p点输出的位移频响函数$H_{pq}^{\mathrm{d}}(\omega)$可以从公式（5-27）中直接抽取出：

$$H_{pq}^{\mathrm{d}}(\omega)=\sum_{r=1}^{N}\frac{\phi_{pr}\phi_{qr}}{M_r\left(\omega_r^2-\omega^2+i2\xi_r\omega_r\omega\right)}\quad(p,q=1,2,\cdots,n) \tag{5-28}$$

式中，n为节点数，其有可能不等于总的模态阶数N。

4. 传递函数和频响函数的关系

对比传递函数式（5-15）和频响函数式（5-19）可知，在形式上取传递函数中的拉普拉斯变量$s=\sigma+i\omega$中的实部$\sigma=0$得到的即是频响函数公式。由于传递函数的拉普拉斯变量是一个复数，包括实部和虚部，因此传递函数的各种特性图（包括幅值图、相位图、实部图和虚部图）均是三维的曲面图，而频响函数对应的特性图均是二维的曲线图。所以频响函数的特性图在形式上可以看成是传递函数的三维曲面图与$\sigma=0$截面形成的交线。

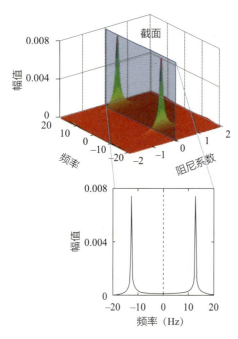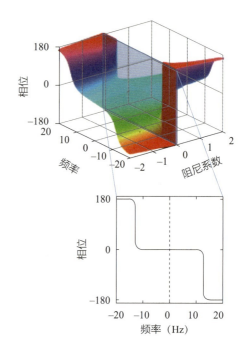

图5-2　传递函数和频响函数的幅值图和相位图

以一个单自由度结构为例说明传递函数和频响函数的这种关系。取结构质量m=100kg，阻尼c=10N/(m/s)，刚度k=16000N/m，分别画出该结构的传递函数的幅值图和相位图（图5-2），再画出σ=0截面，该截面与幅值图和相位图的交线则是对应的频响函数的幅值曲线和相位曲线。频响函数的幅值和相位公式表明他们分别为偶函数和奇函数，所以频响函数的幅值曲线中正负频率部分的图像应关于y轴对称，相位曲线应关于原点对称，这种对称性质在下图中均有所体现。

传递函数和频响函数的实部图和虚部图（图5-3）具有和幅值图以及相位图相似的性质，即在传递函数的三维曲面图中，σ=0截面与曲面的交线则是频响函数的实部曲线和虚部曲线。

5. 结构参数识别基本原理

结构参数识别是指已知结构的输入力和输出响应，或者已知结构在特定荷载形式下的输出响应，通过对监测数据进行逆分析来识别结构的参数，是结构健康监测领域的主要研究内容之一，例如结构模态分析理论中基于监测数据的固有频率和阻尼识别就是最简单的结构参数识别方法。由于在监测数据背后所识别出的结构参数在某种程度上能反映结构的安全状况，因此结构识别结果可被用来进行更深入的结构性能评估。

本节着重介绍单自由度结构的结构参数识别问题，即利用频响函数的不同形

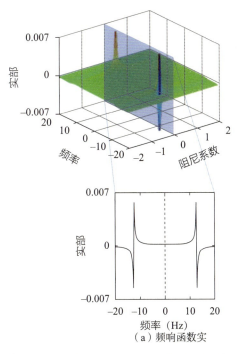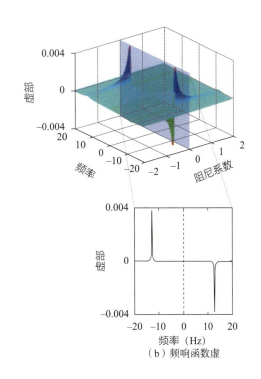

（a）频响函数实　　　　　　　　　　（b）频响函数虚

图5-3　传递函数和频响函数的实部图和虚部图

式（幅值、相位、实部和虚部等）识别结构的参数（固有频率、阻尼比、质量和刚度等）。

图5-4所示为某一单自由度结构的频响函数的实部曲线和虚部曲线，图中对应的各个参数分别为：ω_0是结构的固有频率，ω_a和ω_b分别是实部曲线正负极值对应的频率（等于结构半功率点处的频率），$|I|_{max}$为虚部曲线极值的绝对值，$\frac{1}{2}|I|_{max}$为半功率值的绝对值，与半功率点对应。

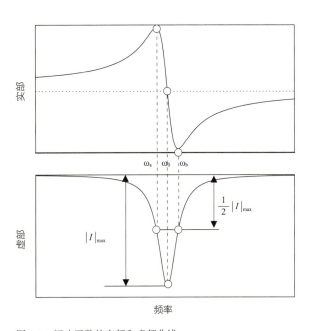

图5-4　频响函数的实部和虚部曲线

（1）固有频率识别

令式（5-21）中的频响函数的实部等于零可求得$\omega=\omega_0$，即实部曲线与频率轴的交点处的频率为结构的固有频率；也可以对式（5-21）中的虚部求极值获得固有频率，令虚部函数对频率ω的导数等于零：

$$\frac{\mathrm{d}H_{\mathrm{I}}^{\mathrm{d}}(\omega)}{\mathrm{d}\omega} = 0 \tag{5-29}$$

化简得到：

$$\left(3\omega^2 + \omega_0^2\right)\left(\omega^2 - \omega_0^2\right) + 4\xi^2\omega^2\omega_0^2 = 0 \tag{5-30}$$

考虑到实际工程中均为小阻尼情况（$\xi<0.05$），则上式略去含有阻尼比的$4\xi^2\omega^2\omega_0^2$这一项，得到虚部曲线极值对应的频率为$\omega\approx\omega_0$，即虚部曲线的极值对应的频率也为结构的固有频率。

（2）阻尼比识别

频响函数实部曲线在$\omega=\omega_0$的两侧分别有一个极值，因此令实部函数对ω的导数为零：

$$\frac{\mathrm{d}H_{\mathrm{R}}^{\mathrm{d}}(\omega)}{d\omega} = 0 \tag{5-31}$$

求解该式得到两个极值点处的频率ω_{a}、ω_{b}分别为：

$$\begin{cases} \omega_{\mathrm{a}} = \omega_0\sqrt{1-2\xi} \approx \omega_0\left(1-\xi\right) \\ \omega_{\mathrm{b}} = \omega_0\sqrt{1+2\xi} \approx \omega_0\left(1+\xi\right) \end{cases} \tag{5-32}$$

由以上两式可求出结构的阻尼比为：

$$\xi = \frac{\omega_{\mathrm{b}} - \omega_{\mathrm{a}}}{2\omega_0} \tag{5-33}$$

（3）刚度识别

由频响函数实部的表达式可知，在$\omega=0$处，存在：

$$H_{\mathrm{R}}^{\mathrm{d}}(\omega=0) = \frac{1}{m\omega_0^2} = \frac{1}{k} \tag{5-34}$$

即结构的刚度系数为实部曲线在零频率处的值的倒数：

$$k = \frac{1}{H_{\mathrm{R}}^{\mathrm{d}}(\omega=0)} \tag{5-35}$$

上式虽是由单自由度结构的频响函数推导出的计算刚度系数的一种方法，但在随后的章节中可以知道，采用同样方法可以计算多自由度结构的柔度系数，详细内容将在后续章节介绍。刚度系数还可以采用频响函数的实部曲线的两个极值来计算：

$$\begin{cases} R_{\mathrm{a}} = H_{\mathrm{R}}^{\mathrm{d}}\left(\omega_{\mathrm{a}}\right) = \dfrac{1}{m\omega_0^2} \cdot \dfrac{1}{4\xi\left(1-\xi\right)} = \dfrac{1}{k} \cdot \dfrac{1}{4\xi\left(1-\xi\right)} \\[3mm] R_{\mathrm{b}} = H_{\mathrm{I}}^{\mathrm{d}}\left(\omega_{\mathrm{b}}\right) = -\dfrac{1}{m\omega_0^2} \cdot \dfrac{1}{4\xi\left(1+\xi\right)} = -\dfrac{1}{k} \cdot \dfrac{1}{4\xi\left(1+\xi\right)} \end{cases} \tag{5-36}$$

以上两式相减求得刚度系数为:

$$k = \frac{1}{2\xi\left(R_{\mathrm{a}} - R_{\mathrm{b}}\right)} \tag{5-37}$$

若考虑采用虚部曲线的极值的绝对值来求刚度系数,则将$\omega=\omega_0$代入式(5-21)中的虚部得:

$$\left|I\right|_{\max} \approx \left|H_{\mathrm{I}}^{\mathrm{d}}\left(\omega_0\right)\right| = \frac{1}{2\xi k} \tag{5-38}$$

所以刚度系数为:

$$k = \frac{1}{2\xi\left|I\right|_{\max}} \tag{5-39}$$

(4)质量识别

根据质量和固有频率、刚度的关系,可利用已经求出的固有频率ω_0和刚度系数k得到结构的质量:

$$m = \frac{k}{\omega_0^2} \tag{5-40}$$

5.1.3 环境振动参数识别

前面介绍了结构动力学基本原理和结构频响函数估计方法,本节将综述常见的基于环境振动测试数据的结构模态参数识别方法及常用的自然激励法和随机减量法的基本理论。

基于环境振动测试的模态参数识别算法有很多种分类:根据处理域的差异可以分为时域算法、频域算法和时频域算法;按照激励信号可以分为:平稳信号处理方法和非平稳信号处理方法。本书采用处理域的分类方法,其中时域和频域方法主要针对平稳随机信号,而时频域联合分析方法针对非平稳信号,每一类方法根据具体采取的算法又分为很多小类,具体见图5-5所示。

利用频域方法进行结构模态参数识别的优点是方便直观,可以直接从功率谱密度曲线上观测到结构固有模态的分布以及模态参数的粗略估计值;另外一个优点是频域方法对噪声不敏感,具有很好的抗噪性能,这是因为在估计信号功率谱密度的过程中使用了多次平均技术,可以消除随机噪声对信号功率谱的影响,从而精确识别结构固有振动特征。频域方法主要有峰值拾取法(PP)、多项式拟合法、频域分

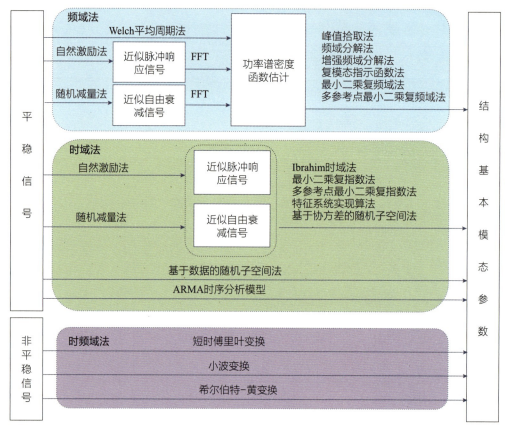

图5-5 基于环境振动测试数据的模态参数识别算法

解法（FDD）、复模态指数函数法（CMIF）、最小二乘复频域法（LSCF）和多参考点最小二乘复频域法（PolyLSCF）等。

时域方法是指直接基于采集的结构振动时间信号进行结构的模态参数辨识，可以克服频域方法的一些固有缺陷，如不存在傅里叶变换过程中出现的频谱泄漏、频率分辨率低等缺点，因此，在结构的模态参数识别方面具有较高的精度。时域法广泛应用于大型复杂结构的参数识别中，如大坝、长大跨桥梁、高层建筑物以及飞机、船舶等，这些结构经常受到风荷载、波浪荷载以及大地脉动的作用，只能测得结构的响应信号，因此直接利用响应的时域信号进行参数识别无疑是很有意义的。时域模态参数识别法主要有Ibrahim时域法（ITD）和节约时域法（STD）、最小二乘复指数法（LSCE）、自回归滑动平均法（ARMA）、特征系统实现算法（ERA）、随机子空间法（SSI）、随机减量法（RDT）和自然激励法（NExT）等。

前面介绍的时域和频域大部分辨识方法只能处理平稳响应信号，然而实际响应信号并不总能满足平稳性要求，因此需要辨识方法具备时频域分析功能。信号的时频表示方法是针对频谱随时间变化的确定性信号和非平稳随机信号发展起来的。近年来研究较多的时频分析方法主要有短时傅里叶变换（STFT）、小波变换（WT）和希尔伯特-黄变换（HT）等。过去十年，时频分析在时变结构模态参数辨识领域得到了广泛应用，由于篇幅限制，这里不详细介绍。下面就基于环境振动测试数据进行模态参数识别的经典算法进行介绍。

在环境振动测试过程中仅测量结构在环境激励下的响应，不能测量作用于结构的外部作用荷载，因此，不能直接利用有输入输出数据的频响函数估计方法，只能用仅有输出的结构频响函数估计算法，在本节主要介绍两种从环境振动测试中估计频响函数的方法，其思想是先从环境振动测试响应中估计得到结构的自由衰减曲线，对此衰减曲线进行傅里叶变换，就可以得到环境振动下结构的频响函数。值得注意的是，由此方法估计的频响函数与从冲击振动测试数据中估计的频响函数有本质的区别，从仅包含结构反应的环境振动测试数据仅能估计结构频响函数的形状无法估算其幅值，但是，可以从此频响函数中估计结构的基本动力特征，如结构的固有频率、阻尼比以及位移振型，为后续结构的有限元模型修正以及结构损伤诊断提供基础。

1. 随机减量法（RDT）

随机减量法是从结构在环境激励下的振动响应中获取结构自由衰减信号的一种典型方法，为后续的结构模态参数识别奠定数据基础[211]。该方法的基本思想是利用平稳信号平均值为零的性质，将包含有确定性振动和随机振动两种信号成分的实测响应进行分离，从中得到结构的自由衰减信号，而后便可利用时域或者频域方法对其进行模态参数识别，下面对随机减量法的基本原理进行简单介绍。

由于大部分工程结构都是多自由度系统，Ibrahim将传统的单自由度系统的随机减量法扩展到多自由度体系，处理多点测量和多阶模态的问题。对于多自由度结构的模态参数识别的基本思想是首先利用随机减量函数从环境振动测试中获取得到结构的自由衰减曲线，然后利用时域或者频域方法识别结构的基本模态参数。对于多自由度体系，在环境激励下测点p和q的响应分别为x_p和x_q，则环境激励下响应的自相关随机减量函数和互相关随机减量函数定义为：

$$RD_{X_pX_p}(\tau) = \frac{1}{N} \sum_i^N \left[x_p(t_i + \tau) | T_{x_p}(t) \right] \tag{5-41}$$

$$RD_{X_pX_q}(\tau) = \frac{1}{N} \sum_i^N \left[x_q(t_i + \tau) | T_{x_p}(t) \right] \tag{5-42}$$

式中：$RD_{X_{p}X_{p}}(\tau)$为环境激励下响应的自相关随机减量函数；$\left[x_{p}\left(t_{i}+\tau\right)|T_{x_{p}}(t)\right]$为$T_{x_{p}}(t)$触发条件的下的测点$p$的子信号段；$RD_{X_{p}X_{q}}(\tau)$为环境激励下测点$p$和$q$响应的互相关随机减量函数；$\left[x_{q}\left(t_{i}+\tau\right)|T_{x_{p}}(t)\right]$为$T_{x_{p}}(t)$触发条件下的测点$q$的子信号段；$N$为触发条件下的子信号段数。在进行随机减量特征提取时，一个关键性的问题是信号触发条件的选取，常用的触发条件有水平交叉、局部极值、正数触发和零点交叉4种。

在使用随机减量法得结构自由衰减函数时，关键性的问题是触发水平的确定和信号长度的截取。首先，对于触发水平的确定，当触发水平取得较大时，触发点数就很少，也就是取得的子样本函数将减少，从而会使有效的平均次数减少，平均效果变差；相反，若触发水平过小，即使平均次数增多，但是因为小幅值产生的位移激振量值比较小，所得结果较差。因此，在实际应用时，需要正确选择触发水平和平均次数。其次，数据长度对自由衰减函数的形式影响不大，但是对频域特征影响很大特别是高频部分，当数据长度取得比较短的时候，频谱特征比较明显，峰值凸出，没有噪声影响，但是，当每个时间段的数据长度取得较大的时，频谱图的高频部分峰值不明显，被噪声淹没。因此，在实际数据处理时，要适当选取触发水平和数据长度。

2. 自然激励法（NExT）

自然激励法是一种从环境振动测试数据中获取结构近似单位脉冲响应函数的方法，基本思想是白噪声环境激励下布置于结构上的两测点采集振动响应之间的互相关函数与结构的单位脉冲响应函数具有类似的形式，因此，可以利用相关函数代替脉冲响应函数，利用时域或者频域识别方法识别结构的基本模态参数[212]。该方法的主要思想是环境振动下各测点响应的互相关函数可以表示为一系列衰减正弦函数的叠加形式，与原始结构在单位脉冲作用下的响应表达式一致，因此，对该互相关函数进行傅里叶变换就可以得到结构在环境振动测试下的频响函数。当点作用有高斯白噪声时，o，i两点响应的互相关函数定义为：

$$R_{oik}(T) = E\left[x_{ok}(t+T)x_{ik}(t)\right]$$ （5-43）

将结构的振动响应代入上式，并进行简单运算，得到：

$$R_{oik}(T) = \sum_{r=1}^{n}\sum_{s=1}^{n}\phi_{or}\phi_{kr}\phi_{is}\phi_{ks}\int_{-\infty}^{t}\int_{-\infty}^{t+T}g_{r}(t+T-\sigma)g_{s}(t-\tau)E\left[f_{k}(\sigma)f_{k}(\tau)\right]\mathrm{d}\sigma\mathrm{d}\tau$$

（5-44）

式中：$f_k(\sigma)$ 为白噪声激励力，其自相关函数 $E\left[f_k(\sigma)f_k(\tau)\right]=\dfrac{\Theta_k}{2}\delta(\tau-\sigma)$，$\delta(t)$ 为 Dirac$-\delta$ 函数，Θ_k 为白噪声激励力 $f_k(\sigma)$ 的强度。当多个白噪声输入力 $f_k(t)(k=1,2,\cdots,m)$ 施加于结构时，互相关函数是对所有输入位置的求和，即：

$$R_{\mathrm{oi}}(T)=\sum_{r=1}^{n}\frac{\phi_{\mathrm{o}r}}{m_r\omega_{\mathrm{d}r}}\sum_{s=1}^{n}\sum_{k=1}^{m}\beta_{ik}^{rs}\frac{1}{\sqrt{I_{rs}^2+J_{rs}^2}}\,e^{-\xi_r\omega_{nr}T}\sin\left(\omega_{\mathrm{d}r}T+\theta_{rs}\right) \tag{5-45}$$

对式（5-45）进行傅里叶变换，就得到由环境振动测试下的响应计算得到的未缩放频响函数：

$$\tilde{H}_{\mathrm{oi}}(\omega)=\sum_{r=1}^{n}\tilde{\mathcal{J}}_{\mathrm{oi}}^{\,r}e^{-\xi_r\omega_{nr}T-j\omega T}\sin\left(\omega_{\mathrm{d}r}T+\theta_r\right)\mathrm{d}T \tag{5-46}$$

式中：$\tilde{H}_{\mathrm{oi}}(\omega)$ 表示从仅有输出响应估计的频响函数；$\sim$ 表示与仅有输出数据相关的变量；$\tilde{\mathcal{J}}_{\mathrm{oi}}^{\,r}=\dfrac{\phi_{\mathrm{o}r}}{m_r\omega_{\mathrm{d}r}}\sum_{s=1}^{n}\sum_{k=1}^{m}\dfrac{\Theta_k}{2}\dfrac{\phi_{kr}\phi_{1s}\phi_{ks}}{m_s}\left[I_{rs}^2+J_{rs}^2\right]^{-\frac{1}{2}}$，$J_{rs}^2=\left(\omega_{\mathrm{d}s}^2-\omega_{\mathrm{d}r}^2\right)+\left(\xi_r\omega_r+\xi_s\omega_s\right)^2$，$I_{rs}^2=2\omega_{\mathrm{d}r}\left(\xi_r\omega_r+\xi_s\omega_s\right)$，$\Theta_k$ 为白噪声激励力 $f_k(\sigma)$ 的强度。值得注意的是，从环境振动测试中估计的频响函数与从冲击振动测试中估计的频响函数具有本质的不同，环境振动测试中不能采集到作用于结构的输入冲击力，因此，得到的频响函数矩阵与从冲击振动测试中估计的频响函数具有一定的缩放关系，为从环境振动测试中识别结构的基本模态参数（包括固有频率、阻尼比和振型）提供了理论基础。

5.2 基于环境振动测试的结构位移柔度识别

传统的环境振动测试方法只能识别得到结构的基本模态参数，不能有效支持结构的状态评估。本节介绍两种基于环境振动测试识别基本模态参数与辅助手段的结构位移柔度深层次参数识别。对于实际桥梁结构直接识别结构刚度矩阵很困难，通常需要高阶模态参数才能得到准确的刚度矩阵，而实际测试中很难准确识别高阶模态参数，相比较而言，结构位移柔度矩阵只需要少许低阶模态参数便可以得到一个收敛稳定的值，因此，在本节中主要讲述基于监测数据的桥梁结构位移柔度矩阵识别方法，包括：已知结构质量矩阵的位移柔度识别、基于质量改变的位移柔度识别。

5.2.1 基于已知质量矩阵的位移柔度识别

位移柔度是一个关键参数，它作为刚度矩阵的逆矩阵，对结构的损伤定位定量和性能评估具有明确意义。结构的柔度系数f_{ij}是指在结构j节点施加单位力时在结构i节点引起的反应，可根据它计算任意荷载作用下结构各点的反应，如图5-6所示。结构柔度已知，可以实现挠度预测、损伤识别和性能评估等功能。

本节首先介绍基于已知质量矩阵的结构位移柔度矩阵识别。在有限元分析中，结构的刚度矩阵是通过先将结构划分为若干个单元，依次对各个单元进行单元分析得到单元刚度矩阵，然后集成为整体刚度矩阵得到的，引入边界条件后，取整体刚度矩阵的逆矩阵得到位移柔度矩阵。而在模态测试中，位移柔度矩阵通常可从模态参数中获取，目前最常用的方法是采用质量归一化的位移振型识别法。

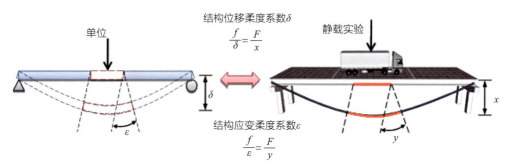

图5-6　位移柔度的基本概念

众所周知，仅从环境振动测试数据中识别的位移振型与真实振型（即质量归一化振型）之间存在一定的缩放关系，假设从环境振动测试监测数据中识别的各阶位移振型与质量归一化振型存在以下关系：

$$\{\phi_r\} = \alpha_r \{\psi_r\} \tag{5-47}$$

式中：$\{\phi_r\}$为第r阶质量归一化振型；$\{\psi_r\}$为环境激励下识别第r阶未归一化振型；α_r为第r阶缩放系数。

通过建立的结构有限元模型，获取结构的集中质量矩阵$[M]$，对于质量归一化振型，满足以下的正交性条件：

$$\begin{cases} \{\phi_r\}^{\mathrm{T}}[M]\{\phi_r\} = 1 \\ \{\phi_r\}^{\mathrm{T}}[K]\{\phi_r\} = \omega_r^2 \end{cases} \tag{5-48}$$

将公式（5-47）代入公式（5-48）的第二式，便得到质量归一化振型缩放系数：

$$\alpha_r = \frac{1}{\sqrt{\{\psi_r\}^{\mathrm{T}}[M]\{\psi_r\}}} \tag{5-49}$$

将公式（5-49）代入公式（5-47）便可以得到已知质量矩阵下的质量归一化振型，根据实模态理论，结合结构的基本模态参数便可以得到结构的频响函数矩阵：

$$\left[H_{\mathrm{d}}(\omega) \right] = \sum_{r=1}^{m} \frac{\{\phi_r\}\{\phi_r\}^{\mathrm{T}}}{(j\omega)^2 + 2j\omega\xi_r\omega_r + \omega_r^2} \tag{5-50}$$

式中：m 为从监测数据中识别的结构模态阶数；j 为虚数单位；ξ_r 为结构第 r 阶阻尼比系数；ω_r 为结构第 r 阶固有圆频率。

取频响函数在 $\omega=0$ 时的值，便可以得到结构的位移柔度矩阵：

$$\left[F^{\mathrm{d}} \right] = \left[H_{\mathrm{d}}(\omega=0) \right] = \sum_{r=1}^{m} \frac{\{\phi_r\}\{\phi_r\}^{\mathrm{T}}}{\omega_r^2} \tag{5-51}$$

在得到结构的质量归一化振型之后，也可以利用复模态理论的计算公式计算结构的位移柔度矩阵，将位移频响函数矩阵写为复模态形式，令其中的频率变量 $\omega=0$ 得到以复模态参数表示的位移柔度矩阵公式为：

$$\left[F^{\mathrm{d}} \right] = \sum_{r=1}^{m} \left[\frac{Q_r\{\phi_r\}\{\phi_r\}^{\mathrm{T}}}{-\lambda_r} + \frac{Q_r\{\phi_r^*\}\{\phi_r^*\}^{\mathrm{T}}}{-\lambda_r^*} \right] \tag{5-52}$$

式中，$\{\phi_r^*\}$ 为第 r 阶复位移振型，Q_r 为第 r 阶模态缩放系数，λ_r 为第 r 阶系统极点，"*"为复共轭运算符。

理论上来讲，利用两种方法计算的位移柔度结构一致，但是在实际环境振动测试中，由于采用的模态参数识别算法不一致以及算法中设置的参数不同，两种方法计算结果有一定的差异，计算结果的准确性依赖于参数识别的准确度。利用柔度矩阵可以预测结构在静载作用下的位移。设一组静力荷载组成的向量 $\{f\}$ 作用于结构，用识别的位移柔度矩阵乘以荷载向量就能预测该组荷载作用下结构产生的位移 $\{d\}$：

$$\{d\} = \left[F^{\mathrm{d}} \right]\{f\} \tag{5-53}$$

值得注意的是，式（5-51）中的位移柔度识别公式是各阶模态参数的叠加形式，与固有圆频率的平方成反比，随着模态阶数的升高，结构的固有圆频率显著增大，高阶模态参数对位移柔度矩阵的贡献将显著减小，因此一般结构只需取前几阶模态参数进行位移柔度识别，就能满足精度要求，用识别的位移柔度矩阵预测的静力位移通常会快速收敛于结构真实的静力位移。

此外，在实际的工程实践中很难获得结构的精确的质量矩阵，也很难获得结构的高阶模态，由此所识别的位移振型矩阵并非为方阵，所以质量已知条件下的位移柔度识别理论具有很大的局限性，也限制了其在工程上的实际应用，从而带来结构质量未知时如何识别位移柔度的问题。

5.2.2 基于质量改变的位移柔度识别

在本书5.2.1节详细阐述了基于已知质量矩阵的结构位移柔度识别方法，在此方法中，需要建立结构的有限元模型并获取其集中质量矩阵，由于建立的模型材料属性、边界条件等不一样，会导致提取的质量矩阵不准确，从而引起后续振型缩放系数和识别位移柔度矩阵的误差。因此，本节介绍一种基于质量改变技术直接从结构的输出振动响应中识别结构的振型缩放系数，进而重构结构的频响函数矩阵并识别结构的位移柔度矩阵。

1. 基本思想

本节介绍一种基于质量改变的思想直接从环境振动测试数据中识别结构位移柔度矩阵（图5-7）。其基本思想是利用附加质量前后结构的动力特性变化实现结构振型缩放系数计算，从附加质量前后结构的基本模态参数推导其与振型缩放系数之间的关系，进而识别结构的质量归一化振型缩放系数[213~215]及位移柔度矩阵识别[197]。基于质量改变识别结构的位移柔度矩阵，关键的一步是计算结构的振型缩放系数，根据分析方法的不同，分为基于一阶灵敏度和结构动力修改理论的缩放柔度识别两种方法。本节只介绍基于动力修改理论的位移柔度识别理论。

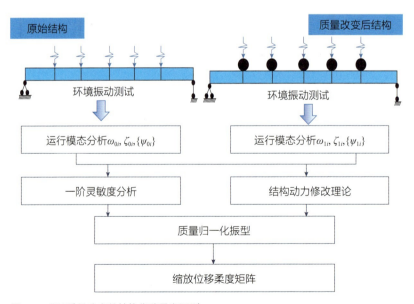

图5-7　基于质量改变的结构位移柔度识别

该法巧妙地利用附加质量导致的结构动力特性变化实现结构位移柔度识别，不需要荷载输入测量，而能达到和输入输出思想下一样的结构详细动力特征识别。基于此位移柔度矩阵可以实现结构在任意静力荷载下的变形预测、损伤识别以及长期性能评估。此方法与传统方法有明显的不同：传统环境振动测试方法仅能识别结构的基本动力参数，而此方法不仅能够识别结构的基本模态参数，而且能够识别得到结构振型缩放系数和位移柔度深层次参数，并进一步预测结构在任意静力荷载下的变形，在一定程度上可以达到和静载试验一致的效果。

2. 位移柔度识别理论

对于 N 个自由度的结构体系，在比例阻尼的情况下，结构的特征方程可以表示为：

$$\omega_{0i}^2[M]\{\phi_{0i}\}=[K]\{\phi_{0i}\} \tag{5-54}$$

式中：ω_{0i} 为结构第 i 阶固有圆频率，0表示原始结构；$\{\phi_{0i}\}$ 为结构第 i 阶质量归一化振型。

如果原始结构的质量矩阵、刚度矩阵及阻尼矩阵均发生改变，改变量为 $[\Delta M]$、$[\Delta K]$ 和 $[\Delta C]$，则修改结构的动力学运动方程为：

$$\left([M]+[\Delta M]\right)\{\ddot{x}(t)\}+\left([C]+[\Delta C]\right)\{\dot{x}(t)\}+\left([K]+[\Delta K]\right)\{x(t)\}=\{f(t)\} \tag{5-55}$$

根据动力修改理论，修改结构的固有频率可以通过结构特性矩阵的改变量和原始结构的频率和振型得到，修改结构的振型可以通过原始结构振型的线性叠加得到。在物理坐标系中，公式（5-55）的特征方程可以写为：

$$\left([M][\Phi_0]+[\Delta M][\Phi_0]\right)\{A_i\}\omega_{1i}^2=\left([K][\Phi_0]+[\Delta K][\Phi_0]\right)\{A_i\} \tag{5-56}$$

由动力修改理论可知，修改结构振型与原始结构振型的关系可以写为：

$$[\Phi_1]=[\Phi_0][A] \tag{5-57}$$

设原始结构第 i 阶未归一化振型 $\{\psi_{0i}\}$ 与质量归一化振型 $\{\phi_{0i}\}$ 之间的关系为：

$$\{\phi_{0i}\}=\alpha_{0i}\{\psi_{0i}\} \tag{5-58}$$

式中：α_{0i} 为原始结构第 i 阶的振型缩放系数，在比例阻尼的情况下为实数。

类似的，修改结构的未归一化振型与质量归一化振型之间的关系为：

$$\{\phi_{1i}\}=\alpha_{1i}\{\psi_{1i}\} \tag{5-59}$$

将式（5-58）和式（5-59）代入式（5-57），可以得到：

$$[\psi_1] = [\psi_0][B] \tag{5-60}$$

从式（5-57）和式（5-60）可以得到矩阵[A]和矩阵[B]的关系为：

$$[B] = [\alpha_0][A][\alpha_1]^{-1} \tag{5-61}$$

式中：矩阵$[\alpha_0]$和矩阵$[\alpha_1]$是包含每阶缩放系数的对角矩阵，因此，矩阵[A]中的元素A_{ji}和矩阵[B]中的元素B_{ji}的关系为：

$$B_{ji} = \frac{\alpha_{0j}A_{ji}}{\alpha_{1i}} \tag{5-62}$$

方程（5-56）两边同时左乘以未修改结构的振型：

$$\{\phi_{0j}\}^{\mathrm{T}}([M]+[\Delta M])[\Phi_0]\{A_i\}\omega_{1i}^2 = \{\phi_{0j}\}^{\mathrm{T}}([K]+[\Delta K])[\Phi_0]\{A_i\} \tag{5-63}$$

考虑正交性条件和投影方程，方程（5-63）可以重新写为：

$$\left(\omega_{0j}^2 - \omega_{1i}^2\right)A_{ji} = \{\phi_{0j}\}^{\mathrm{T}}\left(\omega_{1i}^2[\Delta M] - [\Delta K]\right)\{\phi_{1i}\} \tag{5-64}$$

最后，把方程（5-62）代入式（5-64），可以得到：

$$\left(\omega_{0j}^2 - \omega_{1i}^2\right)\frac{\alpha_{1i}B_{ji}}{\alpha_{0j}} = \alpha_{0j}\alpha_{1i}\{\psi_{0j}\}^{\mathrm{T}}\left(\omega_{1i}^2[\Delta M] - [\Delta K]\right)\{\psi_{1i}\} \tag{5-65}$$

如果修改结构共识别N_m阶振型，则原始结构的振型缩放系数可以表示为：

$$\alpha_{0j}^2 = \frac{1}{N_m}\sum_{i=1}^{N_m}\frac{\left(\omega_{0j}^2 - \omega_{1i}^2\right)B_{ji}}{\{\psi_{0j}\}^{\mathrm{T}}\left(\omega_{1i}^2[\Delta M] - [\Delta K]\right)\{\psi_{1i}\}} \tag{5-66}$$

假设附加质量的改变只引起结构的质量矩阵发生改变，刚度矩阵的改变量比较小，可以忽略不计，则公式（5-66）可以简化为：

$$\alpha_{0j}^2 = \sum_{i=1}^{N_m}W_i\frac{\left(\omega_{0j}^2 - \omega_{1i}^2\right)B_{ji}}{\omega_{1i}^2\{\psi_{0j}\}^{\mathrm{T}}[\Delta M]\{\psi_{1i}\}} \tag{5-67}$$

将公式（5-67）计算得到的缩放系数代入公式（5-58）便可以得到原始结构的质量归一位移振型，从而进一步得到结构的位移频响函数矩阵以及位移柔度矩阵。

5.3 基于快速贝叶斯的结构位移柔度不确定性量化

5.3.1 快速贝叶斯基本理论

基于快速贝叶斯的模态识别方法是针对某一共振频率带的单个模态，通过四维的数值优化问题的求解得到模态参数的最佳估计，并通过对数似然函数的二阶导数求得Hessian矩阵，通过对Hessian矩阵求逆可得协方差矩阵，进而可以对模态参数的不确定性进行分析。

n个自由度结构的加速度$\widetilde{\ddot{x}}_k$ $(j=1,2,\cdots,N)$ $(\widetilde{\ddot{x}}_k \in R^n, N$为每个通道的采样数）的傅里叶变换可以表示为[216,217]：

$$Y_k = F_k + iG_k = \sqrt{(2\Delta t)/N} \times \sum_{j=1}^{N} \widetilde{\ddot{x}}_k \mathrm{e}^{-2\pi i \frac{(k-1)(j-1)}{N}} \tag{5-68}$$

式中：Δt为采样间隔；F_k和G_k分别为$\widetilde{\ddot{x}}_k$傅里叶变换Y_k的实部和虚部；$k=1,2,\cdots,N$。考虑到采样通道的电压偏置和傅里叶变换的共轭等原因，仅$k=2,3,\cdots,N_q$ $(N_q = \mathrm{int}[N/2]+1)$所对应的FFT数据被应用于结构的模态参数识别，其所对应的频率值为$f_k = (k-1)/N\Delta t$。

根据贝叶斯理论，采集的加速度响应可表达$\widetilde{\ddot{x}}_k = \ddot{x}_k(\theta) + \varepsilon_j$，其中，$\ddot{x}_k(\theta)$是由一系列模态参数引起的结构模型的加速度响应；$\varepsilon_j$是由于测试噪声和模型误差等造成的模态响应和测试数据之间的预测误差。模态参数θ包括模态频率f、阻尼比ζ、振型Φ、模态激励下谱密度矩阵中的互谱密度S_{ij}和预测误差的谱密度σ^2。有关模态参数θ的后验的概率密度函数PDF正比于似然函数$p(\{Z_k\}|\theta)$（Yuen et al, 2002）：

$$p(\theta|\{Z_k\}) \propto p(\{Z_k\}|\theta) = (2\pi)^{-\frac{N_q-1}{2}} \left[\prod_{k=2}^{N_q} \det C_k(\theta)\right]^{-1/2} \times \mathrm{e}^{-\frac{1}{2}\sum_{k=2}^{N_q} z_k^T C_k(\theta)^{-1} z_k} \tag{5-69}$$

式中：$Z_k = \left[F_k^T \quad G_k^T\right]^T \in R^{2n}, k=2,3,\cdots,N_q$；$C_k$为$Z_k$的协方差矩阵，可表示为：

$$C_k = \frac{1}{2}\begin{bmatrix} \Phi(Re\,H_k)\Phi^T & \Phi(Im\,H_k)\Phi^T \\ \Phi(Im\,H_k)\Phi^T & \Phi(Re\,H_k)\Phi^T \end{bmatrix} + \frac{\sigma^2}{2}I_{2n} \tag{5-70}$$

式中：$\Phi \in R^{n\times m}$为振型矩阵，第i列表示第i阶振型；σ^2为预测误差的谱密度；I_{2n}为$2n$阶的单位矩阵；H_k为模态响应的谱密度矩阵，可表达为：

$$H_k(i,j) = S_{ij}\left[(\beta_{ik}^2-1)+i(2\xi_i\beta_{ik})\right]^{-1} \times \left[(\beta_{ik}^2-1)-i(2\xi_i\beta_{jk})\right]^{-1} \tag{5-71}$$

式中：$\beta_{ik}=f_i/f_k$为频率比，f_i和ξ_i分别为第i阶模态的频率和阻尼比；S_{ij}为第i个模态和第

j个模态激励间的互谱密度。

若将后验的PDF进一步写成关于对数似然函数$L(\boldsymbol{\theta})$的表达式，则有：

$$p\left(\boldsymbol{\theta}|\{Z_k\}\right) \propto \exp\left(-L\left(\boldsymbol{\theta}\right)\right) \tag{5-72}$$

$$L\left(\boldsymbol{\theta}\right) = \frac{1}{2}\sum_{k=2}^{N_q}\left[\ln\det\boldsymbol{C}_k\left(\boldsymbol{\theta}\right) + \boldsymbol{Z}_k^{\mathrm{T}}\boldsymbol{C}_k\left(\boldsymbol{\theta}\right)^{-1}\boldsymbol{Z}_k\right] \tag{5-73}$$

当采集足够多的数据时，后验的PDF可用高斯PDF来近似，而高斯PDF又等价于$L(\boldsymbol{\theta})$的二阶近似。而$L(\boldsymbol{\theta})$关于θ的二阶泰勒展开式为：

$$L\left(\boldsymbol{\theta}\right) \approx L\left(\tilde{\boldsymbol{\theta}}\right) + \frac{1}{2}\left(\boldsymbol{\theta} - \tilde{\boldsymbol{\theta}}\right)^{\mathrm{T}} H_{\mathrm{L}}\left(\tilde{\boldsymbol{\theta}}\right)\left(\boldsymbol{\theta} - \tilde{\boldsymbol{\theta}}\right) \tag{5-74}$$

当$\tilde{\boldsymbol{\theta}}$为最佳值时，$L\left(\tilde{\boldsymbol{\theta}}\right) = 0$；$H_L\left(\tilde{\boldsymbol{\theta}}\right)$为在$L(\boldsymbol{\theta})$中$\boldsymbol{\theta}$最佳估计时的海森矩阵。将公式（5-74）代入公式（5-72）中，后验的PDF可写为一个高斯PDF：

$$p\left(\boldsymbol{\theta}|\{Z_k\}\right) \propto \exp\left(-\frac{1}{2}\left(\boldsymbol{\theta} - \tilde{\boldsymbol{\theta}}\right)^{\mathrm{T}} \tilde{\boldsymbol{C}}^{-1}\left(\boldsymbol{\theta} - \tilde{\boldsymbol{\theta}}\right)\right) \tag{5-75}$$

式中：$\tilde{\boldsymbol{C}} = H_{\mathrm{L}}\left(\tilde{\boldsymbol{\theta}}\right)^{-1}$为后验的协方差矩阵。显然，高斯PDF由$MPV$值和协方差矩阵确定。

假设振型被正则化，由于$Im\boldsymbol{H}_k^{\mathrm{T}} = -Im\boldsymbol{H}_k$，$Im\boldsymbol{H}_k$可视为零。$Re\boldsymbol{H}_k$可表示为：

$$Re\boldsymbol{H}_k = S\left[\left(\beta_{ik}^2 - 1\right)^2 + \left(2\xi_i\beta_{ik}\right)^2\right]^{-1} = SD_k \tag{5-76}$$

$$D_k = \left[\left(\beta_{ik}^2 - 1\right)^2 + \left(2\xi_i\beta_{ik}\right)^2\right]^{-1} \tag{5-77}$$

将公式（5-77）代入公式（5-71）中，有：

$$\boldsymbol{C}_k = \frac{SD_k}{2}\begin{bmatrix} \boldsymbol{\Phi}\boldsymbol{\Phi}^{\mathrm{T}} & \mathbf{0} \\ \mathbf{0} & \boldsymbol{\Phi}\boldsymbol{\Phi}^{\mathrm{T}} \end{bmatrix} + \frac{\sigma^2}{2}\boldsymbol{I}_{2n} = \frac{1}{2}\begin{bmatrix} \boldsymbol{E}_k & \mathbf{0} \\ \mathbf{0} & \boldsymbol{E}_k \end{bmatrix} \tag{5-78}$$

式中：$\boldsymbol{E}_k = SD_k\boldsymbol{\Phi}\boldsymbol{\Phi}^{\mathrm{T}} + \sigma^2\boldsymbol{I}_n$。

$\boldsymbol{C}_k$的逆矩阵和行列式可表达为：

$$\boldsymbol{C}_k^{-1} = 2\begin{bmatrix} \boldsymbol{E}_k^{-1} & \mathbf{0} \\ \mathbf{0} & \boldsymbol{E}_k^{-1} \end{bmatrix}, \det\boldsymbol{C}_k = 2^{-2n}\left(\det\boldsymbol{E}_k\right)^2 \tag{5-79}$$

$\boldsymbol{E}_k$的行列式和逆矩阵可表示为：

$$\det\boldsymbol{E}_k = \left(SD_k + \sigma^2\right)\sigma^{2(n-1)} = \left(SD_k / \sigma^2 + 1\right)\sigma^{2n} \tag{5-80}$$

$$\boldsymbol{E}_k^{-1} = \sigma^{-2}\boldsymbol{I}_n - \sigma^{-2}\left[\frac{SD_k}{\sigma^2} + 1\right]^{-1}\boldsymbol{\Phi}\boldsymbol{\Phi}^{\mathrm{T}} \tag{5-81}$$

将式（5–78）和式（5–81）代入式（5–79），式（5–74）对数似然函数在简化后可表达为：

$$L\left(f,\xi,S,\sigma^2,\boldsymbol{\Phi}\right)=-nN_f\ln 2+(n-1)N_f\ln\sigma^2+\sum_k\ln\left(SD_k+\sigma^2\right)+\sigma^{-2}\left(d-\boldsymbol{\Phi}^\mathrm{T}\boldsymbol{A}\boldsymbol{\Phi}\right) \tag{5–82}$$

式中：$\sum\limits_k$ 中的 k 表示对应于所选频率带内FFT所对应的值。

$$\boldsymbol{A}=\sum_k\left[1+\sigma^2/SD_k\right]^{-1}\boldsymbol{D}_k \tag{5–83}$$

$$\boldsymbol{D}_k=\boldsymbol{F}_k\boldsymbol{F}_k^\mathrm{T}+\boldsymbol{G}_k\boldsymbol{G}_k^\mathrm{T} \tag{5–84}$$

$$d=\sum_k\boldsymbol{F}_k^\mathrm{T}\boldsymbol{F}_k+\boldsymbol{G}_k^\mathrm{T}\boldsymbol{G}_k=trace\left(\boldsymbol{A}_0\right) \tag{5–85}$$

$$\boldsymbol{A}_0=\sum_k\boldsymbol{D}_k \tag{5–86}$$

式（5–82）表明，振型正则化后，关于 $\boldsymbol{\Phi}$ 数值优化对数似然函数时，$\boldsymbol{\Phi}$ 的 MPV 值相当于 $\boldsymbol{A}$ 矩阵最大的特征值所对应的特征向量。关于 $\boldsymbol{\Phi}$ 将对数似然函数最小化之后，其将由剩余的 4 个参数来确定：

$$L\left(f,\xi,S,\sigma^2\right)=-nN_f\ln 2+(n-1)N_f\ln\sigma^2+\sum_k\ln\left(SD_k+\sigma^2\right)+\sigma^{-2}\left(d-\tilde{\lambda}\right) \tag{5–87}$$

式中：$\tilde{\lambda}$ 是 $\boldsymbol{A}$ 矩阵最大的特征值；f,ξ,S,σ^2 这4个函数的 MPV 值可通过对式（5–86）的无约束优化直接求得。

通过对数似然函数对模态参数求二阶导数可求得Hessian矩阵，通过对Hessian矩阵求逆可得协方差矩阵 $\tilde{\boldsymbol{C}}$。f,ξ,S,σ^2 的后验协方差矩阵是 $\tilde{\boldsymbol{C}}$ 左上角 4×4 的矩阵，$\boldsymbol{\Phi}$ 的后验协方差矩阵是 $\tilde{\boldsymbol{C}}$ 右下角 $n\times n$ 的矩阵。

5.3.2　振型缩放系数不确定性量化

基于质量改变方法可以得到结构的振型缩放系数表达式为：

$$\alpha_i=\sqrt{\frac{{\omega_{0i}}^2-{\omega_{1i}}^2}{{\omega_{1i}}^2\{\phi_i\}^\mathrm{T}\left[M_\mathrm{a}\right]\{\phi_i\}}} \tag{5–88}$$

式中：$[M_\mathrm{a}]$ 为附加质量矩阵；ω_{1i} 是质量改变后结构的第 i 阶频率。

为了推导振型缩放系数的方差表达式，将公式（5–88）重新写为公式（5–89）的形式：

$$\left(\alpha_i\right)^2=\frac{{\omega_{0i}}^2}{{\omega_{1i}}^2\{\phi_i\}^\mathrm{T}\left[M_\mathrm{a}\right]\{\phi_i\}}-\frac{1}{\{\phi_i\}^\mathrm{T}\left[M_\mathrm{a}\right]\{\phi_i\}} \tag{5–89}$$

对公式（5-89）两端进行一阶灵敏度分析，得到：

$$\Delta\left(\frac{\omega_{0i}^{\ 2}}{\omega_{1i}^{\ 2}\{\phi_i\}^{\mathrm{T}}[M_{\mathrm{a}}]\{\phi_i\}}\right)=\frac{2\omega_{0i}\Delta\omega_{0i}}{\omega_{1i}^{\ 2}\{\phi_i\}^{\mathrm{T}}[M_{\mathrm{a}}]\{\phi_i\}}$$

$$-\frac{2\omega_{1i}\Delta\omega_{1i}\{\phi_i\}^{\mathrm{T}}[M_{\mathrm{a}}]\{\phi_i\}+\omega_{1i}^{\ 2}\Delta\{\phi_i\}^{\mathrm{T}}[M_{\mathrm{a}}]\{\phi_i\}+\omega_{1i}^{\ 2}\{\phi_i\}^{\mathrm{T}}[M_{\mathrm{a}}]\Delta\{\phi_i\}}{\left(\omega_{1i}^{\ 2}\{\phi_i\}^{\mathrm{T}}[M_{\mathrm{a}}]\{\phi_i\}\right)^2}\omega_{0i}^{\ 2} \tag{5-90a}$$

$$\Delta\left(-\frac{1}{\{\phi_i\}^{\mathrm{T}}[M_{\mathrm{a}}]\{\phi_i\}}\right)=\frac{\Delta\{\phi_i\}^{\mathrm{T}}[M_{\mathrm{a}}]\{\phi_i\}+\{\phi_i\}^{\mathrm{T}}[M_{\mathrm{a}}]\Delta\{\phi_i\}}{\left(\{\phi_i\}^{\mathrm{T}}[M_{\mathrm{a}}]\{\phi_i\}\right)^2} \tag{5-90b}$$

将公式（5-90）代入公式（5-89），并简化得到：

$$\Delta\alpha_i=\frac{\omega_{0i}\Delta\omega_{0i}}{\alpha_i\omega_{1i}^{\ 2}\{\phi_i\}^{\mathrm{T}}[M_{\mathrm{a}}]\{\phi_i\}}-\frac{\omega_{1i}\Delta\omega_{1i}\{\phi_i\}^{\mathrm{T}}[M_{\mathrm{a}}]\{\phi_i\}}{\alpha_i\left(\omega_{1i}^{\ 2}\{\phi_i\}^{\mathrm{T}}[M_{\mathrm{a}}]\{\phi_i\}\right)^2}\omega_{0i}^{\ 2}+$$

$$\frac{\left(\omega_{1i}^{\ 2}-\omega_{0i}^{\ 2}\right)\Delta\left[\{\phi_i\}^{\mathrm{T}}[M_{\mathrm{a}}]\{\phi_i\}+\{\phi_i\}^{\mathrm{T}}[M_{\mathrm{a}}]\{\phi_i\}\right]}{2\alpha_i\left(\omega_{1i}\{\phi_i\}^{\mathrm{T}}[M_{\mathrm{a}}]\{\phi_i\}\right)^2} \tag{5-91}$$

则缩放系数的方差var(α_i)可以表示为：

$$\mathrm{var}(\alpha_i)=E\left[\left(\Delta\alpha_i\right)\left(\Delta\alpha_i\right)^{\mathrm{T}}\right] \tag{5-92}$$

将公式（5-91）代入公式（5-92），得到：

$$\mathrm{var}(\alpha_i)=E\left[\left(\Delta\alpha_i\right)\left(\Delta\alpha_i\right)^{\mathrm{T}}\right]$$

$$=\frac{\omega_{0i}^{\ 2}}{\left(\alpha_i\omega_{1i}^{\ 2}\{\phi_i\}^{\mathrm{T}}[M_{\mathrm{a}}]\{\phi_i\}\right)^2}E\left[\left(\Delta\omega_{0i}\right)\left(\Delta\omega_{0i}\right)^{\mathrm{T}}\right]$$

$$+\frac{\omega_{0i}^{\ 4}\left(\omega_{1i}\{\phi_i\}^{\mathrm{T}}[M_{\mathrm{a}}]\{\phi_i\}\right)^2}{\alpha_i^{\ 2}\left(\omega_{1i}^{\ 2}\{\phi_i\}^{\mathrm{T}}[M_{\mathrm{a}}]\{\phi_i\}\right)^4}E\left[\left(\Delta\omega_{1i}\right)\left(\Delta\omega_{1i}\right)^{\mathrm{T}}\right] \tag{5-93}$$

$$+\frac{\left(\omega_{1i}^{\ 2}-\omega_{0i}^{\ 2}\right)^2E\left\{\Delta\left[\{\phi_i\}^{\mathrm{T}}[M_{\mathrm{a}}]\{\phi_i\}+\{\phi_i\}^{\mathrm{T}}[M_{\mathrm{a}}]\{\phi_i\}\right]\Delta\left[\{\phi_i\}^{\mathrm{T}}[M_{\mathrm{a}}]\{\phi_i\}+\{\phi_i\}^{\mathrm{T}}[M_{\mathrm{a}}]\{\phi_i\}\right]^{\mathrm{T}}\right\}}{4\alpha_i^{\ 2}\left(\omega_{1i}\{\phi\}^{\mathrm{T}}[M_{\mathrm{a}}]\{\phi_i\}\right)^4}$$

公式（5-93）中基本模态参数摄动量的期望即为第1节中利用贝叶斯方法得到的基本模态参数的方差，定义：$\mathrm{var}(\omega_{0i})=E\left[\left(\Delta\omega_{0i}\right)\left(\Delta\omega_{0i}\right)^{\mathrm{T}}\right]$，$\mathrm{var}(\omega_{1i})=E\left[\left(\Delta\omega_{1i}\right)\left(\Delta\omega_{1i}\right)^{\mathrm{T}}\right]$，$\mathrm{cov}\left(\{\phi_i\}\right)=E\left[\Delta\{\phi_i\}\Delta\{\phi_i\}^{\mathrm{T}}\right]$，则有：

$$E\left\{\Delta\big[\{\phi_i\}^{\mathrm{T}}[M_\mathrm{a}]\{\phi_i\}+\{\phi_i\}^{\mathrm{T}}[M_\mathrm{a}]\{\phi_i\}\big]\Delta\big[\{\phi_i\}^{\mathrm{T}}[M_\mathrm{a}]\{\phi_i\}+\{\phi_i\}^{\mathrm{T}}[M_\mathrm{a}]\{\phi_i\}\big]^{\mathrm{T}}\right\}$$

$$=\{\phi_i\}^{\mathrm{T}}[M_\mathrm{a}]^{\mathrm{T}}\mathrm{cov}\big(\{\phi_i\}\big)[M_\mathrm{a}]\{\phi_i\}+\{\phi_i\}^{\mathrm{T}}[M_\mathrm{a}]\mathrm{cov}\big(\{\phi_i\}\big)[M_\mathrm{a}]^{\mathrm{T}}\{\phi_i\} \qquad (5\text{-}94)$$

$$+\{\phi_i\}^{\mathrm{T}}[M_\mathrm{a}]^{\mathrm{T}}\mathrm{cov}\big(\{\phi_i\}\big)[M_\mathrm{a}]^{\mathrm{T}}\{\phi_i\}+\{\phi_i\}^{\mathrm{T}}[M_\mathrm{a}]\mathrm{cov}\big(\{\phi_i\}\big)[M_\mathrm{a}]\{\phi_i\}$$

将式（5-93）代入式（5-92）可得第 i 阶缩放系数的方差：

$$\mathrm{var}(\alpha_i)=E\big[\big(\Delta\alpha_i\big)\big(\Delta\alpha_i\big)^{\mathrm{T}}\big]$$

$$=\frac{{\omega_{0i}}^2}{\left(\alpha_i{\omega_{1i}}^2\{\phi_i\}^{\mathrm{T}}[M_\mathrm{a}]\{\phi_i\}\right)^2}\mathrm{var}(\omega_{0i})+\frac{{\omega_{0i}}^4\left(\omega_{1i}\{\phi_i\}^{\mathrm{T}}[M_\mathrm{a}]\{\phi_i\}\right)^2}{{\alpha_i}^2\left({\omega_{1i}}^2\{\phi_i\}^{\mathrm{T}}[M_\mathrm{a}]\{\phi_i\}\right)^4}\mathrm{var}(\omega_{1i})+$$

$$\qquad (5\text{-}95)$$

$$\frac{\left({\omega_{1i}}^2-{\omega_{0i}}^2\right)^2\big[\{\phi_i\}^{\mathrm{T}}[M_\mathrm{a}]^{\mathrm{T}}\mathrm{cov}\big(\{\phi_i\}\big)[M_\mathrm{a}]\{\phi_i\}+\{\phi_i\}^{\mathrm{T}}[M_\mathrm{a}]\mathrm{cov}\big(\{\phi_i\}\big)[M_\mathrm{a}]^{\mathrm{T}}\{\phi_i\}\big]}{4{\alpha_i}^2\left(\omega_{1i}\{\phi_i\}^{\mathrm{T}}[M_\mathrm{a}]\{\phi_i\}\right)^4}$$

$$+\frac{\left({\omega_{1i}}^2-{\omega_{0i}}^2\right)^2\big[\{\phi_i\}^{\mathrm{T}}[M_\mathrm{a}]^{\mathrm{T}}\mathrm{cov}\big(\{\phi_i\}\big)[M_\mathrm{a}]^{\mathrm{T}}\{\phi_i\}+\{\phi_i\}^{\mathrm{T}}[M_\mathrm{a}]\mathrm{cov}\big(\{\phi_i\}\big)[M_\mathrm{a}]\{\phi_i\}\big]}{4{\alpha_i}^2\left(\omega_{1i}\{\phi_i\}^{\mathrm{T}}[M_\mathrm{a}]\{\phi_i\}\right)^4}$$

5.3.3 位移柔度不确定性量化

第 i 阶质量归一化振型可表示为：

$$\{\phi_{\mathrm{ri}}\}=\alpha_i\{\phi_i\} \qquad (5\text{-}96)$$

对公式（5-96）两端进行一阶灵敏度分析，得到：

$$\Delta\{\phi_{\mathrm{ri}}\}=\Delta\alpha_i\{\phi_i\}+\alpha_i\Delta\{\phi_i\} \qquad (5\text{-}97)$$

进而质量归一化振型的协方差矩阵可表示为：

$$\mathrm{cov}\big(\{\phi_{\mathrm{ri}}\}\big)=E\big[\Delta\alpha_i\{\phi_i\}\{\phi_i\}^{\mathrm{T}}\Delta\alpha_i^{\mathrm{T}}\big]+E\big[\alpha_i\Delta\{\phi_i\}\Delta\{\phi_i\}^{\mathrm{T}}\alpha_i^{\mathrm{T}}\big]$$

$$=\mathrm{var}\big(\alpha_i\big)\{\phi_i\}\{\phi_i\}^{\mathrm{T}}+{\alpha_i}^2\mathrm{cov}\big(\{\phi_i\}\big) \qquad (5\text{-}98)$$

第 i 阶柔度矩阵可表示为：

$$F_\mathrm{r}=\{\phi_{\mathrm{ri}}\}\{\phi_{\mathrm{ri}}\}^{\mathrm{T}}/w_i^2 \qquad (5\text{-}99)$$

对公式（5-98）两端进行一阶灵敏度分析，得到：

$$\Delta F_\mathrm{r}=\big(\Delta\{\phi_{\mathrm{ri}}\}\{\phi_{\mathrm{ri}}\}^{\mathrm{T}}+\{\phi_{\mathrm{ri}}\}\Delta\{\phi_{\mathrm{ri}}\}^{\mathrm{T}}\big)/w_i^2-\{\phi_{\mathrm{ri}}\}^{\mathrm{T}}\{\phi_{\mathrm{ri}}\}\cdot 2w_i\Delta w_i/w_i^4 \qquad (5\text{-}100)$$

根据公式 $\mathrm{vec}\big(XYZ\big)=\big(Z^{\mathrm{T}}\otimes X\big)\mathrm{vec}\big(Y\big)$ 及 $\mathrm{vec}\big(X^{\mathrm{T}}\big)=P_{\mathrm{a,b}}\mathrm{vec}\big(X\big)$，其中 vec 为堆叠

矩阵符号，即将矩阵各列按顺序堆叠到第一列上；$P_{a,b} = \sum\limits_{k=1}^{a} \sum\limits_{l=1}^{b} E_{k,l}^{a,b} \otimes E_{l,k}^{b,a}$，$E_{k,l}^{a,b}$ 表示k，l位置为1，其余位置均为零的$a \times b$阶的矩阵。

公式（5-100）可表示为：

$$\text{vec}\left(\Delta F_{\text{r}}\right) = \left\{\left[\left(\{\phi_{\text{r}i}\} \otimes I_l\right) + \left(I_l \otimes \{\phi_{\text{r}i}\}\right) P_{l,1}\right] \text{vec}\left(\Delta\{\phi_{\text{r}i}\}\right)\right\}/w_i^2 - 2\text{vec}\left(\{\phi_{\text{r}i}\}\{\phi_{\text{r}i}\}^{\text{T}}\right)\Delta w_i/w_i^3$$

（5-101）

第i阶柔度矩阵的协方差矩阵可表示为：

$$\text{cov}\left(\text{vec}\left(\Delta F_{\text{r}}\right)\right) = \left\{\left[\left(\{\phi_{\text{r}i}\} \otimes I_l\right) + \left(I_l \otimes \{\phi_{\text{r}i}\}\right) P_{l,1}\right] \text{cov}\left(\{\phi_{\text{r}i}\}\right)\left[\left(\{\phi_{\text{r}i}\} \otimes I_l\right)\right.\right.$$

$$\left.\left. + \left(I_l \otimes \{\phi_{\text{r}i}\}\right) P_{l,1}\right]^{\text{T}}\right\}/w_i^4 + 4\text{cov}\left(w_i\right)\text{vec}\left(\{\phi_{\text{r}i}\}\{\phi_{\text{r}i}\}^{\text{T}}\right)\text{vec}\left(\{\phi_{\text{r}i}\}\{\phi_{\text{r}i}\}^{\text{T}}\right)^{\text{T}}/w_i^6$$

（5-102）

进而柔度矩阵的协方差矩阵可表示为：

$$\text{cov}\left(\text{vec}\left(\Delta F\right)\right) = \sum \text{cov}\left(\text{vec}\left(\Delta F_{\text{r}}\right)\right)$$

（5-103）

用柔度矩阵预测位移：

$$\{d\} = [F]\{f\}$$

（5-104）

对公式（5-104）两端进行一阶灵敏度分析，得到：

$$\Delta\{d\} = \Delta[F]\{f\}$$

（5-105）

根据定理$\text{vec}\left(XYZ\right) = \left(Z^{\text{T}} \otimes X\right)\text{vec}\left(Y\right)$可得：

$$\text{vec}\left(\Delta\{d\}\right) = \text{vec}\left(I_l\Delta[F]\{f\}\right) = \left(\{f\}^{\text{T}} \otimes I_l\right)\text{vec}\left(\Delta[F]\right)$$

（5-106）

预测位移的协方差可表示为：

$$\text{cov}\{d\} = \text{cov}\left(\text{vec}\{d\}\right) = \left(\{f\}^{\text{T}} \otimes I_l\right)\text{cov}\left[\text{vec}[F]\right]\left(\{f\}^{\text{T}} \otimes I_l\right)^{\text{T}}$$

（5-107）

5.4 美国Throgs Neck大桥动力参数识别

本节以一座大跨悬索桥的现场测试、有限元建模、桥面板和桥塔动力特征识别为例，详细介绍如何将前面所叙述的基于加速度的环境振动模态参数识别理论应用到实际工程中。

美国Throgs Neck大桥是一座两塔三跨地锚式悬索桥（图5-8），于1961年1月通车，目前平均每天车流量大约为10500。如图5-8（a）所示，该桥跨径布置为165.832+542.655+165.832=874.32m。该桥采用钢与混凝土组合桥梁形式，上部是正交异性桥面板，板厚127mm，下部采用8.5m高的钢架支撑。主缆每根长976m，两

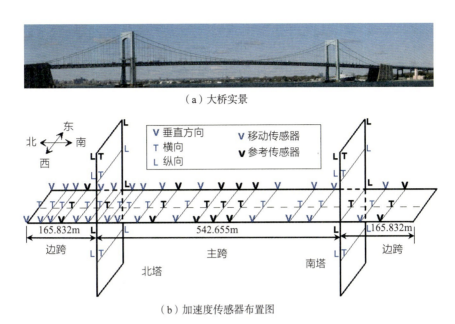

（a）大桥实景

（b）加速度传感器布置图

图5-8　美国Throgs Neck大桥

根主缆用来支撑桥梁主跨和两个边跨。主缆将力传递给主塔和锚锭，其中主塔塔高96m。图5-8（b）为其加速度传感器布置图。

5.4.1　环境振动测试

在现场测试时和选择传感器的数量及布置位置是环境振动测试的关键问题。由于经济和结构运营状态等方面的原因，在整座桥梁所有自由度上安置传感器是不可能也是不现实的，因此，有必要对传感器的数目和测点定位进行优化设计，通过尽可能少的传感器来获取最可靠、最全面的桥梁健康状况信息。环境振动测试中使用较多的振动测试方法为多参考点测试方法，即将所测试桥梁结构人为地划分为几个子结构，依次测试每个子结构在环境振动下的响应，为了能够得到全桥的振动特性，需要在每个子结构之间选择几个不动点（参考点）用来集成整个结构的振型。

在现场测试中，加速度传感器分布图如图5-8（b）所示，桥上一共有45个单向加速度计，包括竖向、纵向、横向三个方向，其中30个加速度计作为参考传感器固定在10个指定截面上，每个指定截面安装3个加速度计。图5-9是结构的典型截面，3个加速度计布置在钢架的腹杆位置。剩余15个加速度计是可移动的，分4个阶段测量，每一阶段测量传感器的分布位置是不同的。这种传感器布置的优点是由可移动传感器进行的额外测量增加了空间分辨率，并减少了传感器数量的使用，缺点是增加了后期数据处理的难度。

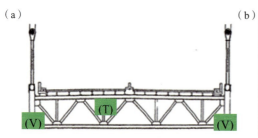

（a）   （b）

（a）横向、竖向传感器钢架布置位置   （b）横向传感器现场测试位置

图5-9　典型加速度计在钢架上的布置图

5.4.2　有限元建模

有限元法作为一种结构数值分析方法，将连续弹性体离散成一定数量的离散单元集合体，根据平衡条件和边界条件求解有限元方程，得到结构的数值解。但由于分析过程中存在着众多的不确定性因素以及引入了多种假设，使得有限元模型必然存在误差，结构的有限元结果与结构的实验结果存在一定偏差，而一般认为结构的实验结果是真实可靠的，因此需要对依据图纸建立的有限元模型进行修正。Throgs Neck大桥有限元模型主要包括主要结构构件建模、连接系统的建模以及桥梁基础和土-结构耦合系统建模几部分，其主要建模方式详细叙述：

采用商业有限元软件ADINA 8.7建立了此悬索桥的三维有限元模型，如图5-10所示。桥梁的主要拉索使用弹性索单元建立，此单元只传递长度方向的力并且能够适用于大位移的情况。该桥桥面系由127mm厚度的钢-混凝土组合桥面板及其下部支撑桁架组成。组合桥面板中混凝土板采用壳单元模拟，弹性模量采用混凝土的弹性模量。支撑桁架（包括上弦与下弦、腹杆）以及钢-混凝土组合桥面板中的钢结构部分（纵梁、横向支撑）采用三维弹性梁单元模拟。悬跨由两个多室钢塔支撑，塔高98.75m，随着塔高的改变截面尺寸也在不断改变，因此采用了大量变截面梁单元模拟桥塔，包括12个长方形单元。垂直吊杆两端固支，用来支撑在桥塔处的主跨和边跨的桁架并且限制主跨在长度方向的运动。在桥塔柱中心线和垂直吊杆中心线之间的长度方向上设置间隙单元，用来评估在地震发生时悬跨和桥塔之间的接触的可能性。结构的质量从桥梁的原始建设图纸中获取并分配到每个节点。建立的悬索桥有限元模型如图5-10所示，结构有限元模型包括15175个节点，294个杆单元起其中主缆152个和拉索142个，9386个模拟钢架纵梁（2130）、桁架（5228）、底部横向支撑（300）、上部横向支撑（296）的梁单元，6048个模钢筋混凝土桥面板的壳单元。

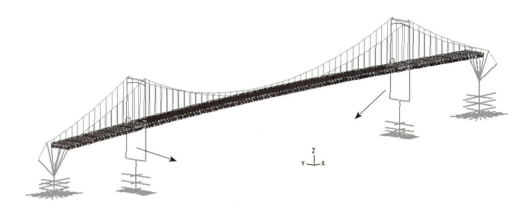

图5-10　悬索桥有限元模型

　　长大跨桥梁复杂子系统之间结构连接的仔细建模是减小与结构识别分析方面相联系的不确定性的一个有效方式。桥塔和主梁连接处的风嘴便是此桥复杂结构子系统的一个例子，它是桥塔与桥面系之间的连接，并将上部结构横向荷载传递给桥塔，同时它也是由桥塔悬臂梁、竖向构件和减震块的构成，如图5-11（a）所示，它们的分析建模是一个难点问题。

　　在锚固端处的风嘴是下桁架中心的竖直构件，它在横向方向与一个刚性连接在锚固端的钢轴承连接。风嘴采用三维弹性梁单元、刚性连接单元和间隙单元模拟，如图5-11（b）所示。每一个间隙单元有两个节点，一个连接到索塔或辅助墩上，一个连接到风嘴上。在风嘴两边的间隙单元将作用于风嘴的所有横向力直接转换到锚锭上面。在建模桥面板–桁架系统以及缆索–桥塔之间的连接系统时也应该非常小心，为了简单起见，这里就不再详细阐述。

　　土体与结构相互作用（SSI）的模拟对于结构识别中有限元建模这一步骤来说是十分重要的，尤其是对于结构的地震评估更为重要。该桥的桥塔和辅助墩是通过

（a）风嘴实际结构

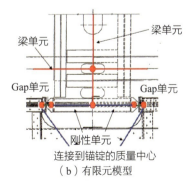

（b）有限元模型

图5-11　悬索桥风嘴结构

很深的沉箱来支撑的，与桩基础直接支撑结构不同，沉箱自重很大，因此它与周围土体相互作用下的地震响应将会非常明显。在评估沉箱在地震作用下的力学行为时，周围土体与沉箱的间隙将是一个重要的参数。由于此原因，采用最实用的Winkler方法来表现沉箱和土之间的耦合，并且采用Winkler骨架模型来模拟沉箱–土系统。在应用Winkler方法时，首先提出了一个离散化方案来建立整体模型中的沉箱–土系统。图5-12（a）为北塔沉箱以及土壤剖面和从地下勘探中获取的参数，图5-12（c）显示的是北塔沉箱–土系统的离散化方案。在整体有限元模型中的沉箱基础离散为采用三维梁单元模拟的沉箱骨架结构，采用刚性连接单元模拟的连接特性以及采用弹簧单元模拟的土与沉箱基础之间的接触特性。采用45个弹簧单元模拟桥塔沉箱，35个弹簧单元模拟桥台沉箱。沉箱基础的离散有限元模型如图5-12（b）所示。基底竖向弹簧和沉箱侧壁横向弹簧能够模拟由于沉箱与土体之间位移带来的几何非线性和由于地震响应中土体强度衰减带来的材料非线性性质，另外采用水平弹簧模拟基底横向剪切作用。

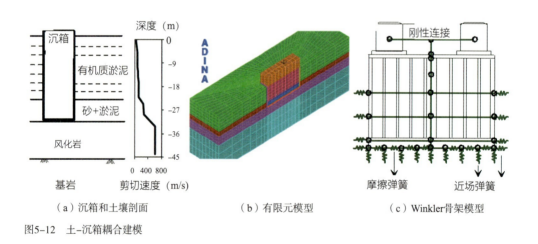

图5-12　土–沉箱耦合建模

　　建立了沉箱离散有限元模型之后，下一步就应该研究非线性弹簧的力–位移关系。具体方法是对细致建立的沉箱和土体（参数由地质报告给出）有限元模型（精细有限元）进行Pushover分析来建立非线性M–θ曲线，最后得到F–$\varDelta$曲线。在精细沉箱有限元模型［图5-12（b）］中，土体的非线性性质通过Drucker–Prager（DP）准则模拟，土体的弹性模量通过土层剪切波计算得到。土体与沉箱的边界通过接触单元模拟，该单元连接了土体与沉箱在接触面的两个节点，允许土体与沉箱之间存在相对位移。土体竖向边界约束水平位移，土体底部约束水平和竖向位移，Pushover分析结果如图5-13所示，从中可以看出离散有限元的非线性性质与实际吻合得很好。

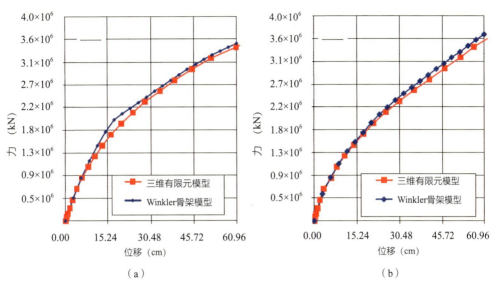

图5-13　精细有限元与离散有限元Pushover结果对比

5.4.3　桥面板模态参数识别

结构模态参数识别是指通过使用输入、输出测试数据来识别结构参数的系统方法，环境振动测试作为结构健康监测的一种主要方法，在大型建筑和长大跨桥梁的安全评估的工程实际当中广泛使用。但是，结构振动测试和数据处理过程中包含各种不确定性，由此产生的结构识别结果误差可能会严重影响到桥梁运营和维修的决策。本节基于Throgs Neck大桥的环境振动测试数据，阐述一般的环境振动数据处理流程，为同类型工作提供一定的参考。在进行环境振动测试之前，需要首先根据结构的特点以及分析目的，确定传感器的布置方案以及相应的数据采集参数设置。在采集到环境振动下的结构响应之后，便可以采取各种信号分析方法对其进行分析，获取结构的各种参数。根据分析目的的不同，采用的分析方法和手段也不一样，但是其基本处理流程大同小异。在本案例中侧重于结构动力特征的识别与验证，相应的数据处理流程如图5-14所示，包括数据前处理和后处理两部分。

首先，利用数据采集仪采集数据，在此之前，要根据所测试结构的特征，确定传感器的类型，如位移传感器、加速度传感器或者长标距应变传感器；确定传感器的放置位置，并且根据分析频率设置采样频率。

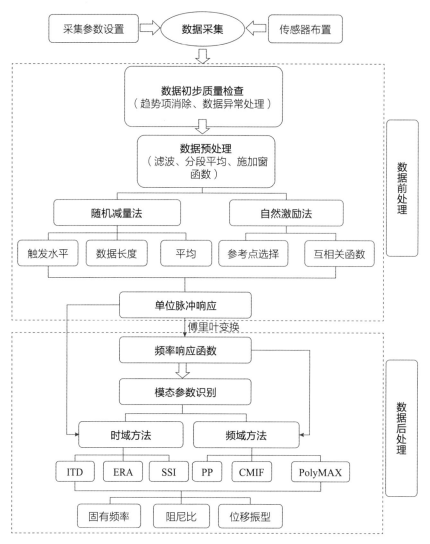

图5-14 环境振动数据处理流程

其次，根据采集的数据初步判断所测试数据的质量，如观看时间序列是否存在跳点、漂移、线性趋势线、非线性趋势项等问题，如果存在其中一项或几项问题，应该采用相应的技术手段予以消除，具体方法将在下一节中阐述；根据分析需要进行数据预处理，包括滤波、数据分段平均以及窗函数的施加等，滤波时要注意选择滤波器的类型以及参数的设定，一般使用较多的是带通滤波器。

然后，根据预处理的信号获取结构的自由衰减的曲线，一般而言，计算结构自由衰减曲线的方法有随机减量法（RDT Method）和自然激励法（NExT Method）两种。在随机减量法中，需要注意的问题就是触发水平的选择、数据长度的截取以及最后的数据平均，其中触发水平的高低会影响触发点的数量，对结果影响比较大，而数据长度一般情况下尽量使取得的数据段小，由于数据长度太长，会使频谱中的高频部分受到噪声的影响，频谱图不光滑，此外，需要保证确定的数据长度能够使得结构响应自由衰减到零。

最后，进入数据后处理部分，在得到结构的自由衰减曲线后，通过傅里叶变换便可以得到结构的频率响应函数，在此基础上，可以利用时域或者频域方法识别结构的模态参数，时域方法有ITD、SSI、STD、ERA等，频域方法有PP、CMIF、PolyMAX等，在本案例中主要阐述频域方法在结构动力特征识别中的应用。

现场测试后需要信号分析技术来处理所采集的振动响应数据，试验测得的结构响应数据存在各种误差，如果没有消除原始数据本身的这种不确定性，那么将会导致识别结果的不可靠，致使根据识别结果得出的结论存在误差。本节通过Throgs Neck大桥的环境振动测试数据具体说明数据前处理的各步骤，以达到对原始数据的清理的目的，为后续结构动力特征参数识别提供高质量的数据。

1. 数据质量检查与修正

在采集得到环境振动测试下的振动响应数据之后，利用软件（如：MATLAB、Origin、Python等）绘制响应的时程曲线，通过目视检测的方法，在原始数据时间序列中剔除不符合实际的异常数据［图5-15（a）］，然后采用时间窗选择算法计算每个数据段的均值和标准差，将数据段中的均值和标准差明显大于其他的数据段的数据自动清除，均值和标准差比较大说明此数据段中包含很大的噪声。

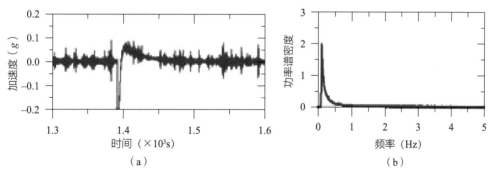

（a） （b）

图5-15 异常数据识别

2. 数据平均方法

在剔除包含明显异常数据的数据段后，将数据通过一个数字Butterworth带通滤波器，保留0.1～10Hz的数据，清除任何线性直流偏移和研究频率以外的数据。在完成原始数据质量检查和带通滤波后，使用时域平均和频域平均使得随机误差最小化。时域平均方法是将一小时数据等分为两部分，使用相邻数据段的50%在时域内直接平均。时域平均能够减弱由于车辆荷载或其他随机影响造成的数据中的随机部分，增加结构本身特征数据中的部分。对每一段平均时域数据和参考段平均时域数据进行互相关性分析，将测量数据时间序列转变为自由衰减的结构响应，对其进行傅里叶变换，便得到结构的功率谱密度函数。频域平均方法首先要通过快速傅里叶变换（FFT）将时域信号转变为频域信号，然后对频谱进行频域平均。

3. 施加窗函数

振动信号频域处理是建立在傅里叶变换的基础上的，基本上，涉及时频变换处理都需要用到傅里叶变换。通常意义下的傅里叶变换是针对无限长时间的，但实际上不可能进行无限长时间的信号采样，只有采集有限时间长度的信号数据。这相当于用一个矩形时间窗函数对无限长时间的信号突然截断。这种时域上的截断导致本来集中于某一频率的能量，部分被分散到该频率附近的频域，造成频域分析出现误差，这种现象就是前面介绍过的频谱泄漏。减少振动信号截断造成频谱泄漏的一种方法是加大傅里叶变换的数据长度；另外一种方法则是对要进行傅里叶变换的信号乘上一个函数，使该信号在结束处不是突然截断的，而是逐步衰减平滑过渡到截断处，这样就能减少频谱泄漏。在完成数据平均和互相关函数分析之后，对得到的自由衰减曲线时间指数窗函数帮助较小频谱泄露的影响。

在此案例中，选择的指数窗函数的指数为0.001%，施加窗函数和未施加窗函数的对比如图5-16（a）所示，其互功率谱密度函数的对比如图5-16（b）所示。从5-16（b）中可以看出，施加窗函数和未施加窗函数的功率谱密度函数幅值谱有相同的频率，但是，施加窗函数之后的功率谱密度函数曲线比较光滑并且在结构自振频率附近的峰值更加明显。人为施加指数窗函数会导致结构的阻尼增大，在后续的数据处理中需要将此影响消除。在利用傅里叶变换将时域数据转换为频域数据时使用的数据点数是16384，由于原始信号的采样频率是200Hz，因此，功率谱密度函

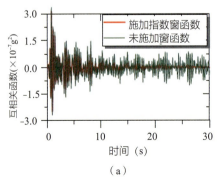

（a）   （b）

图5-16　互相关函数和指数窗函数的影响

数曲线的频率分辨率是0.0122Hz。

在得到结构的功率谱密度函数之后，便可以基于此进一步识别结构的基本动力特征参数。下面详细介绍基于现场测试数据的结构模态参数提取原理，图5-17为从环境振动测试中所获得的频响函数（功率谱密度函数）和该桥的位移振型图，结构的响应信号（振动波形）在发生共振处所受到的激励力的频率接近于结构的固有频率，将响应信号的时间尺度和频响函数的频率尺度按一定比例调整一致时可以发现，共振响应处对应着频响函数的峰值，即结构的固有频率，而结构各个节点的频响函数幅值的峰值包含有振型信息，图中的频响函数具有四阶峰值，则每阶峰值分别对应着结构的每阶固有频率和位移振型。图5-18是位移振型提取示意图，图中所示的4个小图分别是桥上的4个节点处的位移频响函数的虚部曲线，分别提取4个虚部曲线中的第一阶峰值则得到这4个节点的第一阶位移振型，相应地，提取第二阶峰值则得到第二阶位移振型。如果虚部曲线有更多峰值，则依次提取各阶峰值就能得到这些节点的各阶振型，同时桥上布置的传感器越多，每阶振型上的节点也就越多，振型曲线越光滑。

前面介绍的是如何从环境振动测试中估计的频响函数即功率谱密度函数中估计

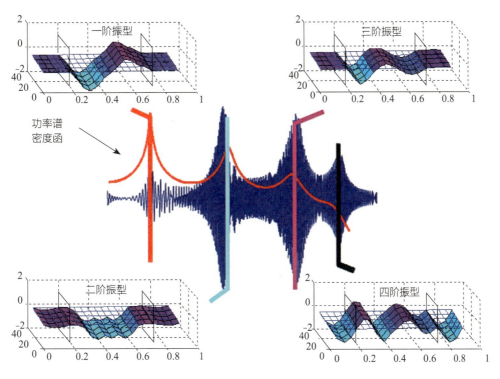

图5-17　从频响函数中提取模态参数示意图

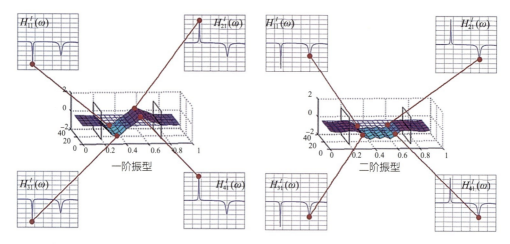

图5-18　位移振型提取示意图

结构基本模态参数的原理。下面的部分将具体介绍基于频响函数的模态参数识别方法，包括峰值提取（PP）、PolyMax、复模态指示函数（CMIF）法。在本案例中采用3种数据后处理方法进行模态参数识别，识别过程如图5-19所示。

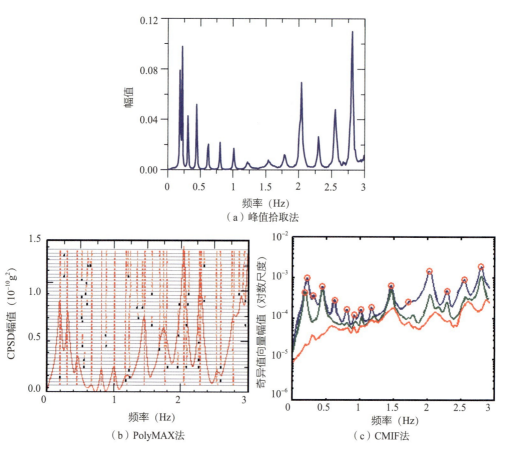

（a）峰值拾取法

（b）PolyMAX法

（c）CMIF法

图5-19　数据后处理方法

峰值法拾取法利用输出自功率谱在固有频率处出现峰值的特性，通过平均，正则化功率谱（ANPSDs）中峰值位置直观选取特征频率，如图5-19（a）所示。PolyMAX法识别模态参数的主要优点是它能够产生非常明确的稳定图，稳定图把不同模态阶数识别的固有频率和频响函数画在同一幅图上。真实的物理模态和虚假模态都将出现在稳定图上，随着多项式阶次的增加，真物理模态识别的结构固有频率是稳定不变的，因此真实的物理模态始终保持稳定在一条直线上，而虚假模态则会发散。通过这个性质可以辨别出物理模态和虚假模态，如图5-19（b）所示，红线对应的稳定模态，对应的横坐标即为识别真实频率。图5-19（c）为CMIF图，对位移频响函数进行奇异值分解后所绘制的，最高的蓝线代表主奇异值。运用三种不同的方法进行结构模态参数识别，大大提高了识别结果的可靠性，三种方法识别的固有频率对比见表5-1所列。

通过现场测试数据识别结构模态参数可用来提升所建立有限元模型的精确度，在该工程实例中，利用识别的基本模态参数和有限元修正理论知识，对根据设计图纸建立的有限元模型进行修正。所校正有限元模型的竖向模态和环境振动测试结果显示出较好的一致性，如图5-20所示。横向与纵向的自振频率和振型也表现一致，验证了建立有限元模型的有效性，进一步可通过该模型进行较为可靠的结构安全评估和预测。

三种不同后处理方法与有限元识别频率对比　　　　　　　　　　表5-1

模态	实验识别频率 （Hz）			有限元计算（Hz）
	PolyMax	PP	CMIF	
第 1 阶竖向	0.187	0.183	0.195	0.189
第 2 阶竖向	0.216	0.219	0.219	0.218
第 3 阶竖向	0.31	0.305	0.305	0.31
第 4 阶竖向	0.391	0.378	0.378	0.444
第 5 阶竖向	0.444	0.44	0.439	0.443
第 6 阶竖向	0.624	0.623	0.61	0.61
第 1 阶横向	0.15	0.159	0.146	0.152
第 2 阶横向	0.467	0.476	0.512	0.483
第 3 阶横向	—	0.794	0.793	0.756
第 4 阶横向	1.009	1.025	1.025	1.054
第 5 阶横向	1.451	1.538	1.55	1.63

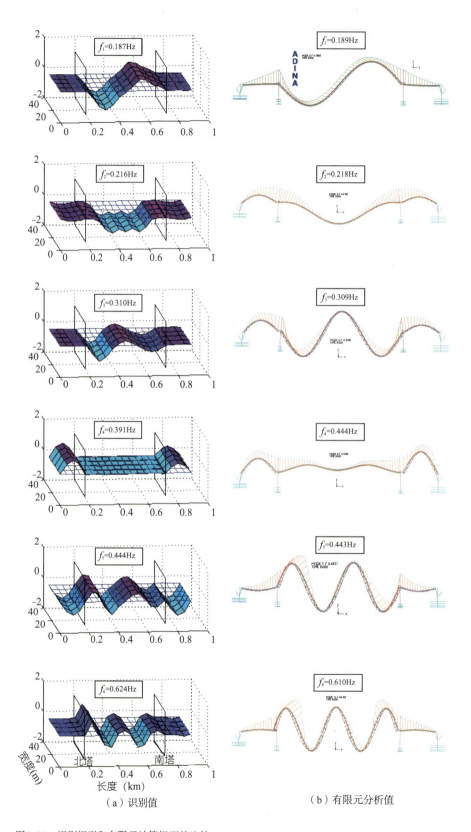

（a）识别值　　　　　　　　　　（b）有限元分析值

图5-20　识别振型和有限元计算振型的比较

5.4.4 桥塔动力特征识别

在环境振动下桥塔模态参数识别存在诸多挑战，一方面桥塔刚度较大，桥塔振动反应远小于桥面板振动反应；另一方面环境激励对于桥塔和桥面板作用机理有本质不同，在环境激励中的车辆荷载直接作用于桥面板，而桥塔的荷载效应是通过桥面板传递给桥塔而非直接作用的。此外，悬索桥桥面板振动频率比较低（低于5Hz），桥塔和桥面板的振动频率不同，振动测试过程桥塔模态不容易被激发，因此环境振动下提取桥塔模态参数时受多种不确定性因素的影响。固定加速度和移动式加速度计安装在南塔和北塔用来采集环境激励数据，每个桥塔上有4个测点，每个测点上装有3个加速度计用来测量桥塔纵向和横向的振动，如图5-21（a）所示。以南塔振动数据作为分析对象，进行桥塔模态参数识别。从图5-21（c）中可以看出，桥塔振动幅度在交通高峰期（上下班时间）与交通量较小（深夜）时期明显不同，鉴于考虑各种不确定因素对模态参数识别结果的影响，必须制定严格的测试方案。设置三组振动数据：①对12h内桥梁环境数据进行平均；②交通低峰期桥梁环境振动时程数据，采集15min，如图5-22（a）所示；③交通高峰期桥梁环境振动时程数据，采集15min，如图5-22（b）所示。

桥塔振动数据预处理方法和桥面板数据处理方法相同，用CMIF方法进行数据后处理，用以下标准来确定桥塔的模态振型：①3组数据确定的频率变化小于5%；②3组数据得到的模态振型用模态保证准计算值大于0.95。表5-2为3组数据中识别的桥塔振动频率，图5-23为识别的桥塔前四阶振型。值得注意的是第二阶弯曲和扭转振型在不同的频率处重复，这可能是由于桥塔和桥跨构件之间的耦合振动的结果。

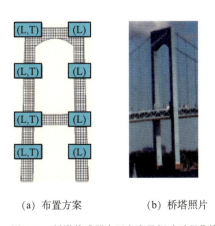
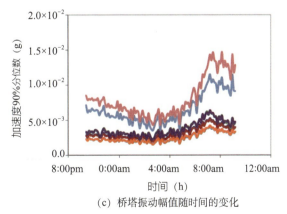

（a）布置方案　　　（b）桥塔照片　　　　　　（c）桥塔振动幅值随时间的变化

图5-21　桥塔传感器布置方案及振动时程曲线

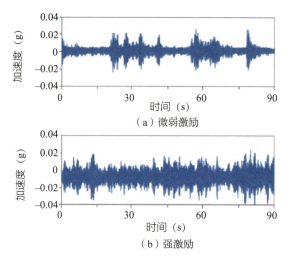

图5-22 桥塔加速度时程曲线

桥塔纵向方向识别的频率   表5-2

数据集	项目	第一阶	第二阶	第三阶						第四阶			
平均数据	f(Hz)	1.88	4.60	5.16	5.60	5.90	6.09	6.19	6.43	6.79	7.04	7.39	7.69
弱激励	f(Hz)	1.84	4.61	5.16	5.64	5.86	6.07	5.97	6.41	6.51	6.91	7.17	7.94
	MAC	0.97	0.92	0.98	0.99	0.97	0.98	0.98	0.98	0.98	1.00	0.99	0.99
强激励	f(Hz)	1.88	4.43	5.14	5.69	5.90	6.06	5.69	6.42	6.76	7.14	7.36	7.69
	MAC	0.91	0.92	1.00	1.00	1.00	0.99	0.99	0.97	0.99	1.00	0.99	0.99

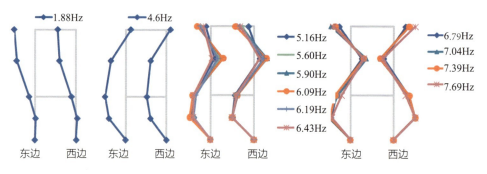

图5-23 桥搭振型识别

在得到结构的振动特性之后，一方面可以根据识别结果进行有限元模型的修正，另一方面可以根据识别结果对结构的当前状态进行损伤诊断或者安全评估。按照基于振动的损伤诊断方法是否使用结构模型，线性损伤识别理论可分为无模型损伤识别理论和有模型损伤识别理论。有模型损伤识别理论即通常所说的模型修正法，与单纯的模型修正技术区别表现为：①损伤识别中的模型修正量通常都是明确的物理参量（如截面积、弹性模量等），故损伤识别的模型修正都是参数型修正，单纯的模型修正技术一般包括矩阵型修正和参数型修正；②单纯的模型修正技术通常都以完好结构为对象，此时采用线性模型假设还要依损伤程度具体情况而定；③损伤识别中的模型修正都是建立在完好结构的有限元基础之上的，即在损伤识别之前先要对原始完好结构有限元模型进行修正。无模型损伤识别的方法是通过分析比较直接从振动响应时程或者相应的傅里叶谱和其他变换得到的特征量，从而识别损伤的方法，通常只能判定损伤是否发生以及损伤的位置。基于模型修正损伤识别方法能够判别损伤的发生、损伤的位置以及损伤的程度，其基本原理是对已经修正的精确的原始完好结构的有限元模型再次进行修正以使其满足结构损伤后实验测试的模态信息，模型的修正量即为结构的损伤量。典型的基于模型修正损伤识别方法主要有基于残余力向量的损伤识别方法和结构特征对灵敏度法。

5.5 苏通长江大桥位移柔度识别及不确定性分析

仅从环境振动测试测试数据只能识别得到结构的固有频率、阻尼比及位移振型等基本模态参数，本节将介绍基于苏通长江大桥环境振动测试数据和附加质量情况下的结构振动响应的振型缩放系数及位移柔度识别结果，并考虑了测试数据中的不确定性因素，基于快速贝叶斯理论实现了苏通大桥位移柔度及预测变形的置信区间，可以进一步用于结构的有限元模型修正及可靠度评估。

5.5.1 苏通大桥概况及现场测试

苏通大桥全长32km，其中跨江大桥部分8958m，主要包括主跨1088m的主航道桥和主跨268m的华润专用航道桥，如图5-24（a）所示。苏通大桥于2003年开工，2008年正式通车，运营至今已有10余年。2018年2月26~28日每天半夜0时到凌晨5时，苏通大桥的管养及相关部门在全封闭状态下对该桥进行了荷载试验，为苏通大桥建成以后的首次"健康大体检"。卡车静载试验中共采用52辆重型卡车，每辆卡车总重为30t。本书作者参与了此次荷载实验，并在桥梁主跨布置了加速度传感器测量其在环境激励下的振动响应，传感器型号为美国PCB公司生产的单轴地震型加速度计（型号393B04），该型号的加速度计的量程为 ±5g，灵敏度102mV/（m/s²），共振频率≥2.5kHz，频域量程0.06~450Hz，激励电压18~30VDC，输出电压7~12VDC，非线性程度≤1%。主跨上布置了19个单向加速度传感器，其布置如

⇐ 南通　　　　　　　　（a）侧视图　　　　　　　　　　苏州 ⇒

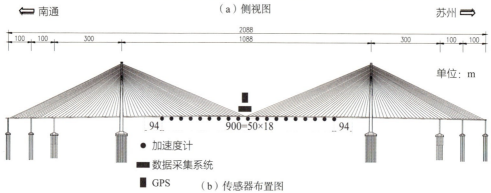

单位：m

● 加速度计

■ 数据采集系统

■ GPS　　　　　　（b）传感器布置图

图5-24　苏通大桥及传感器布置

图5-24（b）所示。加速度传感器编号为ACC1~ACC19，传感器之间的距离为50m，采用PXIe-1082数据采集仪采集加速度传感器的振动信号。

　　本算例选取两组荷载测试工况来进行结构的柔度识别与挠度预测：工况1是40辆卡车的荷载试验，工况2是52辆卡车的荷载试验，每辆卡车质量为30t，车辆之间

（b）工况1，40辆卡车下环境振动测试

（a）无卡车下环境振动测试　　（c）工况2，52辆卡车下环境振动测试

图5-25　苏通大桥静载试验与环境振动试验（一）

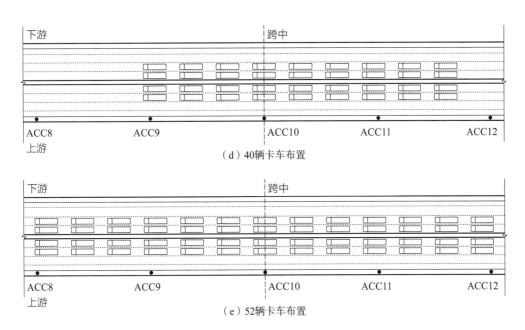

（d）40辆卡车布置

（e）52辆卡车布置

图5-25　苏通大桥静载试验与环境振动试验（二）

的间距约16m，其布置方式如图5-25（d）和（e）所示。测试步骤：首先，在空载下（桥上无卡车）进行环境振动测试，测试时间为20min，如图5-25（a）所示。其次，在工况1下进行主梁的振动测试，测试时间15min，如图5-25（b）所示。最后，在工况2下进行主梁的振动测试，测试时间15min，如图5-25（c）所示。采样频率为1000Hz。为了验证所识别动力特性参数的正确性，利用大型通用有限元软件ANSYS建立了苏通长江大桥的有限元模型，其详细建模概况见本书7.4节。

5.5.2　基本模态参数识别

首先采集桥梁结构在无卡车作用下的振动响应数据，利用前述介绍的自然激励法或者随机减量法计算自由衰减曲线，对其进行傅里叶变换，便得到结构在环境激励下的频响函数，进一步利用频域模态参数识别算法便可以得到结构的基本动力特性参数。图5-26给出了采集的苏通长江大桥主跨结构典型加速度响应数据，主梁的加速度响应基本上处于$-0.05 \sim 0.05 \text{m/s}^2$之间。对采集到的数据进行滤波、平均等处理，然后利用改进的CMIF方法对处理后的数据进行模态参数识别。CMIF方法识别出的奇异值曲线如图5-27所示，借助奇异值曲线即可确定模态阶数和峰值频率。与此同时，采用快速贝叶斯方法（Fast Beyesian，FB）以及有限元模型的得到频率与CMIF的比较见表5-3，振型对比如图5-28所示。

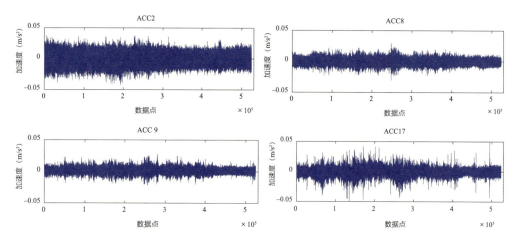

图5-26 环境振动下主梁加速度响应

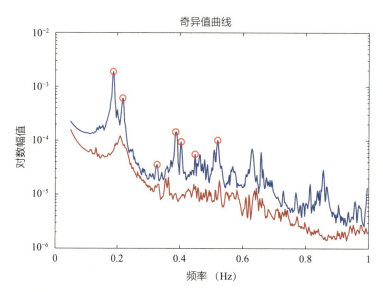

图5-27 CMIF奇异值函数曲线图

频率对比

表5-3

模态	频率（Hz）			
	模态阶次	FB	CMIF	FEM
主梁对称弯曲 1st	1	0.1869	0.187	0.195
主梁反对称弯曲 1st	2	0.2174	0.217	0.227
主梁对称弯曲 2nd	3	0.3242	0.324	0.3385
主梁反对称弯曲 2nd	4	0.3891	0.3969	0.3951
主梁对称弯曲 3rd	5	0.4425	0.4488	0.442
主梁反对称弯曲 3rd	6	0.4540	0.4645	0.4865

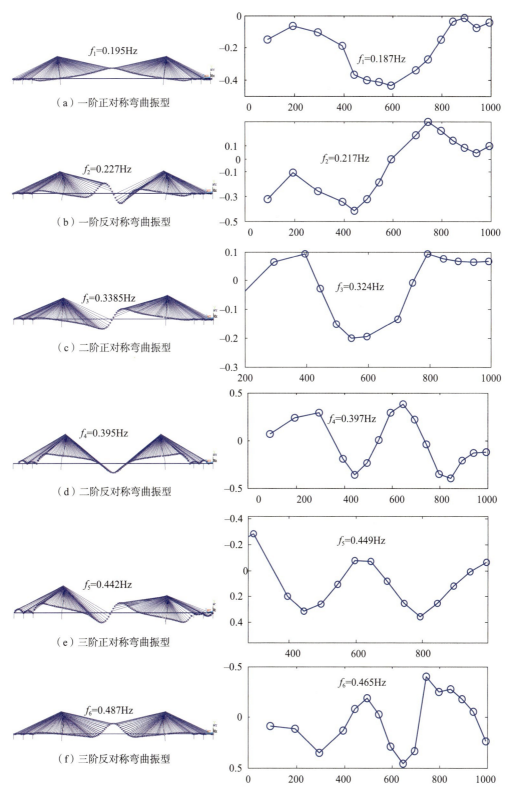

图5-28　识别振型与有限元计算振型的对比

5.5.3 基于质量改变的位移柔度识别

当得到主梁质量改变前后的频率和振型之后，就可以通过质量改变的方法来计算结构的柔度矩阵。那么通过40辆卡车的质量改变和52辆卡车的质量改变工况都是可以得到主梁柔度矩阵。将得到的柔度矩阵分别按照40辆和52辆卡车的位置对柔度矩阵的节点进行加载，计算得到的挠度如图5-29所示。从图中可以进一步看出随着模态阶次的增高，挠度预测趋于收敛。当采用前两阶模态时，挠度预测就趋于稳定。

利用无车和52辆卡车两种工况的测试数据亦可以进行主梁的柔度识别。同样，考虑的模态阶次越多，其预测荷载的挠度也就越准确，但考虑少数低阶模态亦能得到很好的结果，这里不再赘述。将得到的柔度矩阵分别按照40辆和52辆卡车的位置对柔度矩阵的节点进行加载，计算得到的挠度如图5-30（a）和（b）所示。将通过40辆卡车的质量改变和52辆卡车的质量改变两种工况各自得到的柔度矩阵分别按照40和52辆卡车的位置对节点加载，所预测的挠度对比如图5-30，从图中可以看出，两种工况下的柔度预测的变形基本一致，而且与GPS测得数据也相吻合。

5.5.4 基于快速贝叶斯的位移柔度不确定性量化

贝叶斯理论作为一种后验概率技术开始应用于结构的模态参数识别、有限元模型修正及状态评估等方面。Yuen et al.（2002）等人提出了基于贝叶斯的模态参数识别算法的基本理论。该方法直接对环境激励下的原始响应信号采用快速傅里叶变

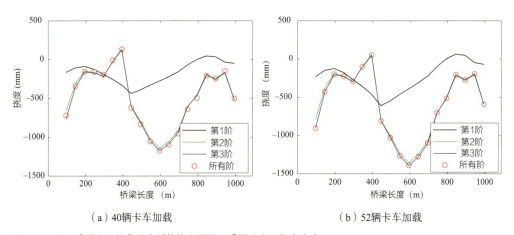

|（a）40辆卡车加载|（b）52辆卡车加载|

图5-29　基于质量改变的苏通大桥静挠度预测：质量改变40辆大卡车

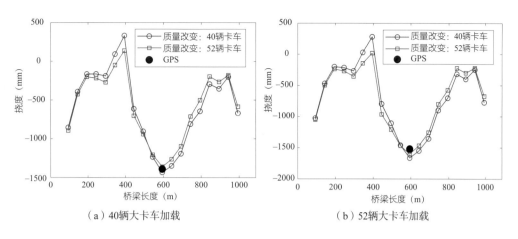

<table>
<tr><td>（a）40辆大卡车加载</td><td>（b）52辆大卡车加载</td></tr>
</table>

图5-30　基于质量改变的苏通大桥静挠度预测：质量改变40辆卡车与质量改变52辆卡车

换，避免了传统方法中对采样数据进行人为的预处理数据平均或加窗以及计算参数的确定例如系统阶次的确定。而且考虑到统计估计误差，该方法严格遵守所假设的物理模型，因此具有明显的优势。当采集数据量足够大时，可以采用一个高斯的概率密度函数（Probability Density Function，PDF）来近似模态参数最佳估计值的后验概率密度函数，而模态参数的*MPV*和其相应的后验协方差矩阵可以完全描述高斯的特性。

但是其难点在于验证其识别的模态参数有效性的过程中存在的几个问题：①由于后验的概率密度函数是模态参数的非线性函数，因此模态参数的最佳估计需要求解一个多维的数值优化问题；②Hessian是矩阵需要通过有限差分法来确定；③模态参数的数量随着量测自由度的增加而增加，而且目标函数的求解过程涉及了求解一个病态矩阵的逆矩阵的问题，这些均严重地制约了该方法的应用。

为了运用基于贝叶斯理论的模态参数识别方法的理论优势，并且使该方法快速高效的运用，Au[216]提出了基于贝叶斯理论的快速贝叶斯FFT（Fast Bayesian FFT）方法。该方法是基于某一共振频率带的单个模态而提出的，此时模态参数的数量不随着所测试的自由度数量的增加而增加，而且模态参数的可通过求解一个四维的数值优化问题来得到，Hessian矩阵也可以通过对数似然函数关于模态参数的*MPV*的二阶导数高效快速地进行计算。下文基于快速贝叶斯FFT方法对苏通大桥进行质量改变的柔度识别，并进一步得到柔度和挠度的确定性量化值。

基于快速贝叶斯FFT方法的数据分析基本步骤：

（1）对加速度数据预处理之后进行FFT变换，得到FFT变换后的实部和虚部，即$\{F_k, G_k\}$。利用前述公式求得$\{D_k\}$，d和A_0；

（2）由矩阵A_0最大的特征值所对应的特征向量得到振型的MPV值；由振型的MPV值，根据$\tilde{D}_k = \tilde{\Phi}^{\mathrm{T}} D_k \tilde{\Phi}$，可得$\tilde{D}_k$和$\sigma^2$的$MPV$值；

（3）由傅里叶谱得到初始的f（各阶频率），将初始阻尼比值ξ设置为1%，利用MATLAB函数Fminsearch进行优化得到$\{f, \xi\}$的MPV值，可进一步求得$\tilde{S}\{f, \xi\}$；

（4）后验协方差矩阵等价于对数似然函数的矩阵的逆矩阵。求得对数似然函数的Hessian矩阵后，即可求得后验协方差矩阵$\tilde{C}$；

（5）由后验协方差矩阵识别f、ξ、S和σ^2的不确定性；

（6）最后由缩放系数的不确定性求得缩放振型柔度的不确定性。

1. 基于40辆卡车的柔度识别及不确定性量化

将采集到的主梁加速度响应进行快速傅里叶变换得到频谱图，图5-31为无卡车情况下的主梁振动频谱图。在进行贝叶斯分析之前，需要将感兴趣的频率截取出来，对单个模态单独分析。图中横线即表示所取的节段范围。由于每个模态的峰值能量不同，则每个模态选取的节段范围也不相同。然后依次对每个节段的频谱曲线进行模态参数识别。频率的MPV值及其后验变异系数（$c.o.v$=后验标准方差/MPV），以及振型的变异系数（1-EMAC）对比结果见表5-4所列。可以看出频率的$c.o.v$非常小，说明频率的后验不确定性非常小，同时也说明了识别的频率的精确性。然而，阻尼比的$c.o.v$很大，甚至超出了100%，说明阻尼比在识别过程中存在很大的不确定性。最后表5-4中给出了振型的后验变异系数（1-$EMAC$），振型的变异系数较小，没有超过1.5%，可见振型的识别的精确度较高。

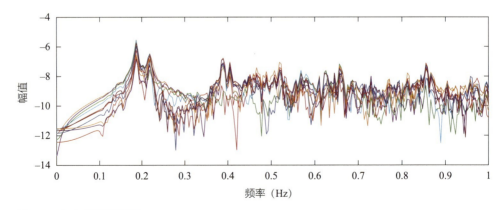

图5-31　加速度数据频谱图

Mode		1	2	3	4	5
f（无卡车）	MPV（Hz）	0.1869	0.2174	0.3204	0.3891	0.4501
	c.o.v（%）	0.0075	0.012	0.0075	0.0073	0.0053
f（工况一）	MPV（Hz）	0.1755	0.2170	0.3166	0.3853	0.4425
	c.o.v（%）	0.0095	0.013	0.0043	0.0027	0.00016
f（工况二）	MPV（Hz）	0.1710	0.2213	0.3281	0.3738	0.4425
	c.o.v（%）	0.97	0.0151	0.0077	56.39	0.00052
ξ	MPV（Hz）	0.35	0.32	0.31	1.5	0.4
	c.o.v（%）	63.6	109	70	69	50
Φ	1−EMAC（%）	0.035	0.95	1.05	0.11	1.28
α	MPV	7.98×10^{-4}	2.31×10^{-4}	1.7×10^{-4}	4.96×10^{-4}	9×10^{-4}
	c.o.v（%）	0.518	7.67	12.23	2.03	7.83

　　对结构进行初步的模态分析得到频率的变异系数*c.o.v*之后，即可确定频率的置信区间。主梁在卡车静载前后的频率置信区间如图5-32所示。图5-32（a）给出了主梁在无车、40辆卡车和52辆卡车测试下的频率及其置信区间，可以看出频率随着质量的增加，频率逐渐降低，同时频率的误差棒也非常小。图5-32（b）进一步给出了缩放系数的*MPV*及其误差。可以看出缩放系数的误差也非常小，但是第三阶的缩放系数偏大。

　　利用Hessian矩阵求解后验协方差矩阵$\widetilde{\boldsymbol{C}}$后，根据前文公式推导缩放系数的方差，即可得到质量归一化振型及其置信区间。图5-33的第一列给出了无卡车作

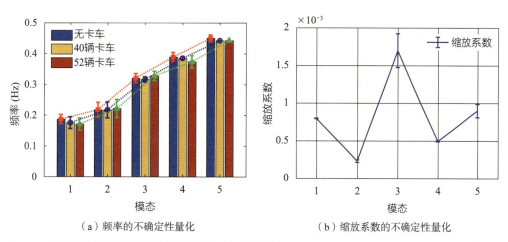

（a）频率的不确定性量化　　　　　　　　（b）缩放系数的不确定性量化

图5-32　基于快速贝叶斯的频率和缩放系数的不确定性量化

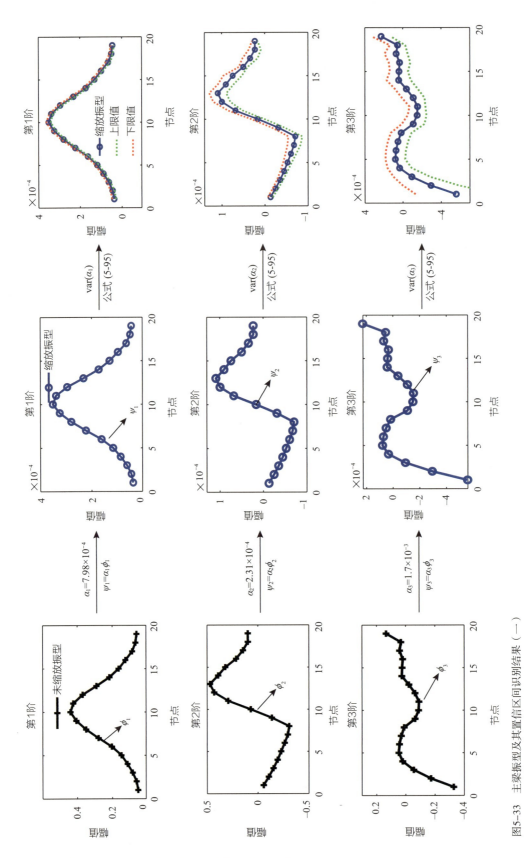

图5-33 主梁振型及其置信区间识别结果（一）

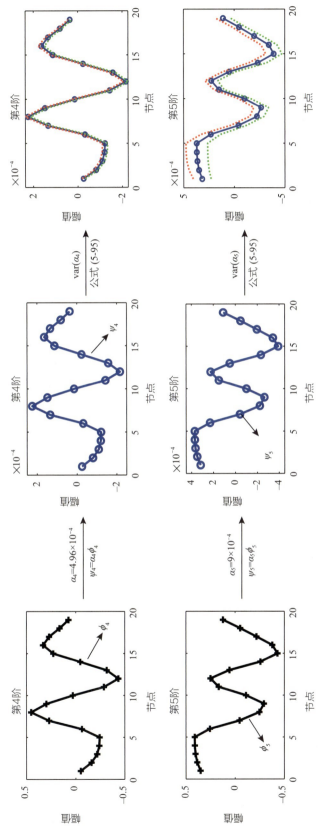

图5-33 主梁振型及其置信区间识别结果（二）

用下主梁振型的置信区间；第二列给出了经过缩放后的振型；图中缩放后的振型（MPV值）由带圆圈的曲线表示；第三列给出了缩放振型的上下区间，计算中采用了95%的置信水平。从图中可以看出，振型的上下区间与MPV值相差不大，但是不同振型的上下区间范围有些差别，其原因在于各个振型后验变异系数不一样，见表5-4。

当质量归一化振型及其上下区间确定之后，就可以根据质量改变的方法进行主梁的柔度识别。识别结果如图5-34所示。从图中可以看出快速贝叶斯FFT方法识别出来的柔度与CMIF方法识别的较为一致（柔度的幅值方面）。选取柔度矩阵中的第10列（对应节点10），查看该列的柔度值，结果如图5-34所示。可以看出各个节点的上下区间是不太一样的，可能原因是各阶振型的协方差和缩放系数存在差异而导致。

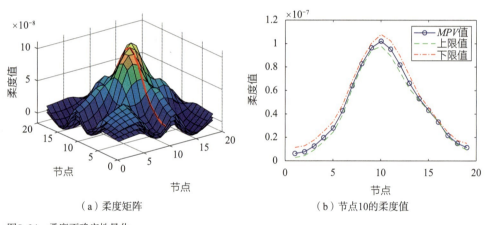

（a）柔度矩阵　　　　　　　　　　（b）节点10的柔度值

图5-34　柔度不确定性量化

当柔度及其置信区间识别出来之后，就可以预测卡车荷载下的挠度。40辆和52辆卡车的挠度预测结果如图5-35所示。图中三角形表示GPS实测结果，可以看出挠度预测吻合良好。

2. 基于52辆卡车的柔度识别及不确定性量化

利用52辆卡车的质量改变同样可以计算得到主梁的柔度矩阵，其计算方法与前文相同，这里仅给出挠度预测结果，如图5-36所示。可以看出利用52辆卡车识别出来的柔度矩阵预测的挠度与GPS测量值吻合良好，再次说明质量改变的柔度方法的可靠性和准确性，同时基于快速贝叶斯FFT方法能够识别出预测挠度不确定性，即上下区间，可用于判别实测值的误差以及可靠性。

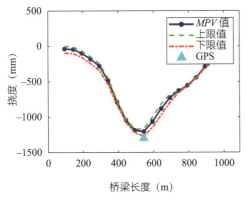

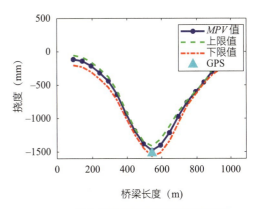

（a）40辆卡车荷载下主梁挠度预测 　　　　　　（b）52辆卡车荷载下主梁挠度预测

图5-35　挠度不确定性量化

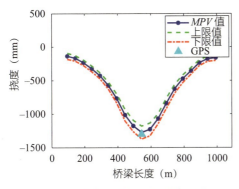

（a）40辆卡车荷载下主梁挠度测试 　　　　　　（b）52辆卡车荷载下主梁挠度测试

图5-36　挠度不确定性量化

CHAP
6

第 6 章

长大跨桥梁温度场监测与分析

长大跨桥梁结构在长期运营过程中，会受到各种环境因素作用的影响，其中温度效应的影响尤为显著。然而，目前对桥梁结构温度场与结构相关响应的研究大多数还局限于有限天数的温度监测数据与有限元分析中，基于长期监测数据的温度场的研究还较少。本章通过有限元温度场计算与现场监测数据分析相结合的方式，研究了大跨悬索桥的温度分布和温度相关性统计分析，以全面了解大跨桥梁的温度特性。

6.1 桥梁结构温度特性的研究现状

大型工程结构在环境侵蚀、材料老化和日常荷载的长期效应以及突发的自然灾害如地震、台风等因素共同作用下，将不可避免地发生结构构件和整体性能的缓慢退化，并有可能导致结构构件的突发破坏。桥梁结构健康监测技术在世界范围内得到快速的发展和应用，我国在许多大跨桥梁上安装了多种类和较大规模传感器的健康监测系统。这些健康监测系统积累了大量的数据，为开展结构健康监测基础科学问题的研究奠定了基础。充分利用这些数据，发展数据的挖掘与分析方法，揭示在多荷载和环境耦合作用下的桥梁结构长期静动力学行为、机理和演化规律，研究基于监测数据的桥梁结构荷载（风荷载、车辆荷载等）、环境作用（温度、湿度等）、响应、性能等统计模型及建模方法，发展基于监测数据的桥梁安全评定、剩余寿命评估及预警方法，将推动系统的桥梁结构健康诊断理论的形成与发展，是引领结构健康监测研究的重要切入点。

在实际工程中，长大跨桥梁的健康监测数据会受到各种环境因素的影响，其中温度效应的影响尤其不容忽视，目前国内外已积累了许多对桥梁结构温度效应的研究成果。Askegaard和Mossing[218]根据三年监测数据分析了桥梁的特征频率，发现每年的不同季节，特征频率都会发生10%的变化。Wood[219]对桥梁动力响应进行了研究，发现温度变化会导致沥青弹性模量发生变化，进而使结构的刚度发生变化。Moorty和Roeder[220]在对蒙大拿Sutton Creek桥进行试验的过程中发现，桥面板会随着温度的升高发生明显的膨胀效应。Farrar[221]在对I-40桥的研究中发现，桥梁的整体弯曲刚度下降会对结构的固有频率没有明显的影响。Orlandini M[222]基于混凝土箱梁桥的3年温度监测数据，采用ANSYS较好地模拟了箱梁的温度场。Rohrmann等[223]发现桥梁结构的伸缩缝在环境变化等的影响下可能会发生明显的闭合，结构的边界刚度条件也会因此而发生改变。Helmicki等人[224]在测量了一座钢桁桥的车辆荷载导致的应力和温度应力后发现，温度诱导应力远大于车辆荷载产生的结构应力。Barsotti等人[225]统计了温度作用的标准值和准永久值。Zhao和DeWolf[226]基于公路钢梁桥的两年长期监测数据，研究了温度与结构固有频率的相关性，发现固有频率随着温度的减小而变大。从最低温度的−15.6℃到基准温度的12.8℃，固有频率最大可变化15.4%。樊可清等人[227]基于港汀九大桥的600 h的监测数据，研究了桥梁的温度效应，分析结果表明，模态频率的受温度效应的影响，大跨度桥梁的纵向温度梯度和横向温度梯度等都会影响模态频率。Mondal等人[228]计算得到了桥梁结构的最大温度和最小温度，横截面的竖向温差和横向温差，并基于此对温差应力与箱室内温度的相关性进行了研究。Xu等人[229]研究了桥梁结构在温度作用下的响应，总结出了位移和应力在温度作用下的变化规律。Moser和Moaveni[230]基于Dowling Hall 16个星期的监测数据，对人行桥的模态频率与温度的相关性进行了研究，结果表明，频率与温度之间有较大的相关性，当环境温度由−14℃增加到39℃时，结构的前6阶模态频率变化了4%。Xia等人[231]对钢筋混凝土桥梁和钢桥的温度效应进行了分析，发现温度效应是一个复杂的过程，温度会对结构的频率、模态振型和阻尼等均产生影响。

6.2 桥梁有限元温度场分析理论

桥梁结构处在复杂的环境温度中受到大气温度、太阳直射、热辐射等作用，如图6-1所示。热量将通过传导、对流及辐射形式传递给结构，在结构中形成复杂的温度场分布，引起结构的变形和不均匀温度应力。基于监测数据统计分析可知，太阳辐射将使桥梁结构产生较大的升温，并且在横向、竖向及沿桥纵向均存在梯度温度，形成全桥不均匀的三维温度场分布。同时，确定的箱梁温度环境是进行温度应

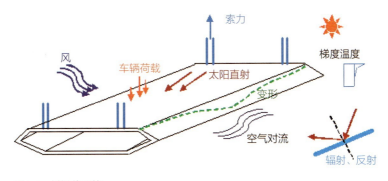

图6-1　桥梁热环境

力分析的前提，对于温差模式的确定通常有以下三种方式：①直接选取规范中给出的温度模式；②运用该桥或相近桥位的实测箱梁温度场；③利用有限元热瞬态分析得到温度场。

在ANSYS中热分析基于能量守恒原理的热平衡方程，用有限元计算各节点的温度，并导出其他热物理参数。本章将基于ANSYS热瞬态分析对江阴长江公路大桥的箱梁、桥塔及全桥在日照温度作用下的三维温度场分布进行分析。

6.2.1　结构热分析理论

热传递是自然界普遍存在的一种现象，是热力学过程中改变系统状态的方式之一。在不做功的情况下发生能量从高温物体迁移到低温物体，或热量从一个物体中的高温部分迁移到低温部分的现象称为热传递。热传递中用热量来量度物体内能的改变，只要物体之间或同一物体的不同部分之间存在温度差，就会有热传递现象发生，并且将一直继续到温度相同的时候为止。热传递有热传导、热辐射和热对流三种形式。这三种传热方式经常同时并存，分析热传导问题都是带有对流或辐射边界条件，因而，增加了过程的复杂性。下面分别对三种热传递形式进行介绍。

1.　热传导

热传导可以定义为完全接触的两个物体之间或一个物体的不同部分之间由温度梯度而引起的内能的交换。热传导是固体热传递的主要方式，其在固体、液体、气体中均可发生，但严格意义上讲，只有在固体中才是纯粹的热传导，而在流体中热的传导过程往往和对流同时发生。导热系数是用来衡量物质导热能力大小的物理量，物体的导热系数与材料的结构、组成、温湿度、压强、聚集状态等众多因素有关。一般来讲，金属的导热系数最大，非金属次之，液体的较小，而气体最小。

2.　热对流

热对流是指固体的表面与它周围接触的流体之间，由于温差存在引起的热量的交换。热对流是靠液体或气体的流动，使内能从温度较高部分传至较低部分的过程。由于流体间各个部分是互相接触的，除了流体的整体运动所带来的热对流之外还伴生有由于流体中的微观粒子的运动形成的热传导。根据形成的原因不同对流可以分为自然对流和强迫对流。自然对流往往自然发生，是由温度的不均匀引起；强迫对流是由于外界的影响对流体的搅拌形成。

3.　热辐射

热辐射是指物体发射电磁能，并被其他物体吸收转变为热的热量交换过程。热辐射无须任何介质，能将热量以光速通过真空传递给物体。辐射源表面在单位面积上、单位时间内所发射或吸收的能量同该表面的性质及温度有关，表面越黑暗越粗糙，发射或吸收的能力就越强。物体向外辐射能量的同时吸收从其他物体辐射来的能量，如果物体辐射出去的能量刚好等于同一时间吸收的能量，则辐射达到平衡状态，物体温度固定不变，称为平衡辐射。

6.2.2 热分析边界条件

1. 大气温度计算

大气温度随着太阳辐射呈现以天为周期的周期波动，并认为在一天的范围内大气温度变化遵循正弦函数规律，满足如下公式：

$$T_\alpha(t) = A\sin\frac{2\pi(t-\xi)}{24} + B \tag{6-1}$$

式中，t 为时间（h）；A 为正弦函数的幅值或一天内温度变化值的一半；B 为平均日温度或一天内最大温度与最小温度的均值；ξ 为滞后系数，例如取 9.0，表示一天中最低温度出现在凌晨 3 时，最高温度出现在下午 3 时。

2. 箱梁内部温度

通常一个箱梁的分析包括两部分，分别是箱梁外表面和箱梁内表面的传热分析。为准确得到箱梁内表面的温度应考虑箱梁内部的热传递。假设在单元时间内，从箱梁内气体到箱梁内表面，箱梁内表面到箱梁外表面，箱梁外表面到外界大气的热流相等。那么，箱梁内的温度 $T_{i\alpha}(t)$ 满足：

$$T_{i\alpha}(t) - T_\alpha(t) = \left[T(t) - T_\alpha(t)\right]\frac{Q}{1+Q} \tag{6-2}$$

$$Q = \frac{A_1}{A_2}\left(\frac{g}{h} + \frac{ge}{K} + \frac{g}{H}\right) \tag{6-3}$$

其中，$T_\alpha(t)$ 为环境温度（大气温度）；$T(t)$ 为热源面 A_1 的温度；$\frac{A_1}{A_2}$ 为热源面与接受面面积比；g、h 分别为面 A_1、A_2 的换热系数；H 为外表面和大气间的换热系数；e 为箱梁板厚；K 为箱梁热传导系数。

3. 太阳辐射强度

太阳辐射是引起结构辐射升温的主要因素，而地球上的大气层相当于一个滤镜对太阳辐射具有吸收和衰减作用，因此只有部分太阳辐射能够达地球表面，最常用的太阳辐射计算方法由太阳常数 I_{sc} 和大气透射系数决定。太阳辐射垂直入射物体表面的强度为：

$$I_n = I_{sc} K_T \tag{6-4}$$

式中，I_{sc}为太阳常数，是指在日地平均距离（$D=1.496 \times 10^8$km）上，大气顶界垂直于太阳光线的单位面积每秒钟接受的太阳辐射，太阳常数的标准值为（1367 ± 7）W/m²；K_T为大气透射系数，其考虑大气层对太阳辐射传播过程中的衰减影响：

$$K_T = 0.9^{k_a t_u / \sin(\theta_a + 5)} \tag{6-5}$$

式中，k_a为当地大气压强度与标准大气压强度比值，海拔高度为0、500m、1000m、1500m、2000m对应的k_a取值为1.0、0.94、0.89、0.84、0.79；t_u为大气清洁度系数，其考虑云和空气质量对太阳辐射的衰减作用，对于晴、清洁的大气环境下取1.8～3，对于阴、重度污染环境取8～9。θ_a为太阳高度角。这里对t_u采用改进后的取值：

$$t_u = 8.2 - \frac{\sqrt{\Delta t}}{0.75} \tag{6-6}$$

式中，Δt为南北锚气象传感器温差。

根据地理空间知识，太阳光线与倾斜表面各种夹角如图6-2所示。太阳高度角θ_a：太阳光线与其在水平面上投影之间的夹角，即太阳光线与水平面之间的夹角ω；太阳方位角：在水平面上，太阳光线在水平面上投影以顺时针方向与北向之间的夹角；表面太阳方位角φ：对某一垂直或者倾斜面而言，太阳光线在水平面上的投影与该面的法线在水平面上的投影之间的夹角；表面方位角γ：对某一垂直面或倾斜面而言，其法线在水平面上的投影与北向之间的夹角；入射角θ：太阳光线与入射表面法线之间的夹角；倾角β：入射表面法线与水平面法线之间的夹角。

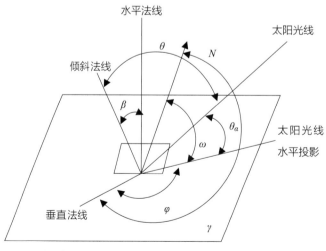

图6-2 太阳各类角度示意图

当太阳射线以角度θ入射物体表面时，其太阳辐射强度为：

$$I = I_n \cos\theta \qquad (6-7)$$

由太阳射线的方向和入射表面的方位关系确定入射角θ：

$$\cos\theta = \sin\delta\sin\phi\cos\beta - \sin\delta\cos\phi\sin\beta\cos\gamma + \cos\delta\cos\phi\cos\beta\cos\tau$$
$$+ \cos\delta\sin\phi\sin\beta\cos\gamma\cos\tau + \cos\delta\sin\beta\sin\gamma\sin\tau \qquad (6-8)$$

式中，δ为太阳赤纬角（北为正）；ϕ为地理纬度（北纬为正）；β为表面倾角；γ为表面方位角，为表面法线在水平面上投影与其子午线的夹角，正南为零，东为正，西为负；τ为时角，太阳正中为零，上午为正，下午为负，每小时15°。

太阳赤纬角δ可由下式计算：

$$\delta = 23.45\sin\left(360 \times \frac{284 + D}{365}\right) \qquad (6-9)$$

式中，D为日数，自每年1月1日开始计算。

太阳高度角θ_α：

$$\theta_\alpha = 90 - \theta_{\beta=0} \qquad (6-10)$$

$$\cos\theta_{\beta=0} = \sin\delta\sin\phi + \cos\delta\cos\phi\cos\tau \qquad (6-11)$$

太阳辐射只作用在一天中日出和日落之间，日出t_{sr}和日落t_{ss}时刻可由下式计算得到：

$$t_{sr} = 12 - \frac{1}{15}\cos^{-1}(-\tan\delta\tan\phi) \qquad (6-12)$$

$$t_{ss} = 12 + \frac{1}{15}\cos^{-1}(-\tan\delta\tan\phi) \qquad (6-13)$$

4. 对流换热计算

流传热通常用牛顿冷却定律来描述：

$$q_c = h_f(T_S - T_B) \qquad (6-14)$$

式中，h_f为对流换热系数（或称膜传热系数、给热系数、膜系数），T_S为固体表面的温度，T_B为周围流体的温度。

5. 长波辐射计算

工程中通常考虑两个或两个以上物体之间的辐射，系统中每个物体同时辐射并吸收热量。它们之间的净热量传递可以用斯蒂芬–玻尔兹曼方程来计算：

$$q_r = \varepsilon\sigma A_1 F_{12}(T_1^4 - T_2^4) \qquad (6-15)$$

式中，q_r为热流率，ε为吸射率（黑度），σ为斯蒂芬–玻尔兹曼常数，约为

$5.67 \times 10^{-8} \mathrm{W} /(\mathrm{m}^2 \cdot \mathrm{K}^4)$；ANSYS默认为$0.119 \times 10^{-10} \mathrm{BTU} /(\mathrm{h} \cdot \mathrm{in}^2 \cdot \mathrm{K}^4)$，$A_1$为辐射面1的面积，$F_{12}$为由辐射面1到辐射面2的形状系数，$T_1$为辐射面1的绝对温度，$T_2$为辐射面2的绝对温度。由上式可以看出，包含热辐射的热分析是高度非线性的。

6.2.3 热边界条件施加

由于在ANSYS程序中，对流和热流密度无法同时对一个面进行施加，那么需要转换边界条件的施加方法，有如下三种施加边界条件方式：

（1）只用对流换热形式输入。将太阳辐射强度、热辐射和对流三种荷载，用对流来代替施加。将综合换热系数、综合气温$T_{s\alpha}$赋给边界上的面：

$$T_{s\alpha} = T_\alpha + \alpha_t I / h \tag{6-16}$$

$$q_c + q_r = (h_c + h_r)(T_\alpha - T_s) = h(T_\alpha - T_s) \tag{6-17}$$

式中，$T_{s\alpha}$为综合气温（℃）；T_α为外界气温（℃）；I为太阳辐射强度（W/m²）；a_t为吸收率；h为综合热交换系数[W/(m²·℃)]，太阳辐射、热辐射引起的热交换相当于使气温升高了$a_t I/h$（℃）。

（2）采用对流换热与生热速率输入。热对流采用对流换热系数和大气温度赋予边界面上：

$$q_c = h_c (T_\alpha - T_s) \tag{6-18}$$

将计算出的太阳辐射强度和热辐射热流密度转化为等效生热速率，施加在边界体上，单位体积单位时间内等效生热速率：

$$q = \alpha_t I / \delta \tag{6-19}$$

式中，δ为施加等效生热速率模型厚度。

（3）采用辐射单元建模方法。ANSYS提供了3种方法分析热辐射问题：用LINK31，辐射线单元，分析两个点或多对点之间的热辐射；用表面效应单元SURF151或SURF152，分析点对面或面和空气间的热辐射；用AUX12，热辐射矩阵生成器，分析面与面之间的热辐射。

6.3 基于温度作用的结构损伤识别方法

6.3.1 基本思路

基于温度作用可以实现结构有限元模型修正、结构性能评估和损伤识别。常见的有限元修正方法是基于健康监测系统采集的振动响应分析得到的动力特征（如结构固有频率、位移振型等）建立目标函数，从而最优化结构初始模型的各种物理参数，从而得到一个最能反映结构实际状态的有限元模型，进一步实现结构的可靠度计算。而在大跨桥梁的实际运营中，温度作用对结构的振动响应及力学性能影响比较大，因此，可以直接基于温度作用和温度诱导响应定义目标函数，从而对结构的有限元模型进行修正，能够更加准确地反映结构真实状态的有限元模型。

对于结构的性能评估，各国规范中利用承载能力利用率 SUF（Strength Utilization Factor）作为构件承载能力的评估指标。该指标基于设计荷载来计算，考虑了分析系数和动力放大系数，是一个确定的限值。事实上，桥梁在运营期间，构件的 SUF 是变化的，因为结构在自然环境激励下所受的荷载作用及产生的结构响应每时每刻都处于变化之中，也就是说桥梁在正常运营下 SUF 是具有一定的概率分布的。只要能够准确把握当前时刻点上结构的抗力、恒载效应、活载效应，就可进行构件承载能力利用率的计算。因此，可以在 SUF 的基础上，提出进行运营阶段 SUF 评估的方法。此方法的优点是考虑了温度应力对结构的影响，使得基于应力的桥梁性能评估结果比较准确，因为仅考虑车辆荷载应力的评估结果会导致评判结果过于安全。将设计阶段的 SUF 计算公式中的荷载效应设计值替换为荷载效应的实测值，即可得到监测阶段 SUF 的计算公式。当 $SUF<1$ 时，表明结构在外部荷载作用下的反应小于结构自身抗力，结构处于安全状态；当 $SUF>1$ 时，表明结构在外部荷载作用下的反应大于结构自身抗力，结构处于不安全状态，此时对当前交通情况进行预警并及时排查安全隐患。

损伤识别是结构状态评估的重要内容。基于环境振动测试的模态识别方法广泛用于结构的损伤识别，即通过结构的反应（如加速度、应变、位移等）来进行模态分析，提出具体指标（振型曲线差、应变模态差、柔度矩阵差和模态应变能等）来评价结构的损伤位置以及安全性能。这些基于振动的结构损伤识别方法都是利用结构反应数据来分析的，然而，仅利用结构输出的损伤识别方法容易受到环境因素的影响（如温度、大风等），导致损伤识别结果失真或者误判。基于冲击振动的数据能够更好地识别结构的深层次参数，其原因是它通过建立了结构的输入（冲击力）与输出（结构反应）关系，这一传递关系揭示了结构的本质特征。桥梁在正常运营期间，车辆荷载是最常见最主要的荷载，但是车辆荷载（输入）无法直接测试，同时车辆的运行轨迹更具有随机性（这也是传统模态分析方法不能建立输入与输出的根本问题）。针对此问题，本章首次提出了基于温度作用（输入）与温度诱导反应（输出）来建立大跨桥梁结构的传递关系，利用这一关系建立了结构性能评估方法。

本章在研究冲击振动数据潜在优势时，发现利用结构输入与输出的数据可以建立结构的传递函数，其包含了结构的本质特征，并且与外界输入形式、大小和位置是无关的。本章利用温度作用与结构温度反应来建立结构的传递函数关系。基本思想如图6-3所示。传统方法中，利用车辆、风等荷载对结构进行激振，采集结构的反应，利用数据处理方法以及模态分析来研究桥梁的损伤和性能。其存在缺陷有：①输入未知；②需要剔除温度影响；③难以建立输入与输出关系；④只能识别结构基本参数，比如频率、振型等。基于温度分析的新方法中，利用温度作用以及温度诱导反应来建立结构的传递函数关系，温度作用相对于车辆荷载来说是容易测得的，同时结构的温度诱导反应也是容易提取的（因为在大跨桥梁中，温度作用引起的反应要大于车辆荷载引起的结构反应）。其优势在于：①输入已知；②容易提取温度诱导反应；③能够建立结构输入与输出关系；④能够识别深层次参数，比如结构位移、边界刚度、结构应力等。

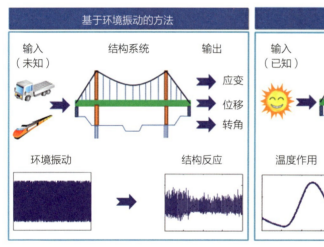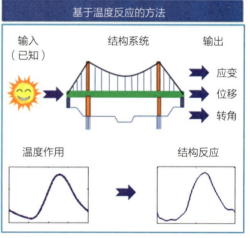

图6-3　基于温度作用与温度反应的结构性能评估理念

6.3.2　基本框架

传统基于结构振动的分析方法广泛用于结构模态参数识别、损伤识别等，但是仅考虑了结构输出，以至于识别结果容易受到环境因素的干扰，尤其是温度。本书首次提出了基于结构温度（输入）与结构温度诱导应变（输出）建立结构的传递函数关系，来评估桥梁安全性能以及损伤识别。相对于车辆荷载来说，温度作用更容易测得，同时温度引起的结构反应也是容易提取的。

理论框架（流程）如下（图6-4）：

步骤 1：利用健康监测系统采集结构的温度以及动态应变时程。江阴大桥健康监测系统利用FBG（Fiber Bragg Grating）应变传感器和温度传感器采集桥梁在运行

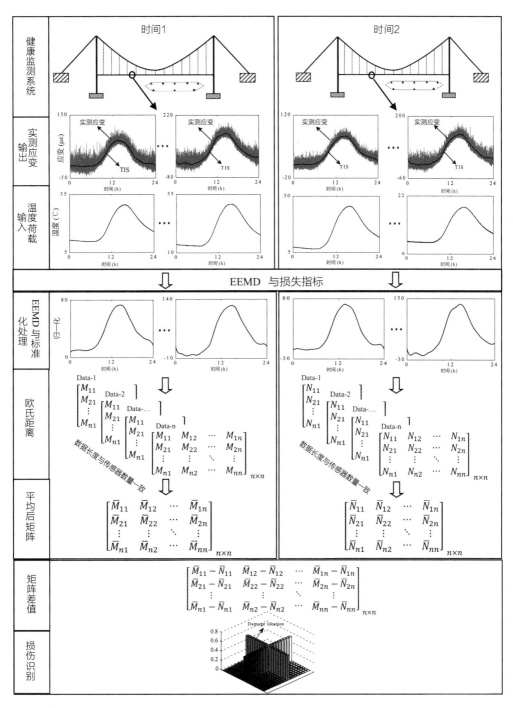

图6-4　方法流程

期间的应变和温度数据，典型的一天温度和应变时程如图6-4所示。主梁应变与温度具有相同的变化趋势，同时温度应变反应TIS（Temperature Induced Strain）要大于车辆荷载应变（实测应变中的高频部分）。此外，温度作用的反应具有明确的物理意义，并且是可以通过理论计算得到的。下一小节将具体介绍。

步骤2：温度诱导应变分离。实测应变的主要包含两个部分，一个是车辆荷载引起的高频部分，一个是温度作用引起的低频部分。本书利用EEMD（Ensemble Empirical Mode Decomposition）技术从实测应变数据中分离出温度诱导应变。通过对温度分析理论推导，发现温度诱导应变公式只与截面特性、刚度、温度有关，然后对分离出的温度诱导应变进行标准化处理，那么标准化后的温度诱导应变就是结构温度输入与结构温度反应的传递函数。这种关系与结构的内在特征有关，与外界输入无关。

步骤3：建立各个测点的欧氏距离矩阵。由于结构内力应力分布复杂，并且传感器数目众多，本书采用聚类分析思想，建立测点之间的欧氏距离关系。将标准化后的数据进行分割处理，计算各个测点之间欧氏距离矩阵，形成多个欧氏距离矩阵。如果结构没有发生损伤，那么欧氏距离矩阵将是一个稳定的矩阵。当桥梁服役一段时间后，依据上述步骤建立不同时间的欧氏距离矩阵。

步骤4：建立损伤识别指标。通过比较不同时间结构欧氏距离矩阵的差别来识别结构损伤。该差别矩阵能够清晰揭示损伤位置，同时具有较强的抗噪能力。

本章提出的基于温度作用与温度反应的桥梁结构性能评估方法，是建立在严格理论推导之上的一种无模型分析方法，适合于所有类型桥梁。它利用传感器之间的距离关系，巧妙地回避了海量数据处理困难的问题，只需保留传感器之间的距离关系即可判别该处的损伤与安全性。

6.3.3　理论推导

大跨桥梁在运营阶段主要受到车辆荷载、温度作用、风荷载以及其他荷载（雪灾、船撞等）作用。在无大风、船撞、堵车等特殊荷载下，结构反应主要由车辆荷载和温度作用引起，那么结构的监测应变可以表示为：

$$\varepsilon_{m} = \varepsilon_{v} + \varepsilon_{T} \tag{6-20}$$

式中，ε_{m}表示由健康监测系统实测应变；ε_{v}表示车辆荷载应变（实测应变中的高频部分）；ε_{T}表示温度诱导应变。结构应变相对加速度来说对损伤更为敏感。传统基于结构振动的损伤识别方法通常将车辆荷载应变ε_{v}分离出来，然后用于损伤识别。本书的创新之处在于剔除车辆荷载应变ε_v，保留温度诱导应变ε_T来进行结构的损伤识别。ε_T在本书中是利用EEMD计算进行分离。

实测温度可以分为均匀温度ΔT和梯度温度T_y，结构温度诱导应变ε_T可以分解为三个部分：

$$\varepsilon_T = \varepsilon_U + \varepsilon_y^N + \varepsilon_y^M \qquad (6-21)$$

其中，$\varepsilon_U = \alpha\Delta T$表示均匀温度变化下结构产生的轴向应变；$\varepsilon_y^N = [\int_0^h \alpha T_y b(y)\mathrm{d}y]/A$表示梯度温度下等效轴力对结构产生的轴向应变；$\alpha$表示材料温度膨胀系数；$b(y)$表示随$y$变化的截面宽度；$h$表示截面高度；$A$表示截面面积；$\varepsilon_y^M = [\int_0^h \alpha T_y b(y) y\mathrm{d}y] y_0 / I$表示梯度温度下等效弯矩对结构产生的弯曲应变；$I$表示截面惯性矩；$y_0$表示截面上一点到中心轴的距离。可以看出：$\varepsilon_U$只与材料的膨胀系数有关，$\varepsilon_y^M$是与结构刚度和截面信息有关的。所以进一步提取温度诱导弯曲应变：

$$\varepsilon_y^M = \varepsilon_T - \varepsilon_U - \varepsilon_y^N = \frac{\int_0^h \alpha T_y b(y) y\mathrm{d}y}{I} y_0 \qquad (6-22)$$

式（6-22）为梯度温度引起的弯曲应变，值得注意的是实际中的温度是变化的，那么ε_y^M也是时变的，随着T_y变化而变化。同时每个截面（测点）之间的T_y是不一样的。所以ε_y^M同时具有时间与空间特性。为了将不同测点下温度诱导弯曲应变转为时不变参数，就需要对ε_y^M进行标准化处理，也就建立输入与输出的关系：

$$\bar{\varepsilon}_y^M = \frac{\varepsilon_y^M}{\int_0^h T_y b(y) y\mathrm{d}y} = \frac{y_0}{I} \qquad (6-23)$$

式中，$\bar{\varepsilon}_y^M$为标准化后的温度诱导弯曲应变。$\bar{\varepsilon}_y^M$可以直接对应于结构刚度信息，并且是时不变参数，那么不同时期的监测数据就有了可比性，可以用来进行结构的损伤识别。

当结果边界存在部分约束（轴向约束与转动约束）的时候，式（6-21）可以修改为：

$$\varepsilon_T' = \varepsilon_U + \varepsilon_y^N + \varepsilon_y^M - \varepsilon_R' \qquad (6-24)$$

式中，$\varepsilon_R' = \dfrac{F_s}{EA} + \dfrac{M_s \cdot y_0}{EI}$表示边界轴向约束和转动约束引起的应变；$E$表示结构的弹性模量；$F_s$、$M_s$分别表示边界约束引起的轴力和弯矩。同时，对温度诱导弯曲应变进行分离：

$$\varepsilon_y'^M = \frac{\int_0^h \alpha T_y b(y) y\mathrm{d}y}{I} y_0 - \frac{M_s \cdot y_0}{EI} \qquad (6-25)$$

式中，$\varepsilon'^{\rm M}_y$表示梯度温度引起的结构弯曲应变，同样，对式进行标准化处理：

$$\bar{\varepsilon}'^{\rm M}_y = \frac{\varepsilon'^{\rm M}_y}{\int_0^h \alpha T_y b(y) y \mathrm{d}y} = \frac{y_0}{I} - \frac{M_{\rm s} \cdot y_0}{EI \int_0^h \alpha T_y b(y) y \mathrm{d}y} \qquad (6-26)$$

式中，$\bar{\varepsilon}'^{\rm M}_y$表示标准化后的温度诱导弯曲应变，它也只与结构的刚度特性有关。$M_{\rm s}$的大小直接与边界刚度有关。因此，通过温度作用与温度诱导弯曲应变建立输入与输出关系，标准化后的参数直接与结构刚度信息有关，可以用于结构的损伤识别。

1. 评估指标

上述已通过理论推导了建立温度作用与温度诱导弯曲应变的输入与输出关系，可以用于结构损伤的识别。下文针对江阴大桥实测数据来进行阐述。首先，选取每个截面的第3个和第7个传感器应变数据（分别来自顶板和底板），并对其进行EEMD处理得到温度诱导应变，那么温度诱导弯曲应变可以表示为：

$$\varepsilon'^{\rm M}_n = \frac{\varepsilon_{sn3} + \varepsilon_{sn7}}{2}, n = 1, \cdots, 9 \qquad (6-27)$$

式中，$\varepsilon'^{\rm M}_n$表示第n截面的温度诱导弯曲应变；$\varepsilon_{sn3}(\varepsilon_{sn5})$分别表示第$n$截面上第3个和第5个应变传感器的温度诱导应变。与此同时，每个截面上的梯度温度$T_{\rm ym}$由顶板和底板的温度传感器确定，梯度模式采用规范中的$T_y = \beta \times e^{-7y}$作为温度沿截面的变化模式。其中，$e=2.718281$；$y$表示到顶板的距离；$\beta$表示实测温度梯度。然后将温度诱导弯曲应变进行标准化处理：

$$\bar{\varepsilon}'^{\rm M}_n = \frac{\varepsilon'^{\rm M}_n}{\int_0^h \alpha T_{yn} b(y) y \mathrm{d}y}, n = 1, \cdots, 9 \qquad (6-28)$$

式中，$\varepsilon'^{\rm M}_n$表示标准化后的温度诱导弯曲应变；α表示材料的热膨胀系数；$b(y)$表示随y变化的截面宽度；h表示截面高度；T_{yn}表示第n截面的温度梯度。

前面的理论已经证明了标准化后的温度诱导弯曲应变$\bar{\varepsilon}'^{\rm M}_n$是时不变参数，同时包含了结构刚度信息。桥梁结构上测点繁多，本章提出利用聚类分析中的距离表示方法来建立各个截面的欧氏距离矩阵，如果桥梁结构未发生损伤，那么不同时期下这个欧氏距离矩阵是稳定而且时不变的，欧氏距离矩阵计算如下：

$$d_{ij} = \sqrt{\left(\bar{\varepsilon}^{\rm M}_i - \bar{\varepsilon}^{\rm M}_j\right)^2}, i, j = 1, \cdots, 9 \qquad (6-29)$$

$$\bar{d}_{ij} = \frac{1}{1 + d_{ij}} \qquad (6-30)$$

式中，d_{ij}表示第i截面与第j截面的欧氏距离；$\bar{\varepsilon}^{\rm M}_i\left(\bar{\varepsilon}^{\rm M}_j\right)$分别表示第$i$截面与第$j$截面的

标准化后的温度诱导弯曲应变。$\bar{d}_{ij}$表示归一化后的欧氏距离，当$\bar{d}_{ij}=1$的时候，表明第i截面与第j截面的温度反应极为相似，当$\bar{d}_{ij}\neq1$的时候，表明第i截面与第j截面的温度反应具有一定的相关性。

在t_0时间内，各个截面的欧氏距离矩阵EDM^{t_0}可以表示为：

$$EDM^{t_0}=\begin{bmatrix} \bar{d}_{11}^{t_0} & \bar{d}_{12}^{t_0} & \cdots & \bar{d}_{1j}^{t_0} & \cdots & \bar{d}_{1n}^{t_0} \\ \bar{d}_{21}^{t_0} & \bar{d}_{22}^{t_0} & \cdots & \bar{d}_{2j}^{t_0} & \cdots & \bar{d}_{2n}^{t_0} \\ \vdots & \vdots & \ddots & \vdots & \cdots & \vdots \\ \bar{d}_{i1}^{t_0} & \bar{d}_{i2}^{t_0} & \cdots & \bar{d}_{ij}^{t_0} & \cdots & \bar{d}_{in}^{t_0} \\ \vdots & \vdots & \cdots & \vdots & \ddots & \vdots \\ \bar{d}_{n1}^{t_0} & \bar{d}_{n2}^{t_0} & \cdots & \bar{d}_{nj}^{t_0} & \cdots & \bar{d}_{nn}^{t_0} \end{bmatrix}_{n\times n} \tag{6-31}$$

式中，$d_{ij}^{t_0}$表示t_0时间内第i截面与第j截面的欧氏距离；n表示截面编号。同样，在t_1时间内的欧氏距离矩阵EDM^{t_1}也可以求出。通过比较不同时间段下结构的欧氏距离矩阵，就可以判断结构的损伤部位，定义损伤指标如下：

$$EDMD=EDM^{t_0}-EDM^{t_1} \tag{6-32}$$

其原理是利用标准化后的温度诱导弯曲应变来建立结构的欧氏距离矩阵，若结构没有发生损伤，结构刚度没有降低，那么不同时间段下的欧氏距离矩阵是不变的，是稳定的矩阵。若结构发生损伤，那么不同时间段下的欧氏距离矩阵差值必然会引起突变，从而识别结构损伤位置。

2. 基于EEMD的温度诱导应变分离

前文在分析结构温度诱导反应（温度应力、温度变形以及边界刚度）都是基于仅考虑温度作用下的反应，然而，大跨桥梁在正常运营的时候，外部荷载不仅包括温度作用，还有车辆荷载、风荷载等。故在进行温度诱导反应计算之前，需从实测应变中提取温度诱导应变。本章利用EEMD技术对温度诱导应变进行分离。

EMD发展至今，已经被各领域学者用于处理非平稳信号，盲源信号分离等科学问题，但是在使用的过程中仍存在一些问题。因为EMD无法克服信号中模态混叠现象，也就是说无法分离结构中两个接近的频率。利用EMD进行噪声辅助分析的时候，白噪声中各种频率被分离出来，而信号不是纯白噪声的时候，往往会缺失一些频率。因此，将白噪声加入原始信号，然后再进行EMD分解，这样可以到达理想效果，克服模态混叠现象。

EEMD数据处理步骤简介如下：①将白噪声$N(t)$加入目标信号$x(t)$中，$X(t)=x(t)+N(t)$。②对新产生的信号$X(t)$进行EMD分解，得到IMF分量(IMFs)；

$X(t) = \sum_{j=1}^{n} c_j(t) + r_j(t)$。③给目标信号重新加入新的白噪声，并再进行EMD分解。④IMFs表示为 $c_j(t) = \dfrac{1}{m}\sum_{i=1}^{m} c_{ij}(t)$。

6.3.4 数值案例分析验证

本章利用有限元软件ANSYS 12.1 对江阴大桥进行了瞬态温度场分析。主梁和索分别采用Shell57单元和Link8单元。在温度模拟的过程中考虑了太阳辐射、空气对流、热传导等。车辆荷载利用白噪声模拟。主梁的弹性模量为 $E=1.98\times10^{11}$Pa，单位长度密度为 $\rho=16351.15$kg/m^4。主梁竖向和横向抗弯刚度分别为1.844m^4，93.318m^4。吊索弹性模量分别为 1.4×10^5MPa（钢丝绳），2.0×10^5MPa（PWS）。材料的热膨胀系数为 1×10^{-5}/℃。同时温度随时间变化的函数表为：

$$T(t) = 0.5(T_{\max} + T_{\min}) + 0.5(T_{\max} - T_{\min})\times \sin\left[(t-9)\times\pi/12\right] \tag{6-33}$$

式中，$T_{\max}$ 和 $T_{\min}$ 表示结构一天中的最高温度和最低温度；t 表示时间点。江阴大桥主梁在9个截面上都布置了温度传感器，从实测数据中可以看出9个截面上的温度分布具有一定差别。故在进行有限元模拟的时候，江阴大桥主梁分为18个区域，同时施加18个不同的温度作用，有限元模型如图6-5所示。主梁网格单元长度为1m，结果分析的时候从各个区域提取一个单元进行计算。相关材料参数以及热分析参数见表6-1所列。

材料参数   表6-1

参数		沥青	钢	混凝土
k[W/(m·C)]	热传导系数	2.50	55	1.54
ρ(kg/m^3)	密度	2100	7800	2400
c[J/(kg·℃)]	比热容	960	460	950
a	吸收率	0.90	0.685	0.65
ε	辐射系数	0.92	0.8	0.88
E(Pa)	弹性模量	1.3×10^9	1.98×10^9	3.25×10^{10}
a_{T}	热膨胀系数	1.0×10^{-5}	1.3×10^{-5}	1.0×10^{-5}

工况1：区域10截面刚度降低10%，输出结果考虑10%的噪声影响。利用EEMD技术提取主梁18个区域温度诱导应变，根据数据处理流程得到各个区域之间的欧氏距离矩阵。然后计算主梁损伤前后的欧氏距离矩阵差别，计算结果如图6-6所示。

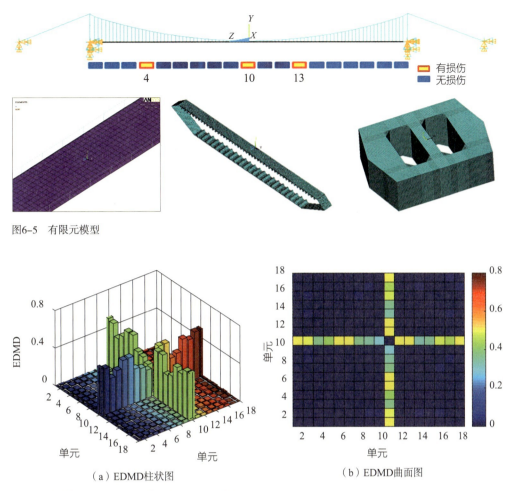

图6-5　有限元模型

（a）EDMD柱状图　　　　　　　　（b）EDMD曲面图

图6-6　单损伤识别结果（10%刚度损伤和10%噪声）

计算结果分别用柱状图与曲面图进行表示。在柱状图中，损伤位置处的差值要明显大于未损伤的地方，未损伤处欧氏距离差值仅有0.01，而损伤处的欧氏距离差值高达0.5；在曲面图中，损伤位置的颜色要比未损伤位置的颜色明亮。结果表明：利用本书提出的方法在有10%的噪声下仍能很好地识别单处损伤。

工况2：区域4、区域10、区域13截面刚度降低10%，输出的应变结果加入10%噪声。损伤识别结果如图6-7所示。从柱状图中可以看出，有三行三列的数值是异常的。损伤位置处的欧氏距离差值最大达到0.78，无损伤位置的欧氏距离差值仅为0.01。从曲面图中可以看出，有三行三列的颜色明显要亮于其他地方。结果表明：在10%的噪声下，本章提出的方法仍能很好地识别多处损伤。这里要说明的是在有限元模拟中10%的损伤大概对应的是欧氏距离差值的0.8，在后面的健康监测数据分析中，损伤指标幅值范围定为0~0.8。

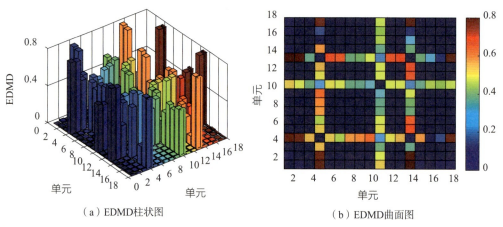

（a）EDMD柱状图 　　　　　　　（b）EDMD曲面图

图6-7　多损伤识别结果（10%刚度损伤和10% 噪声）

6.4　江阴大桥健康监测系统与温度统计分析

6.4.1　主梁温度场统计分析

江阴大桥设计基准温度为20℃，考虑温度变化范围–15~40℃。首先本节研究了主梁温度分布情况。图6-8（a）为某一天主梁各个截面上顶板和底板温度变化情况，顶板由于直接受到太阳辐射，温度有明显的上升和下降趋势，最高温度可达32.4℃，顶板温差为21℃（最高温度减去最低温度）。底板由于没有受到太阳辐射，其温度变化较平稳，底板温差为7℃。图6-8（b）分析了一天中主梁最高温度和最低温度的分布情况，并给出了主梁9个截面上所有温度传感器一天当中的最大值和

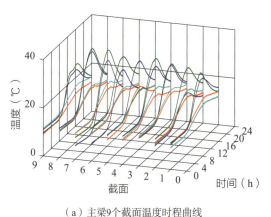

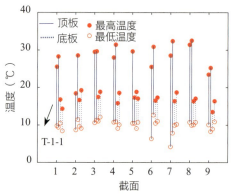

（a）主梁9个截面温度时程曲线 　　　　　（b）主梁截面最高与最低温度分布

图6-8　主梁温度分布图

最小值，实心圆点代表一天当中的温度的最大值，空心圆圈代表一天当中的温度的最小值。主梁顶板最高温度范围在24~32℃，底板最低温度范围在14~19℃，顶板和底板温差范围9~10℃（剔除了异常温度），这一天的温差范围在设计值之内。最低温度的时候，顶板和底板温度基本一致；最高温度的时候，顶板温度大于底板温度。是因为：在一天中，顶板由于太阳直接照射升温快，底板由于热传导升温较慢，夜晚最低温度的时候，顶板和底板的温度相差不大；白天最高温度的时候，主梁顶板各个截面上的最高温度不一致，最大相差8℃。该数据说明传统的温度有限元分析将桥梁纵向温度分布视为常量这一假设是不够准确的。

6.4.2 温度与主梁应变分析

主梁应变监测的目的在于：通过对主梁控制部位和重点部位进行应变监测，研究主梁结构的应力应变分布以及各种荷载下的响应，为结构损伤识别、疲劳损伤寿命评估和结构状态评估提供依据。江阴大桥结构健康监测系统从长期监测和信号传输等方面考虑，采用了光纤光栅传感器进行主梁应变的监测。测点分布在主梁的8等分截面上（截面共9个），每个截面布置8个顺桥向的光纤光栅应变测点，同时布置4个光纤光栅温度测点，进行温度补偿的同时测试钢箱梁内部的温度场变化。

本节统计了主梁第5截面的某一天的应变和温度时程曲线（0：00~24：00）（图6-9），其中主梁截面上三角形黑点表示光纤光栅应变传感器，S–N–2表示第N截面上第2个光纤光栅应变传感器，黑色圆点表示此处有一个应变传感器和一个温度传感器，应变传感器贴于主梁行车方向。T–N–1表示第N截面上第1个温度传感器。每个测点的应变都出现了明显的上下波动变化，这个变化趋势与温度变化趋势相同（相反），表现出了非常强烈的线性关系。例如：T–5–1温度曲线，0：00~6：00的时候温度是降低的，6：00~15：00的时候，温度是上升的，15：00~0：00，温度是下降。这里需要特别指明的是，传感器所测的数据表现出与温度非常相似的趋势，是因为结构本身在温度作用下的反应，而不是传感器自身受温度的影响，也就是说图中的实测应变数据已经剔除了温度对传感器的影响。晚上主梁顶板和底板温度相差不大，可视为均匀温度。例如：测点T–5–1在0：00~6：00，温度从11.4℃降到了10.6℃，S–5–2应变从16.5με上升到28με（这里的微应变是该时刻下的平均值），对于钢材，温度上升1℃，应变上升10~12με，从该时间段上，可以判断光纤测点的应变实测数据已经剔除了温度对传感器的影响，同时也进一步说明了温度作用对大跨桥梁影响是非常大的。

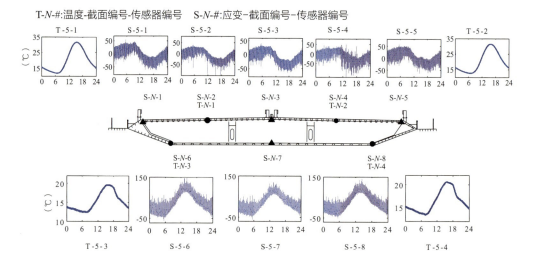

T-N-#:温度-截面编号-传感器编号   S-N-#:应变-截面编号-传感器编号

图6-9　光纤传感器布置图及时程图

图6-10（a）给出了主梁跨中底板（S-5-8）4天的应变和温度时程，可以看出主梁应变是随着温度变化的。应变变化相对温度变化有一定的延迟，大约是1h。底板应变变化与温度变化是一致的，而顶板应变变化与温度变化是相反的。图6-10（b）统计了顶板应变和温度的关系，同时还给出了静载试验部分结果来进行对比。当52辆卡车作用于跨中的时候，顶板应变可达156με。从顶板应变和温度的统计关系上来看，当桥梁结构温度接近于50℃的时候，应变也会达到150με。事实上，桥梁在正常运营下的时候，顶板应变就已经超过了150με。显然，卡车静载下的应力直接等于实测应变乘以材料的弹性模量。但是长期监测的应变数据是不能直接乘以弹性模量来得到结构应力的。

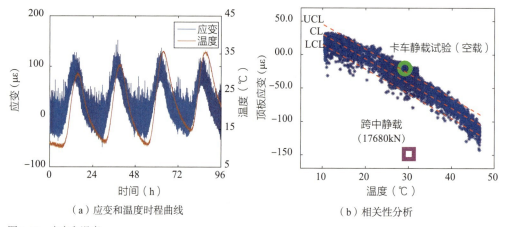

（a）应变和温度时程曲线　　　　　（b）相关性分析

图6-10　应变和温度

为分析不同时间温度对应变的影响，分别选取上游顶板、下游顶板、上游底板、下游底板四个不同位置（图6-11）的温度和应变传感器2006全年采集数据，从长期数据分析温度对箱梁结构中应变的影响。图6-11分别是悬索桥箱梁截面不同位置温度与应变全年的统计分析。①图6-11（a）中彩色的散点分别是全年不同月份温度与其对应的应变，上游顶板温度全年在−7~48℃之间变化，应变数据在−120~60με之间变化。图中不同色彩对应着不同的月份，并做出每个月的温度应变趋势项（图中蓝线），图中表明每个月温度和应变呈现出负相关性，与前面顶板温度和应变日变化趋势相同，这是由于日照温度作用引起的温度和应变短周期变化模式；以月为单位拟合出全年的温度与应变变化趋势线（图中黑线），黑线斜率为正，应变随着温度的增加而增加，温度与应变在全年长周期下呈现正相关关系，与短周期变化关系相反，这是由于一年季节温差对环境总体升降温引起结构应变变化的长周期变化模式；图6-11（b）中下游顶板温度与应变关系同上游顶板趋势线相同。②图6-11（c）中上游底板同样出现了日照温度引起的应变短期变化趋势和季节温差引起的应变长期变化趋势，但是与顶板不同，底板的日照温度引起的短期应变变化与温度呈正相关，温度增加应变增加，全年季节温差引起的应变与温度关系则同样保持正相关性。③可以看出顶板温度与应变的长期变化趋势（蓝线）明显大于底板温度与应变的长期变化趋势，这是由于顶板受到太阳直射作用，在全年的变化中最高温度和最低温度相差很大，而底板全年未受到太阳直射作用全年温度变化较为平稳，从而全年温度与应变的趋势线较顶板更为平和。④可见，悬索桥箱梁温度与应变具有一定的相关性，并存在两种变化趋势，即短周期变化趋势（日照作用引起的黑色线）与长周期变化趋势（季节温差引起的蓝色线）。

为了分析主梁沿桥梁纵向应变分布，选取了一天当中最高温度与最低温度对应的极值应变。凌晨4时左右对应一天当中的最低温度，下午4时左右对应一天当中最高温度。前面已经讨论了温度与应变的相关性。图6-12分析了最高温度和最低温度下主梁截面应变的分布情况。顶板应变用细线表示，底板应变用粗线表示，其连线表示不同截面相同位置下应变的连线。图6-12（a）表示一天中最低温度时，主梁各个截面应变分布情况。可以看出，此时底板的应变小于顶板的应变，这是因为温度下降，主梁挠度是上升的，底板在一定程度上是受压的。主梁各个截面底板的应变在晚上分布较为均匀。图6-12（b）表示一天中最高温度时，主梁各个截面应变分布情况。首先，同一截面上，顶板上的应变分布不是均匀的，底板上的应变也是分布不均匀的。最高温度的时候，底板的应变大于顶板的应变，是因为温度升高

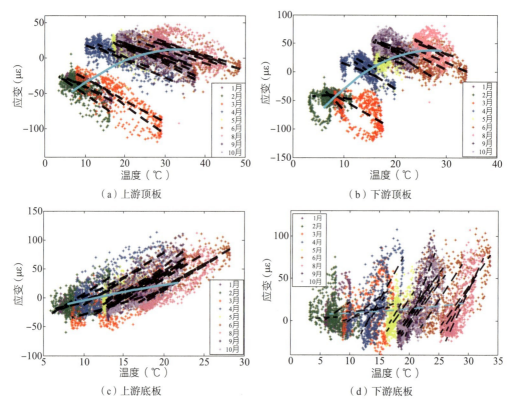

（a）上游顶板　　　　　　　　　　　　（b）下游顶板

（c）上游底板　　　　　　　　　　　　（d）下游底板

图6-11　温度与箱梁纵向应变全年变化关系

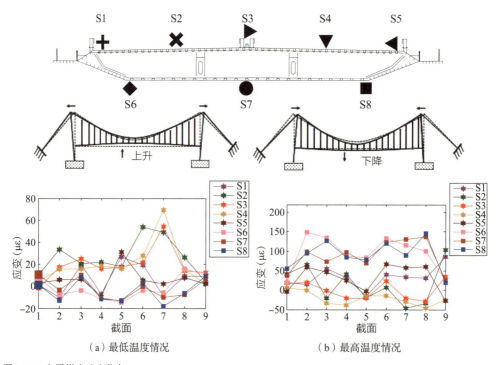

（a）最低温度情况　　　　　　　　　　（b）最高温度情况

图6-12　主梁纵向应变分布

后，主梁挠度是下降的，导致底面应变增大，而顶板的应变却不是很大，但是顶板的温度诱导应力不容忽视。底板在经历最高和最低的温度的时候，应变变化幅度是大于顶板的应变，底板的疲劳监测也应该引起重视。

6.4.3 温度与主梁位移分析

江阴大桥健康监测系统中，在主梁两端伸缩缝处各安装了2个拉线位移计［图6-13（a）］来检测主梁伸缩缝的往复伸缩位移，同时在主梁的1/4、1/2、3/4及塔顶处有GPS［图6-13（b）］位移监控。图6-13（c）给出了2006年4月15日主梁梁端位移计（DIS）与主梁温度的日变化曲线图。伸缩缝位移数据和温度数据每小时作一次平均。可以看出，伸缩缝处变形与温度趋势一致。伸缩缝处位移在一天中的变化可达10cm。图6-13（d）给出了主梁跨中竖向挠度与温度的日变化曲线图。主

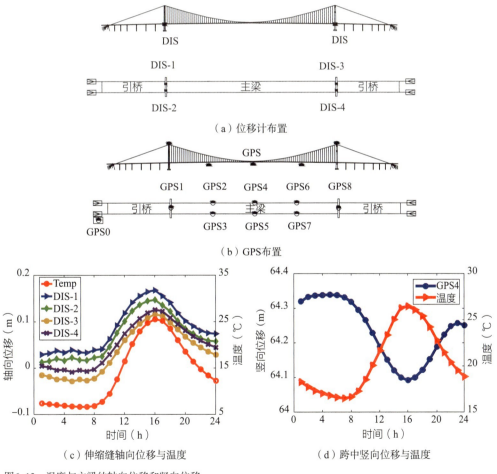

图6-13 温度与主梁的轴向位移和竖向位移

梁挠度变化与温度变化呈现相反的趋势，这是因为悬索桥在白天受到太阳辐射，主缆和吊索伸长，致使主梁下挠，晚上温度下降，主梁和吊索缩短，导致主梁上拱。这与一般梁式桥梁温度诱导变化是相反的。主梁跨中挠度最大值发生在下午4时，一天中挠度差值达到0.26m，1/4、3/4点处一天挠度变化达到0.19m。江阴大桥在温度作用下，梁体产生了纵向伸缩变形，同时也产生了弯曲竖向变形，也就是说温度诱导应变包括了纵向应变和弯曲应变。

　　图6-14进一步统计了跨中竖向位移与温度的相关性。图6-14（a）给出跨中竖向位移和温度4天的时程曲线。不仅可以看出主梁竖向位移具有明显的周期变化，同时还具有一定的"刚性位移"，也就是主梁的整体竖向高程随着温度升高而降低的。进一步说明，温度变化对大跨桥梁的变形影响是巨大而且不容忽视的。图6-14（b）给出了一年跨中挠度与温度的统计关系。ULC与LLC分别表示0.95的置信区间的上限和下限。可以看出跨中挠度变化在一年中数量级是米，这种温度变化量在中小桥中是无法观测到的。此外，图6-14（b）描述了几种特殊荷载下跨中挠度的变化，为结构预警提出了数据依据。菱形表示江阴大桥遭受大雾封桥，无通车情况下主梁的挠度，可见此时挠度接近于LC。三角形表示江阴大桥遭受重大雪灾（2008年）下主梁挠度变化情况，这次跨中挠度已经超过LLC，并采取预警关闭桥梁交通。虽然跨中挠度已经超过了警戒线，但是距离桥梁设计值还具有一定距离。另外，在2017年7月20～21日，江阴大桥迎来了大体检——卡车静载实验。根据《基于健康监测系统的江阴大桥快速荷载实验数据分析报告》可知，空载的时候，主梁跨中挠度接近于LC。当跨中加载52辆大卡车的时候（52×340kN），跨中变形达到2.641m。此时主梁的挠度加载效率已达0.97，已经非常接近于设计值（2.641m）。主梁的实测弯矩为

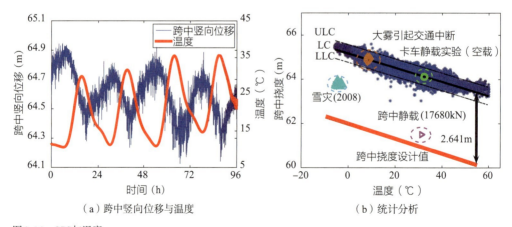

（a）跨中竖向位移与温度　　　　　（b）统计分析

图6-14　GPS与温度

32338kN·m，设计荷载下弯矩值为45769kN·m，加载效率仅为0.707。说明用跨中挠度作为预警指标具有一定的可行性，但是无法真正判断桥梁的性能状况。在前面一小节中，得出应变随温度变化是可以达到卡车静载效果的。那么桥梁真实的服役状态如何描述，如何利用更加可靠的指标来对桥梁评估和预警，是需要解决的重要问题。

6.4.4 温度与吊索索力分析

江阴大桥的吊索采用竖向布置销接的结构形式，上、下游主跨各布置85个吊点，每个吊点连接两根吊索，共安装340根。采用了平行钢丝束和钢丝绳两种形式，对于索长大于10m的长吊索采用平行钢丝索股（PWS）；对于索长小于10m的短吊索，由于弯折角度大，在吊索和主缆的连接处容易产生疲劳，故采用粗直径的钢丝绳。吊索间距为16m。长吊索的索股由109根直径5mm镀锌高强钢丝构成，短吊索采用直径80mm的钢丝绳。吊索拉力监测采用了两种监测方式，一种是加速度的监测，一种是应力监测。吊索与主梁的锚固的地方，安放了剪力销，用来直接测量吊索索力。温度选取第5截面的温度。

本节以2006年4月15日数据为例，分析索与温度的相关性。通过实测频率可以计算索力，剪力销是可以直接测得索力的，可以对两者进行比较。索位置以及相关参数见表6-2所列。

吊索相关参数

表6-2

采样频率	50Hz
索长	137.7m
加速度	AS3-3
剪力销	SP3-2
横截面积	$(\varphi-5) \times 109 \times 4$
频率法索力计算公式	$T = \dfrac{4ml^2 f_n^2}{n^2} - EI\left(\dfrac{n\pi}{l}\right)^2$ m 为单位长度吊索的质量；l 为计算索长；f_n 为第 n 阶频率；EI 为索的刚度

提取一天的加速度时程，图6-15（a）给出了凌晨2时至3时加速度数据的FFT曲线，可以看出加速度频率峰值非常明显。将一天的加速度时程数据分为24份，对每个小时的数据进行频谱分析，并提取第一阶频率，如图6-15（b）所示。索频率变化受到了温度的影响，表现出负相关性。在凌晨大约4时的时候，索的频率最高0.736Hz，在下午大约3时的时候频率最低0.714Hz，一天中索频率变化量为2.9%，

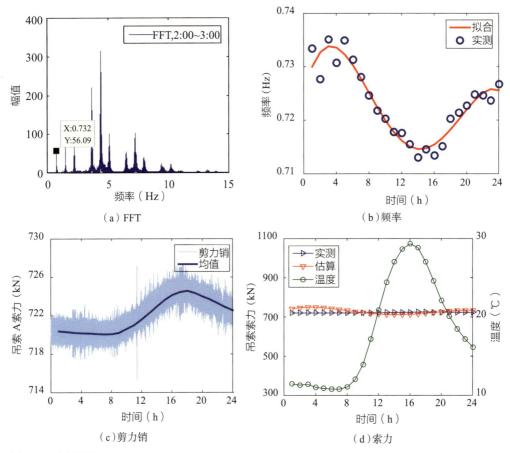

图6-15 索力分析

说明温度对悬索桥的吊索频率影响不大。图6-15（c）表示的是剪力销测得的索力，浅蓝色的曲线为实测索力曲线，蓝色的曲线为每小时索力的平均值。索力变化同样具有一定的变化，但这个变化并不大。图6-15（d）给出了实测索力与估算索力以及温度直接的比较，可见温度变化对索力的影响是非常小的。

总的来说，在索上安置加速度传感器和剪力销都可以对吊索索力进行监测。无论从频率得到索力，还是直接测索力，其日变化都不是很明显，也就是说温度对吊索索力影响不大。

6.5 江阴大桥温度场计算

6.5.1 热分析物理参数

江阴长江公路大桥主跨径为1385m，塔顶主缆理论顶点高程196.236m，跨中加劲梁高程64.331m，靖江侧（北岸）散索鞍转点高程34.500m，江阴岸（南岸）散索鞍转点高程46.768m，吊索间距16.00m，塔中心线与第一根吊索中心间距20.500m，北塔承台顶高程9.0m，南塔承台顶高程6.00m，北塔处桥面高程49.765m，南塔处桥面高程56.685m，加劲梁竖向支座中心距索塔中心3.9535m，两塔柱中心间距在塔顶为32.500m，在塔底处，北塔为39.439m，南塔为39.916m。主梁为单箱钢箱梁，采用欧洲标准钢材S355J2G3，国标代替为钢材Q345D；桥面板上铺装5cm厚的浇筑式沥青混凝土；桥塔采用变截面钢筋混凝土空心柱结构；主缆采用镀锌高强钢丝，吊索采用钢丝绳和平行钢丝股索；结构热分析物理参数见表6-3所列。

江阴大桥热分析材料物理参数　　　　　　　　　　　　　　表6-3

参数	沥青混凝土	钢	混凝土
k 热传导系数 [W/（m·℃）]	1.01	48	1.54
ρ 密度（kg/m³）	2360	7850	2600
C 比热容 [J/（kg·℃）]	1680	480	950
吸收系数	0.90	0.685	0.65
发射系数	0.90	0.8	0.8

6.5.2 温度作用计算

1. 大气温度计算

图6-16中大气温度实测值与正弦计算值误差较小，大气温度在一天中呈现正弦波动，这有助于对结构峰值（波峰、波谷）时刻的结构响应进行重点监测，并且在分析中可以利用理想的正弦函数作为温度输入以简化模型的计算。

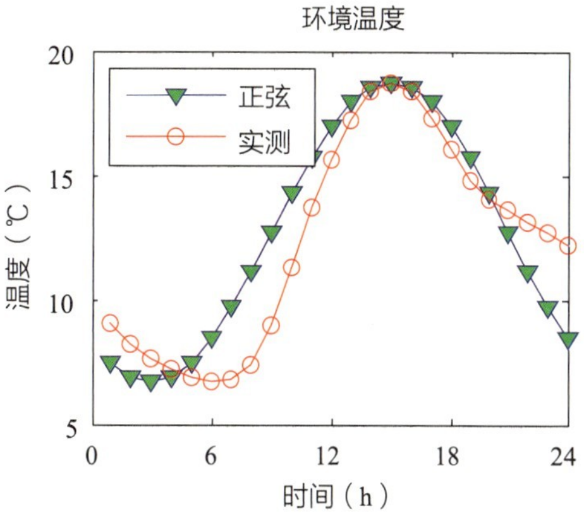

图6-16　大气温度实测与正弦拟合对比

2. 南北锚温度分析

江阴长江公路大桥健康监测系统中有两个气象传感器。南锚平台气象传感器位于锚室平台空地上，置于百叶箱保护盒内，采集实时温度、湿度和气压数据，百叶箱防止太阳对仪器的直接辐射和地面对仪器的反射辐射，保护仪器免受强风、雨、雪等的影响，并使仪器感应部分有适当的通风，能真实地感应外界空气温度和湿度的变化，因此南锚平台测得当地准确的大气温度。而北锚平台置于北塔门顶端并且放置在一个金属的保护盒内，金属保护盒在一定程度上只起到保护传感器不遭受风、雨、雪等影响，但并不能完全代替百叶箱的作用，由于保护盒的开洞和金属材料属性，使其受一天中太阳辐射影响，安置在其内的温度传感器测得的温度不只是大气温度，同时还包括太阳辐射影响而造成的附加温度。这部分附加温度使得北锚平台气象器监测温度明显高于南锚平台气象传感器监测温度，而这部分附加温度由于一天中太阳辐射密切相关，太阳辐射强，该附加温度高；太阳辐射弱，该附加温度小。

从海量的长期监测数据中初步选取南北锚平台的气象传感器温度数据，2006年冬季温度数据如图6-17所示。可见在2月夜间大气温度最低达到-0.6℃，而南锚平台大气温度在2月中旬一天中午达到全月最大值18℃，一天大气温度的变化均在10℃以内；北锚平台气象传感器全月测得的最大值为27℃。温度的变化明显存在10℃以日周期的短期波动，同时存在一个较长的周期（年）趋势。观察全月的南北平台气象传感器温度，可以发现夜间南北锚气象传感器采集的温度数据相同，而白天北锚平台的气象传感器采集的温度明显高于南锚平台，并且在中午太阳辐射最强时差值达到最大，月差值最大达12℃；同样，在白天

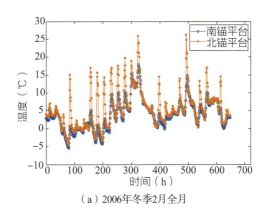

（a）2006年冬季2月全月

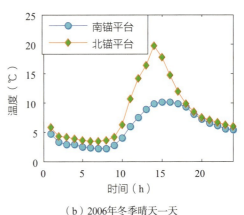

（b）2006年冬季晴天一天

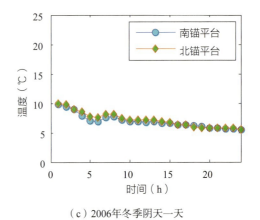

（c）2006年冬季阴天一天

图6-17 南北锚平台气象传感器冬季数据对比

天气阴暗，太阳辐射很低的情况下，南北锚平台气象传感器所测温度在白天也保持高度的一致。

3. 大气清洁度系数改进

除了大气温度，太阳辐射常常在结构温度中起到重要作用，是日照周期作用的主要因素。对于箱梁桥太阳辐射直接影响到结构温度的增加及非线性温差的产生，引起结构中产生附加应力。在实桥日照热分析中，准确的太阳辐射计算能够有效地提高温度应力分析的正确性和有效性。

影响太阳辐射总量的因素众多。如：①纬度。地理纬度低，正午太阳高度大，太阳辐射经过的大气路程短，削弱较小；纬度越低，等量太阳辐射照射的地表面积越少，相同地表面积得到的太阳辐射越多。②地势。地势高，太阳辐射穿越的大气路程越短，同时大气稀薄，透明度高，固体杂质、水汽少，对太阳辐射削弱得少，到达地面的太阳辐射多。③天气。晴天多，天空中云量少，大气对太阳辐射削弱少，到达地面的太阳辐射多。当某一位置的纬度和地势确定后，天气的状况便成为影响太阳辐射强弱的主要变动因素。天气的阴晴、云量的多少、大气浑浊度等都时刻影响着太阳辐射总量，在结构温度分析中，均需要准确地考虑这些因素的影响。

由于太阳辐射附加温度是一个与太阳辐射强弱有关的实时量，因此，利用太阳辐射附加温度对已有的太阳透光系数公式中的反映大气对太阳辐射削弱的参数 t_u 进行改进，使其取值更加可靠。提出太阳辐射影响系数 γ，并根据 Δt 给出经验计算公式如下：

$$t_u \rightarrow \gamma = 8.2 - \frac{\sqrt{\Delta t}}{0.75} \qquad (6-34)$$

式中，Δt 为太阳辐射附加温度（即南北锚平台的气象温差）。改进后大气透射系数公式变为：

$$K_T = 0.9^{\frac{k_a t_u}{\sin(\theta_a+5)}} = 0.9^{k_a/\sin(\theta_a+5)\cdot\left(8.2-\frac{\sqrt{\Delta t}}{0.75}\right)} \qquad (6-35)$$

大气清洁度系数改进前后取值对比   表6-4

大气状况	改进前	改进后	太阳辐射附加温度
	t_u	$\gamma = 8.2 - \frac{\sqrt{\Delta t}}{0.75}$	Δt
晴朗	1.8~3	2.2~3.03	15~20
昏暗	8	8.2	0

由表6-4，改进后大气清洁度系数的取值能够很好地符合原取值范围，体现了改进的合理性，能够在取值上代替原系数进行计算。分别采取冬季和夏季不同天气状况，对改进前后系数的取值情况进行对比：

图6-18，给出2006年两天t_u系数改进前后的对比。假设一天的大气状况不变（如阴天一直保持阴天），那

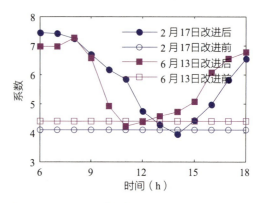

图6-18 t_u系数改进前后对比图

么改进前t_u的取值将为一个恒定量；而改进后系数呈现一个变化趋势，若为晴天，改进后系数将随着日出而降低，中午达到最小值，随后又随着日落增大；若为阴天，改进后系数全天保持着较高水平，意味着太阳辐射全天影响很小，符合实际情况。可得出改进后系数包括了不只是大气状况对太阳辐射影响，同时也实时反映着太阳辐射一天强度的变化，天气晴朗，太阳辐射强；中午比早晨、傍晚太阳辐射强。因此，改进后系数能够更好地在计算分析中反映一天太阳辐射强弱的变化。

6.5.3 桥面三维温度场分析

桥面板是直接承受车辆荷载的构件，是箱梁总体断面的重要组成部分，同时直接受到太阳直射作用，在一天内的温度变化大，昼夜温差可达20℃，桥面板一天内的温度场变化大且与日照作用密切相关。江阴长江公路大桥箱梁采用扁平闭口流线型单箱单室钢箱梁，其桥面板全宽为32.5m，桥面板作成2%的双向横坡，桥面板厚度为12mm，采用U形加劲肋进行加劲，U形肋设计为上口宽300mm，下口宽169.3mm，高280mm，间距为600mm，U形肋厚度为6mm。正交异性钢桥面板上铺装5cm厚的浇筑式沥青混凝土。同时，由于桥面沥青混凝土层材料属性与钢板差异很大，对太阳辐射的吸热系数不同，因此其在温度场分析中不可忽略。在ANSYS中采用SOLID90单元对沥青混凝土层和桥面板分两层进行建模。

采用2006年6月13日环境温度对江阴大桥进行日照热分析，大气温度采用南锚平台气象传感器测量的实测温度数据，如图6-19（a）所示；太阳辐射的热流密度，如图6-19（b）所示，公式中相关参数计算见表6-5。

桥面板太阳辐射强度计算相关参数 表6-5

ϕ（地理纬度）	北纬31.94°
δ（太阳赤纬角）	$23.45\sin\left(360\dfrac{284+164}{365}\right)=14.59°$
β（表面倾角）	0°
γ（表面方位角）	24.40°
τ（时角）	$15\times(12-i)(i=6,7,8,\cdots,18)$
I_{sc}（太阳常数）	1367W/m²
k_α（压强比值）	1

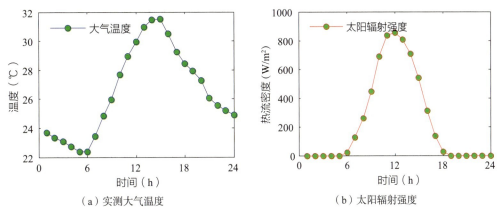

（a）实测大气温度　　　　　　（b）太阳辐射强度

图6-19　热分析边界条件

　　将表6-5参数代入上节公式，计算得到太阳辐射强度，结果如图6-19所示。

　　提取有限元模型中与实际传感器位置对应的一点温度数据，并与实测数据进行对比。图6-20（a）采用改进后t_u取值，进行桥面板的有限元分析与实测吻合较好，而传统分析中t_u一般为主观判断，图中给出了t_u=2、4、6取值的有限元分析，发现主观判断有限元分析可能与实测具有较大误差，不能够有效地模拟实际情况。因此，该改进后的太阳辐射计算模型能够有效地避免人为主观因素，能够有效地模拟实际顶板温度场。图6-20（b）桥面板沿竖向分布为沥青混凝土层、正交异性钢板以及U形肋，沥青混凝土的吸热系数大，受太阳辐射一天中升温较高达到约58℃，通过热传导顶板的温度为51℃，比沥青混凝土铺装层低7℃，而顶板下的U形肋由于连通横截面面积较小，热传导受到限制，从而在U形肋中温度仅上升到44℃，比沥青混凝土面层的温度低14℃，顶板的温度在一天中就有不可忽略的梯度温度分布。

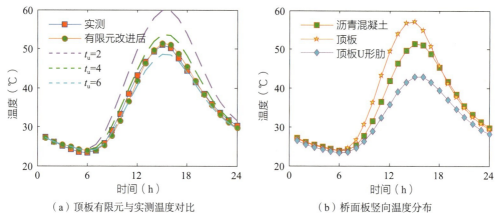

| （a）顶板有限元与实测温度对比 | （b）桥面板竖向温度分布 |

图6-20 桥面板有限元计算结果

6.5.4 箱梁三维温度场分析

悬索桥箱梁直接承受车辆等活载并将力通过吊索传递给主缆，由于梁端部通常不设纵向约束，梁受日照温度作用将产生较大变形，并且在箱梁内形成横向、竖向及纵向的梯度温度。

悬索桥加劲梁采用扁平闭口流线型单箱单室钢箱梁，总长为1379.985m。钢箱梁截面桥轴线处箱内净高为3.0m，桥面板做成2%的双向横坡，吊索中心顺桥向标准间距16m，梁全宽为32.5m；桥面板构造同上节；底板采用厚度为10mm的钢板，采用U形加劲肋，U形加劲肋由6mm钢板轧制，其上口宽180mm、下口宽500mm、高250mm、间距为990mm；下斜腹板为10mm厚的钢板，采用球扁钢加劲肋，间距为400mm；上斜腹板为12mm的钢板，亦采用球扁钢加劲肋；横隔板间距为3.2m，中间的横隔板为8mm厚的钢板，在有吊点的横隔板处，板厚增至10mm。在ANSYS中采用SOLID90单元对沥青混凝土层和箱梁进行建模。有限元模型如图6-21所示，其中节点251803个，单元40352个。

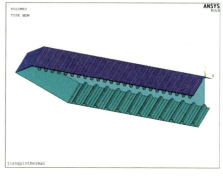

图6-21 江阴大桥箱梁有限元模型

同样采用2006年6月13日环境温度对江阴大桥箱梁进行日照热分析，大气温度采用南锚平台气象传感器测量的实测温度数据；由公式计算得到顶板、上游上腹板及下游上腹板的太阳辐射热流密度，如图6-22所示，公式中相关参数计算见表6-6所列。

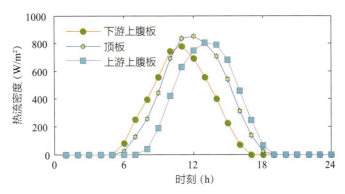

图6-22　箱梁太阳辐射强度

箱梁太阳辐射强度计算相关参数

表6-6

ϕ 地理纬度	北纬31.94°	β 下游上腹板倾角	32.48°	δ 太阳赤纬角	−14.59°
β 水平倾角	0°	β 上游上腹板倾角	32.48°	I_{sc} 太阳常数	1367W/m²
γ 下游上腹板表面方位角	114.40°	γ 上游上腹板表面方位角	−65.60°	k_a 压强比值	1

提取有限元模型中与实际传感器位置对应的一点温度数据，并与实测数据进行对比。图6-23，采用改进后t_u取值的箱梁有限元分析顶底板温度均与实测的温度吻合较好。由于改进前t_u通过人为主观判定，这里给出t_u=2、4、6取值进行有限元分析，并与改进后及实测对比。传统的主观判断t_u取值进行分析结果可能远远偏离实际情况；而在实际桥梁分析中，采用改进后的t_u取值进行箱梁有限元分析能够准确地反映箱梁中的温度场分布形式。有限元分析结果中顶板的温度白天一天上升到51℃，底板的温度上升到35℃，顶板与底板由于太阳辐射作用形成16℃的最大温差；而在凌晨顶板与底板的温度均为23℃，箱梁中温度分布较为均匀。

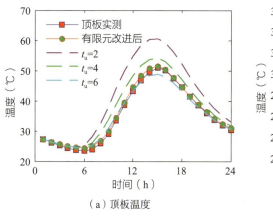

（a）顶板温度

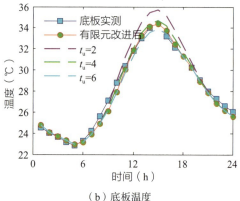

（b）底板温度

图6-23　箱梁温度有限元与实测对比

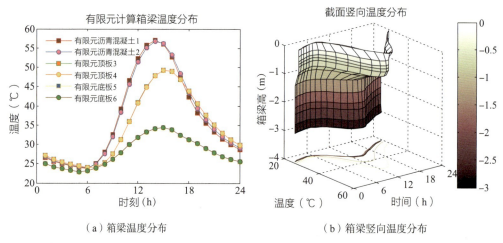

（a）箱梁温度分布　　　　　　　　　（b）箱梁竖向温度分布

图6-24　箱梁有限元竖向温度分布

提取箱梁横截面中心竖向9节点温度数据，如图6-24（a）所示，竖向温度分为三部分，分别对应为：沥青混凝土层，箱梁顶板，箱梁底板。由于各层的厚度较小，且钢的热传导系数大，故各层竖向基本没有温度梯度；沥青混凝土的吸热系数较大，比热容大，在一天中先于钢箱梁达到最高温度。图6-24（b）为箱梁的竖向温度分布一天的变化三维曲线。Z为箱梁的高度（单位m），顶板位置处取为0m；Y方向为时间方向，X为温度值，夜间竖向基本不存在温差，而在日出后顶板明显升温，而底板升温较为缓慢，并且在竖向高度−1.25m～0范围内由于受到太阳直射作用而升温较高，−1.25～1.75m顶板的温度急剧下降，而在−1.75～3m范围内温度与底板的温度基本一致。

提取箱梁顶板及底板横向节点温度数据，绘制横向温度分布图，如图6-25所

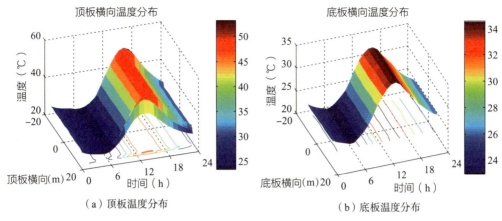

图6-25 箱梁有限元横向温度分布

示，顶板与底板的横向温度分布均基本相同，在一天中基本呈现相同的变化，这也是钢箱梁结构均在顶板受到太阳直射与钢材的导热系数较大的原因，因此，箱梁中横向的温度梯度较小。

6.5.5 桥塔三维温度场分析

南北两桥塔高190m，为两根钢筋混凝土空心柱、三道横系梁组成的框架式塔架，混凝土厚度达2m，在受到一天环绕的日照温度作用下，桥塔内外表面形成较大的温差。塔柱在纵、横桥向分别为变宽度、等宽度，横桥向两柱斜置。下横梁支承及连接主梁和引桥，设置竖向支座、横向风支座、纵向限位支座、大量伸缩缝等。桥塔太阳辐强度计算相关角度见表6-7所列。在ANSYS中采用SOLID90对桥塔进行建模分析，有限元模型如图6-26（a）所示，其中节点1051267个，单元248400个。同样采用2006年6月13日环境温度对江阴大桥桥塔进行日照热分析，大气温度采用南锚平台气象传感器测量的实测温度数据，如图6-26（a）所示；计算得到桥塔6个不同朝向的面白天接收到的太阳辐射强度，如图6-26（b）所示。

桥塔太阳辐射强度计算相关角度 表6-7

地理纬度	北纬 31.94°	面 A1–A6 倾角	90°	太阳赤纬角	−14.59°
A1 表面方位角	24.40°	A2 表面方位角	100.36°	A3 表面方位角	128.43°
A4 表面方位角	−155.60°	A5 表面方位角	−79.64°	A6 表面方位角	−51.57°

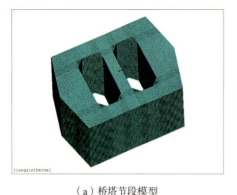

（a）桥塔节段模型

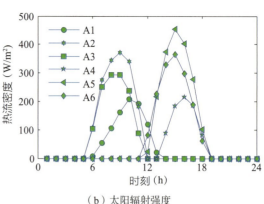

（b）太阳辐射强度

图6-26 江阴大桥桥塔有限元模型

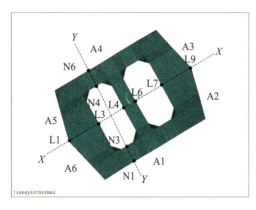

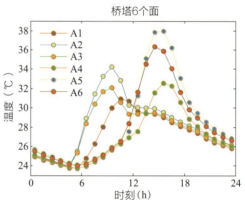

图6-27 桥塔6个面温度变化

　　提取有限元模型中塔周围6个截面中心节点的温度。桥塔的6个截面温度如图6-27所示。由于桥塔几乎垂直于水平面，桥塔的6个面具有不同的朝向，处于太阳直射的面和阴影面受到太阳辐射的差异影响巨大，面1、2、3主要是上午受到太阳辐射，在10时左右达到一天最大值；面4、5、6主要是下午受到太阳辐射，在下午4时左右达到一天最大值；各面一天中受到的日照辐射不相同，升温不同，导致各面温度差异较大，必将引起较大的温度应力。

　　提取桥塔横截面X、Y两个方向上的温度。桥塔两个垂直方向剖面温度分布如图6-28所示。图6-28（a）X-X剖面温度场分布，由于桥塔为混凝土结构，并且桥塔的混凝土较厚，最厚处达2m，混凝土的导热系数较小，使得传热慢，塔外表面与内表面温度差异大，桥塔的混凝土外表面温度在一天中由24℃变化到接近38℃，而桥塔内的温度变化很小，基本在24℃左右，一天内变化不超过

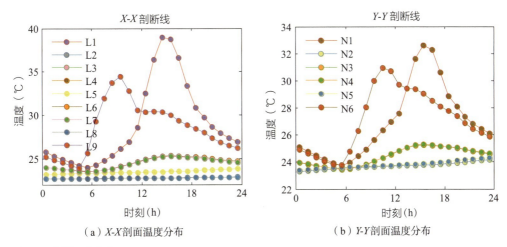

（a）X-X剖面温度分布   （b）Y-Y剖面温度分布

图6-28　桥塔温度分布

2℃。图6-28（b）为Y-Y剖面温度场分布，与X-X剖面温度相似，桥塔外表面一天的温度变化巨大，而桥塔内部的温度基本保持不变，桥塔中形成巨大的温差分布，将引起较大的温度应力。

6.5.6　全桥三维不均匀温度场分析

在ANSYS中建立江阴长江公路大桥有限元热分析模型，如图6-29所示。主缆、吊索及桥塔采用LINK33单元模拟，箱梁采用SHELL57单元模拟，箱梁表面沥青混凝土铺装层采用SOLID90单元模拟。其中共有节点37276个，单元23070个。

在ANSYS中代入2006年6月13日有限元温度边界条件并对江阴大桥一天进行整体热分析。图6-30为江阴大桥下午3时的箱梁温度云图，图中可以看出箱梁沿纵向呈现出不均匀的温度分布，箱梁出现复杂的温度分布形式，更加准确地模拟实际环境中桥梁的温度场分布。

箱梁下游顶板的温度有限元模拟结果与实测的对比如图6-31所示。

图6-29　江阴大桥热分析模型

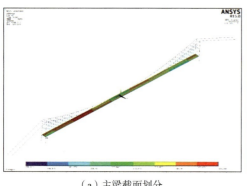

| （a）主梁截面划分 | （b）主梁截面温度提取点位置 |

图6-30 有限元模型温度提取点位置

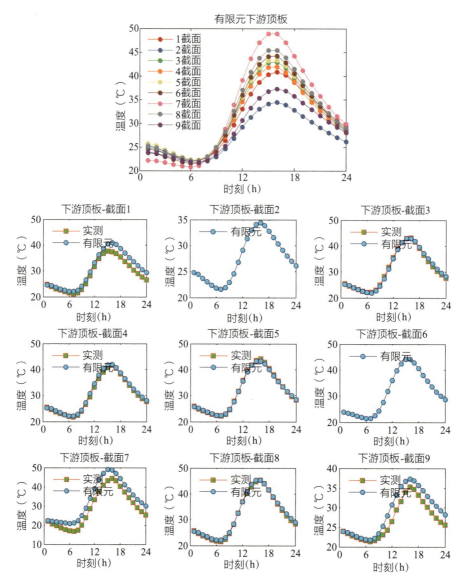

图6-31 全桥下游顶板温度实测与有限元对比

有限元温度计算结果与实测温度对比吻合较好，大部分均在1℃以内，基于本章方法能够更为有效地模拟桥梁在实桥环境中的不均匀三维温度分布，并且能够给出实际桥梁中未测点及传感器坏点的有限元温度计算值，为桥梁的温度分析提供更为全面的温度信息，并且能够为后续的桥梁结构温度应力分析提供充足的温度条件，从而更加准确地对桥梁结构中的温度效应进行计算与评估。

6.6 基于监测数据的温度变形计算

对于大跨桥梁来说，温度变化（日温差效应、年温差效应）是引起大跨桥梁变形的主要原因。温度主要可以分为均匀温度、线性温度梯度和非线性温度梯度。均匀温度主要引起结构的纵向变形，而线性温度梯度和非线性温度梯度主要引起结构的弯曲变形。下面分别从温度引起的纵向变形计算和弯曲变形计算上进行介绍。早期规范中，首先对温度引起的纵向变形进行了简单的定义。规范中，规定混凝土结构温差 ΔT（结构的整体温度变化）引起的温度变形可以通过简单热力学公式进行结构的纵向变形计算：

$$\delta_{\mathrm{T}} = \alpha L \Delta T \qquad (6-36)$$

其中，δ_{T} 表示结构在整体温度变化下所产生的纵向变形，ΔT 是整体温度变化，是结构跨径，α 表示结构材料的热膨胀系数。英国桥梁规范（BS-5400）中把"桥梁的整体温度变化"定义为"有效桥梁温度"。有效温度可以表示为 $T_{\mathrm{E}} = \left(\int T \mathrm{d}A \right) / A$，$A$ 表示截面面积。较小跨径的桥梁采用上式估算主梁的纵向变形是可以满足工程精度要求的。但是大跨桥梁（主跨上千米）就无法采用上式来进行计算。因为温度在桥梁纵向的分布是不均匀的，若假设温度延桥梁纵向分布是均匀的，计算出来的桥梁纵向变形是会存在较大误差的。

将桥梁分为各个节段，认为各个节段间的纵向变形可以用该节段内的应变测点来估算，再利用积分的形式求出整个主梁的纵向变形。计算公式如下：

$$\Delta l = \int_0^l \varepsilon_i \mathrm{d}l \qquad (6-37)$$

其中，Δl 表示伸缩缝处的纵向膨胀变形，ε_i 表示均匀温度变化引起的应变，l 表示主梁跨径。江阴大桥为一单跨简支悬索桥，并在加劲梁9个等截面上安装了应变传感器（FBGS）和温度传感器（FBGT），首先 ε_i 可以利用加劲梁顶板和底板的应变数据计算得到，并且假设每个单元长度的应变是均匀的；其次对9个截面进行积分。式变换得到：

$$\delta_l = \sum_{N=1}^{9} \frac{\varepsilon_{\text{UD}}^N + \varepsilon_{\text{LD}}^N}{2} \Delta l \qquad (6\text{-}38)$$

式中，$\varepsilon_{\text{UD}}^N$表示第$N$截面顶板的温度诱导应变（S-$N$-3）；$\varepsilon_{\text{LD}}^N$表示第$N$截面底板的温度诱导应变（S-$N$-7）。$\Delta l$表示单元长度（第1和第9截面的单元长度为87m，其他截面单元长度为173m）。本书利用公式计算了2006年4月15日主梁伸缩缝处的轴向变形，与伸缩缝拉线位移计（δ_{DIS}）对比如图6-32（a）所示。可以看出两条曲线是非常吻合的。利用本书提出的方法可以简单有效地利用温度诱导应变来计算结构的温度纵向变形。

利用EEMD从实测应变数据中分离出温度诱导应变，利用顶板与底板的应变数据直接计算出温度引起的弯曲应变，利用有限差分的形式估算了主梁的由温度引起的弯曲变形：

$$v_{i+1} - 2v_i + v_{i-1} = h^2 \cdot \frac{M_i}{EI_i} \qquad (6\text{-}39)$$

其中，v_i表示第i点的弯曲变形，h表示主梁截面高度，M_i表示第i点的弯曲，EI_i表示第i点的惯性矩。

根据上述描述的方法，本书利用温度诱导应变对主梁的竖向变形进行了计算。假设单跨简支悬索桥可以简化为一简支梁模型，温度作用为结构的主要外部荷载。首先提取9个截面的温度诱导应变，并计算各个截面的曲率。利用公式可以计算主梁的变形。计算结构与GPS实测结果如图6-32（b）所示。看见计算结果与实测值比较吻合，满足工程需要。该方法在一定程度上满足了大跨桥梁挠度监测的需求，并可以用于挠度反演监测，同时节约GPS成本。

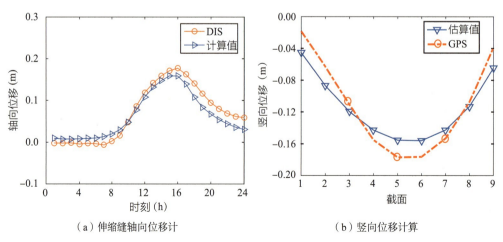

（a）伸缩缝轴向位移计　　　　　（b）竖向位移计算

图6-32　位移计算对比

此外，温度不仅仅对大跨桥梁的变形有着显著的影响，在高耸结构上也存在较大的影响。将广州电视塔（高600m）分为若干节段，利用实测应变数据计算各个节段的变形，以此为基础估算了广州电视塔在日常温度变化的变形及转角：

$$v_n = \frac{1}{6b} \sum_{i=1}^{n} \left[h_i \left(2l_{i-1}\Delta\varepsilon_{i-1} + l_{i-1}\Delta\varepsilon_i + l_i\Delta\varepsilon_{i-1} + 2l_i\Delta\varepsilon_i \right) \right] \tag{6-40}$$

$$\theta_n = \frac{1}{2b} \sum_{i=1}^{n} \left(\Delta\varepsilon_{i-1} + \Delta\varepsilon_i \right) h_i \tag{6-41}$$

其中，v_n表示塔顶位移，θ_n表示塔顶转角，h_i表示第i点的高度，$\Delta\varepsilon_i$表示第i点的应变变化，l_{i-1}表示第i点的弯矩。结果表明，温度变化会引起塔顶位移达到10cm。可见，温度变形计算在预测高耸结构变形上也具有重要的工程意义。

本章通过数值分析与现场监测相结合的方式，研究了大跨悬索桥的温度分布和温度相关性统计分析，通过南锚与北锚温差对晴朗系数进行了修正，构造了太阳辐射模型建立了桥面板，截面框架和桥塔的精细有限元模型，利用瞬态热传递分析计算每个组件内随时间变化的温度分布。通过不同时期、不同季节的温度分布和变化的现成测试数据与模拟数据的对比，验证了数值结果。研究表明，将数值分析与现场监测数据进行整合，可以全面了解大跨桥梁的温度特性。

CHAP 7

第7章

长大跨桥梁多尺度
温度应力场计算

本章基于监测数据对苏通大桥的温度以及温度作用效应进行了统计分析，并基于多尺度有限元方法对苏通斜拉桥细观构件的温度应力场进行了计算，通过计算值与实测数据的比较验证了多尺度有限元模型进行温度应力场分析的适用性和可靠性。

7.1 结构温度效应理论

结构应力是评估结构安全性能最直接的指标。车载应力可以直接将车载应变乘以弹性模量得到，而温度应变并不能直接乘以弹性模量。它通常不满足胡克定律，实测应变与应力的复杂取决于温度分布模式、结构类型以及边界条件。下文将围绕不同温度模式来分析结构的温度应力、温度变形等等。

7.1.1 均匀温度下的温度应力分析

简支梁模型跨径为L，在截面上受到均匀温度分布ΔT_U，如图7-1（a）所示。当简支梁边界没有轴向约束的时候，梁端会发生δ_U的膨胀，此时，梁里面的应变为$\varepsilon_U = \delta_U / L$，然而并没有温度应力产生。

当简支梁梁端附加刚度为k_R的轴向约束弹簧的时候［图7-1（b）］，此时梁端变形不再是δ_U，而是δ_{UR}，其中ε'^N_U会被约束。梁端变形具有如下关系：

$$\delta_{UR} = \delta_U - \delta'^N_U \tag{7-1}$$

式中，δ_U表示简支梁模型在无轴向约束情况下的梁端自由变形，可以利用$aL\Delta T_U$计算得到，a是材料的热膨胀系数；δ_{UR}是简支梁模型在有轴向约束下梁端实际发生的变形，它可以直接由梁端位移测得。ε'^N_U为被约束住的变形，它可以由轴向约束力计算得到：

$$\delta'^N_U = F_s L / EA \tag{7-2}$$

式中，F_s表示轴向约束力，E表示材料的弹性模量，A是简支梁模型截面面积。

同样，应变也具有相同的关系：

$$\varepsilon_{UR} = \varepsilon_U - \varepsilon'^N_U \tag{7-3}$$

式中，ε_U是无约束应变，ε_{UR}是实测应变，ε'^N_U是约束应变。

那么，含有部分轴向约束的简支梁模型在均匀温度下产生的温度应力计算如下：

$$\sigma'^N_U = E\varepsilon'^N_U = E\left(\varepsilon_U - \varepsilon_{UR}\right) \tag{7-4}$$

利用实测的变形数据还可以进一步识别轴向约束力和轴向约束刚度，

$$F_s = k_R \delta_{UR} \qquad (7-5)$$

$$k_R = \frac{EA(\delta_U - \delta_{UR})}{\delta_{UR}L} \qquad (7-6)$$

式中，F_s是轴向约束力，k_R是轴向约束约束刚度。当梁端位移δ_{UR}趋近于0的时候，说明边界轴向约束刚度趋近于无穷大。

如果利用健康监测系统对结构的应变和均匀温度作用进行监测，那么结构的温度应力、变形和边界刚度都是可以进行估算的。从以上的分析当中，可以看出实测应变ε_{UR}只引起了结构的变形，并没有引起结构的应力。也就是说实测应变不能用来直接乘以弹性模量来得到结构的应力，即$\sigma'^N_U \neq E\varepsilon_{UR}$。

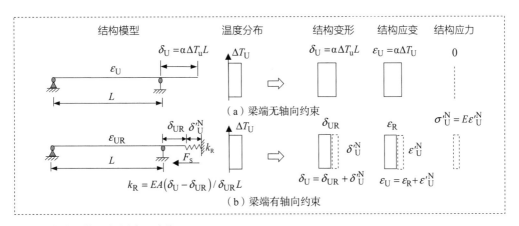

图7-1　简支梁模型受到均匀温度作用

7.1.2　线性温度梯度下的温度应力分析

简支梁模型截面上受到线性温度梯度T_L作用，如图7-2（a）所示。温度沿截面是线性变化的。在线性温度梯度下，结构会产生弯曲变形，因为线性温度梯度可以等效为弯矩作用。那么梁端的无约束转角可以表示为：

$$\theta_T = \frac{\alpha(T_1 - T_2)L}{2h} \qquad (7-7)$$

式中，θ_T是简支梁在线性温度梯度下梁端无约束转角；h是截面高度；T_1、T_2分别是简支梁结构上顶面和下底面的温度，$T_1 = -T_2$。那么，简支梁截面上的应变可以表示为：

$$\varepsilon_L = \alpha T_L \tag{7-8}$$

式中，ε_L是截面上的应变。此时，简支梁在线性温度梯度下产生了变形，但是并没有产生温度应力。

当梁端附加转动约束刚度为k_s弹簧后，如图7-2（b）所示。部分弯曲变形将会被转动弹簧约束。此时，梁端转角可以表示为：

$$\theta_U = \frac{(\varepsilon_{LR1} - \varepsilon_{LR2})L}{2h} \tag{7-9}$$

式中，θ_U是简支梁在线性温度梯度下还有梁端转动约束的实际转角。ε_{LR}表示沿梁截面上的实测应变。ε_{LR1}、ε_{LR2}分别表示梁截面顶面和底面的实测应变。那么，梁端被约束住的转角可以表示为：

$$\theta'_R = \theta_T - \theta_U \tag{7-10}$$

式中，θ'_R表示被约束的梁端转角；θ_T表示无转动约束下梁端转角；θ_U表示梁端实测转角。

同样，弯曲应变也具有同样的关系：

$$\varepsilon'^M_L = \varepsilon_L - \varepsilon_{LR} \tag{7-11}$$

其中，ε'^M_L表示被约束的弯曲应变；ε_L表示无转动约束下的弯曲应变；ε_{LR}表示实际测到的弯曲应变。所以，约束弯曲应力可以表示为：

$$\sigma'^M_T = E\varepsilon'^M_L = \frac{2E(\theta_T - \theta_U)}{L}y_0 \tag{7-12}$$

式中，σ'^M_T结构中被约束的弯曲应力；y_0表示截面上一点距离中和轴的高度。通过健康监测系统测试得到结构的应变和线性温度梯度后，那么结构的被约束转角、产生的附加弯矩以及边界转动约束刚度都是可以进行估算的。

$$\theta'_R = \frac{M_s L}{2EI} \tag{7-13}$$

$$M_s = k_s \theta_U \tag{7-14}$$

$$k_s = \frac{2EI(\theta_T - \theta_U)}{\theta_U L} \tag{7-15}$$

式中，θ'_R表示梁端被约束的转角；M_s表示结构中产生的约束弯矩；I表示截面惯性矩；k_s表示梁端弹性转动约束刚度。若梁端转动约束刚度趋近于无穷大的时候，那么梁端转角θ_U会被弯曲约束，趋近于0，最后全部转化为约束应力。

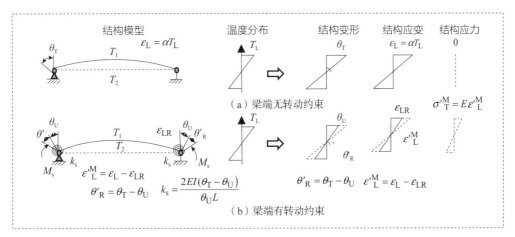

图7-2 简支梁模型受到线性梯度温度作用

7.1.3 非线性温度梯度下的温度分析

1. 简支梁模型-无约束

简支梁在无约束的条件下，受到均匀温度作用或者线性温度作用的时候，都会使结构产生轴向变形或者弯曲变形，但是不会产生温度应力。当结构受到非线性温度的时候，结构不仅产生了变形，同时还会产生温度自应力，如图7-3（a）所示。接下来简单介绍温度自应力计算。

首先假设结构完全被约束，那么温度变形将全部转化为温度应力：

$$\sigma_{RT}(y) = E \cdot \alpha \cdot T(y) \quad (7-16)$$

式中，$\sigma_{RT}(y)$表示温度应力；E表示结构的弹性模量；$T(y)$表示沿梁截面的非线性温度梯度。根据圣维南原理，可以等效为轴力和弯矩。

$$N_T = \int_{-h/2}^{h/2} \sigma_{RT}(y) \cdot b(y) \mathrm{d}y \quad (7-17)$$

$$M_T = \int_{-h/2}^{h/2} \sigma_{RT}(y) \cdot b(y) \cdot y_0 \mathrm{d}y \quad (7-18)$$

式中，N_T是等效轴力；M_T是等效弯矩；$b(y)$截面随y变化的宽度；h截面高度；y_0截面上一点到中心轴的距离。如果结构完全自由，那么由非线性温度梯度等效的轴力和弯矩将被释放掉，结构将产生轴向变形和弯曲变形，其轴向应变和弯曲应变可以表示为：

$$\varepsilon_T^N = \frac{N_T}{EA} \quad (7-19)$$

$$\varepsilon_T^M = \frac{M_T \cdot y_0}{EI_Z} \quad (7-20)$$

式中，A是截面面积，EI_z截面抗弯刚度。那么由非线性温度梯度产生的变形应变为：$\varepsilon(y) = \varepsilon_T^N + \varepsilon_T^M$。

需要注意非线性温度梯度$T(y)$在截面产生的非线性为$aT(y)$，显然这是不满足平截面假定的，故为了满足平截面假定一部分变形就会被约束起来，引起的应力就是温度自应力。那么自约束应变可以表示为：

$$\varepsilon'_{SE}(y) = \varepsilon_T^N + \varepsilon_T^M - \alpha T(y) \tag{7-21}$$

温度自应力可以表示为：

$$\sigma'_{SE}(y) = E\varepsilon_T^N + E\varepsilon_T^M - \sigma_{RT}(y) \tag{7-22}$$

2. 简支梁模型——有轴向约束和转动约束

非线性温度梯度下，结构不仅可以产生轴向变形，同时还可会产生弯曲变形。如图7-3（b）所示，简支梁模型在梁端同时附加轴向约束与转动约束。由前面的分析可知，附加轴向约束和转动约束后，简支梁部分轴向变形和弯曲变形就会被约束。约束应变关系如下：

$$\varepsilon'^N_T = \varepsilon_T^N - \varepsilon_{TR}^N \tag{7-23}$$

$$\varepsilon'^M_T = \varepsilon_T^M - \varepsilon_{TR}^M \tag{7-24}$$

式中，ε'^N_T、ε'^M_T分别表示被约束的轴向应变和弯曲应变，被约束的应变将会产生轴向约束应力（$E\varepsilon_T^M$）和弯曲约束应力（$E\varepsilon'^M_T$）。ε_T^N、ε_T^M是无约束状态下有附加轴力（N_T）和弯矩（M_T）产生的轴向应变和弯曲应变。ε_{TR}^N、ε_{TR}^M是有约束状态下实测的轴向应变和弯曲应变。

根据前面分析，利用实测应变和变形同样可以得到边界的轴向约束刚度和转动约束刚度，分别表示为：

$$k_R = \frac{N_T L - EA\delta_{UR}}{\delta_{UR} L} \tag{7-25}$$

$$k_s = \frac{M_T L - 2\theta_U EI}{\theta_U L} \tag{7-26}$$

式中，k_R、k_s分别表示轴向约束刚度和转动约束刚度。N_T、M_T分别表示等效的轴力和弯矩。θ_U、δ_{UR}分别是实测转角和实测变形。

那么，含有轴向约束和转动约束的简支梁模型在非线性温度梯度下的总温度应力可以表示为：

$$\sigma'_{RSE}(y) = \sigma'_{SE}(y) + E\varepsilon'^N_T + E\varepsilon'^M_T \tag{7-27}$$

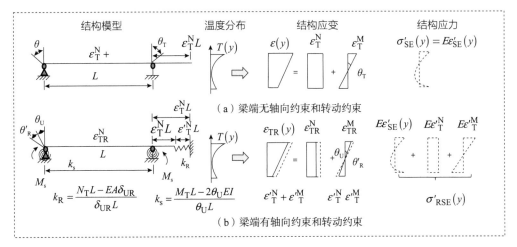

图7-3 简支梁模型受到非线性温度梯度荷载

式中，$\sigma'_{RSE}(y)$ 是总的温度应力。$E\varepsilon''^{N}_T$、$E\varepsilon''^{M}_T$ 分别表示由边界约束引起的轴向约束应力和弯曲约束应力。

桥梁在正常运营环境下，温度结构一般会产生两种应力：一种是自约束应力；另一种是次内力，也就是由边界约束产生。那么温度总应力可以表示为：

$$\sigma'_{TRSE}(y) = \sigma'_{SE}(y) + \sigma'_R \qquad (7-28)$$

式中，$\sigma'_{TRSE}(y)$ 是一般结构在温度作用下的温度总应力。$\sigma'_R = \sigma'^{N}_{UT} + \sigma'^{M}_T$ 是边界引起的轴向约束应力，主要由均匀温度和非线性温度梯度引起。$\sigma'^{M}_T = E\varepsilon'^{M}_L + E\varepsilon'^{M}_T$ 是边界引起的转动约束应力，主要由线性温度梯度和非线性温度梯度引起。

基于上述的理论分析，温度分析理论框架总结如下：①悬索桥可以简化为简支梁模型用于温度反应分析。②实测温度可以分为均匀温度、线性温度梯度和非线性温度梯度，它们可以使结构产生变形。如图7-4所示，实测应变主要包含两部分，第一部分就是轴向应变，第二部分就是弯曲应变。当结构边界有一定约束的时候，那么多余的约束就会限制结构的温度变形从而产生次内力。如图7-4所示，实线表示结构实际发生的变形，虚线表示约束的应变，也就是产生应力的应变。③提取约束应变，乘以弹性模量就是约束应力。温度自应力可以由截面的非线性温度梯度获得。最后就可以求得温度总应力 $\sigma'_{TRSE}(y)$，而非简单地将实测应变直接乘以弹性模量。从结构健康监测系统中监测得到的结构应变和温度就可以估算结构的温度应力、温度诱导变形以及边界刚度。

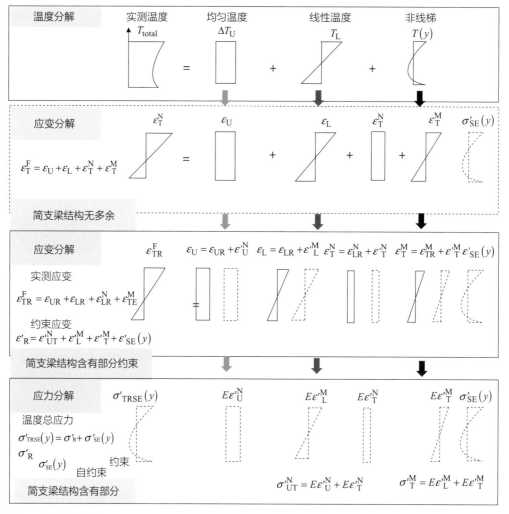

图7-4 温度分析框架

7.2 结构温度总效应的多尺度研究方法

7.2.1 多尺度方法

桥梁结构健康监测系统可以被用来进行桥梁结构的性能评估。然而，由于健康监测系统中的传感器数量有限，导致很多构件无法直接监测。因此需要采用有限元模型对桥梁的使用性能和安全性能进行评估。有限元模型可以分析实际桥梁中没有布置传感器的构件区域。大跨桥梁有限元模型通常更多考虑宏观结构尺度，而忽略局部构件的应力集中、裂缝的扩展、疲劳等现象。然而，桥梁结构荷载通常作用于整个结构，而结构损伤是从细观尺度构件开始的，特别是钢箱梁桥钢板之间的连接部位（例如桥面板与U形加劲肋的连接部位），它是应力集中处和最易损伤的部位，而这些细观尺度构件构造十分复杂，往往整体结构还处于弹性阶段时，局部连接细观尺度构件由于应力集中等原因已经提前进入塑性阶段，甚至发生损伤，桥梁结构由于局部失效而引起整体破坏。因此，需要我们对桥梁结构的细观尺度构件进行重点关注。

传统的大跨桥梁有限元模型建模通常是将钢箱梁通过等效截面原理将其简化为梁单元，即"鱼脊骨"模型，属于结构尺度的建模。"鱼脊骨"有限元模型对桥梁设计阶段来说是足够的，但是对于结构健康监测和损伤评估，需要知道主梁某个构件的应力分布情况，"鱼脊骨"模型是无法评估的。较为精细的建模方法是用空间壳单元模拟钢箱梁的顶板、底板、腹板、横隔板、纵隔板，而将U形加劲肋的刚度通过复合材料力学的方法换算到顶板、底板中，这样换算后的顶板、底板成为正交各向异性板。这种方法建立的有限元模型处于构件尺度，它比"鱼脊骨"模型有了很大的改进，可以得到主梁某个构件的应力分布情况。通过以上两种方法，可以实现长跨桥梁的有限元修正和时程动力分析。然而，这些简化方法无法分析细观尺度构件（U形加劲肋），而且对整体模型中构件尺度的构件（如顶板、底板）应力计算结果也不够精确。如果采用精细化的有限元模型直接模拟长跨桥梁，充分考虑结构细观尺度构件，那么巨大的计算量使得存在大量迭代计算的有限元模型修正和瞬态动力分析无法进行。要研究桥梁的细观尺度构件，即便对于一座中小桥梁，如果采用精细化的有限元模型建模，其单元数目一般会达到百万量级，而对于一座大跨桥梁，其巨大的单元数目对于实际有限元分析来说是很难实现的。为解决上述难题，采用多尺度有限元模型分析具有大量自由度的长跨桥梁，从桥梁的多个尺度进行建模，使之可以为桥梁结构安全性能评估提供多个尺度的结构信息。

本章主要研究对象为长大跨钢箱梁斜拉桥——苏通大桥细观构件U形加劲肋的温度应力。苏通大桥主梁全长2088m，U形加劲肋的尺寸在0.3~0.4m之间。如果按照传统有限元建模方法建模，桥梁主梁的顶板、底板、腹板、横隔板、纵向桁架、U形加劲肋将全部按等效截面原理简化为梁单元，因此无法分析U形肋的温度应力。如果建立精细化有限元模型，主梁的各个钢板构件，以及U形加劲肋等构件都需要按板、壳或实体单元建立，用以准确模拟结构各构件局部的质量和刚度，结构单元的离散尺寸需要按照U形加劲肋的大小确定。然而，这样建立的精细化有限元模型对于计算资源十分浪费，大量的自由度导致难以进行动力时程分析（因为桥梁在日照作用下温度作用随时间在不断变化）。多尺度有限元模型可以被用来解决上述问题。多尺度有限元模型可以同时提供整体信息和局部信息，用以评估结构的安全性能。可以对复杂工程结构，如长大跨桥梁，在整体层面进行静力和动力分析；还可以对局部构件的应力，以及裂缝的发生、发展、疲劳、断裂等现象进行分析。因此，目前多尺度有限元建模包括以下几种方法。

1. 子模型法

Chen等人[232]在考虑车桥耦合的作用下，采用二次分析的方法分析了桥面铺装的应力，具体方法为：首先对一个钢桥采用梁单元建立了整体模型，分析了随着车辆荷载移动，钢箱梁最大负弯矩出现在1/4跨。然后，在整体梁单元模型中提取1/4跨处16m长的梁段两端节点的位移，并采用壳单元模拟钢箱梁，采用实体单元模拟桥面铺装，将该梁段模型作为一个子模型进行单独分析，其边界采用有限混合元法（子模型边界上的所有点与一个刚性杆进行连接，刚性杆的位移即从整体模型中提取的位移）进行模拟。最后，选取1/4跨处梁段处子模型中的桥面板附近单元，作为二级子模型，即子模型中的子模型，分析桥面板上桥面铺装的应力，基于有限元子模型技术提取二级子模型的边界。这种二次分析方法又称为切割边界位移法或特定边界位移法。切割边界就是子模型从整体模型分割开的边界，整体模型切割边界的计算位移值即为子模型的边界条件。因此，选取边界条件就成为子模型分析的关键，如果边界条件选取不当，那么子模型分析结果就会相差很多。研究表明，二次分析方法对线性问题是可行的，对非线性问题会存在误差积累，导致结果失真的可能。

2. 界面位移协调法

如何做到对整体模型和局部模型的边界交换信息不失真是多尺度方法的关键。将局部模型建立在整体模型中，使用一个模型即可克服上述困难。与二次分析方法类似，整体模型可以采用梁单元粗略模拟，局部模型可以采用壳、实体单元模拟。之后，采用约束方程或者约束单元对梁单元与壳或实体单元进行连接。采用约束方程或约束单元连接都是为了以整体模型切割位置节点的自由度为标准值，令局部模型边界节点自由度与其相等。Nie等人[233]采用该方法分析了一座自锚式悬索桥的锚碇结构。锚碇结构采用构件尺度建模，自锚式悬索桥的其他部分，包括梁、主缆、吊杆、桥塔等采用结构尺度建模。对于结构尺度模型和构件尺度模型在界面上的节点，采用界面位移协调方法进行连接，在跨尺度界面上的自由度按照平截面假定进行传递。Wang等人[234]基于ANSYS中自带的多点约束单元MPC184对一个斜拉钢桥建立了多尺度有限元模型，并进行了模型修正。MPC184实际上是将约束方程应用到梁和壳单元之间的节点上。在梁-壳单元界面处能实现位移协调与力平衡，但不能保证界面处应力平衡的精度。具体建模方法为：首先采用梁、杆、质量单元建立斜拉钢桥整体模型，确定最容易产生疲劳损伤的临界结构部位为主梁跨中。然后采用精细壳单元对临界结构部位建立局部模型。最后将局部模型取代整体模型中的临界结构部位的单元，并通过MPC184单元将局部模型与整体模型耦合起来。

基于约束方程或约束单元建立的多尺度有限元模型，由于壳、实体单元建立的精细化梁段模型中自由度数目很大，因此一般精细化局部模型在整体模型中的数量是很少的。当需要分析主梁更多截面的应力时，需要更多的局部模型，从而使采用该方法建立的模型自由度数接近整体精细化有限元模型，并没有体现出多尺度方法的优势。

3. 子结构法

使用子结构方法对局部模型建模可以解决上述问题。有限元法中的子结构方法是将一组有限元凝聚成一个表示矩阵的单元，并且可以定义为基于线性响应将局部模型细分为等效刚度单元的单元集合。在有限元相关文献中，子结构也称为超单元。子结构方法的基本思想是消除所有保留节点处的自由度，这些保留节点用于将子结构连接到模型的其余部分。一旦刚度计算和子结构缩减，子结构就可以在分析模型中与标准单元一起使用，并且当该模型包括相对大量的标准单元如长大跨钢箱梁时，分析成本将显著降低。Li等人[235]对润扬大桥主梁的跨中梁段建立考虑U形加劲肋的子结构模型，主梁其他部位的正交异形板采用符合材料力学原理将U形肋的刚度计入桥面板中，在子结构与模型其余部分之间的界面处施加自由度耦合。静态分析结果表明临界位置出现在跨中梁段顶板外车道的最外边部分。在跨中子结构模型中建立二级子结构，详细模拟了U形肋与桥面板的焊缝连接，分析了焊缝的应力集中情况。最后进行了多尺度有限元修正，使该模型可以用于宏观静动力分析和局部焊缝的热点应力分析。Zhu等人[236]在ANSYS中对整个斜拉桥主梁采用子结构方法细致模拟了混凝土箱梁、钢箱梁，各子结构间采用主自由度耦合的方式进行连接。对桥塔、斜拉索采用常规方法进行建模，并仔细考虑了边界条件，建立了多尺度有限元模型；最后通过影响线分析验证了该多尺度有限元模型的正确性。子结构方法对于局部非线性分析和带有大量重复几何结构的整体分析有非常明显的优势。在局部非线性分析中，可以将模型线性部分作为子结构，这部分的单元矩阵就不用在非线性迭代过程中重复计算。而在有重复几何结构的模型中（如钢桥主梁中的相同标准梁段），对重复的部分生成超单元，然后将它拷贝到不同的位置，这样做可以节省大量的计算时间和计算机资源。基于子结构方法的多尺度有限元模型可以有效节省机时，允许在比较有限的计算机设备资源的基础上求解超大规模的问题。

众多研究者已经对长大跨桥梁的多尺度有限元方法进行了细致的研究。然而，目前并没有研究能够解决如何基于多尺度有限元方法进行长大跨钢桥正交异性板上

U形加劲肋的温度应力分析和安全性能评估这一问题。在苏通大桥中，U形肋的尺寸在0.3~0.4m，而主梁全桥长度为2088m，两者在单元尺度上不处于同一量级，因此非常适合采用多尺度有限元方法建模。苏通大桥主梁是由标准梁段焊接而成，即主梁有大量的重复几何结构，采用子结构方法能够有效提高有限元建模效率。并且由于不同长大跨钢桥U形肋的疲劳裂纹分布规律并不相同，主梁上不同横截面位置的U形加劲肋的温度应力都被关注。因此，本章将对整个主梁都采用子结构方法建立多尺度有限元模型，分析U形肋的温度应力。

7.2.2 多尺度有限元模型在ANSYS中的实现

ANSYS软件中含有子结构求解器，因此可以在ANSYS中直接建立多尺度有限元模型。但子结构求解器并非在所有ANSYS模块中都能利用，目前ANSYS子结构求解器可以在ANSYS/Mutiphysics、ANSYS/Mechanical和ANSYS/Structural中使用。ANSYS子结构分析包括三个步骤：生成过程、使用过程、扩展过程。

1. 生成过程

生成过程就是将普通的有限元单元凝聚为一个超单元。凝聚是通过定义一组主自由度来实现的。主自由度用于定义超单元之间或超单元与模型中其他单元的边界，提取模型的动力学特性。在生成过程，主要生成模型中的超单元部分。非超单元部分是在以后的使用过程中生成的。对于桥梁结构模型中划分的多个子结构，子结构部分是完全相同的，可以通过定义一个超单元（进行一次生成过程运算），然后在使用过程中平移到不同位置形成整体结构；在整体结构中子结构之间是不相同的，需要对不同子结构定义不同的超单元。

在生成超单元的过程中，建模超单元的过程与普通有限元模型在前处理器（/PREP7）中的建模方法相同。在建模的开始就需要对模型的两个部分有所规划，主要是确定超单元部分和非超单元部分如何连接。之后，需要用户自定义分析类型和分析设置，定义主自由度，施加边界条件，定义载荷步，开始计算。定义分析设置时，需要选择子结构求解器（ANTYPE，SUBSTR）。选择超单元与其他超单元，以及超单元与非超单元之间的边界节点的自由度为主自由度，可以选择全部边界节点或部分边界节点作为主节点（M）。

2. 使用过程

使用过程是将生成过程中创建的超单元应用于整个结构，使之成为结构中的一部分。首先在整体模型中定义超单元，其单元类型为MATRIX50。MATRIX50创建的超单元是对任意结构用数学矩阵来代替，没有固定的结合形状，其节点为主节点，自由度为主自由度，是一个单元，多个节点。然后使用SE命令读入生成过程创建的超单元，如果整体模型中有多个相同超单元的部分，可以对一个超单元采用SETRAN命令进行平移实现。之后，采用节点耦合的方式将整体模型中的超单元与其他超单元或非超单元之间进行自由度耦合，使各个部分成为一个整体。最后就可以在使用过程中对整个结构进行有限元分析（静力、模态、瞬态等）。

3. 扩展过程

扩展过程是从使用过程的凝聚解计算出整个超单元的完整解。如果在使用过程应用了多个超单元时，在整体模型中需要研究者关注部位的每一个超单元使用一次扩展过程。首先需要调用生成过程的超单元模型（RESUME）；然后，使用EXPASS命令激活扩展过程，使用SEEXP命令对超单元进行扩展；之后设置荷载步、荷载子步求解（EXPSOL）；最后求解完毕，在后处理器中查看超单元计算结果，方法与普通有限元求解、后处理一致。

7.2.3 方法验证与计算优势

钢箱梁桥为三跨连续梁，全桥长200m，箱形截面10m×4m，箱梁上下顶板焊接U形肋。全桥共50个梁段，每个梁段纵向长度4m，每个梁段均相同。桥墩采用混凝土结构，高10m，截面为变截面箱形（$1 \times 1 \times 0.1 \sim 3 \times 3 \times 0.3$）。钢材材料力学性质：弹性模量$2.1 \times 10^{11}$Pa，泊松比0.3，密度7500kg/m³，热膨胀系数1.2×10^{-5}。桥墩底部固接，主梁两端约束横向、垂向自由度，释放纵向自由度。

建立三种模型：①参照模型［图7-5（a）］：钢箱梁顶板、底板、腹板、横隔板、U形肋采用SHELL63模拟，各钢板间节点连接。变截面混凝土桥墩采用BEAM188模拟，钢材、混凝土材料物理参数、实常数按照实际取值。对桥梁钢箱梁两端约束横向、竖向的位移，对桥墩底部约束全部自由度。②传统模型［图7-5（a）］：通常钢箱梁桥有限元模型不对U形肋进行建模，因此在传统模型中不模拟U形肋，其余与参照模型相同。按照等效刚度原理，将U形肋刚度折减计入上下顶板厚度。③多尺度模型［图7-5（b）］：将每一个梁段（两个横隔板间的钢箱梁）定义为一个子结构，共50个子结构，子结构间（横隔板处）进行节点自由度耦合，子结构与非子结构（桥墩）相同位置处进行节点自由度耦合。多尺度FE模型中，采用MATRIX50单元模拟钢箱梁部分的50个超单元。每个超单元上选取纵向上三个截面（0m、2m、4m）所有节点为主节点。多尺度模型的主节点选择见图中紫色节点位置。

对以上三种方法建立的模型桥FEM模型进行静态分析：采用自重荷载，计算跨中挠度。模态分析：计算前十阶模态。瞬态分析：采用一天的温度作用，计算桥梁两端水平向（Z向）的位移。其中，一天内温度作用可由最高气温30℃，最低气温−10℃计算得到。

如表7-1所示，通过对多尺度有限元模型、参照和传统有限元模型静力、模态、瞬态分析结果进行对比，可以看出在计算静力挠度时，传统模型与参照模型的误差0.36%，多尺度模型误差0.12%，多尺度模型误差是常规模型误差的1/3；在模态分析时，传统模型误差较大，且第三阶竖向反对称一阶模态识别不出来，而多尺度模型可以识别，同时误差很小，这是因为传统模型中没有考虑U形肋，顶底板结构刚度不足，导致横隔板之间的顶板、底板存在大量局部振动，最终影响到结构的整体振动；在瞬态分析中，多尺度模型模拟结果也较传统要好。综上所述，多尺度模型在计算精度方面比传统模型更好，这主要是因为与传统有限元模型相比，多尺度有限元模型更多地考虑了结构的细节，与实际结构（参照模型）更为接近，因此，各项计算结果（静力、模态、瞬态）也更为精确。

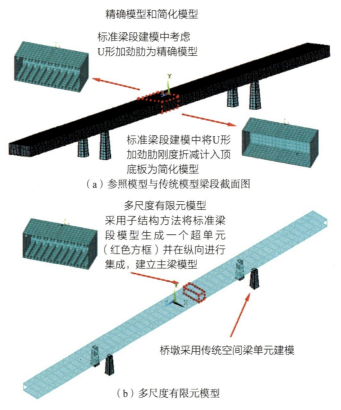

（a）参照模型与传统模型梁段截面图

（b）多尺度有限元模型

图7-5　有限元模型

模型桥多尺度有限元模型和参照、传统有限元模型分析对比　　表7-1

	参照	传统	多尺度	传统与参照的误差	多尺度与参照的误差
静力挠度	0.0816	0.0813	0.0815	0.36%	0.12%
一阶频率（V-S-1）	1.841	1.790	1.819	2.7%	1.1%
二阶频率（T-S-1）	2.950	2.772	2.958	6.0%	0.27%
三阶频率（V-A-1）	3.876	—	3.859	—	0.43%
梁端位移最大值	0.0338	0.0338	0.0335	0.07%	0.88%
梁端位移最小值	−0.0113	−0.0118	−0.0115	4.6%	1.8%

注：V-S-1表示竖向正对称1阶模态，T-S-1表示横向正对称1阶模态，V-A-1表示竖向反对称1阶模态。

通过对悬臂板实例的计算速度进行对比，发现多尺度有限元模型的自由度数大约是参照模型的1/10，而计算时间是参照模型的1.2%，见表7-2所列。从模型桥实例中发现多尺度有限元模型的自由度数量是参照模型的33.8%，是传统模型的48.7%，而计算时间是参照模型的1.1%，是传统模型的2%。由此可见，多尺度模型自由度大幅缩小，计算速度提升非常大，在计算效率方面比传统模型更适合分析结构构造复杂、自由度、单元数量繁多的工程实际问题。

模型桥FEM模型统计和ANSYS计算时间估计　　表7-2

	节点	单元	自由度	静力时间	模态时间	瞬态时间
参照	45601	108840	273606	1155.70	1155.70	27736.80
传统	31601	60840	189606	653.44	653.44	15682.56
多尺度	15394	90	92364	13.07	13.07	313.68

注：模态时间为每次模态分析迭代计算的时间。表中计算时间单位为秒。

7.3　苏通大桥健康监测系统与温度统计分析

7.3.1　健康监测系统

苏通长江公路大桥简称苏通大桥，位于江苏省东南部，连接南通和苏州两市，西距江阴长江公路大桥82km，东距长江入海口108km。全长8.2km，主桥主跨1088m，为双塔双索面斜拉桥。苏通大桥上的传感器包括主梁、索塔、拉索上的加速度传感器，风速仪，主梁钢温度计，索塔、桥墩的混凝土温度计，沥青路面温度计，空气温湿度计，主梁与索塔、梁端位移计，GPS，主梁应变片，桩基础上的固定式测斜管，腐蚀传感器等。苏通大桥传感器布置如图7-6所示。

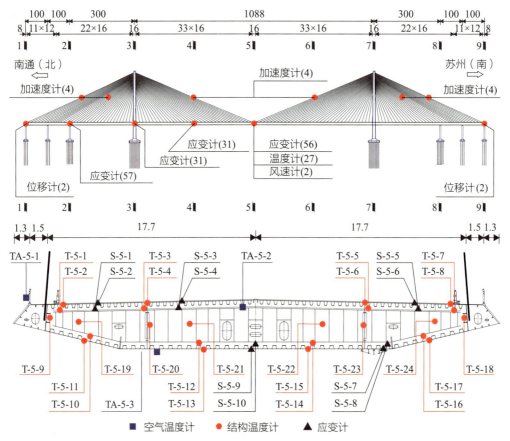

图7-6　典型截面传感器布置图

苏通大桥主梁中只在跨中截面布置了钢温度计。空气温湿计在索塔、桥面、钢箱梁内皆有布置。其中钢箱梁上的空气温湿计布置,包括顶板外侧HYG-4-01,底板外侧HYG-4-03,箱梁内部HYG-4-02。主梁跨中截面钢温度计(传感器编号TMPS-6-n,6表示温度监测系统中跨中截面编号,n表示温度传感器编号)布置了24个,其中包括顶板、顶板加劲肋各4个,底板、底板加劲肋各4个,腹板2个,横隔板6个。路面温度计布置3个。苏通大桥还在桥墩、索塔中布置有混凝土温度计,拉索锚固区内布置有钢温度计。苏通大桥主梁应变测量采用焊接式电阻应变片,其中,主跨跨中截面(STW-1a-n)布置35个,主跨1/4截面(STW-2-n)布置31个,北索塔处主梁截面(STW-3-n)布置31个,近塔墩处(STW-7-n)布置57个,其中北索塔截面(STW-3-n)处没有安装底板的4个传感器。为方便统计应变数据,近塔墩处的57个应变计取为与跨中截面传感器位置对应的35个应变计,也按STW-7-1~STW-7-35编号。本章统计了跨中截面(35个)、北索塔处截面(31个)、近塔墩截面(35个)应变计数据。

7.3.2 温度数据分析

1. 截面横向温度分布

通常桥梁结构的基本构件如梁、塔，一般纵轴线方向尺寸比其他两个方向尺寸要大许多，且轴向曲率较小，截面变化均匀。因此，采用桥梁沿纵向结构温度一致的假定。本章主要研究大跨钢箱梁桥主梁截面横向温度和竖向温度分布规律。

首先，对苏通大桥跨中截面箱梁结构温度的分布进行研究。通过对顶板、顶板U形肋的温度进行统计，研究结果表明一天最高温度均出现在14：00，最低温度出现在6：00。顶板的结构温度大于顶板外侧的空气温度，而顶板U形肋与箱梁内部的空气温度数值大致相同。这是因为顶板U形肋的结构温度计与箱梁内部的大气温度计距离比较接近，因此测得的顶板U形肋与内部空气温度相同。顶板底部4个传感器（TMPS-6-2、TMPS-6-4、TMPS-6-5、TMPS-6-7）温度基本一致，即顶板沿横向不存在温度梯度，如图7-7（a）所示。这是由于顶板是焊接在一起的整块钢板，钢材导热性能良好，因此顶板沿横向不存在温度梯度。而顶板U形肋底部靠近截面中部的最高温度（TMPS-6-3、TMPS-6-6）比靠近风嘴部位的最高温度（TMPS-6-1、TMPS-6-8）高3℃，如图7-7（b）所示，可能的原因是由于风嘴部位风速较顶板内部大，空气流动性大，导致风嘴部位的温度降低。

对底板、底板U形肋的温度进行统计，由于底板TMPS-6-12和TMPS-6-13号温度计损坏，因此剔除TMPS-6-12和TMPS-6-13号温度计数据。底板上全部传感器温度一致，即底板沿横向不存在温度梯度，如图7-8（a）所示，理由与顶板相

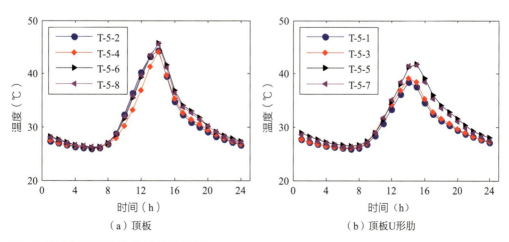

图7-7　苏通大桥顶板与顶板U形肋温度统计

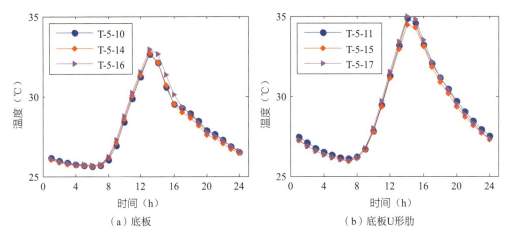

（a）底板　　　　　　　　　　　　（b）底板U形肋

图7-8　苏通大桥底板与底板U形肋温度统计

同。底板U形肋全部传感器（TMPS-6-10、TMPS-6-14、TMPS-6-17）温度一致，即底板U形肋（TMPS-6-11、TMPS-6-15、TMPS-6-16）沿横向也不存在温度梯度，如图7-8（b）所示。顶板U形肋温度有梯度，而底板U形肋没有温度梯度的可能原因是顶板边上的温度计非常靠近风嘴部位，而底板边上的温度计离风嘴部位较远，因此靠近风嘴部位的温度传感器容易受到风嘴腹板上太阳辐射的影响导致温度改变。

横隔板（TMPS-7-1~TMPS-7-6）沿横向温度分布一致。腹板（TMPS-6-9、TMPS-6-18）与横隔板温度一致，统计结果如图7-9所示。这是因为风嘴会直接受太阳辐射，而横隔板与腹板均位于内部，不受太阳辐射的直接作用。通常来说，没有风嘴构件的主梁在腹板横向上存在温度梯度；而安装风嘴构件后，腹板不直接受太阳辐射，因此不存在横向温度梯度。此外，根据苏通大桥设计资料可知，与主梁在纵向上各梁段之间采用焊接方式连接不同，风嘴沿纵向各梁段有20mm的缝隙。由于在纵向上风嘴构件相互分离，风嘴产生的温度内力非常小，可以忽略不计。故而本书后续进行温度场分析、温度效应分析时，不考虑风嘴的作用。

2. 截面竖向温度梯度

选取苏通大桥一天的主梁跨中截面下游中部的温度数据，如图7-10所

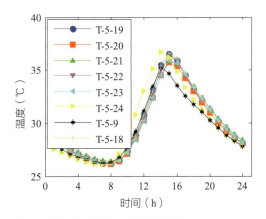

图7-9　苏通大桥腹板与横隔板温度统计

示，顶板、底板、顶板U形肋、底板U形肋的温度在0：00~10：00温度非常接近，顶板、底板温度在13：00~14：00左右二者温度幅值最大，顶板U形肋、底板U形肋在15：00温度达到最大。这是因为在0：00~6：00的时候尚未日出，在6：00~10：00的时候太阳辐射总量较小，同时主梁与环境温度相差不大，对流换热较少，因此顶板与底板间温差比较

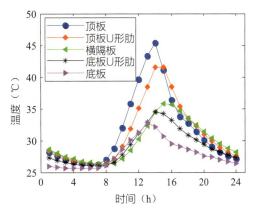

图7-10　苏通大桥跨中截面下游温度数据

小；而在13：00~14：00的时候太阳辐射总量较大，此时顶板、底板温度达到峰值，又因为底板无法受到太阳直接辐射，温度变化不大，所以顶板温度高于底板温度10℃左右；而顶板U形肋、底板U形肋位于箱梁内部，因为箱梁内部大气温度变化滞后于外部大气温度，所以达到最高温度比顶板、底板要晚1~2h。由图中统计结果可知在14：00箱梁截面上形成最不利的竖向温度梯度。随后大气温度与箱梁温度逐渐增大，主梁向大气不断传热，主梁与大气温度趋于一致。由此可见太阳辐射对箱梁的结构温度起主要作用。

最后绘制大跨钢箱梁桥的温度梯度曲线。由于苏通大桥仅在跨中布置有温度传感器，分别取跨中截面中部、边部的竖向5个不同位置（顶板、顶板U形肋、横隔板、底板U形肋、底板）的温度传感器进行温度梯度统计。苏通大桥最不利正温差发生时刻的温度梯度分布如图7-11所示。基于统计结果发现顶底板最大温差在15℃左右。苏通大桥的顶板温度梯度满足英国桥梁规范BS 5400设计温度梯度值。然而，从苏通大桥温度传感器采集的数据看出横隔板、底板U形肋的温度实测值要大于设计值，这对于结构设计是不安全的，需要引起足够重视。

基于温度场沿桥梁纵向不存在梯度的假定，以及包含风嘴构件的钢箱梁桥主梁沿截面横向温度梯度可忽略，沿截面竖向存在温度梯度的结论，因此钢箱梁桥主梁可以按一维竖向温度场分析桥梁温度场。

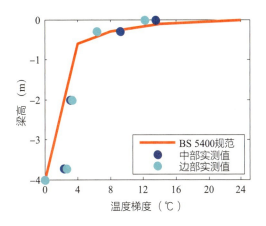

图7-11　温度梯度图

7.3.3 位移数据分析

苏通大桥的梁端位移计DIS-3-01纵向位移时程如图7-12（a）所示。选取主梁梁端位移计DIS-3-1、DIS-3-2、DIS-4-1、DIS-4-2测量一天的位移，并对位移数据按每小时进行平均，选取主梁与索塔交界处两端的4个位移传感器对平均位移时程进行对比，如图7-12（b）所示。发现在同一截面上位移相等，主梁南北两侧的位移在1：00~8：00之间存在少许差别，这主要是因为实际桥梁并非严格对称，例如南北索塔的基础并不相同。在实际分析时，南北位移之间的微小差别可以忽略。一天内由温度作用梁端位移的改变量为0.12~0.14m。

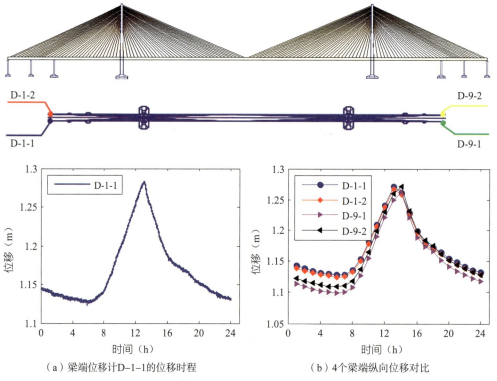

（a）梁端位移计D-1-1的位移时程　　（b）4个梁端纵向位移对比

图7-12　苏通大桥温度位移数据统计

苏通大桥主梁两端一天中的位移与温度有明显的相关性，如图7-13所示。位移随主梁温度的升高而升高，但是并非完全同步，位移响应比温度作用滞后一定时间，即有延时（Time Delay）效应，主要是因为长跨大桥结构太长，因此桥梁两端在温度作用一定时间后，才会产生相应的位移，体现了响应对荷载作用的滞后性，即时间延迟效应，且位移滞后温度作用1h左右。

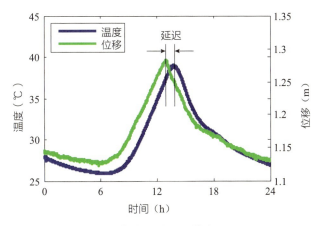

图7-13 苏通大桥温度位移的时间延迟效应

由温度引起的位移主要与桥梁主梁平均温度有关。截面平均温度T_{avg}公式为：

$$T_{avg} = \frac{\sum A_{si} \times E_{si} \times \alpha_{si} \times T_{si}}{\sum A_{si} \times E_i \times \alpha_{si}} \quad (7\text{-}29)$$

其中，A_{si}为桥梁截面第i部分的截面积，E_{si}为桥梁截面第i部分的弹性模量，α_{si}为桥梁截面第i部分的热膨胀系数，T_{si}为桥梁截面第i部分的温度。

根据上式，求取苏通大桥采截面平均温度，再对梁端4个位移计测得的位移进行平均。如图7-14（a）所示，平均温度与平均位移相关性并不满足线性关系，呈现非线性关系，主要是由于位移响应比温度作用有明显的滞后性。考虑时间延迟效应后，即将位移的横坐标向负方向移动相应的时间，此时位移与温度满足线性比例关系，如图7-14（b）所示。

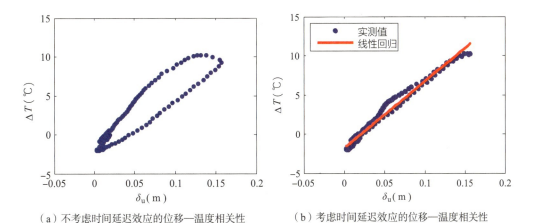

（a）不考虑时间延迟效应的位移—温度相关性　　（b）考虑时间延迟效应的位移—温度相关性

图7-14 苏通大桥考虑时间延迟效应的位移—温度相关性分析

7.3.4 应变数据分析

本节根据苏通大桥主梁各构件应变片的布置资料，对主梁不同位置处各个构件的应变测量值进行统计。如图7-15所示，对苏通大桥一年内季节性的温度与应变的相关性监测数据进行统计。图7-15中的温度和应变取自苏通大桥主梁跨中截面顶板温度传感器TMPS-6-05以及对应应变传感器STW-1A-22采集的数据。温度取每个月前3天作为代表

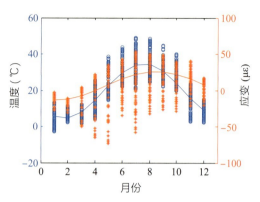

图7-15　温度与应变相关性对比图

性数据，对每个小时的数据进行平均，绘制在图上。对每个月数据进行再平均，然后对平均值进行拟合，发现一年内季节性温度数据具有正弦关系，顶板温度在7、8月达到最大值，在2月时达到最小值。然后取每个月前3天的应变，对其进行EEMD分离，再对每个小时的应变进行平均，绘制在图上。对每个月数据进行再平均，然后对平均值进行拟合，发现一年内的应变数据也具有正弦关系，顶板应变在9月、10月达到最大值，在2月时达到最小值。

同一截面不同位置或不同截面同一位置的应变并不相同。由于应变传感器测得的应变值包含初始应变读数等原因，无法对随其温度作用下的应变变化进行直接对比，因此将应变初始值设定为0，将应变统一于同一水平，对比受温度作用后应变的改变量。统计发现跨中截面、北索塔处截面、近塔墩截面在横向不同位置的顶板纵向应变、顶板U形肋纵向应变、底板纵向应变、底板U形肋纵向应变的趋势一致，应变增量也基本相同。跨中截面纵向温度应变统计结果如图7-16所示。顶板温度增高20℃，顶板受压，应变改变量为60με；顶板U形肋的应变规律不同于其他构件规律，受拉应变在12∶00达到峰值为30με，受压应变在16∶00达到峰值为3με；底板U形肋温度升高9℃，底板U形肋受拉，应变改变量为60με；底板温度升高7℃，底板受拉，应变改变量为80με。可见结构不同部位的应变改变量主要受截面顶板与底板温度梯度的影响，顶板受压，底板受拉。

7.3.5 索力数据分析

苏通大桥斜拉索上共布置有12个加速度传感器。其中，跨中布置4个加速度计，

南、北边跨各布置有4个加速度计。基于斜拉索上的加速度数据可以求解索力。利用倍频效应进行索力求解，傅里叶变换（FFT）过程如图7-17所示。对北部边跨上游斜拉索加速度计ACC-11-01进行FFT变换，得到安装该加速度计的斜拉索的基频为0.25Hz，拉索索力为7300kN。安装ACC-10-01的斜拉索基频为0.36Hz，索力为4868kN。安装ACC-12-01的斜拉索基频为0.23Hz，索力为6875kN。

如图7-18所示，对苏通大桥监测索力与成桥索力设计值进行统计对比发现，监测索力与设计值吻合较好，且监测值大于设计值，这是因为成桥索力值是在没有通车情况下测得的，而监测值是在桥面上有行车荷载作用时测得，因此监测值略大于设计值。

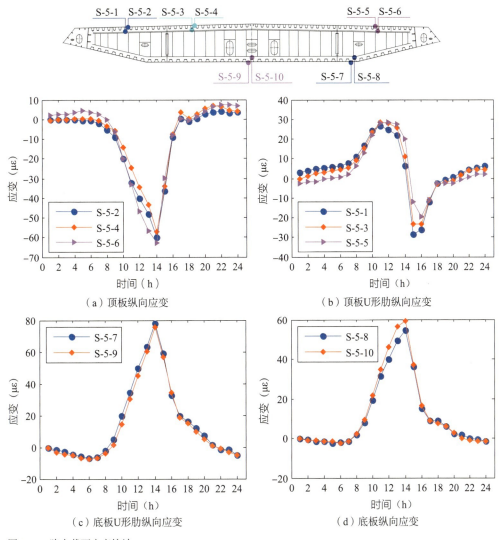

图7-16 跨中截面应变统计

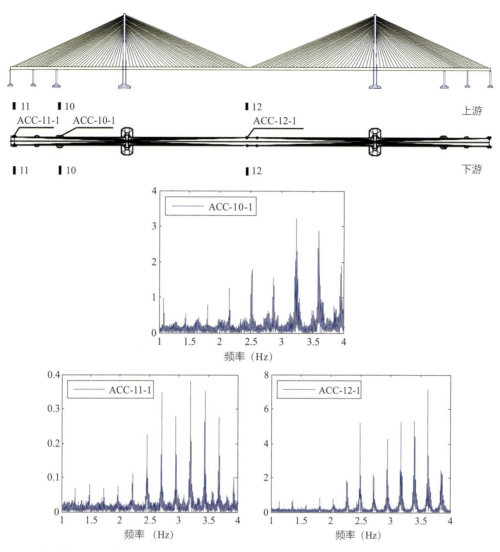

图7-17 拉索加速度频谱图

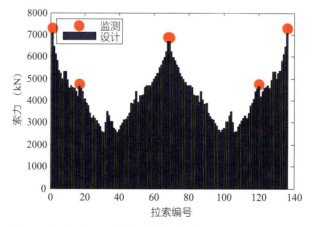

图7-18 苏通大桥监测索力和设计索力对比

7.4 苏通大桥基于多尺度有限元方法的温度效应分析

7.4.1 多尺度有限元模型的建立

由于本章的研究对象为主梁钢箱梁各构件的温度效应，其中主梁U形加劲肋的尺寸在0.6~0.8m之间，因此需要对主梁钢箱梁U形肋进行细观尺度（0.1m级）建模。而对主梁顶板、底板、腹板、横隔板、纵隔板、纵向桁架进行构件尺度（1m级）建模。索塔、辅助墩、过渡墩、斜拉索等只需按结构尺度（10m级）建模。钢箱梁各梁段采用基于子结构方法的多尺度有限元方法构建超单元。苏通大桥子结构具体划分如下：为充分考虑钢箱梁子结构与斜拉索、塔墩之间的连接，选取斜拉索之间的主梁梁段为一个子结构。由于主跨跨中的梁段（纵向长度16m）纵向桁架布置与其他标准单元不同，因此将其单独列出划分为一个子结构GEN1；将主跨以及边跨靠近索塔的标准截面梁段（纵向长度16m）划分为一个子结构GEN0。将边跨远离索塔的两个斜拉索间的标准截面梁段（纵向长度12m）划分为一个子结构GEN01。将索塔下的梁段（纵向长度48m）划分为一个子结构GEN2。将主梁边部梁段（纵向长度6.7m）划分为一个子结构GEN3。16m标准梁段子结构共32+21=53个，12m标准梁段子结构共11个。对于重复的标准梁段GEN0与GEN01，可以只建立一个子结构模型，将其余相同模型复制平移至相应位置即可。然后将所有子结构关于跨中截面对称，可集成整个主梁结构。苏通大桥子结构划分如图7-19所示。

1. 主梁

根据苏通大桥子结构划分，需要建立主跨及边跨靠近索塔的标准16m梁段子结构GEN0，边跨远离索塔的标准12m梁段子结构GEN01，跨中梁段子结构GEN1，索塔下梁段子结构GEN2，主梁边部梁段GEN3共5个子结构单元。采用ANSYS通用有限元软件建模。主梁梁段子结构在生成过程中建模时，采用空间弹性板单元SHELL63严格按照设计资料对顶板、底板、顶板U形肋、底板U形肋、横隔板、纵隔板、纵向桁架模拟。SHELL63既具有弯曲能力，又具有膜力，可以承受平面内荷载和法向荷载。该单元每个节点具有6个自由度：沿节点坐标系X、Y、Z方向的平动和沿节点坐标系X、Y、Z轴的转动。

在GEN0、GEN01、GEN1、GEN3四个子结构的有限元模型中，主节点选取子结构模型的纵向边界上有代表性的节点。对于GEN2子结构模型，由于需要考虑子结构与索塔之间的横向抗风支座连接，以及子结构内部与斜拉索的连接，因此在GEN2子结构模型内部多选择三排主节点。由于篇幅所限，仅给出GEN0的子结构模型，如图7-19所示。

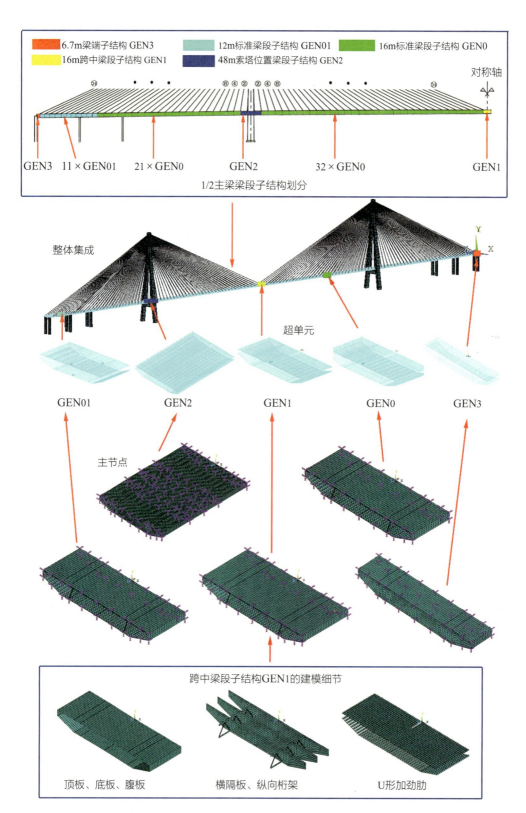

图7-19　苏通大桥多尺度有限元模型

在生成过程分析时，需要先建立与应力场子结构模型对应的温度场子结构模型，运行第3章编制的ANSYS桥梁太阳辐射温度场程序，计算出一天（24h）中子结构上各节点的温度，然后将计算得到的温度时程数据导入子结构相应的节点上，将温度以体荷载的方式施加于子结构节点上，进行子结构分析，得到考虑温度作用的子结构超单元模型。

在使用过程中，将主梁标准梁段子结构模型、跨中梁段子结构模型、索塔梁段子结构模型、主梁梁端子结构模型复制平移到相应位置，各子结构间采用主自由度全部耦合的方式连接起来，使整个主梁上的各个子结构协同工作。

2. 索塔、桥墩

因为本书为了研究主梁上的U形加劲肋的温度效应，所以需要对主梁进行细观尺度、构件尺度的子结构建模。其他结构均采用传统有限元建模方法在使用过程中建模，并与子结构模型集成。其中索塔、近塔辅助墩、远塔辅助墩、过渡墩采用空间梁单元BEAM188建模，BEAM188可以准确地模拟出索塔、近塔辅助墩、远塔辅助墩、过渡墩的空心变截面特性。BEAM188适用于分析细长的梁，单元是基于Timoshenko梁理论的，具有扭切变形效果，是一个二节点的三维线性梁。BEAM188在每个节点上有6个自由度，分别是沿X、Y、Z轴的位移及绕其的转动。此单元能很好地应用于线性分析、大应力的非线性分析。

3. 斜拉索

斜拉索由于本身的自重作用而呈悬垂状态，所以不能简单地按一般拉伸杆件来计算，而应考虑垂度的影响，一般用等效弹性模量来模拟，目前广泛采用的是1965年由德国学者Ernst提出的公式，即Ernst公式，该公式是在假定拉索的重量沿弦长（非弧长）均匀分布和拉索不承担弯矩的条件下推出的，按此假定索形成将为抛物线。Ernst斜拉索修正弹性模量计算公式为：

$$E_t = \frac{E_e}{1 + \frac{E_e \gamma^2 l_x^2}{12 \sigma^3}} \tag{7-30}$$

式中，E_t为斜拉索的修正弹性模量；E_e为斜拉索的初始弹性模量；σ为斜拉索的应力，$\sigma = \frac{T}{A}$，T为斜拉索的拉力，A为斜拉索的截面面积；γ为斜拉索的重度，$\gamma = \frac{w}{A}$，w为沿斜拉索方向自重分布集度；l_x为斜拉索的水平投影长。

斜拉索采用非线性空间杆单元LINK10模拟，LINK10单元独一无二的双线性刚度矩阵特性使其成为一个轴向仅受拉或仅受压杆单元。使用只受拉选项时，如果单元受压，刚度就消失，以此来模拟缆索的松弛。这一特性对于将斜拉索用一个单元来模拟分析的静力、动力问题非常有用。设置LINK10单元为仅考虑受拉[KEYOPT（3）=0]，同时考虑纵向和竖向小刚度[KEYOPT（2）=3]。将斜拉索成桥设计索力换算成应变，代入LINK10初始应变，即可模拟斜拉索初张拉。拉索和索塔之间的连接点采用共节点，拉索和主梁子结构之间的连接点采用自由度耦合连接。

4. 压重、二期恒载

苏通大桥主桥斜拉桥在近塔辅助墩、远塔辅助墩、过渡墩位置处的箱梁内部设置了质量块压重，从而抵抗主梁在这些部位，由于长度过长而引起的翘曲变形。在使用过程中，压重质量块采用结构质量单元MASS21在相应主节点处模拟，仅考虑结构质量，忽略其惯性矩[KEYOPT（3）=2]。MASS21是一个具有6个自由度的点单元：即X、Y和Z方向的移动和绕X、Y和Z轴的转动。每个方向可以具有不同的质量和转动惯量。严格按照设计将压重荷载换算成相应主节点处MASS21单元的质量。二期恒载对于桥梁的整体结构性能影响很大，不可忽略。苏通大桥桥面系二期恒载也在使用过程中考虑，也采用MASS21模拟，单元设置与压重质量块相同，并严格按照设计，将二期恒载换算成桥面系顶板主节点处MASS21单元的质量。

5. 约束

由于塔梁之间设置横向抗风支座，因此在苏通大桥多尺度有限元模型中采用主从约束的方法约束塔梁横向位移。此外，塔梁之间还设置有纵向带限位功能的黏滞阻尼器，由于本章主要对苏通大桥主梁温度效应进行研究，而阻尼器受静风、温度和行车荷载作用时，塔梁之间的纵向位移在阻尼器设计行程之内。因此，在苏通大桥多尺度有限元模型中忽略阻尼器的作用。对索塔、过渡墩、辅助墩的底部基础部位采用固接约束。苏通大桥在过渡墩、远塔辅助墩、近塔辅助墩处的支座，约束了主梁的横桥向、垂直方向的位移，因此在有限元中相应部位对桥墩与主梁进行主从约束。主梁过渡墩主桥与引桥之间设置伸缩缝，采用COMBIN14弹簧-阻尼器单元模拟，COMBIN14单元具有一维、二维或三维应用中的轴向或扭转的性能。轴向的弹簧-阻尼器选项是一维的拉伸或压缩单元。它的每个节点具有3个自由度：X、Y、Z的轴向移动。单元1维自由度选择KEYOPT（2）=3，仅具有轴向抗拉压刚度。

在使用过程中，将苏通桥模型的各个部分集成起来形成的多尺度有限元模型如图7-19所示。

7.4.2 多尺度有限元模型验证

对苏通大桥多尺度有限元模型模态分析的模态识别结果进行对比，见表7-3所列。苏通大桥多尺度有限元模型计算的振型如图7-20所示。苏通大桥多尺度有限元模型计算的一阶频率0.0693Hz，振型为纵向振动；二阶频率为0.1069Hz，为一阶正对称横向弯曲振型；三阶频率为0.1884Hz，为一阶正对称竖向弯曲振型；四阶频率为0.2223Hz，为一阶反对称竖向振型。本书多尺度有限元模型计算的模态吻合良好，从结构动力性能角度验证了多尺度有限元模型的正确性。

苏通大桥多尺度模型自振频率 表7-3

模态阶数	文献	多尺度有限元	振型描述
1	0.0637	0.0693	一阶纵向
2	0.1012	0.1069	一阶正对称横向
3	0.1950	0.1884	一阶正对称竖向
4	0.2272	0.2223	一阶反对称竖向
5	0.2922	0.2870	一阶反对称横向
6	0.3385	0.3381	二阶正对称竖向
7	0.3951	0.3781	二阶反对称竖向
8	0.4420	0.4340	三阶正对称竖向
9	0.4865	0.4782	三阶反对称竖向

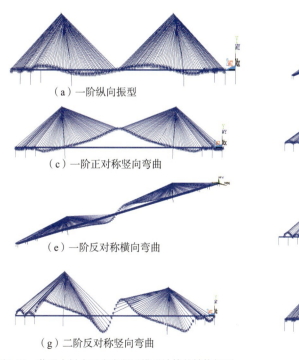
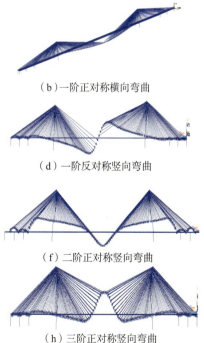

（a）一阶纵向振型　　　　　　　　　　（b）一阶正对称横向弯曲

（c）一阶正对称竖向弯曲　　　　　　　（d）一阶反对称竖向弯曲

（e）一阶反对称横向弯曲　　　　　　　（f）二阶正对称竖向弯曲

（g）二阶反对称竖向弯曲　　　　　　　（h）三阶正对称竖向弯曲

图7-20　苏通大桥多尺度有限元模型计算的结构振型

7.4.3 温度位移结果分析

在多尺度分析的使用过程中，对苏通大桥多尺度有限元模型进行结构应力场瞬态分析。计算结果如图7-21所示，由于苏通大桥多尺度有限元模型在主梁轴线方向对称于跨中截面，有限元分析得到的苏州（南）、南通（北）两侧纵向温度位移是一致的，均为0.15m。实际梁端纵向位移计监测数据为：主梁北侧0.13m，南侧0.15m。由此可见，本书多尺度有限元方法分析的位移结果是准确的。

在有限元分析结果中，温度作用下计算得到的纵向位移与温度作用是同步的，并不存在位移—温度延时效应。这与第2章中健康监测的实际情况并不相符。在有限元模型中考虑位移—温度延时效应后，计算得到的位移与温度的相关性结果与实测相关性对比如图7-22所示，发现二者吻合较好。可见，在有限元分析后，桥梁结构的温度位移应该考虑位移—温度延时效应。

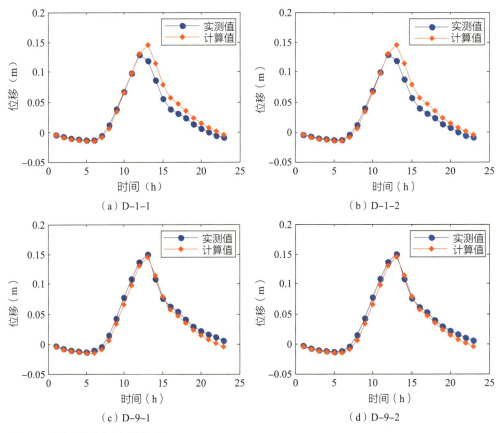

图7-21 位移计算值与实测值的对比

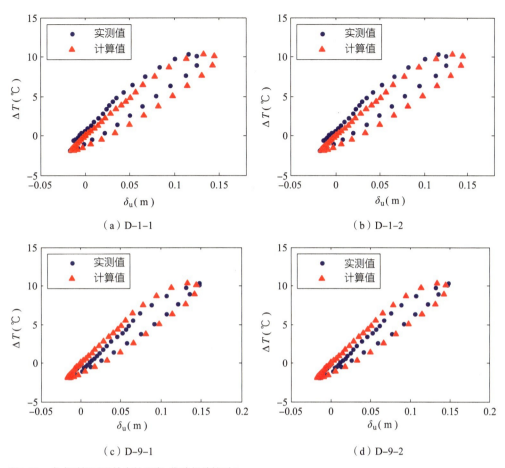

（a）D-1-1   （b）D-1-2

（c）D-9-1   （d）D-9-2

图7-22 考虑时间延迟效应的温度-位移相关性对比

7.4.4 温度应力结果分析

在使用过程中，对全桥多尺度有限元模型分析后可得主梁子结构边界处的主节点的温度位移结果。但是要想得到子结构内部单元的温度效应（应力、应变等），就需要将主节点的位移扩展到从节点上，然后利用节点位移计算单元应力、应变等，即需要在扩展过程中进行分析。对扩展后温度应变的结果进行统计分析，得到以下结论。

苏通大桥受日照作用，主梁竖向截面的非线性温度梯度对主梁各构件的应变有很大的影响。在多尺度有限元模型分析时，计算得到连续24h箱梁各个构件各测点应变时程计算结果，并与健康监测温度应变进行对比。跨中截面顶板和顶板U形肋纵向应变计算值与实测值对比、跨中截面底板和底板U形肋纵向应变对比如图7-23所示。北索塔处箱梁截面并没有布置底板和底板U形肋纵向应变片测量，在这里不

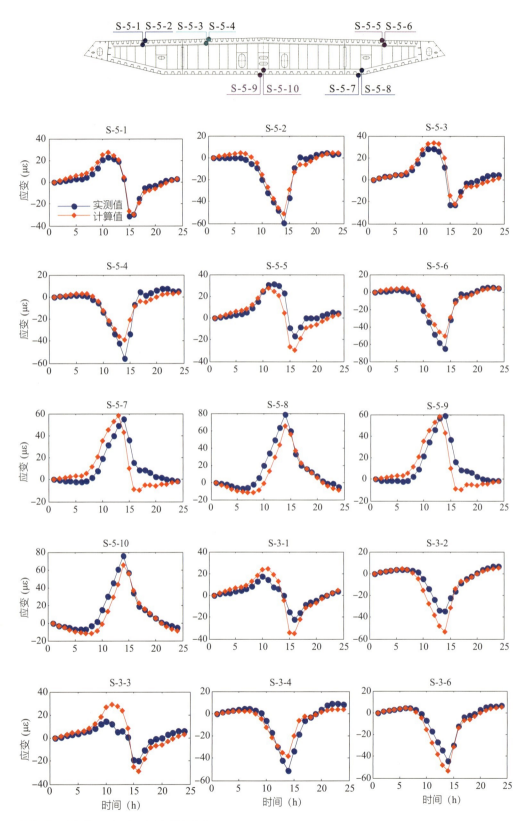

图7-23 跨中截面顶板（U形肋）纵向应变

做对比。可见，在日照作用下，随着箱梁顶和底板上下表面温差的增大，箱梁顶板压应变、底板拉应变不断变大。当箱梁顶底板温差最大时刻（14:00~15:00之间），箱梁的顶板、底板、底板U形肋的应变达到最大。其中跨中截面顶板压应力增量最大值发生在箱梁顶板温差最大的时刻14:00，最大值为60με；顶板U形肋的变化规律与之不同，随温度的增高，先受拉后受压，在12:00达到受拉峰值，在16:00达到受压峰值；顶板与顶板U形肋的计算值与测试值吻合较好。底板U形肋和底板计算值与实测值趋势一致，但计算值均小于实测值。对于北索塔截面，顶板计算值与实测值吻合较好；顶板U形肋计算值大于实测值，但是趋势一致，误差不超过20%。应变计受温度作用的影响会产生热输出，尽管采用温度补偿的方法可以消除掉一部分热输出，但是未消除掉的热输出会随温度的升高不断增大，因此在整体有限元模型分析时计算值会存在一定程度的误差。本章提出的多尺度有限元分析方法可以较好地分析受日照作用的桥梁结构温度应力场，相比于传统有限元模型，多尺度有限元的优势在于可以较为精确地模拟分析桥梁结构细观尺度构件（如U形肋）的温度效应，而传统有限元模型是无法实现的。

对6:00与14:00的顶板、底板应变以及顶板U形肋、底板U形肋应变进行统计。图7-24表示有限元分析温度应变结果提取位置，在主梁纵向选取梁端1、9截面，索塔3、7截面，跨中5截面，其余截面取上述截面之间的1/2位置。在横向上，由于有限元结构对称，取半边结构6个位置的应变，每个位置又包括钢板以及加劲肋两个应变。例如S-5-1表示跨中截面顶板边部应变，或者跨中截面顶板U形肋边部应变。由图7-24（a）（b）可以看出，6:00时顶板受拉，底板受压，14:00时底板受拉，顶板受压。由图7-24（c）（d）可以看出，6:00时顶板U形肋受拉，底板U形肋受压，14:00时底板U形肋受拉，顶板U形肋受压。因此，有以下统计规律：一天温度较高的时刻，主梁顶板受压、底板受拉；一天温度较低的时刻，主梁顶板受拉、底板受压。

本章基于多尺度有限元方法对苏通斜拉桥细观构件的日照温度效应问题进行了研究。首先介绍了温度效应理论和多尺度有限元方法子结构法的基本理论，并以大型商用有限元软件ANSYS为平台，介绍了多尺度有限元建模方法。然后，采用两个多尺度有限元算例，对该方法进行了验证。再对苏通大桥监测数据进行了研究。最后，构件苏通大桥多尺度有限元模型，在日照温度场作用下，对苏通大桥多尺度有限元模型的温度应力场进行分析。通过计算值与实测数据的比较，验证了多尺度有限元模型的适用性和可靠性。本章主要结论：

（1）对于包含风嘴构件的长跨钢箱梁桥来说，沿截面横向可认为不存在温度梯

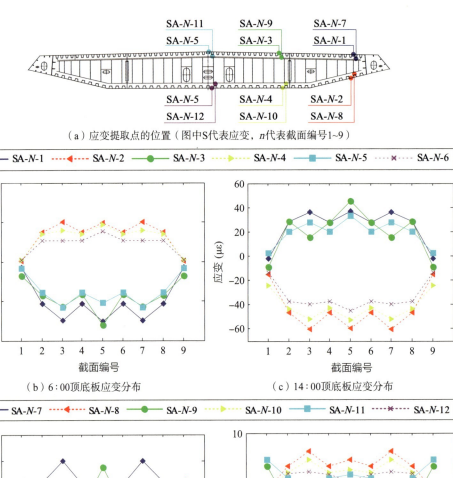

（a）应变提取点的位置（图中S代表应变，n代表截面编号1~9）

（b）6:00顶底板应变分布

（c）14:00顶底板应变分布

（d）6:00顶底板U形肋应变分布

（e）14:00顶底板U形肋应变分布

图7-24　顶板、底板、顶板U形肋、底板U形肋应变统计

度，而沿桥梁横截面的竖向存在温度梯度。根据长跨钢箱梁桥梁温度场沿桥梁轴线方向的温度分布一致的基本假定，将长跨钢箱梁桥梁温度场简化为一维竖向温度场是符合实际情况的。长跨桥梁的位移与温度存在明显的相关性，并且梁端纵向位移滞后于温度作用。温度与温度应变之间存在明显的相关性。温度作用不对索力构成影响。

（2）根据桥梁温度应变测量原理，得知电阻式应变片、光纤应变计测得的温度应变是产生温度应力部分的应变（约束应变），而不是桥梁受温度作用后发生的实际应变（最终应变）。结论表明，实测温度应变即约束应变；温度应力就是实测温度应变直接乘以材料的弹性模量。

（3）悬臂板、模型桥两个多尺度有限元算例的分析结果表明，多尺度有限元模型比传统模型的静力、模态、瞬态分析结果更接近实际。同时，多尺度有限元模型比传统模型计算效率更高。可见，多尺度有限元模型既可以满足计算精度要求，又可以提高计算效率。

（4）针对复杂桥梁细观尺度构件利用传统方法无法在整体模型中模拟的问题，对苏通大桥进行多尺度有限元建模，并进行了温度应力场分析。多尺度模型很好地模拟了苏通大桥U形肋这一细观尺度构件的温度应力，通过计算与实测数据进行比较，发现结果比较一致，从而验证了多尺度有限元模型的适用性和可靠性。

第 8 章

基于非接触式测量的
长大跨桥梁多点索力
同时测量

结构位移是评估桥梁性能的重要指标但其难以精确测量。现有的非接触式位移测量有GPS、激光和视频等。GPS容易受到卫星覆盖范围、气候条件、多次反射效应等因素的影响；激光测距和视频测距方法都受到测量距离与环境能见度的限制。意大利开发了IBIS微波雷达测量系统，能够非接触式精确监测结构动态响应，但其价格昂贵。在本章节中，拟采用自主研发的微波雷达非接触式位移测量设备对桥梁结构的动态位移进行测量，它具有远距离（1km）、高精度（可达0.01mm）、全天候等优点，从而更适用于桥梁结构的快速测试。

斜拉桥结构凭借其跨越能力大、造型优美等特点，在特大型桥梁建设中占据了主导地位。斜拉索作为斜拉桥主要组成核心构件承载着桥梁受到的大部分荷载，其健康状况直接影响桥梁结构的内力分布、架构线型和整体的结构安全。因此对桥梁斜拉索的安全评价已成为至关重要的任务。振动法作为一种简单、快速以及方便快捷的测试方法目前已广泛应用于拉索的索力监测。现阶段有关监测技术主要分为接触式（如应变、加速度计等）和非接触式（如激光、GPS以及图像）两种方式。上述接触式监测方法虽有效可靠，但其需要每一个传感器通过数据线与数据采集系统相连，费时费力，且该方法主要针对桥梁特定拉索进行监测，无法满足拉索面各拉索索力的测量。而诸如激光、GPS、图像等非接触式监测在拉索索力识别时存在与位移监测同类的问题。

干涉雷达技术作为一种可实现距离雷达几千米内被测目标沿雷达视线小变形（近乎0.01mm）的非接触式监测技术，目前已广泛应用于桥梁、建筑、高塔等大型土木工程结构。特别是，微波干涉雷达对监测目标距离不敏感，且可根据天线口径的大小实现大范围和多区域测量。IBIS-S微波干涉雷达作为目前国际上最为成熟的产品，已广泛应用于有关基于微波干涉雷达设备进行土木结构监测工程。但需说明的是IBIS-S微波干涉雷达价格昂贵，且在实际工程应用中需专业人员操作判别目标。现阶段有关基于微波干涉雷达监测斜拉索结构响应的研究鲜有报道且其研究主要集中于桥梁结构的特定拉索。特别的是，微波干涉雷达随着作用距离增加测量区域辐射范围逐步增大。在实际工程应用中，大跨度的斜拉桥结构常安装包含密集拉索的拉索面。因此对于密集拉索面测试时，由于远距离测量面大以及测量角度等问题，容易出现多根拉索位于同一距离单元内，即存在测量单元信号混叠的现象，从而给现场测试操作带来一定的不便，且无法发挥微波干涉雷达LOS方向多目标同步测量的优势。为解决上述问题，虽可通过人工比对信号混叠单元附近测量单元信号进行各拉索信号筛选判别，但此方法在现场测试时智能化较低且大大降低测试效率。近年来兴起的盲信号处理由于在不知道源信号和传输通道参数的情况下，仅由观测信号恢复出源信号各个独立成分的过程，故其非常适合多目标信号的处理。特别是，该方法对微波干涉雷达现场测试位置以及作用距离的要求进一步降低，进而可以在保证测试精度的基础上，大幅度降低操作需求和提高测试效率。因此，本章节进一步基于所研发的微波雷达，结合信号盲源分离方法可实现拉索面多根拉索的时变索力识别。

8.1 微波雷达技术与设备开发

8.1.1 微波雷达技术

不同于脉冲体制雷达，本书所采用的微波雷达为一自主研发的中心频率16.0GHz的线性调频微波雷达，主要由发射器、接收器、信号处理机、显控单元以及辅助单元和供电单元组成。对于发射器模块，基带信号产生器（DDS）产生周期为1.5ms、调制带宽300MHz以及基带信号中心频率为250MHz的线性调频锯齿波信号。该信号逐步提供给放大器、带通滤波器、混频器、射频滤波器以及耦合器和隔离器，主功率信号通过发射天线发送到空中。发射的信号到达目标并被反射回来由接收天线接收。接收信号与混频器的混频本振信号进行混频，得到正交（I/Q）双路的零中频信号。该信号不仅消除了更高的基带载波频率，而且保留了被测目标的运动频率信息。具体表示为：

$$B_{I}(t) = A_{I} \cos\left[\theta + 4\pi x(t)/\lambda + \Delta\varphi\right] + DC_{I} \tag{8-1}$$

$$B_{Q}(t) = A_{Q} \sin\left[\theta + 4\pi x(t)/\lambda + \Delta\varphi\right] + DC_{Q} \tag{8-2}$$

式中，A_{I}、A_{Q}分别表示正交、同相信号的幅度；θ为雷达与目标之间距离引起的恒定相移；$\lambda = c/f$为发射波的波长；$x(t)$为目标的微动；DC_{I}和DC_{Q}分别表示正交同相信号的偏移值。

该正交信号经滤波、放大后送双路A/D变换器进行采样，获得离散的回波采样数据送信号处理器处理。基于相位干涉法，通过比较发射和接收信号之间的相位差，将目标相对于雷达的运动信息调制成雷达信号。利用微波干涉雷达进行变形监测的基本相位模型为

$$\Delta\varphi_{los} = \Delta\varphi_{dis} + \Delta\varphi_{atm} + \varphi_{noise} \tag{8-3}$$

式中，$\Delta\varphi_{los}$为实际观测相位；$\Delta\varphi_{dis}$为监测目标真实形变相位；$\Delta\varphi_{atm}$为气象扰动相位；φ_{noise}为噪声相位。对于短时间（如20min内）的监测，温度、湿度等气象参数变化

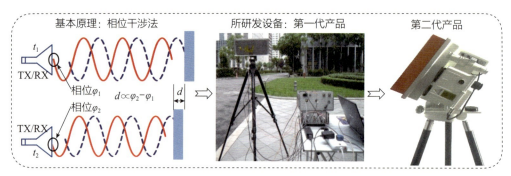

图8-1 所研发微波雷达原理与发展历程

较为缓慢，气象扰动项$\Delta\varphi_{atm}$可以忽略；对于较长时间（如大于60min）的变形监测中，可将气象扰动视为空间和时间上的低频分量，利用高通滤波等方法予以去除。噪声项φ_{noise}主要由相位观测噪声和设备热噪声组成，可视为时间上的高频分量，一般可采用低通滤波、小波分析等方法进行抑制。

图8-1给出了基于微波技术和相位干涉法。我们已先后研发了两代微波雷达设备，具体研发验证将在本书8.2.1节介绍。视线向的形变量d_{los}与相位变化$\Delta\varphi_{los}$满足以下关系：

$$d_{los} = \frac{\lambda}{4\pi}\Delta\varphi_{los} \tag{8-4}$$

直接由干涉相位算得的d_{los}只是获得监测目标在雷达视线向的变形量，需按实际的雷达基点与监测目标的几何关系转换为实际关注的变形方向。现今主要采用三角函数关系以及考虑被测目标高度变化量的两种公式进行微波雷达监测目标竖向变形的转换。具体表示为：

$$d_v = d_{los}/\sin\alpha \tag{8-5}$$

$$d_v = R\sin\alpha - \sqrt{R^2\sin^2\alpha - 2Rd_{los} + d_{los}^2} \tag{8-6}$$

式中，d_v为被测目标的竖向变形；R为被测目标与微波雷达的距离；α为微波雷达的水平夹角。对比公式（8-5）和公式（8-6）可知，后者考虑了桥梁发生大挠度变形时，微波雷达距离桥面底板的高度h的变化量。

8.1.2 微波雷达测挠度精度验证

在初期研究开发阶段，所研制的微波干涉雷达设备主要由雷达信号处理单元、显控单元、三脚架和供电单元组成，如图8-2所示。其中，首先采用易于生产和经济性高的毫米波段波导缝隙单阵列用于发射和接收微波。为验证所开发微波干涉雷达设备的测量精度，于微波干涉雷达暗室进行室内试验验证分析。将滑台布置于实

（a）微波雷达滑台实验

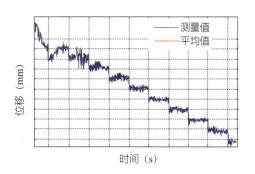

（b）测微变形结果

图8-2　初期研发的微波雷达设备

验桌上，并将雷达天线与滑台（精度0.001mm）装置固定，选取固定墙面为测试目标，选取雷达天线合适的俯仰角使其正对测点目标，设置滑台步长为0.005mm，雷达采样频率为100Hz，通过控制滑台步进和操作雷达设备显控单元采集测点的位移时程数据，如图8-2（a）所示。所测结果与滑台步长对比，微波干涉雷达设备精度在室内可达到0.005mm的测量精度，如图8-2（b）所示。

为进一步集成优化所研发的微波干涉雷达设备在实际场地中的适用性和可靠性，图8-3给出了我们目前集成优化后微波干涉雷达设备。该设备雷达单元重10kg，安装于带旋转平台的三角架上，且传感单元带有俯仰装置，可实现三维旋转，在传感单元的左侧安装有激光指示器以及激光测距和电子罗盘等辅助单元，便于辅助确定和监测目标。传感单元分别通过网线接口和电源线与控制电脑和电源单元相连。控制电脑配有用于雷达系统管理的软件，可设置雷达参数、存储采集信号、处理数据并实时查看测点信息。最后，通过24V的电源单元进行供电，能连续工作8h。其中基于天线集成技术，发射天线和接收天线分别有16个单发天线集成，从而实现每个天线阵列的波束宽度为10°×10°。为保证足够的收发隔离度，在收发天线直接设置吸波材料进行隔离。

基于集成优化后的微波雷达设备，我们先后进行了扬州北澄子河大桥、苏通大桥以及南京长江大桥等实桥挠度监测试验。与传统的结构健康监测系统中长标距应变图像等技术相比，在重车经过、卡车静载试验以及火车经过时，基于微波雷达的挠度测试结果与之具有相同的趋势，且微波雷达精度明显优于两者，从而进一步验证了所研发的微波雷达在长大跨桥梁挠度监测应用中的可行性和有效性。

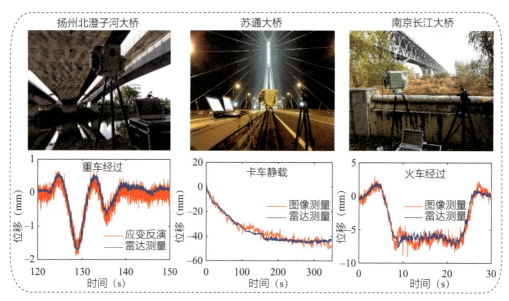

图8-3　集成优化的微波雷达设备实桥验证

8.2　基于微波雷达的桥梁多点索力同时识别

8.2.1　系统框架

结合桥梁快速健康监测的需求和上述微波雷测变形原理，图8-4给出了基于微波雷达的桥梁拉索面各拉索微振动监测示意图。研究发现，对于距离微波雷达相对较近的拉索，由于微波雷达视线方向的辐射面比较小，容易出现一根拉索位于不同的距离单元内（比如索1~3）；而随着微波雷达作用距离较远时，在雷达视线方向上微波辐射面逐渐变大，从而容易引起不同的拉索位于同一距离单元（比如索4~9），具体微波雷达测量单元在本书8.2.2节介绍。因此，针对实际工程中基于微波雷达同步监测拉索面索力时出现的不同情况，图8-5给出了所提议的基于微波雷达和信号盲源分离的桥梁拉索面时变索力同步识别的研究框架。

该研究主要分为三部分：

第一部分：基于微波干涉雷达的拉索面响应监测。即基于微波技术和相位干涉法，通过发射和接收微波并进行混频处理，利用A/D采样得到微波雷达测量单元的差拍频率信号，该信号包含了测量单元内拉索面各拉索响应信息，进一步基于相位干涉法可实现远距离非接触桥梁拉索面响应的监测。该部分主要分为两种情况，首先对各测量单元的位移时程数据进行频域分析，基于索力公式简单判别同一测量单元内是否发生信号混叠现象。若无信号混叠现象直接进行第三部分，若存在信号混

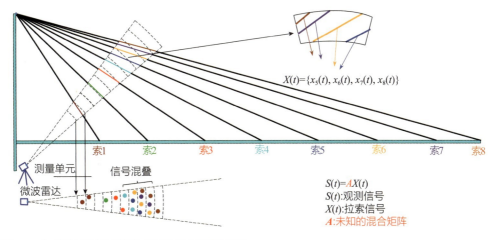

$X(t)=\{x_5(t),\ x_6(t),\ x_7(t),\ x_8(t)\}$

索1　索2　索3　索4　索5　索6　索7　索8

测量单元　　信号混叠

微波雷达

$S(t)=AX(t)$
$S(t)$:观测信号
$X(t)$:拉索信号
A:未知的混合矩阵

图8-4　基于微波雷达的桥梁拉索面微振动监测示意图

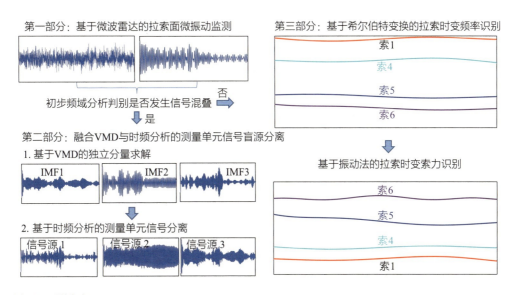

第一部分：基于微波雷达的拉索面微振动监测

初步频域分析判别是否发生信号混叠　　否

是

第二部分：融合VMD与时频分析的测量单元信号盲源分离

1. 基于VMD的独立分量求解

IMF1　　IMF2　　IMF3

2. 基于时频分析的测量单元信号分离

信号源1　　信号源2　　信号源3

第三部分：基于希尔伯特变换的拉索时变频率识别

索1　索4　索5　索6

基于振动法的拉索时变索力识别

索6　索5　索4　索1

图8-5　系统框架

叠现象需进行第二部分。

　　第二部分：融合VMD与时频分析的测量单元信号盲源分离。考虑微波干涉雷达工作时发射天线以一定角度（10°）发射微波，随着作用距离越远对应的测量单元辐射范围越大，从而造成远距离监测拉索面响应时出现多根拉索位于同一测量单元（即信号混叠）的问题。因此，本书创新性地引入一种融合VMD与时频分析的信号盲源分离算法，首先通过对测量单元微振动信息进行VMD分解，进一步基于贝叶斯信息准则判断源信号数目并构成虚拟正定信号矩阵；然后基于时频分析法对构建的虚拟信号矩阵进行信号分离并估计源信号。

第三部分：基于希尔伯特变换与振动法的时变索力识别。最后基于希尔伯特变换对已分离的各个源信号进行频域分析，并结合振动法实现拉索面各拉索时变张力的监测。基于该研究思路，本章节首先阐述了所研发的微波雷达设备及其测位移原理，然后推导了融合VMD和时频分析的信号盲源分离算法并给出了方法实施流程，具体工作如下：

基于本书8.1节所述微波干涉雷达得到拉索面各拉索位移响应后，对各拉索响应进行希尔伯特变换，便可以识别得到各拉索的时变频率。根据拉索张力与其频率之间的关系，采用忽略拉索垂度和抗弯刚度的索力计算公式 $F = 4mL^2f_1^2$ 便可以得到各拉索的索力。式中，F 为拉索索力；f_1 为识别的拉索基频；m 和 L 分别为拉索的线密度和长度。

微波干涉雷达监测斜拉索群位移时程时，根据雷达工作原理微波以0.5m的距离分辨率，$10°$ 的发射角度发射至空中，被测斜拉索会分布在不同的测量单元内，且主要包含如图8-6所示的两种情况。即同一根索（比如索1）出现在不同测量单元内，或者同一测量单元内出现多根拉索（比如索4~8）。对于前者可通过对比分析来锁定斜拉索编号。对于后者，由于微波干涉雷达同一测量单元采集的信号为单信号 $S(t) = AX(t)$，式中 A 为未知的混合矩阵，$X(t) = \{x_5(t), x_6(t), x_7(t), x_8(t)\}$。因此，难以直接从信号时频域区分不同拉索的信息，该现象为信号混叠现象。为分离同一测量单元内拉索位移时程信息，可通过由附近测量单元信号直接组成正定矩阵采用时频分析进行信号分离。但需指出的是，该方法的缺点在于需提前判定正定矩阵所采用的各测量单元的源信号数目以及比对各测量单元是否包含相同的源信号，从而给实际操作带来一定的不便。因此本章节考虑引入一种融合VMD和时频分析的信号盲源分离算法来分离各拉索响应信号。

8.2.2 融合VMD与时频分析的信号盲源分离方法

1. VMD

变分模态分解（VMD）是以经典维纳滤波、希尔伯特变换和频率混合这三个概念为基础的变分问题求解方法，通过搜寻约束变分模型最优解来实现信号自适应分解，可有效避免EMD、LMD在分解过程中模态混叠、过包络、欠包络、端点效应等缺陷，以及小波分解中小波基难选择等问题。对于给定信号 f，VMD可描述为在约束条件 $\sum_{k=1}^{K} u_k(t) = f$，寻求 K 个模态函数 $u_k(t)$，使得每个模态的估计带宽之和最小。对基于微波干涉雷达采集拉索位移 $x_{\mathrm{p}}(t)$ 变分问题求解的目标方程为：

$$\min_{\{u_k,\omega_k\}}\left\{\sum_k\left\|\partial_t\left[\left(\delta(t)+\frac{j}{\pi t}\right)\cdot u_k(t)\right]e^{-j\omega_k t}\right\|_2^2\right\}\ s.t.\sum_k u_k=x_{\mathrm{p}}(t)\qquad(8\text{-}7)$$

式中，$\{u_k\}=\{u_1(t),\cdots,u_k(t)\}$ 代表分解得到的 K 个 IMF 分量，$\{\omega_k\}=\{\omega_1(t),\cdots,\omega_k(t)\}$ 表示各 IMF 分量的频率中心；$\delta(t)$ 为狄利克雷函数。使用二次惩罚因子法和拉格朗日乘子法将上式转换成无约束问题。增广拉格朗日表达式如下：

$$L(u_k,\omega_k,\lambda)=\alpha\sum_{k+1}^K\left\|\partial_t\left[\left(\delta(t)+\frac{j}{\pi t}\right)\cdot u_k(t)\right]e^{-j\omega_k t}\right\|_2^2+\left\|f(t)-\sum_{k=1}^K u_k(t)\right\|_2^2$$
$$+\left\langle\lambda(t)\quad f(t)-\sum_{k=1}^K u_k(t)\right\rangle\qquad(8\text{-}8)$$

式中，α 为二次项惩罚参数，$\lambda(t)$ 为拉格朗日乘子，利用交替方向乘子法来求解，得到 $u_k^{n+1}(t)$：

$$u_k^{n+1}(t)=\arg\min\left\{\alpha\left\|\partial\left[\left(\delta(t)+\frac{j}{\pi t}\right)\cdot u_k(t)\right]e^{-j\omega_k t}\right\|_2^2+\left\|f(t)-\sum_{\substack{i=1\\i\neq k}}^K u_i(t)+\frac{\lambda(t)}{2}\right\|\right\}\quad(8\text{-}9)$$

采用 Parseval/Plancherel 等距变换到频域后用 $\omega-\omega_k$ 代替 ω 并将其转化为非负频率区间积分的形式，则优化问题的最终解为：

$$\hat{u}_k^{n+1}(\omega)=\frac{\hat{f}(\omega)-\sum_{i\neq k}^K\hat{u}_i(\omega)+\left(\hat{\lambda}(\omega)/2\right)}{1+2\alpha(\omega-\omega_k)}\qquad(8\text{-}10)$$

根据同样的过程，将中心频率的取值问题转换到频域上，求得中心频率 $\omega_k^{n+1}(t)$ 为：

$$\omega_k^{n+1}=\frac{\int_0^\infty\omega\left|\hat{u}_k(\omega)\right|^2\mathrm{d}\omega}{\int_0^\infty\left|\hat{u}_k(\omega)\right|^2\mathrm{d}\omega}\qquad(8\text{-}11)$$

通过 VMD 对信号分解得到 K 个 IMF 分量，然后将源信号与各模态分量及其残余项一起组成虚拟多维观测信号，实现信号的升维，进而满足信号盲源分离对观测信号正定的要求，可通过时频分析法进行信号盲源分离。

2. 基于时频分析的信号分离

时频分析是分析非平稳信号的重要工具，本书充分利用时频分析和盲源分离的优点，对雷达目标测量单元信号进行分离处理。基于时频分析的信号盲源分离主要为：首先对观测信号进行白化处理，假设 $x(t)=\{x_1(t),\cdots,x_m(t)\}^{\mathrm{T}}$ 为 m 维观测信号，$s(t) = \{s_1(t), \cdots, s_n(t)\}^{\mathrm{T}}$ 为 n 维源信号，则两者之间的关系可以表示为：$x(t) = As(t) + n(t)$，式中，A 为混合矩阵，$n(t)$ 为加性白噪声，且 $m \geq n$。观测信号 $x(t)$ 的自相关矩阵为：

$$\mathbf{R}_{xx} = E\left[x(t)x(t)^*\right] \qquad (8-12)$$

式中，上标"*"表示复共轭，对 R_{xx} 进行特征值分解得到其特征值和相应的特征向量，$\mathbf{R}_{xx}$ 前 n 个最大的特征值（$\lambda_1, \lambda_2, \cdots, \lambda_n$）和相应的特征向量（$h_1, h_2, \cdots, h_n$）。根据 $\mathbf{R}_{xx}$ 剩余 $m-n$ 个最小特征值估计噪声的方差 σ^2 和白化矩阵 $\mathbf{W}$：

$$\sigma^2 = \frac{1}{m-n}\sum_{i=1}^{m}\lambda_i, \mathbf{W} = \left[\left(\lambda_1 - \sigma^2\right)^{-0.5}h_1 \quad \left(\lambda_2 - \sigma^2\right)^{-0.5}h_2 \quad \cdots \quad \left(\lambda_n - \sigma^2\right)^{-0.5}h_n\right]^{\mathrm{H}} \qquad (8-13)$$

式中，上标 H 表示复共轭转置。经过噪声补偿和白化后的观测信号可表示为：

$$z(t) = \mathbf{W}x(t) = \mathbf{W}As(t) = \mathbf{U}s(t) \qquad (8-14)$$

对上式左右端进行时频变换（时频变换采用平滑伪Wigner-Ville），得到源信号与白化观测信号时频分布矩阵的关系：

$$\mathbf{D}_{zz}(t,f) = \mathbf{W}A\mathbf{D}_{ss}(t,f)A^{\mathrm{H}}\mathbf{W}^{\mathrm{H}} = \mathbf{U}\mathbf{D}_{ss}(t,f)\mathbf{U}^{\mathrm{H}} \qquad (8-15)$$

将源信号空间时频分布矩阵 $\mathbf{D}_{ss}(t,f)$ 的对角元素标记为自项，表示各个源信号自身的时频分布；而非对角元素标记为互项，表示两个源信号之间的时频分布。按一定规则选择 L 个自项点，并对自项位置处的时频分布矩阵进行联合对角化，估计酉矩阵 $\mathbf{U}$；根据上述估计的白化矩阵 $\mathbf{W}$ 和酉矩阵 $\mathbf{U}$，可以得到源信号的估计信号为：

$$s(t) = \mathbf{U}^{\mathrm{H}}\mathbf{W}x(t) \qquad (8-16)$$

从而可以根据分离信号求解信号频率并进行各单元信号相关性分析合并同一拉索信号，进而得出雷达测量范围内斜拉索面各拉索的频率。

8.2.3 数值算例验证及实施流程

结合实际工程中测量的某三根拉索的前三阶频率，本节利用仿真信号验证所提议信号盲源分离算法的有效性，采用线性信号进行拉索信号模拟分析，假设微波雷达测量单元内包含3个拉索信号。该拉索信号可分别表示为 $x_1(t) = \sin(2\pi f_{11}t) + 0.73\sin(2\pi f_{12}t) + 0.31\cos(2\pi f_{13}t)$，$f_{11} = 1.327\mathrm{Hz}$，$f_{12} = 2.643\mathrm{Hz}$，$f_{13} = 3.955\mathrm{Hz}$，$x_2(t) = \sin(2\pi f_{21}t) + 0.65\sin(2\pi f_{22}t) + 0.28\cos(2\pi f_{23}t)$，$f_{21} = 1.188\mathrm{Hz}$，$f_{22} = 2.446\mathrm{Hz}$，$f_{23} = 3.176\mathrm{Hz}$，$x_3(t) = \sin(2\pi f_{31}t) + 0.66\cos(2\pi f_{32}t) + 0.37\sin(2\pi f_{33}t)$，$f_{31} = 0.9384\mathrm{Hz}$，$f_{22} = 1.861\mathrm{Hz}$，$f_{23} = 2.778\mathrm{Hz}$。设置采样频率为10Hz，为了更清晰地表示信号波形，图8-6仅表示出了20s的时域波形。

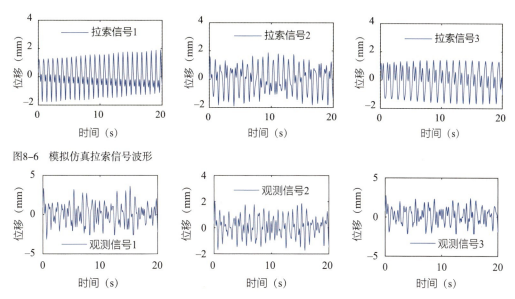

图8-6 模拟仿真拉索信号波形

图8-7 模拟仿真微波雷达测量单元观测信号波形

在实际应用中，该3个拉索位于同一测量单元，即该测量单元的观测信号是由上述3个拉索信号混合而成。为了模拟这一现象，随机选取一个3×3的混合矩阵A，A = [1 0.7 0.8；0.317 0.789 0.228；0.218 0.645 0.956]。采用线性混合的方法得到3个混合信号。同时，为了模拟真实数据中的噪声，对3个混合信号添加10%的随机噪声，使得最终混合信号$S(t)$的时域波形如图8-7所示。

假设实际应用中，仅仅监测到了一路观测信号，选用图8-7中的观测信号3作为仿真实验的单通道观测信号$S_1(t)$，对其进行分析、验证。根据上文所述的VMD方法将单通道观测信号进行分解，随着分解层数的增加，各模态分量与原信号间的谱相关系数如表8-1所示。

从表8-1可以看出当分解层数为5时，第5个分量和原信号的谱相关系数小于0.1，可以认为出现了过分解。因此，分解层数K设定为4，将观测信号$S_1(t)$分解为4个邮箱带宽固有模态函数，如图8-8所示。

各模态分量与原始信号的谱相关系数　　　　　　　　　　　　　　表8-1

层数	谱相关系数					
K	ρ_1	ρ_2	ρ_3	ρ_4	ρ_5	ρ_6
2	0.7395	0.4473				
3	0.6620	0.7142	0.2943			
4	0.6611	0.7125	0.2801	0.1762		
5	0.6610	0.7121	0.2799	0.1760	0.0776	

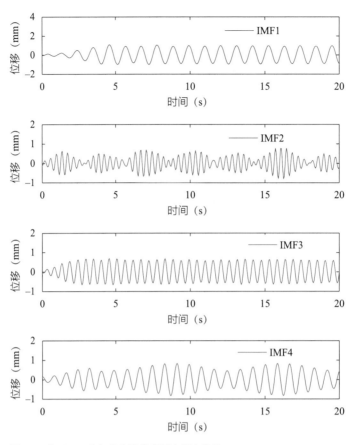

图8-8 基于VMD分解的有限带宽固有模态分量

将原始单通道观测信号与各模态分量及其残余项一起组成虚拟六维观测信号 $S'(t) = \{S(t), IMF_1, IMF_2, IMF_3, IMF_4, r(t)\}$。通过计算虚拟多维观测信号的特征值，根据贝叶斯信息准则判断包含的拉索信号个数为3，然后根据表8-1中的谱相关系数，选取前两个IMF分量与单通道观测信号及其分解残余项 $r(t)$ 组成四维观测信号，经过时频分析算法分离后得到时频域估计信号如图8-9所示，其中图中仅给出与拉索信号1~3有关的估计信号，剩下的一个信号为噪声，未在图中显示。

研究发现，采用本书所述的基于VMD和时频分析的单通道盲源分离方法分离出的估计信号与本算例所仿真模拟的信号时域幅值虽不一致，但是相位即频域一致。因此说明该方法能有效地应用于微波雷达测量单元出现多根拉索信号问题。

基于微波干涉雷达桥梁拉索面拉索实时变张力同步测量具体实施流程如图8-10所示：对微波干涉雷达监测的各测量单元信号进行VMD，得到各测量单元信号的IMF分量。通过索力公式初步判别选定出现信号混叠的测量单元进行分析。首先基于该测量单元分解得到的 K 个IMF，将该单元原信号与各模态分量即其残余项一起组成虚拟多维

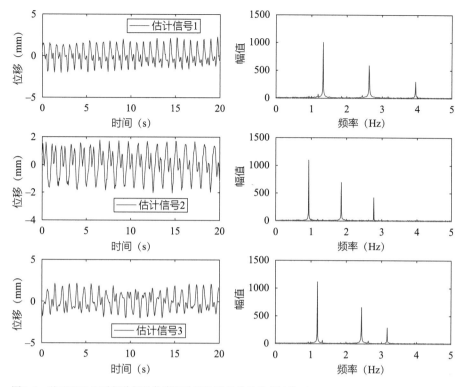

图8-9 基于VMD和时频分析的仿真微波雷达测量单元分离结果

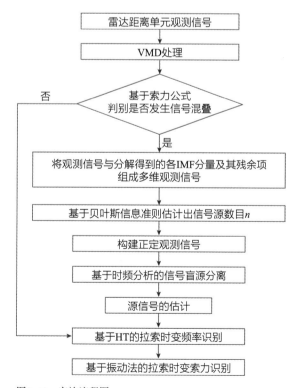

图8-10 实施流程图

观测信号，实现信号的升维，以满足盲源分离对观测矩阵正定的要求。将上述虚拟多维观测信号的自相关矩阵进行奇异值分解，采用贝叶斯信息准则得到信号源数目的估计。根据相关系数最大原则选择若干IMF分量与单通道观测信号及其分解残余项共同组成新的观测矩阵，然后基于时频分析法对新观测信号矩阵进行盲源分离。对分离后的信号进行筛选比对，得到各拉索对应的源信号，进一步基于VMD得到拉索面各拉索的时变频率，从而结合振动法实现拉索面拉索时变张力的同步识别。

8.3 "南京眼"斜拉步行桥应用

8.3.1 桥梁概况与试验布置

为验证所提议方法的准确性和适用性，我们设计安排了"南京眼"斜拉步行桥测试试验。如图8-11所示，作为南京"青奥会"的标志物，"南京眼"步行桥是长江上首座观光步行桥，起点位于河西青年文化体育公园内，终点在江心洲青

（a）实桥图

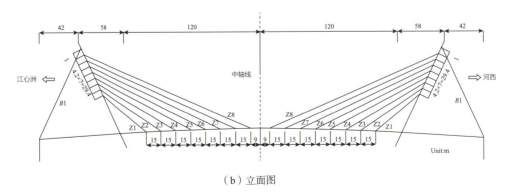

（b）立面图

图8-11 "南京眼"斜拉步行桥

年森林公园内。该桥主桥为主跨径240m双塔双索面钢箱梁斜拉桥，其跨径布置为45+42+58+240+58+46.5=531.5m。其中索塔采用向岸侧倾斜35°的椭圆形塔。斜拉索采用抗拉强度为1860MPa，弹性模量大于1.95×10^5MPa的钢绞线拉索，整桥布置了36根不同长度的斜拉索。所测试的斜拉索基本材料信息如表8-2所示。

拉索面各拉索材料几何属性　　　　　　　　表8-2

编号	Z1	Z2	Z3	Z4	Z5	Z6	Z7	Z8
长度（m）	44.312	61.848	79.073	96.449	113.901	131.165	148.66	166.158
质量（kg）	1375.5	1896.3	2407.9	2923.9	3952.5	4540.9	5634.7	6289.1
索力（kN）	1734.1	1774.3	1807.5	1901.5	2045.0	2083.6	2179.3	2329.9

我们主要测试了位于桥梁河西侧跨中单边8根拉索在环境振动下的位移时程。如图8-12所示，试验布置方案主要包含以下两种：

方案1，如图8-12（a）所示：选取比较有利的监测位置，即将微波干涉雷达放置于桥塔与桥面板接触区域的桥面板上，设备基点微振动较小。由于被监测桥在造型上存在跨中桥面板收缩的设计，从而造成在顺桥向拉索面各拉索不在同一平面内。因此，通过试验前试测选定30°俯仰角测试拉索面，以保证各个拉索位于不同测量单元。但需指出的是，该方案为保证测试效果需进行试验前的试测工作，比较麻烦且费时。特别的是在实际桥梁日常通车运营情况下难以实现且有一定的不便。

（a）方案1：微波雷达放置于桥面与桥墩交界处　　　　（b）方案2：微波雷达放置于桥梁附近人行观光道

图8-12　基于微波雷达的Z1～Z8拉索面试验概况图

方案2，如图8-12（b）所示：为避免方案1监测方案设备放置点选取和俯仰角等问题，以及充分发挥微波干涉雷达远距离、高精度、多测点的独特优势。我们随机选取距离桥梁200m的桥底人行观光走道内俯仰20°正面监测斜拉索面振动信号。该方案的优势在于微波干涉雷达远距离测量时天线辐射范围大，测试俯仰角干扰不大，特别是该方案不影响桥梁正常运行，因而比较简单快捷，主要考虑微波干涉雷达设备与被测索面之间无干扰即可。两种方案的采样频率均为66Hz。

8.3.2 试验结果分析

1. 方案1

通过发射和接收微波并进行混频处理，图8-14（a）（b）分别给出了方案1工况下微波干涉雷达监测拉索面时的正交同相时程数据。对正交同相数据进行反正切处理，得到各测量单元目标回波相位图，如图8-13（c）所示。

选取方案1工况下任一时刻，即快拍，微波干涉雷达监测的目标回波相位差数据进行FFT变换，得到被测索面与微波干涉雷达的距离信息，如图8-14（a）所示。由图8-14（a）可知，结合微波雷达辅助单元的激光测距仪以及目标回波能量峰值点，可以确定在雷达LOS方向上各个拉索的距离信息，从而判定Z1~Z8号拉索主要

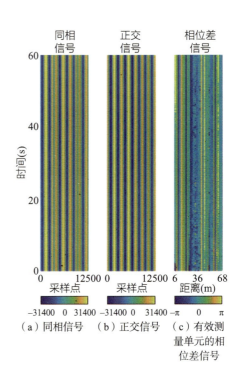

图8-13 方案1试验结果

位于Unit9.5、Unit17.5、Unit23.5、Unit32.5、Unit37、Unit43、Unit56、Unit65测量单元。需说明的是，各个回波能量峰值点附近测量单元如Unit9、Unit17等均为各拉索信息。基于相位干涉法对方案1所选取的测量单元的差频信号进行处理得到其位移时程信息，如图8-14（b）所示。进一步对所选取的测量单元位移时程信号进行频域分析，图8-14（c）给出了所选取测量单元的频域信息。研究发现，方案1工况所选取的测量单元包含的频率信息比较单一，基本符合拉索频域特征，即各测量单元可直接分辨出该单元内拉索的频率。

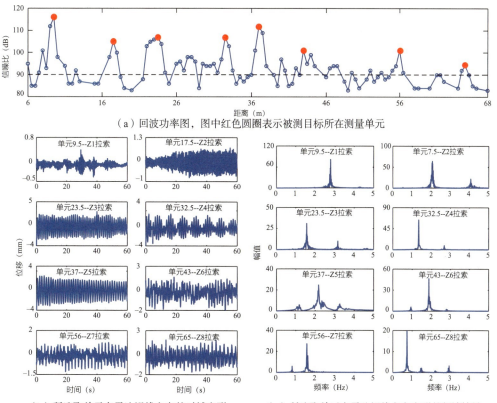

（a）回波功率图，图中红色圆圈表示被测目标所在测量单元

（b）所选取单元在雷达视线方向的时域变形　（c）所选取单元在雷达视线方向变形的频域结果

图8-14　方案1测试结果

因此，对上述选取测量单元信号进行希尔伯特变换，可以得到各拉索的时变频率，结合振动法可识别各拉索的时变索力，识别结果将在后续方案2中同步给出。

2. 方案2

同理，方案2工况下微波干涉雷达监测拉索面时的正交同相时程数据如图8-15（a）（b）所示，图8-15（c）给出了微波干涉雷达监测范围内各测量单元（Unit190~235）的相位差信息。

同理，对方案2工况下任一时刻，监测的目标回波相位差数据进行FFT变换，得到被测索面与微波干涉雷达的距离信息。由图8-16（a）可知，对于方案2工况，目标回波

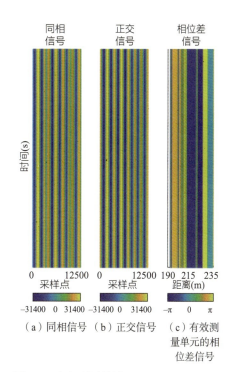

（a）同相信号　（b）正交信号　（c）有效测量单元的相位差信号

图8-15　方案2试验结果

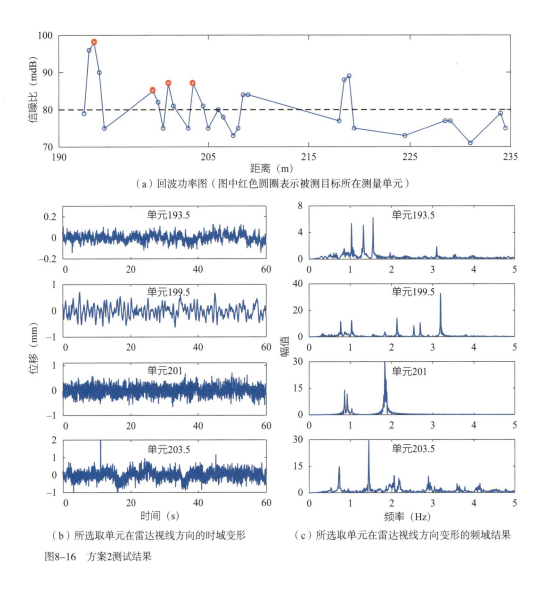

（a）回波功率图（图中红色圆圈表示被测目标所在测量单元）

（b）所选取单元在雷达视线方向的时域变形　　（c）所选取单元在雷达视线方向变形的频域结果

图8-16　方案2测试结果

能量峰值点比较集中，难以直接从回波能量峰值点判别拉索信息。因此，选定方案
2回波能量峰值点Unit193.5、Unit199.5、Unit201、Unit203.5进行分析。基于相位干涉
法对选取的距离测量单元差频信号进行处理得到其位移时程信息，如图8-16（b）所
示。进一步对所选取的测量单元位移时程信号进行频域分析，图8-16（c）给出了所
选取测量单元的频域信息。研究发现，方案2所选取测量单元的频域信息比较复杂，
Unit193.5包含的频率主要为1.033Hz、1.319Hz、1.033Hz；Unit199.5包含的频率主要为
0.749Hz、1.033Hz、2.132Hz、2.539Hz、2.767Hz；Unit201包含的频率主要为0.814Hz、
0.952Hz、1.081Hz、1.847Hz；Unit203.5包含的频率主要为0.749Hz、1.449Hz、2.095Hz
等。根据图中红色框选取的频率段识别结果，基于振动法索力计算公式进行筛选判

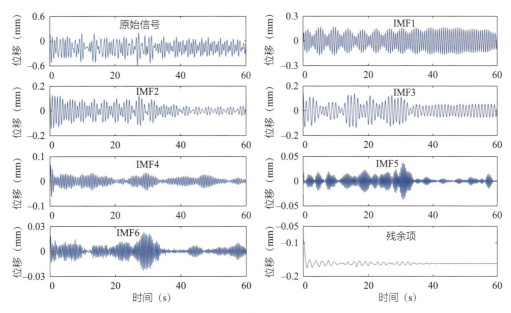

图8-17　测量单元199.5信号VMD分解图

别难以直接从测量单元中选取各拉索的频率。其原因在于随着微波雷达作用距离越远，测量单元在空间上幅度越大，从而引起不同拉索位于同一测量单元内发生信号混叠。因此，基于融合VMD和时频分析算法对方案2工况选取的测量单元信息进一步进行信号盲源分离，以Unit199.5测量单元为例进行分析。

首先，根据上文所述VMD算法将该测量单元观测信号分解，定义分解层数为6，得到各阶模态分量及其残余项如图8-17所示。然后将单通道观测信号与各模态分量及其残余项一起组成虚拟多维观测信号，实现信号升维，以满足盲源分离对观测矩阵正定的要求。

将上述虚拟多维观测信号的自相关矩阵进行奇异值分解，采用贝叶斯信息准则得到信号源数目为4。根据相关性最大原则选择前3个IMF分量与单通道观测信号及其分解残余项共同组成新的观测矩阵，并进行时频分析。图8-18给出了基于时频分析估计的源信号。研究发现，经时频分析后分离的各个源信号在时域内幅值虽然与原观测信号不同，但是在频域内将观测信号包含的各个拉索分量分配在不同的通道中，便于拉索信号的准确辨识。

依次对各测量距离单元进行VMD分解和时频分析，最后确定出所有测量距离单元包含的总源信号基频为$f_{Z1}=2.767$Hz，$f_{Z2}=1.972$Hz，$f_{Z3}=1.55$Hz，$f_{Z4}=1.319$Hz，$f_{Z5}=1.033$Hz，$f_{Z6}=0.952$Hz，$f_{Z7}=0.814$Hz，$f_{Z8}=0.749$Hz，结合已知的斜拉索信息，由于拉索采用的材料相同，随着拉索长度的增加，索的频率逐步下降。依据微波

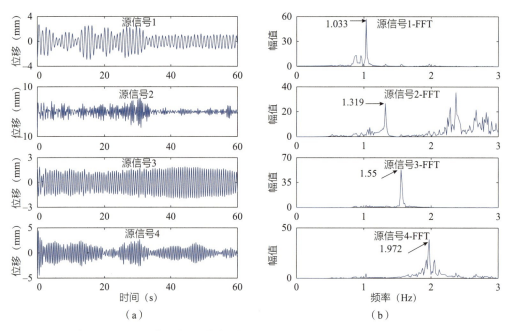

图8-18 测量单元Unit199.5观测信号分离后估计源信号图

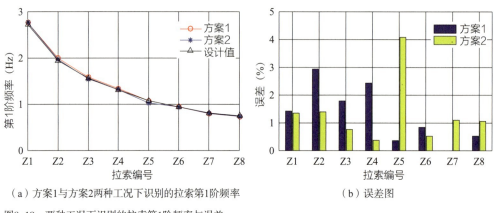

（a）方案1与方案2两种工况下识别的拉索第1阶频率

（b）误差图

图8-19 两种工况下识别的拉索第1阶频率与误差

干涉雷达相对于斜拉索面的测量位置，筛选出各拉索的频率信息如图8-19（a）所示。

图8-19（b）给出了方案1与方案2两种工况与设计值的相对误差，两者测量结果基本一致且误差均小于5%，从而验证了基于微波干涉雷达和信号盲源分离方法的有效性和适用性。对各拉索信号进行希尔伯特变换，图8-20给出了基于振动法的拉索面各拉索时变张力。

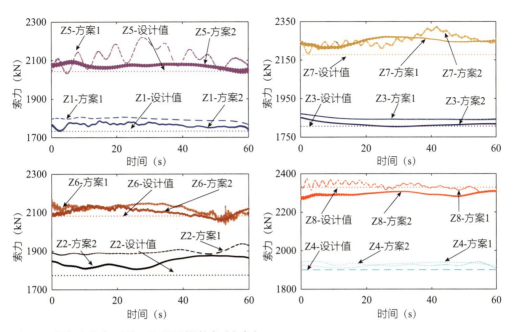

图8-20　方案1与方案2两种工况下识别的拉索时变索力

第 9 章

考虑不确定性的
长大跨桥梁性能评估

结构不确定性问题在长大跨桥梁结构监测与分析过程中广泛存在。美国国防高级研究计划局于2015年启动了"量化物理系统的不确定性"项目，目标是使得不确定性量化成为模拟与建模中不可缺少的一部分。本章研究结构识别与建模过程中的不确定性问题。不确定性的来源主要分为固有不确定性与认知不确定性。固有的不确定性与天然随机性有关，不能通过人为的努力降低或者消除，例如结构材料的不确定性或者系统识别过程中的不确定性。认知的不确定性与认识不足或了解的信息不够全面对客观世界的预测与估计不精确性有关，通过人的努力可以降低甚至消除此类的不确定性。例如测量误差可以通过使用高精度的传感器降低测试数据的不确定性、所处理数据的长度提高可以降低结构识别模型的不确定性。

在长大跨桥梁的评估中包括三大挑战。挑战一：桥梁实测数据的不确定性。桥梁测试的环境条件（如车流、湿度、风速，尤其是温度）不可避免地会对实测数据和桥梁性能造成影响。例如在一座桁架钢桥的长期监测过程中发现昼夜间温度变化引起的钢桥应变可达到车流振动引起的应变的3倍。这些环境因素及数据采集仪器灵敏度等其他因素影响实测数据质量，再加上传感器数目有限引起的数据不完备等问题，导致桥梁诊断技术在现场实测方面面临挑战。挑战二：结构的复杂性。土木结构通常体积巨大、形式复杂，部分构件如土–基础接触部分、桥身–桥塔连接部分等具有非线性和时变特征。这些原因导致结构的众多信息不易确定和有效的模型难以建立。而传统的结构识别方法大都建立在简化模型或假设某些结构信息已知的基础上。例如，基于振动的识别方法大多假设结构质量已知，而申请人在多座桥梁的模态分析和有限元修正中发现利用图纸和有限元分析得到的质量往往不精确。结构质量及其他复杂结构系统（如边界条件、连接接点等）的不确定性容易导致结构识别结果不准确，从而影响了诊断技术在工程应用中的被接受程度。挑战三：试验数据与桥梁真实性能之间的弱相关性（相关性不强）。桥梁诊断的基本思路是利用现场试验数据识别桥梁实际性能，但有时候它们之间的相关性并不明显。例如所观测的低阶模态数据通常对局部损伤并不敏感。桥梁管理部门最感兴趣的桥梁实际承载能力等通常无法直接测量，当利用可测的试验数据（如活荷载引起的应变、模态参数等）对桥梁实际承载能力等进行预测时，由于上述弱相关性的可能存在，预测结果就经常有较大偏差。

上述挑战导致现有技术仅能识别有限的结构特征（仅模态参数等），而它们又无法直接应用于工程实践中以切实支持桥梁管理决策。一种间接利用这些识别结果进行结构预测的方法是利用它们修正有限元模型，然后利用有限元模型进行结构反应预测。但由于上述的三个挑战（观测数据的不确定性，结构的复杂性，以及它们之间可能存在的弱相关性），经过修正的多个有限元模型都可能与观测数据匹配良好（即非唯一最优问题）。传统的处理方法往往以寻找最优有限元模型为目标，以设定一定的阈值为条件，当修正模型满足一定的阈值时即修正结束。这一过程不能考虑模型的不确定性的影响，也不能够进行进一步的基于概率的性能评估。这种情况导致利用单一"最优"模型进行结构预测，尤其是试验中观测的数据类型（如加速度等）和需预测的数据类型（如结构局部应力）不一致时，预测结果可能会出现大的偏差。事实上，现有的结构识别方法几乎全部建立在直接识别或利用有限元修正来寻找单一最优模型的基础上，无法解决上述三项挑战引起的非唯一最优问题。

对上述挑战可以将模型的修正问题看作一个模型不确定性量化的问题。结构初始有限元模型计算的结构响应与基于静动载现场测试的结构之间会有差异，而通过选择关键的模型参数进行模型的修正，使得修正后的有限元模型尽可能与现场监测数据相吻合，此即为通常意义上的有限元模型修正。这个过程中的不确定性可以分为测量值误差与模型偏差。测量值误差是结构健康监测检测过程中依据传感技术所得到的结构现场的测量数据，在静载测试、振动测试中存在各种不确定性因素的影响，导致基于现场测试值仍然具有不确定性。模型偏差指的是结构有限元模型的基本误差。例如离散误差，单元模型误差，有限元算法误差等等，导致的有限元本身并不能真正代替真实的物理世界；另外，因为有限元模型修正仅仅只能修正部分对测量值敏感的关键未知参数，不完全的参数选择本身也会带来有限元模型的基本误差。正是由于上述两种不确定性的存在，修正有限元模型过程会有非唯一最优问题，即通过修正过程的多个有限元模型都有结构的健康监测数据相吻合。利用优化方法得到最优的有限元模型进行结构的进一步的响应预测与性能评估，但该方法仅仅能够得到较为"良好"的有限元模型。已知有限元模型中的关键的未知参数θ值时：

$$\hat{Y}^{\mathrm{e}} = Y^{\mathrm{m}}(\theta) + \varepsilon + \delta \qquad (9-1)$$

其中，ε为测量值的不确定性；δ为模型的固有误差；$\hat{Y}^{\mathrm{e}}$为测量值，例如静载测试得到的关键测点的挠度，动载测试得到的结构的模态参数值等。$Y_i^{\mathrm{m}}(\theta)$为有限元计算的值，即当关键参数向量取值为θ时有限元输出的与测量值相对应的值。$\theta = \begin{bmatrix} \theta^1 & \cdots & \theta^{N_{\mathrm{m}}} \end{bmatrix}^{\mathrm{T}}$取对测量值敏感的模型未知参数，$N_{\mathrm{m}}$为修正有限元时所选择的关键参数的个数。对测量数据$\varepsilon$不确定性进行量化，包括静载测试结果与振动测试结果两部分。静载测试测量值一般为关键截面在荷载作用下的挠度或应变，由位移或应变传感器测量得到，其不确定性由所采用的传感器本身的精度决定。振动测试的模态参数识别的不确定性量化涉及识别算法，不确定性量化方法见下节。

9.1 不确定性量化与评估系统框架

本章开发了一种融合识别与模型不确定性的结构性能分析，所提议方法的框架如图9-1所示。具体实施步骤如下：

步骤1：对结构健康监测的数据进行不确定性分析。从监测现场得到的数据包括两类：一类是静载测试等直接测到结构的位移、应变、倾角等直接的信息；另一类是从监测现场的振动测试数据经过识别算法间接识别的结构的模态参数。第一类从传感器测到的数据即是所关注的数据，其不确定性由测量传感器的误差决定；第二类经过系统识别所得到的结构的模态参数等采用误差逐级传递方法利用矩阵摄动理论得到识别参数的置信区间，不仅仅是结构健康监测的测量值，并且其对应的方差共同进行结构的有限元模型修正。

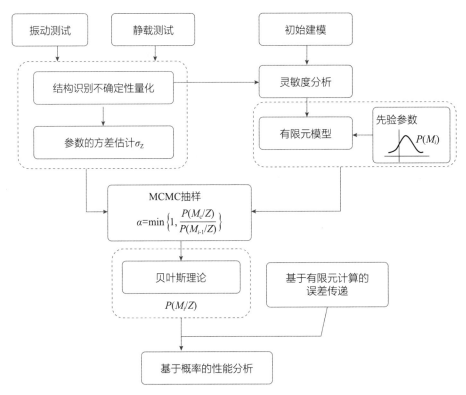

图9-1　融合识别与模型不确定性的结构性能分析

步骤2：对有限元模型进行不确定性量化。为了解决结构在有限元模型修正过程中多个模型都与监测数据同等的相匹配没有最优的有限元模型的问题，提出了基于马尔科夫链蒙特卡洛（Markov Chain Monte Carlo，MCMC）抽样方法的贝叶斯模型不确定性量化的策略进行结构的模型不确定性标定，利用模型不确定性量化结果而不是单一的最优有限元模型进行结构的响应预测与性能评估。

步骤3：基于概率的有限元模型进行结构的评估。在利用不确定性分析的处理框架得到模型的抽样参数的后验概率后，通过基于矩阵摄动理论的随机有限元方法进行结构的基于概率的性能评估与响应预测。

9.2 结构识别的不确定性量化

在模态参数识别中存在各种不确定性因素的影响，例如结构识别模型的不确定性，测量数据的不确定性等等。结构（动态）特征的预测更像是一门艺术而不是一门科学；对结构阻尼的可靠测量很少，并且在性能预测中使用的值通常是"粗略和简化的估计"。因此对识别的结果例如频率、阻尼、振型进行不确定性标定，不仅仅得到识别结果的最大似然值，并且同时得到所得到的识别结果的方差越来越引起大家的关注。对识别的结果进行不确定性标定，不仅仅对于所得到结果的可靠性有一个定量的标定，而且对于基于识别参数对结构进行性能分析的目的提供基于概率分析框架，从而使得基于概率的性能评估能够实现，同时与基于概率的结构设计呼应起来。

本节将介绍一种结构模态参数不确定性量化方法，该方法基于环境振动测试下的随机子空间模态参数识别方法。方法利用一阶矩阵摄动理论通过误差的逐级传递，从最初获取的数据处将误差逐级传递至所识别的参数，最终得到结构的模态参数的不确定性。

9.2.1 随机子空间法

环境振动测试下的桥梁激励主要包括风荷载、车辆荷载、地脉动等。桥梁在环境激励下输入力虽然是不可测的，但在测量时间足够长时可将环境激励力当作白噪声激励，从而构建离散的时间状态空间模型如下：

$$x_{k+1} = \boldsymbol{A}x_k + w_k \tag{9-2}$$

$$y_k = \boldsymbol{C}x_k + v_k \tag{9-3}$$

其中，A、C为系统矩阵；$x_k \in \mathbb{R}^{n \times 1}$为状态向量，$y_k \in \mathbb{R}^{l \times 1}$为在时间节点$k$下的观测向量；$w_k$，$v_k$是过程与输出噪声。

定义r_0为参考传感器数目$r_0 < l$，则输出相关矩阵Λ_l可表示为：

$$\Lambda_l = E\left[y_{k+l} y_k^{\text{ref T}} \right] \quad （9-4）$$

其中，T代表矩阵的转置，E为期望操作符。协方差驱动随机子空间识别方法开始于由输出相关矩阵Λ_l构建更大的Hankel矩阵$L \in \mathbb{R}^{il \times ir_0}$：

$$L = \begin{bmatrix} \Lambda_i & \Lambda_{i-1} & \cdots & \Lambda_1 \\ \Lambda_{i+1} & \Lambda_i & \cdots & \Lambda_2 \\ \cdots & \cdots & \cdots & \cdots \\ \Lambda_{2i-1} & \Lambda_{2i-2} & \cdots & \Lambda_i \end{bmatrix} \quad （9-5）$$

对Hankel矩阵L进行奇异值分解以求扩展的观察矩阵Γ_i，针对所选取的模态阶次n对分解进行截断：

$$L = USV^{\text{T}} = \begin{bmatrix} U_1 & U_2 \end{bmatrix} \begin{bmatrix} \Sigma_1 & 0 \\ 0 & \Sigma_2 \end{bmatrix} \begin{bmatrix} V_1^{\text{T}} \\ V_2^{\text{T}} \end{bmatrix} \quad （9-6）$$

其中，$U_1 = \begin{bmatrix} u_1 & \cdots & u_n \end{bmatrix} \in \mathbb{R}^{il \times n}$, $V_1 = \begin{bmatrix} v_1 & \cdots & v_n \end{bmatrix} \in \mathbb{R}^{ir_0 \times n}$, $\Sigma_1 = \text{diag}\left(\begin{bmatrix} \sigma_1 & \cdots & \sigma_n \end{bmatrix} \right)$。则扩展的观察矩阵$\Gamma_i$可以由下式计算：

$$\Gamma_i = U_1 \Sigma^{1/2} \quad （9-7）$$

$$A = \left(S_1 \Gamma_i \right)^{\dagger} S_2 \Gamma_i, \quad C = S_3 \Gamma_i \quad （9-8）$$

其中，选择矩阵$S_1 = \begin{bmatrix} I_{(i-1)l \times (i-1)l} & 0_{(i-1)l \times l} \end{bmatrix}$, $S_2 = \begin{bmatrix} 0_{(i-1)l \times l} & I_{(i-1)l \times (i-1)l} \end{bmatrix}$, $S_3 = \begin{bmatrix} I_{l \times l} & 0_{l \times (i-1)l} \end{bmatrix}$；$\dagger$表示Moore-Penrose逆矩阵操作符。

在得到系统矩阵A、C后可识别结构的模态参数。首先对A进行特征值分解$A\phi_i = \lambda_i \phi_i$，结构的模态频率$f_i$和$\xi_i$阻尼可以由结构系统矩阵$A$的特征值中直接得到$f_i = \dfrac{\sqrt{a_i^2 + b_i^2}}{2\pi \Delta t}$, $\xi = \dfrac{-b_i}{\sqrt{a_i^2 + b_i^2}}$，其中 $a_i = \arctan \dfrac{Im(\lambda_i)}{Re(\lambda_i)}$, $b_i = ln|\lambda_i|$。与系统C结合则有结构的振型为 $\varphi_i = C\phi_i$。

9.2.2 模态参数的不确定性量化

下面我们介绍不确定性如何引入算法模型中。因为时间状态空间模型中的过程与输出噪声w_k、v_k不可能精确地知道，因此观测向量y_k是一随机过程。同样的输出相关矩阵不可能精确获得，而仅仅是通过观测向量估计而来。若观测数据总长度为N，将其分为n_b等份则有每一份为$N_b = N/n_b$。假设N_b足够长使得每一份数据可以保持统计独立性，则利用任何一份的数据都可以得到一个输出相关矩阵的抽样：

$$\hat{\Lambda}_{l,\mathrm{b}} = \frac{1}{N_{\mathrm{b}}} \sum_{k=(b-1)N_{\mathrm{b}}+1}^{bN_{\mathrm{b}}} y_{k+l} y_k^{\mathrm{ref\,T}}, \quad b=1,2,\cdots,n_{\mathrm{b}} \qquad (9\text{-}9)$$

同样的，由输出相关矩阵构建的Hankel矩阵$\boldsymbol{L}$的一样抽样可表示为$\hat{\boldsymbol{L}}_{\mathrm{b}}$。根据中心极限定理一个随机过程的协方差矩阵可以通过抽样样本来表示，则Hankel矩阵$\boldsymbol{L}$的协方差矩阵可表示为：

$$\mathrm{cov}\left(\mathrm{vec}\left(\hat{\boldsymbol{L}}\right)\right) = \frac{1}{n_{\mathrm{b}}\left(n_{\mathrm{b}}-1\right)} \sum_{b=1}^{n_{\mathrm{b}}} \left(\mathrm{vec}\left(\hat{\boldsymbol{L}}\right) - \mathrm{vec}\left(\hat{\boldsymbol{L}}_{\mathrm{b}}\right)\right)\left(\mathrm{vec}\left(\hat{\boldsymbol{L}}\right) - \mathrm{vec}\left(\hat{\boldsymbol{L}}_{\mathrm{b}}\right)\right)^{\mathrm{T}} \qquad (9\text{-}10)$$

其中，$\hat{\boldsymbol{L}} = \dfrac{1}{n_{\mathrm{b}}} \sum\limits_{b=1}^{n_{\mathrm{b}}} \boldsymbol{L}_{\mathrm{b}}$，vec（ ）表示将矩阵的列堆叠在彼此之上的运算符。误差通过逐级传递最终至所关心的模态参数处，通过实施一阶灵敏度分析的方法来逐步传递直至计算模态参数的协方差矩阵。对一个具体的模态阶次n时，联系扩展的观察矩阵$\boldsymbol{\Gamma}_i$与Hankel矩阵$\boldsymbol{L}$的雅克比矩阵$\mathcal{T}_{\Gamma_i,\mathrm{R}}$为：

$$\mathrm{vec}\left(\boldsymbol{\Gamma}_i\right) = \mathcal{T}_{\Gamma_i,\mathrm{R}} \mathrm{vec}\left(\boldsymbol{L}\right) \qquad (9\text{-}11)$$

同理，系统矩阵$\boldsymbol{A}$、$\boldsymbol{C}$与$\boldsymbol{\Gamma}_i$之间误差传递的雅克比矩阵可以表示为$\mathcal{T}_{\mathrm{A},\Gamma_i}$与$\mathcal{T}_{\mathrm{C},\Gamma_i}$。由于模态频率和阻尼比只与系统矩阵$\boldsymbol{A}$有关，第$i$阶模态频率与阻尼与系统矩阵$\boldsymbol{A}$之间的误差传递的雅克比矩阵可以表示为$\mathcal{T}_{f_i,\mathrm{A}}$与$\mathcal{T}_{\xi_i,\mathrm{A}}$；模态振型与系统矩阵$\boldsymbol{A}$、$\boldsymbol{C}$都有关系，所以第$i$阶模态阵型与系统矩阵之间的关系表示为$\mathcal{T}_{\varphi_i,\mathrm{AC}}$。经过逐级进行的一阶灵敏度分析，最终Hankel矩阵$\boldsymbol{L}$的不确定性逐级传递至模态参数处。最后，模态参数的不确定性可分别表示为：

频率和阻尼的协防差矩阵：

$$\mathrm{cov}\left(\begin{bmatrix} f_i \\ \xi_i \end{bmatrix}\right) = \begin{bmatrix} \mathcal{T}_{f_i,\mathrm{A}} \\ \mathcal{T}_{\xi_i,\mathrm{A}} \end{bmatrix} \mathcal{T}_{\mathrm{A},\Gamma_i} \mathcal{T}_{\Gamma_i,\mathrm{R}} \mathrm{cov}\left(\mathrm{vec}\left(\hat{\boldsymbol{L}}\right)\right) \mathcal{T}_{\Gamma_i,\mathrm{R}}{}^{\mathrm{T}} \mathcal{T}_{\mathrm{A},\Gamma_i}{}^{\mathrm{T}} \begin{bmatrix} \mathcal{T}_{f_i,\mathrm{A}} \\ \mathcal{T}_{\xi_i,\mathrm{A}} \end{bmatrix}^{\mathrm{T}} \qquad (9\text{-}12)$$

结构的振型的协方差矩阵：

$$\mathrm{cov}\left(\varphi_i\right) = \mathcal{T}_{\varphi_i,\mathrm{AC}} \begin{bmatrix} \mathcal{T}_{\mathrm{A},\Gamma_i} \\ \mathcal{T}_{\mathrm{C},\Gamma_i} \end{bmatrix} \mathcal{T}_{\Gamma_i,\mathrm{R}} \mathrm{cov}\left(\mathrm{vec}\left(\hat{\boldsymbol{L}}\right)\right) \mathcal{T}_{\Gamma_i,\mathrm{R}}{}^{\mathrm{T}} \begin{bmatrix} \mathcal{T}_{\mathrm{A},\Gamma_i} \\ \mathcal{T}_{\mathrm{C},\Gamma_i} \end{bmatrix}^{\mathrm{T}} \mathcal{T}_{\varphi_i,\mathrm{AC}}{}^{\mathrm{T}} \qquad (9\text{-}13)$$

需要注意的是在数据长度有限的情况下，为了保证测试数据所分割的每一份之间是互相统计独立的，所划分的分数n_{b}不能太大，而同时为了使得输出相关矩阵与由其所构建的Hankel矩阵$\boldsymbol{L}$的由抽样估计的协方差准确，需要划分的分数n_{b}足够大，因此n_{b}的取值需要权衡来确定。

9.3 融合识别结果的模型不确定性量化

模型同样分为固有不确定性与认知不确定性，下面首先讨论有限元的固有不确定性δ。有限元模型按照误差的来源主要分为两类。第一为有限元理论假设引入的误差。在有限元方法中为了实现对现实问题的计算，引入一些力学假设。例如连续介质假设，认为计算模型是理想连续，没有孔洞，这与混凝土结构的实际情况不符合；材料均匀性假设，认为模型的材料参数不随空间变化而变化，是均匀的，这同样与实际情况不符合。有限元理论与真实物理世界是不一样的，存在固定的偏差。第二类为有限元计算过程的误差。例如，模型的简化，模型利用不同的单元模拟时候结果都会有细微的差别，又比如有限元计算方法的误差等。正是由于有以上各种固有不确定性因素的影响，结构有限元模型计算结果的本身偏差不可避免，这里可将模型的固有偏差记为δ，其应该也是一个均值为0的正态分布，标准差 σ_{δ_i} 可由经验估计得到。

针对模型的认知不确定性采用基于概率统计的多有限元模型的概念来进行处理。不管是传统优化方法或者所提议的方法，都是利用健康监测数据对有限元模型进行评估，对结构的不确定性进行分析找出主要不确定性，并将不确定性转化成有限元建模中的参数。分歧发生在如何利用健康监测数据进行有限元模型修正上。传统的确定性有限元模型方法的目标是寻找与健康监测数据最符合的有限元模型，用这单一的"最优"有限元模型进行结构的分析和响应预测；我们的思路发生了转变，它不是寻找最优的有限元模型，而是基于观测误差利用贝叶斯评估和抽样算法对模型的不确定性参数进行不确定性量化。因此可以考虑各种不确定性因素的影响，进行结构基于概率的响应预测和性能评估，相较于单一最优模型的理论有很大的优势。所提议模型不确定性量化方法的关键技术难点是结合结构识别过程中各种不确定性因素的影响来量化有限元模型的不确定性。不但给出物理参数最优估计，而且能够得到参数估计值的概率分布，很好地解释模型参数识别具有不确定性问题。在实际实施过程中，利用了贝叶斯理论和马尔科夫链蒙特卡洛方法进行抽样处理。

9.3.1 基于贝叶斯框架的不确定性量化

英国学者托马斯·贝叶斯在《论有关机遇问题的求解》中提出一种归纳推理的理论，后被一些统计学者发展为一种系统的统计推断方法，称为贝叶斯方法。贝叶斯方法可以根据总体信息、样本信息和先验信息来推断得到后验信息[7, 16~26]。根据贝叶斯理论，模型 $M(\theta_i)$ 基于"观测"值$\hat{Y}^e$的后验概率为：

$$P\left(M(\theta_i)/\hat{Y}^e\right)=\frac{P\left(\hat{Y}^e/M(\theta_i)\right)P\left(M(\theta_i)\right)}{\sum P\left(\hat{Y}^e/M(\theta_i)\right)P\left(M(\theta_i)\right)} \quad (9\text{--}14)$$

其中，$P\left(M(\theta_i)/\hat{Y}^e\right)$ 是已知$\hat{Y}^e$发生后 $M(\theta_i)$ 的条件概率，也由于得自$\hat{Y}^e$的取值而被称作模型 $M(\theta_i)$ 的后验概率；$P\left(M(\theta_i)\right)$ 是 $M(\theta_i)$ 的先验概率，之所以称为"先验"是因为它不考虑任何测量值$\hat{Y}^e$方面的因素；$P\left(\hat{Y}^e/M(\theta_i)\right)$ 是已知 $M(\theta_i)$ 发生后$\hat{Y}^e$的条件概率；$\sum P\left(\hat{Y}^e/M(\theta_i)\right)P\left(M(\theta_i)\right)$是$\hat{Y}^e$的先验概率，也作标准化常量。

下面分别对式（9--14）中分子项进行分析。首先是模型先验分布$P\left(M(\theta)\right)$。结构模型（用M表示）可以表示为建模不确定性参数θ的函数 $M=M(\theta)$，对所选的参数进行分析，得出建模不确定性参数θ的先验分布概率$P(\theta)$。有了建模不确定性参数θ的先验分布概率，则结构模型M的先验分布为：

$$P\left(M(\theta)\right)=\prod_{i=1}^{n}P\left(\theta_i\right) \quad (9\text{--}15)$$

其中，$M(\theta)$代表有限元模型，$P(\theta_i)$是参数 θ_i 的先验分布，$P\left(M(\theta)\right)$代表有限元模型的先验分布。

其次是条件概率 $P\left(\hat{Y}^e/M(\theta_i)\right)$，条件概率 $P\left(\hat{Y}^e/M(\theta_i)\right)$ 的估算是最关键的一步。当选定一个模型 $M(\theta_i)$ 时可以依据有限元模型计算出一个模型下的响应值 $Y_i^m(\theta)$，$Y_i^m(\theta)$ 与测量值$\hat{Y}^e$接近时条件概率值应该大，远离时应当小，利用$Y_i^m(\theta)$与$\hat{Y}^e$之间的差值建立的目标函数，通过目标函数值的大小确定条件概率值。

这里介绍两种模型响应值 $Y^m(\theta_c)$ 的获取方法。第一种为直接计算方法。通过DRAM下的MCMC抽样相较于蒙特卡洛抽样大大减少了抽样计算的次数，对于每次计算花费时间不长的模型可以采用直接计算的方法。第二种为响应面模型替代方法。针对大型的有限元模型的计算所花费的时间仍然过多，为了使基于概率的结构不确定性评估方法能够快速进行，我们在可计算性与准确性方面进行平衡，这里推荐采用被广泛采用的响应面模型代替有限元模型进行结构的响应计算。首先是建立 $Y^m(\theta_c)$ 的响应面模型，在进行MCMC的抽样过程中利用修正好的响应面模型代替实际的有限元模型进行抽样评估。响应面模型如下：

$$Y^m\left(\theta_c\right)=\beta_0+\sum_{i=1}^{k}\beta_i\theta_i+\sum_{i=1}^{k}\sum_{j=1}^{k}\beta_{ij}\theta_i\theta_j \quad (9\text{--}16)$$

在将响应面模型代入结构有限元模型修正之前，响应面模型的准确性首先需要被检验，只有通过检验的响应面模型才可以代表真实的模型计算值进行MCMC抽样。这里采用经验积分平方误差（Empirical Integrated Squared Error，EISE）方法进行评估：

$$EISE = \frac{1}{N}\sum_{i=1}^{N}\left[y_{RS}(i) - y(i)\right]^2 \tag{9-17}$$

其中，y_{RS}是确认样本响应面模型的响应值；y是确认样本的真实值；$\overline{y}$是所有样本真实值的平均值。$EISE$的值越小，拟合越接近数据。

在有限元模型中，对测量值有影响且确实包括有不确定性的各因素取关键参数 $\theta \in \mathbb{R}^{N_m \times 1}$，为一个非线性的参数估计问题：

$$\ell(\theta) = \sum_i r_i^2(\theta) \tag{9-18}$$

$$r_i(\theta) = \hat{Y}_i^e - Y_i^m(\theta) \tag{9-19}$$

其中，$\ell(\theta)$为目标函数，值与关键参数向量$\boldsymbol{\theta}$的取值相关。式子中各个测量值的权重相同，但是在实际情况中各个测量值的不确定性是不一致的。例如，各个阶次的模态参数的置信区间即不相同，不确定性大的测量值应该在目标函数中所占的权重小，不确定性小的测量值应该在目标函数中所占的权重大。考虑权重后式（9-18）可表示为：

$$\ell(\theta) = r^T(\theta)Wr(\theta) = \left\| W^{1/2}r(\theta) \right\|_2^2 \tag{9-20}$$

其中，$W = \text{diag}\left(\cdots \quad w_j^2 \quad \cdots\right)$。由于在前面考虑不确定性的分析中已经将各个测量值不确定性方差量化了出来，结合最小二乘法的权重选择方法，目标函数可以进一步表示为：

$$\ell(\theta) = r^T(\theta)Wr(\theta) = \sum_i \left[w_j r_j(\theta)\right]^2 \tag{9-21}$$

$$W = \left[\text{diag}\left(\sigma_1^2 \quad \cdots \quad \sigma_{N_m}^2\right)\right]^{-1} \quad \text{或者} \quad w_j^2 = \frac{1}{\sigma_j^2} \tag{9-22}$$

其中，σ_j为第j个测量值的标准差。结合式（9-21）带权重的测量值 $w_j r_j(\theta)$ 的分布为：

$$P\left(w_j r_j(\theta)\right) \sim N(0,1) \tag{9-23}$$

假设各个测量值之间是相互独立的，忽略测量值之间的相关性，$\ell(\theta)$即为N_e个标准正态分布的随机变量的平方和，其分布规律为卡方分布：

$$P\left(\ell(\theta)\right) = \begin{cases} \dfrac{1}{2^{\frac{n}{2}}\Gamma\left(\dfrac{n}{2}\right)}\ell(\theta)^{\frac{n}{2}-1}e^{-\frac{\ell(\theta)}{2}}, & x > 0 \\ 0, & x < 0 \end{cases} \tag{9-24}$$

最后考虑不确定性的目标函数不确定性定量化过程，如图9-2所示。

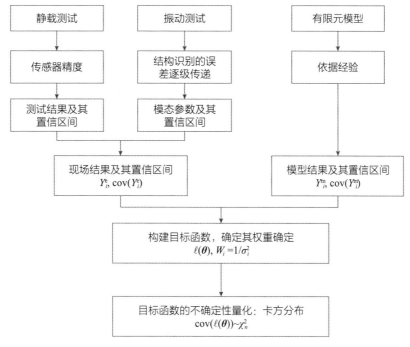

图9-2 考虑不确定性目标函数建立过程

在对目标函数进行不确定性量化后，利用目标函数 $\ell(\theta)$ 的方差来估算条件概率，$P\left(\hat{Y}^e / M\left(\theta_i\right)\right)=P\left(\ell\left(\theta_i\right)\right)$。最终有：

$$P\left(\hat{Y}^e / M\left(\theta_i\right)\right)=\begin{cases}\dfrac{1}{2^{\frac{n}{2}} \Gamma\left(\dfrac{n}{2}\right)} \ell\left(\theta_i\right)^{\frac{n}{2}-1} e^{-\frac{\ell\left(\theta_i\right)}{2}}, & x>0 \\ 0, & x<0\end{cases}$$

（9-25）

其中，$\ell\left(\theta_i\right)$ 为按照式（9-21）计算得到的目标函数。从 $\ell\left(\theta_i\right)$ 的表达式可以看出，其需要用到有限元模型计算值 $Y_i^m(\theta)$，因此式（9-21）与式（9-25）为隐函数不能直接估算 $P\left(M\left(\theta_i\right) / \hat{Y}^e\right)$ 的后验概率，需要借助抽样离散化的方法进行计算。

9.3.2 抽样算法求解

上一节建立了融合结构识别结果的贝叶斯模型不确定性量化框架，但由于模型计算为隐函数的特征上述框架不能直接用于计算，接下来介绍两种抽样算法来进行求解。为了使基于贝叶斯框架的模型后验概率能够计算，考虑通过抽样的方法去估算模型在测量值下的后验概率 $P\left(M\left(\theta_i\right) / \hat{Y}^e\right)$。

1. 蒙特卡洛抽样

蒙特卡洛抽样按抽样调查法求取统计值来推定未知 $f(x)$ 的计算方法。蒙特卡洛法也称统计模拟法、统计试验法，是把概率现象作为研究对象的数值模拟方法。蒙特卡洛是摩纳哥的著名赌城，该法为表明其随机抽样的本质而命名，故适用于对离散系统进行计算仿真试验。在计算仿真中，通过构造一个和系统性能相近似的概率模型，并在数字计算机上进行随机试验，可以模拟系统的随机特性。蒙特卡洛方法思想最早见于法国数学家布丰，在1777年，布丰提出用投针实验的方法求圆周率 π，这被认为是蒙特卡洛方法的起源。在第二次世界大战美国研制原子弹的"曼哈顿计划"中，成员S.M.乌拉姆和J.冯·诺依曼正式提出蒙特卡洛方法，之后蒙特卡洛方法在计算物理学、金融工具学、生物医学等领域广泛应用并持续向各个领域渗透。蒙特卡洛方法通过生成随机数，可以实现对一个过程的模拟，随着生成随机数的增加，越来越逼近真实的过程。

为了求解基于贝叶斯框架的模型不确定性量化，可利用蒙特卡洛抽样随机生成多个候选的模型 $M(\theta_1),M(\theta_2),\cdots,M(\theta_N)$，计算各个模型对应下的计算响应值 $Y^m(\theta_1),Y^m(\theta_2),\cdots,Y^m(\theta_N)$，从而可以顺利地计算目标函数 $\ell(\theta_1),\ell(\theta_1),\cdots,\ell(\theta_1)$，进而依据（9-14）计算各个模型的后验概率 $P\left(M(\theta_1)/\hat{Y}^e\right),P\left(M(\theta_1)/Y^e\right),\cdots,P\left(M(\theta_1)/\hat{Y}^e\right)$。但是由于蒙特卡洛抽样的低效率，为了较为准确地估算模型 $M(\theta)$ 的概率分布需要大量的抽样样本，特别是在模型所选择的关键抽样参数 N_m 个数较大时候。考虑到依据有限元模型计算 $Y^m(\theta)$ 的过程每一次都需要运算一次有限元模型，会使得整个计算时间大大增加。

2. 马尔科夫链蒙特卡洛抽样求解

马尔科夫链蒙特卡洛抽样方法的基本思想是，通过构建一个马尔科夫链使得该链的稳定分布是我们所要采的分布 $f(x)$。如果这个马尔科夫链达到稳定状态，那么来自这个马尔科夫链的每个样本都是 $f(x)$ 的样本，从而实现抽样的目的。马尔科夫链蒙特卡洛方法在抽样统计中是一个强有力的抽样工具，能够克服高维参数的影响，使抽样样本迅速地稳定于目标函数。整个MCMC抽样过程中，不同于蒙特卡洛抽样，候选模型有被接受的，也有被拒绝的。如图9-3所示，图为二维马尔科夫链蒙特卡洛方法的抽样结果示意图，图中蓝色的等高线代表目标函数，通过抽样来模拟目标函数。红色的圆圈代表被接受的候选模型；深蓝的十字形为被拒绝的候选模型，可以看到，被拒绝的模型都是出于边缘的位置；而被接受的模型在目标函数值较高的位置集中。

在MCMC抽样中Metropolis–Hastings（M–H）方法最为经典，但是其仍然面临着收敛缓慢的问题。为了解决这一缺点在本书中利用了自适应与延迟拒绝（Delayed Rejection Adaptive Metropolis，DRAM）算法添加于M–H方法的新型MCMC算法去求解贝叶斯推论。在M–H方法的MCMC下，我

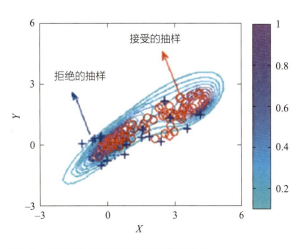

图9-3　二维变量目标函数MCMC抽样示意图

们所要采样的分布 $f(x) = P\left(M\left(\theta_i\right)/\hat{Y}^e\right)$，实施流程如图9-4所示。开始的初始点 θ_0 是随意选取的，在第 i 次循环中，根据上一次接受的参数 θ_{i-1} 生成的候选模型参数 θ_c：

$$\theta_c = q\left(\theta_c / \theta_{i-1}\right) \tag{9-26}$$

当预定义的先验概率函数 q 是对称时，即 $q\left(\theta_{i-1} | \theta_c\right) = q\left(\theta_c | \theta_{i-1}\right)$，接受候选模型 θ_c 的概率为：

$$\alpha\left(\theta_{i-1}, \theta_c\right) = \min\left\{1, \frac{P\left(M\left(\theta_c\right)/\hat{Y}^e\right)}{P\left(M\left(\theta_{i-1}\right)/\hat{Y}^e\right)}\right\} \tag{9-27}$$

其中，$P\left(M\left(\theta_{i-1}\right)/\hat{Y}^e\right)$ 已经在式（9-23）中计算得到。如果 θ_c 被接受了则 $\theta_{i-1} = \theta_c$，否则将这次的候选模型 θ_c 遗弃并生成新的候选模型直至有候选模型被接受，再进行下一个循环。初始的抽样会受到所选择的抽样点的影响，当经历足够多次的循环后，去掉受初始点影响的抽样点，产生的抽样样本收敛于我们所要采样的分布 $P\left(M\left(\theta_i\right)/\hat{Y}^e\right)$。从式（9-25）可以看到，当新生成的抽样使得需要采用分布 $f(x)$ 值比上一次抽样更大时，即 $\dfrac{P\left(M\left(\theta_c\right)/\hat{Y}^e\right)}{P\left(M\left(\theta_{i-1}\right)/\hat{Y}^e\right)} > 1$ 时，所生成的新的抽样一定会被接受；而当新生成的抽样使得需要采用分布 $f(x)$ 值比上一次抽样更小时，即 $\dfrac{P\left(M\left(\theta_c\right)/\hat{Y}^e\right)}{P\left(M\left(\theta_{i-1}\right)/\hat{Y}^e\right)} < 1$ 时，所生成的新的抽样同样有一定概率值 $\dfrac{P\left(M\left(\theta_c\right)/\hat{Y}^e\right)}{P\left(M\left(\theta_{i-1}\right)/\hat{Y}^e\right)}$ 被接受。这一特征使得MCMC算法既能够快速地遍历整个所要抽样的参数空间，又能够避免局部最优问题。

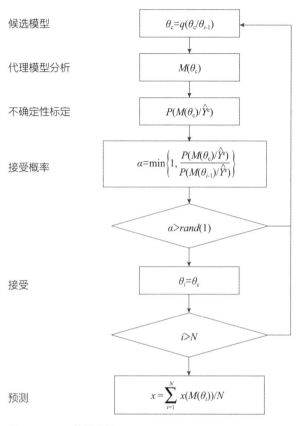

候选模型 $\theta_c = q(\theta_c/\theta_{i-1})$

代理模型分析 $M(\theta_c)$

不确定性标定 $P(M(\theta_c)/\hat{Y^e})$

接受概率 $\alpha = \min\left\{1, \dfrac{P(M(\theta_c)/\hat{Y^e})}{P(M(\theta_{i-1})/\hat{Y^e})}\right\}$

$\alpha > rand(1)$

接受 $\theta_i = \theta_c$

$i > N$

预测 $x = \displaystyle\sum_{i=1}^{N} x(M(\theta_i))/N$

图9-4 MCMC抽样过程

加入了马尔科夫链的蒙特卡洛方法相当于在进行模型的生成过程中有一个筛选的过程，这个过程可以大大提高样本模型库收敛到目标函数的速度。但是以上的M-H方法仍然存在收敛缓慢的问题，为了解决这一问题，扩展的M-H方法即带DRAM算法的MCMC通过自适应的调整先验的概率函数的方差，并延迟拒绝那些被拒绝的抽样点从而能够大大加快收敛的进度。下面简单介绍DRAM算法的精髓。

（1）自适应Metropolis（AM）

在M-H算式计算中，抽样函数$q(\theta)$需要用户提前预定义。但是，合适的抽样函数一般很难得到。例如，如果抽样函数的方差过大，则生成的候选参数θ_c变化过大，很可能会被拒绝；而抽样函数的方差过小，则生成的候选参数θ_c变化过小，会导致收敛缓慢甚至完不成对函数值的遍历性。AM方法的基本思想是根据过往的抽样参数实时地改变抽样函数$q(\theta)$的方差，增加抽样的效率。第i次抽样循环的方差可取为：$C_i = s_d \cdot cov(\theta_0, \cdots, \theta_{i-1}) + s_d \cdot \varepsilon \cdot I_d$，其中$s_d$，$\varepsilon$，$I_d$为MCMC的参数。

（2）延迟拒绝（DR）

延迟拒绝的基本思想为，当拒绝了一个候选参数θ_c时，不是将其丢弃，而是在下次计算时用到。延迟拒绝方法提高了局部收敛的自适应性。将自适应Metropolis和延迟拒绝方法结合在M-H方法中，大大提高了抽样的效率，使抽样快速地收敛到目标函数。自适应Metropolis抽样从宏观上改变抽样函数的抽样方差，克服了可能出现的局部最优解的影响。而延迟拒绝算法又在抽样的局部空间提高抽样的准确性，提高了局部抽样的效率。总之，加入了AM和DR技术的MCMC抽样技术由于能快速地收敛到目标函数，使得快速的生成模型库相较于蒙特卡洛抽样的方法，大大减少了计算量。

9.4 概率响应预测与性能评估

9.4.1 概率的响应预测

在关键参数的后验概率得到之后，代表着模型修正的过程已经完成。如何进行结构的响应预测与性能评估将成为接下来的问题。直接利用抽样样本分别计算结构所要进一步分析的量并进行统计分析无疑是最简单直接的：

$$x = \sum_{i=1}^{N} x\big(M(\theta_i)\big) / N \tag{9-28}$$

其中，x 为利用修正好的模型所要做的进一步的结构分析量，N 为去掉初始生成部分后的模型抽样总数。利用这个式子意味着每次抽样模型都要运行一次生成所想要的量。例如，这里我们要分析结构在最不利荷载作用下的跨中挠度，则需要模型抽样样本库中每个模型都运算一次得到相应的跨中挠度，最后再统计生成的挠度库从而得到预测挠度的概率分布。

在有限元模型复杂的情况下用式（9-28）方法进行计算过于消耗时间。在这里将误差传递的思想应用于有限元计算，仅仅通过有限元运算得到传递矩阵进而得到集散结构的响应预测或者性能评估的均值与方差。

令 $R(\theta)$ 为所关注的结构响应（例如跨中挠度、应变等），模型参数 $\theta = \begin{bmatrix} \theta_1 & \cdots & \theta_{N_m} \end{bmatrix}^T$。后验概率均值和方差分别为：

$$\bar{\theta} = \sum_{i=1}^{N} \theta_i / N, \quad \mathrm{cov}(\bar{\theta}) = \sum_{i=1}^{N} (\theta_i - \bar{\theta})^2 / N \tag{9-29}$$

其中，$\bar{\theta}$ 与 $\mathrm{cov}(\bar{\theta})$ 为模型关键参数的后验概率均值与方差。为通过MCMC抽样得到的关键参数的后验概率，函数 M 代表有限元计算过程：

$$x(\bar{\theta}) = x\big(M(\bar{\theta})\big) \tag{9-30}$$

这一节的目的是通过矩阵摄动理论连接关键参数后验概率与结构响应，主要的结果如下：

$$\Delta x = \mathcal{T}_{x, \theta} \Delta \theta \tag{9-31}$$

其中，$\mathcal{T}_{R, \theta}$ 可以由下式计算得：

$$\mathcal{T}_{x,\theta} = \left[\frac{\partial \mathrm{vec}(x(\theta))}{\partial \theta_1} \quad \cdots \quad \frac{\partial v(x(\theta))}{\partial \theta_{N_m}} \right]_{\theta=\overline{\theta}} \tag{9-32}$$

通过中心差分法来计算 $\left. \dfrac{\partial \mathrm{vec}(x(\theta))}{\partial \theta_i} \right|_{\theta=\overline{\theta}}$：

$$\left. \frac{\partial \mathrm{vec}(x(\theta))}{\partial \theta_i} \right|_{\theta=\overline{\theta}} = \frac{1}{2\varDelta_{\theta}\overline{\theta}} \left[\mathrm{vec}\left\{ x\left(\overline{\theta}+\varDelta_{\theta_j}\overline{\theta}\right) \right\} - \mathrm{vec}\left\{ x\left(\overline{\theta}-\varDelta_{\theta_j}\overline{\theta}\right) \right\} \right] \tag{9-33}$$

其中，$\varDelta_{\theta_j}\overline{\theta}$ 为第 i 个向量等于 $\varDelta_{\theta}\overline{\theta}$ 其他元素为0的向量。

综上所述，结构响应方差估计可由下式估计：

$$\mathrm{cov}\left(x(\overline{\theta})\right) = \mathcal{T}_{R,\theta}\mathrm{cov}(\overline{\theta})R_{R,\theta}^{\mathrm{T}} \tag{9-34}$$

9.4.2 基于模型的极限状态性能分析

在本章中可依靠经过修正的概率有限元模型进行结构的极限状态性能分析。根据所修正的概率有限元模型可以预测结构在任意荷载下的位移及其相应的协方差估计值。因此可以在指定荷载 F 逐渐增加的情况下，以概率统计方法计算荷载效应 S 小于结构允许值 R 的概率，从而进行结构基于柔度识别结果的性能分析。

因此在进行使用极限状态的可靠性分析时，当外荷载为 F 时，可以通过所提出的方法获得结构位移 S，得：

$$S = f\left(M(\theta_i), F^{\mathrm{u}}\right) \tag{9-35}$$

其中，$M(\theta_i)$ 代表模型，θ_i 代表经过MCMC抽样的序列；F^{u} 为指定的荷载。S 被假设为正态分布，其方差可由式（9-34）计算得到。荷载效应 S 的概率分布函数可表示为 $f_{\mathrm{s}}(x)$。

结构正常使用极限状态的允许限值 R 按照本书3.6节所示。在极限载荷下，结构的适用性失效被认为是超出允许位移允许值。位移正常使用极限状态方程 Z 表示为：

$$Z = g(R,S) = R - S \tag{9-36}$$

$$p_{\mathrm{f}} = \int f_{\mathrm{s}}(x) F_{\mathrm{R}}(x)\mathrm{d}x \tag{9-37}$$

其中，$F_{\mathrm{R}}(x)$ 是结构抗力 R 的累积概率密度函数。最后，位移正常使用极限状态的可靠度指标可表示为：

$$\beta = \varPhi^{-1}\left(1 - p_{\mathrm{f}}\right) \tag{9-38}$$

其中，$\varPhi$ 代表标准正态分布的累积概率密度函数。

9.5 南京夹江大桥工程应用

9.5.1 夹江大桥描述与测试

夹江大桥采用空间线性的钢-混凝土混合梁独柱塔自锚式悬索桥，如图9-5所示。孔跨布置为（35+77+60+248+35）m；主梁分为两幅设置，净距8.2m，两幅主梁之间以多道横梁连为一体形成纵横梁体系，如图9-6所示。主跨主梁采用钢箱梁，边跨及锚跨主梁采用预应力混凝土箱梁。主缆在横桥向分为两根，在边跨位于竖直平面内，锚固于横梁中部；在主跨为空间索形，锚固于横梁两端。桥塔为独柱形式，塔身为变截面。

图9-5　南京夹江大桥

为研究夹江大桥的静力特性，在成桥状态下进行了实验荷载下主跨的变形测试。静载实验采用30t等效车队进行加载，车队沿纵桥向位置按有限元软件计算的影响线进行布设。根据车队位置的不同研究两个加载工况：工况1，距离桥塔101.4m处进行加载，如图9-6所示；工况2，距离桥塔135m处进行加载。每个工况分别采用横桥向对称加载和南幅外侧偏载两种方式加载。分别测量1/8L、2/8L、3/8L、4/8L、5/8L、6/8L、7/8L七个截面，每个截面4个位置处的位移，如图9-2所示。不考虑单幅桥的扭转效应，南、北幅桥测量值每幅两个测量点取其平均值作为表中测量值。静载测试的结果见表9-1与表9-2所列，表9-1为主跨南幅1、2测点的平均位移，表9-2为主跨北幅3、4测点的平均位移。

静载实验主跨南幅测点位移（单位：mm）　　　　　　　表9-1

工况类型	工况1		工况2	
加载方式	对称加载	偏载加载	对称加载	偏载加载
1/8 截面	−24.5	−19.3	−7.5	−1.2
2/8 截面	−102.2	−71.1	−38.0	−25.8
3/8 截面	−211.0	−132.7	−109.9	−70.3
4/8 截面	−285.7	−164.4	−217.5	−120.6
5/8 截面	−239.4	−138.4	−259.1	−146.5
6/8 截面	−130.8	−76.9	−196.3	−110.2

工况类型	工况1		工况2	
加载方式	对称加载	偏载加载	对称加载	偏载加载
7/8 截面	−37.1	−24.0	−75.8	−41.3

静载实验主跨北幅测点位移（单位：mm） 表9-2

工况类型	工况1		工况2	
加载方式	对称加载	偏载加载	对称加载	偏载加载
1/8 截面	−23.3	−12.6	−5.4	−4.7
2/8 截面	−102.5	−49.4	−33.3	−21.7
3/8 截面	−210.0	−94.9	−104.8	−58.0
4/8 截面	−283.0	−119.3	−217.4	−98.6
5/8 截面	−236.2	−99.8	−264.7	−115.6
6/8 截面	−128.7	−55.6	−195.1	−87.5
7/8 截面	−37.1	−19.5	−74.4	−34.2

南京夹江大桥健康监测总系统包括加速度传感器、倾角传感器、应变传感器、位移传感器、挠度传感器、温度传感器等。这里考虑用于结构识别的加速度传感器与用于静载测试的挠度传感器的桥梁健康监测系统如图9-6所示。图中桥面上的加

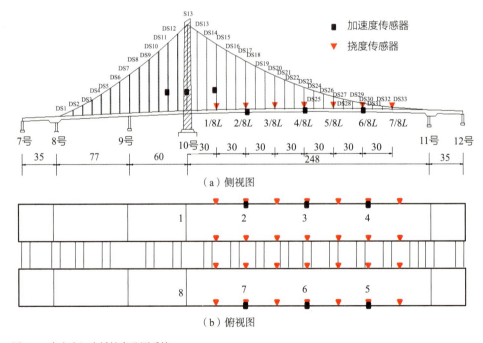

图9-6 南京夹江大桥健康监测系统

速度传感器位于主跨1/4L、1/2L、3/4L处，南北桥幅各一个，共6个。吊索编号及吊索上的加速度计同样在图中显示，加速度计分别位于吊索D11、吊索D15与斜拉索S13上，共3个。

9.5.2 参数识别与不确定性量化

在基于振动的测试中，在监测数据库中随机选择2015年4月4日早上8时的振动测试数据进行桥梁整体的模态参数识别与索力识别。所识别的模态频率和阻尼以及其相应的置信区间如图9-7所示。频率及其置信区间的具体数值见表9-3所列。从图与表中可以看到，结构的四个频率及其对应的标准差同时被识别了出来。对比通常的系统识别仅仅识别出结构的频率，而对频率识别结果的可靠性并没有任何信息，考虑不确定性的方法可以对识别结果的可靠性有一个量化的指标。模态振型及其对应的置信区间如图9-8所示，传感器节点对应图9-6（b）的编号，横坐标的2~4节点对应1/4L、1/2L、3/4L南幅加速度传感器，5~7节点对应1/4L、1/2L、3/4L北幅加速度传感器。从图中可以看到，识别的模态1、3、4分别为桥梁的1、2、3阶次的竖向振型，而识别的模态2为一阶次扭转振型。振型中黑色的线条为识别的振型，蓝色的线条为识别的振型值加上相应的标准差值，因此不仅仅振型识别了出来而且振型的置信区间也同时得到。从索力识别公式中可以看出，索力与索基本参数与索的识别频率有关，由识别的基频进一步得到索力的置信区间。在重要的、安装有加速度传感器的吊索D11、吊索D15、斜拉索S13上进行索力识别。由基于振动测试的索力识别的结果及其置信区间见表9-4所列。

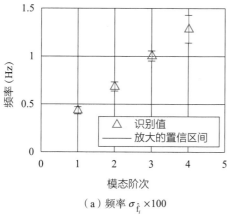

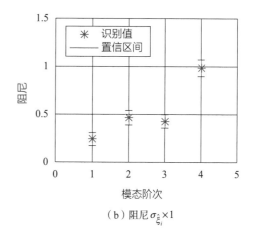

图9-7 识别的模态频率、阻尼及其置信区间

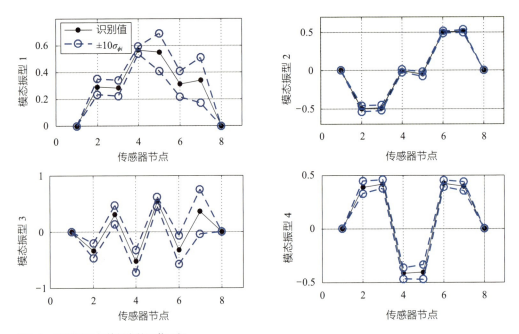

图9-8 模态振型与其相应的置信区间

从以上的振动分析中可以得到基于振动测试数据的结构模态参数的识别结果与其置信区间，吊索的基频以及索力的结果与其置信区间，而静载测试的挠度的置信区间仅仅与所用传感器的精度有关，我们完成了整个基于监测数据的结构分析与识别及其结果对应的置信区间。

模态频率的置信区间 　　　　　　　　　　　　　　　　　　　表9-3

模态阶次	识别频率		
	μ_f(Hz)	σ_f(Hz)	σ_f/μ_f(%)
1	0.434495	0.000374	0.086077
2	0.6839	0.000477	0.069755
3	1.004372	0.000526	0.052329
4	1.285153	0.001447	0.112585

索力识别的结果及其置信区间 　　　　　　　　　　　　　　表9-4

索力	设计值 (kN)	基频 (Hz)	σ_f(Hz)	监测值 (kN)	σ_F(kN)
吊索 D11	2077.6	1.80036	0.000392	2079.95	0.91
吊索 D15	1274.6	1.48672	0.000251	1270.33	0.43
斜拉索 S13	4160	1.61940	0.000358	4405.17	1.95

9.5.3 基于监测数据的模型不确定性量化

1. 模型灵敏度分析与关键参数选取

采用大型商业软件ANSYS进行全桥有限元建模，主要构件包括主缆、吊索、主梁、桥塔、桥墩和弹塑性阻尼器等，如图9-9所示。将主缆用吊索点、主塔IP点以及散索鞍点分散成多个索单元，吊索由主缆和主梁连接点形成一个单元。假设主缆单元和吊索单元只受拉，利用LINK10单元模拟主缆和吊索，并根据设计图纸的初始主缆力和初始吊索力，给主缆LINK10单元和吊索LINK10单元分别赋予初始应变，使缆索系统形成初始刚度。主梁包括钢箱梁、混凝土箱梁以及替代锚碇的重力式横梁，主梁分为南北两幅，采用横梁连接。在箱梁边跨，吊索通过连接两幅箱梁的横梁中心位置连接至主缆；在箱梁主跨，吊索分别通过南幅箱梁的南侧和北幅箱梁的北侧连接至主缆。假设主梁维持弹性，采用BEAM4单元模拟，不考虑具体的截面形式，只需输入截面特性和考虑初始应力的初始应变。桥墩和桥塔考虑非线性行为，ANSYS中通常采用实体单元SOLID65模拟钢筋混凝土建立三维实体模型。

由于实体模型单元划分过多与其他部分组成全桥模型时计算容易不收敛，本书采用一种简化方法，首先根据桥塔和桥墩的实际尺寸及配筋利用SOLID65单元建立精细

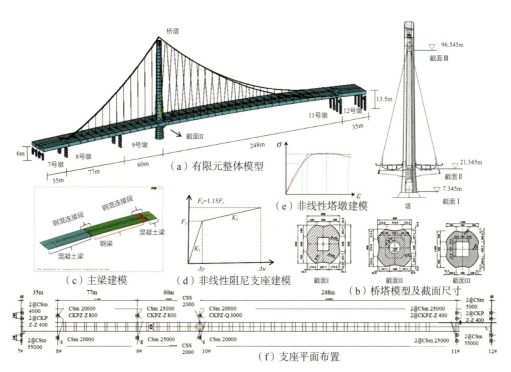

图9-9 夹江大桥有限元模型

化模型，基于精细化模型进行推覆（Pushover）分析，根据分析结果将桥塔和桥墩的实体模型简化为梁单元模型。桥梁7~9号、11~12号桥墩均采用E型弹塑性阻尼支座，用于横桥向减震，10号桥塔处纵桥向采用弹塑性阻尼器进行纵桥向减震，同时给主梁提供纵桥向约束，横桥向塔壁与主梁之间各设一个3000kN级GJZF4板式橡胶支座用以横桥向限位。建模时采用COMBINE39单元模拟非线性的弹簧阻尼器特性。在这里，有限元计算值的固有不确定性根据经验选取。根据参考文献中的建议，有限元模型计算频率的固有偏差取为0，而有限元模型预测位移的固有偏差δ的变异系数可以取为5%。

根据静动力实验得到的结果：①静力特性，静载实验中主跨各测点的位移（记为D_i）；②整体动力特性，主跨的前三阶竖向频率（f_i）；③局部构件，监测的3根吊索索力（F_{ci}）。本书建立以下联合静动力特性的目标函数：

$$\ell(\theta) = \sum_{i=1}^{2} \sum_{j=1}^{8} \left[\left(\frac{D_{ij}^{m} - D_{ij}^{FE}(\theta)}{\sigma_{D_{ij}}} \right) \right]^2 + \sum_{i=1}^{4} \left[\left(\frac{f_i^{m} - f_i^{FE}(\theta)}{\sigma_{f_i}} \right) \right]^2$$
$$+ \sum_{i=1}^{3} \left[\left(\frac{F_{ci}^{m} - F_{ci}^{FE}(\theta)}{\sigma_{F_{ci}}} \right) \right]^2 \tag{9-39}$$

其中，第一项为静力特性的贡献。在静载测试结果中，仅将工况1的位移用于目标函数的构建，工况2用于模型修正之后的验证。考虑到表9-1表9-2与上面讨论的预测挠度的固有偏差δ的变异系数0.05，得到标准差 $\sigma_{D_{ij}} = 0.1 + 0.05 D_{ij}^{m}$；第二项为整体动力特性。前三节频率的标准差 σ_{f_i} 见表9-3所列；第三项为局部构件的监测结构，即索力。所关注三个吊索的识别值标准差 $\sigma_{F_{ci}}$ 见表9-4所列。

确定有限元模型对测量值的最敏感的参数，迭代更新有限元模型，该过程通常被称为参数的灵敏度分析。一般来说结构材料的参数与边界条件对结果的影响较大，本节选取加劲梁、主缆、桥塔和吊索的密度、初始应变、抗弯刚度以及阻尼支座的屈服刚度等15个参数进行灵敏度分析，见表9-5所列。

结构参数变量序号列表   表9-5

序号	1	2	3	4	5
结构参数	主梁延米重量	桥塔密度	桥墩密度	主缆延米重量	吊索延米重量
序号	6	7	8	9	10
结构参数	主梁弹性模量	桥塔弹性模量	桥墩弹性模量	主缆弹性模量	吊索弹性模量
序号	11	12	13	14	15
结构参数	吊索初始应变	主缆初始应变	主梁初始应变	横桥向阻尼器屈服强度（弹模）	纵桥向阻尼器屈服强度（弹模）

分别计算各参数对各阶频率、静载位移以及吊索力的灵敏度，结果如图9-10所示。

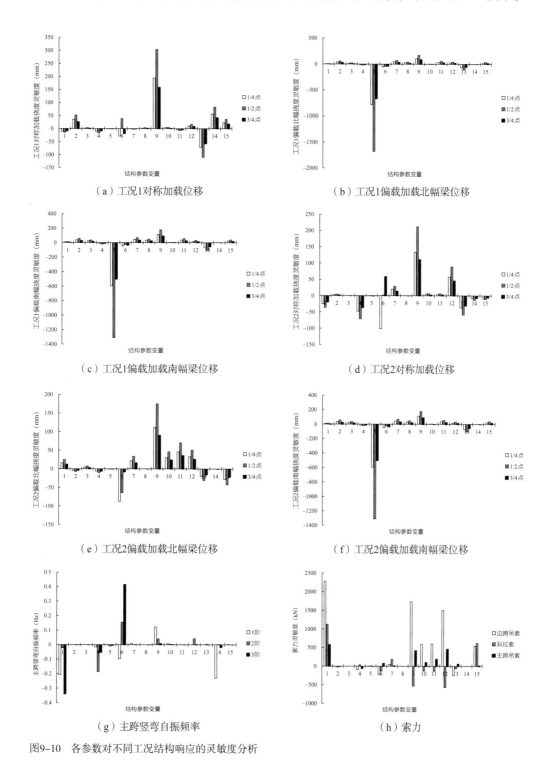

（a）工况1对称加载位移

（b）工况1偏载加载北幅梁位移

（c）工况1偏载加载南幅梁位移

（d）工况2对称加载位移

（e）工况2偏载加载北幅梁位移

（f）工况2偏载加载南幅梁位移

（g）主跨竖弯自振频率

（h）索力

图9-10　各参数对不同工况结构响应的灵敏度分析

由参数的灵敏度分析结果可知：①桥塔和桥墩的延米重量、弹性模量对各状态变量的灵敏度较小，因此在计算时可不选择其作为待修正参数；②加劲梁的延米重量、主缆的弹性模量、主缆的初始应变对各状态的灵敏度较高；③其他的结构参数，或对加劲梁自振频率，或对各个工况的位移，或对吊索索力的灵敏度较高（例如主缆的延米重量仅对主跨的自振频率影响较大，对其他状态变量影响较小）。根据灵敏度分析结果，可选取5个不确定性参数，见表9-6所列。

关键抽样参数的选择 表9-6

参数	主梁延米质量	主缆弹性模量	主缆初始应变	横桥向阻尼器	纵桥向阻尼器
范围	$[0.5, 1.5] \times D_{girder0}$	$[0.5, 1.5] \times E_{cable0}$	$[0.5, 1.5] \times S_{cable0}$	$[0.5, 1.5] \times Y_{H0}$	$[0.5, 1.5] \times Y_{L0}$
先验分布	正态分布	正态分布	正态分布	正态分布	正态分布
后验概率	正态分布 N (1.0308, 0.0629)	正态分布 N (1.0164, 0.0640)	正态分布 N (0.9887, 0.0653)	正态分布 N (1.0067, 0.0859)	正态分布 N (0.9782, 0.0827)

2. 模型后验概率

以5个模型参数为自变量，频率、索力与位移为因变量的响应面模型EISE评估见表9-7所列，频率、索力与位移的响应面的EISE值都接近于0，说明响应面模型可以代替实际模型参加MCMC抽样计算。

响应面EISE模型评估 表9-7

频率 1	频率 2	频率 3	索力	工况 1 对称	工况 1 偏载 北幅	工况 1 偏载 南幅
8.965×10^{-6}	7.550×10^{-10}	2.688×10^{-7}	2.896×10^{-3}	6.192×10^{-2}	1.412×10^{-2}	3.351×10^{-3}

对本例所选择的5个关键参数：主缆弹性模量、主梁延米质量、主缆初始应变、纵桥向阻尼器、横桥向阻尼支座进行MCMC抽样，抽样过程如图9-11所示。横坐标代表抽样样本的时间顺序，纵坐标代表关键参数的抽样值。在本例子中采用归一化的参数表达方式，即将初始值归一化为1，初始的关键参数的数据为 [0.8 0.8 0.8 0.8 0.8]，从图9-11可以看到，仅仅经过几百个抽样点，各个关键参数即稳定在1的附近，显示了MCMC抽样的优越性。去除掉开头的5000个抽样点，取稳定后的抽样点进行统计分析，如图9-12所示。蓝色虚线代表对关键参数取值的先验概率分布，这一部分包括了初始的有限元修正与工程师对参数的先验判

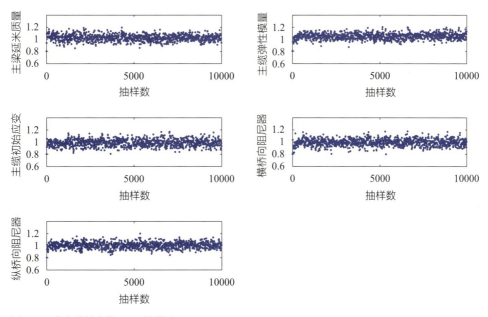

图9-11　各个关键参数MCMC抽样过程

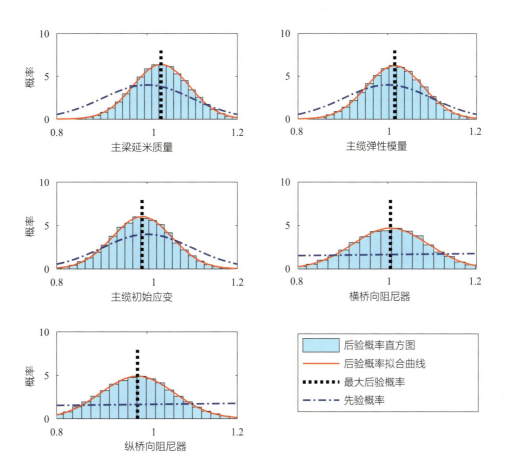

图9-12　各个关键参数的先验、后验概率比较

断；而直方图以及相对应的红色拟合曲线代表了关键参数取值的后验分布，这一部分不仅仅包括先验的判断概率，更是受结构健康监测现场的测量值以及对应测量值的不确定性分析所影响。而竖向的黑色虚线代表了后验概率的概率最大值位置，即为通过算法寻求最优的关键参数取值处。正如前面反复叙述的，有限元模型的值很难恰好与关键值都能匹配得上，由于有限元的模型误差与观测值的测量误差存在，再加上参数修正过程的参数替代效应，使得能够与目标函数相匹配的关键参数有多个组合。通常的修正在使得目标函数小于一定的阈值之后即宣布修正完成，有限元模型可代表实际的结构进行结构的响应预测与性能评估。但是正是由于前述的不确定性的存在，使得各个参数实为随机变量，通过适用于高维抽样的MCMC抽样的处理思路，不仅仅可以得到各个关键的后验最大概率值，而且可以得到其分布，对不确定性的描述量化了。

3. 不确定性对结果的影响

由于将整个过程进行了不确定性标定，因此不确定性标定的准确与否对结果的影响很大，这里进行不确定性对结果的灵敏度分析。在模型修正的过程中，由于将关键的参数看作随机变量，通过MCMC抽样方法进行标定，在此过程中不确定性的方差会直接决定关键参数的方差，进而影响结构响应预测与性能评估。经过分析得到了进行抽样时候所用的不确定性的方差，在这里将其归一化为1，通过将每一个所用到的方差乘以0.5、2来考察其值对关键的参数的后验概率的影响，如图9-13所示。从图中可以看出，方差值越小（$\sigma \times 0.5$），关键参数的后验概率的拟合曲线越陡峭，代表关键参数的方差值越小；方差值越大（$\sigma \times 2$），关键参数的后验概率的拟合曲线越平坦，代表关键参数的方差值越大，但是基本不会影响其均值。这也符合常识，观测值越多，观测值越准确，代表方差值越小，基于观测值的关键参数的后验概率的方差值相应得也会越小。而对观测值进行方差分析的意义在于，将其不确定性进行量化，进而使得方差分析有了根据。

9.5.4 基于概率的结构响应预测与性能评估

在这里有5个关键参数，用静载试验的工况2的对称加载与偏载下的桥梁的位移来进行响应的预测对比参照试验。关键参数取值最大概率处的值计算得到的响应值即为响应预测的均值，公式（9-33）中摄动值 $\Delta_\theta = 0.1$ 时按照公式计算摄动值，最后求得响应的方差，主跨在静载试验下位移对比如图9-14所示。从图中可以看到，不仅仅像往常的单一最优有限元模型那样，计算得到响应预测的均值，更得到了其

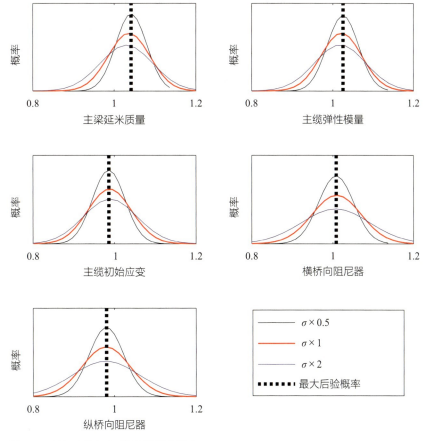

图9-13　目标函数方法对识别结果的影响

方差。单一最优的有限元模型的响应预测值不会恰好与测量值相吻合。但是通过不确定性的标定、MCMC抽样的模型不确定性标定、误差传递等步骤，不仅仅得到响应的均值而且同时得到了相应的方差，相较于传统的单一最优有限元模型有巨大的优势。

考虑在工况1的荷载分布情况下的性能分析。首先对卡车荷载乘以1.4倍的放大系数，基于概率有限元模型的跨中点的挠度及其置信区间进而计算其可靠度，计算结果如图9-15所示。从图中可以看出，由概率有限元计算的荷载效应S的均值为400.11mm，标准差为11.15mm。按照《公路钢筋混凝土及预应混凝土桥涵设计规范》规定，桥梁跨中在最不利荷载下的跨中位移不超过$L/600$=473.3mm，其中L代表跨度。在这里为了考虑允许限制的不确定性，取隶属函数$\tilde{R}$ = 423.3～523.3mm。按照一次二阶矩法计算此种情况下的结构可靠度β=6.57。

基于监测数据进行结构的系统识别与性能评估的过程中，由于模型的误差以及

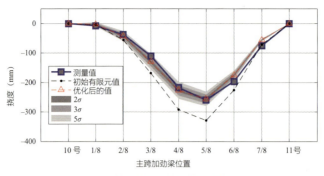

（a）工况2，对称加载，南幅平均值

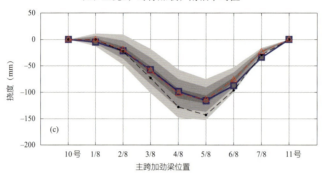

（b）工况2，偏载，北幅平均值

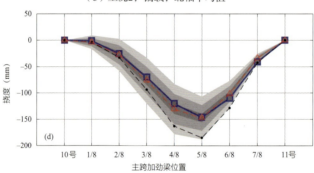

（c）工况2，偏载，南幅平均值

图9-14 主跨在静载试验下位移对比

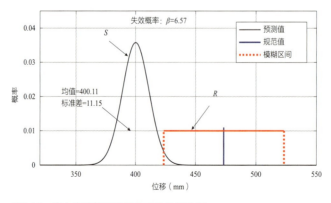

图9-15 跨中位移使用极限状态的性能分析

测量值的各种不确定性的因素的影响，单一最优有限元模型的修正与标定的方差难以反映其不确定性对结果的影响，仅仅只能够通过类似于阈值判断法得到一个能够在误差范围内允许的有限元模型。由于不确定性因素的影响，此模型不是唯一最优的有限元模型，仅仅只能算是较好的模型中的一个。为了解决不确定性因素对系统识别过程的影响，本书从结构监测数据的各种不确定性标定开始，通过基于MCMC抽样方法进行后验概率计算，以及通过误差传递进行基于概率模型的响应预测，全面处理了系统识别的各种不确定性因素的影响。主要结论如下：

（1）通过对监测数据的测量值进行不确定性标定，使得进行系统识别与修正过程中不仅仅测量值而且其相应的方差也能被利用上。特别是，对模态参数进行不确定性标定，不仅仅得到模态参数的最大概率值而且得到模态参数的方差。在索力测试中，由模态频率进行索力识别时考虑不确定性的影响，将不确定性由模态频率传递至索力。通过对测量值进行不确定性标定，由不确定性标定得到模型修正中的目标函数的置信区间，为进一步利用测量值进行模型修正提供了基础。

（2）对关键模型参数进行基于马尔科夫链蒙特卡洛抽样的贝叶斯修正得到其后验概率，而不是追求单一的最优的有限元模型。利用模型参数不确定性的标定结果进行进一步的模型预测。

（3）利用矩阵摄动理论进行响应预测与性能评估的概率分析，通过简单地计算几次至十几次有限元，得到结构的响应预测或者性能评估的均值与方差。使得概率模型的修正方法能够方便快捷地进行结构的响应预测与性能评估。

（4）分析测试数据不确定性量化对模型结果的影响，发现不确定性的方差越小，所识别的模型关键参数的后验概率的方差越小。

（5）利用所开发的考虑不确定性的结构识别与性能分析方法进行了南京右汊悬索桥的健康监测数据分析与桥梁性能分析，验证了该方法的实用性与有效性。由于该方法考虑了不确定性的结果，使得可以基于概率有限元模型进行结构的性能预测与劣化分析。

不确定性对结构分析的影响一直是研究的热点，本章在系统识别的过程中从测量值到模型验证与性能预测三个部分都考虑了不确定性的标定，使得识别与预测的结果不仅仅是单一最优结果，而是进行了结果的概率分析，为不确定性在结构分析中的应用提供了一种有效的方法框架。

索　引

参考文献

［1］中华人民共和国交通运输部. 2014年交通运输行业发展统计公报［R］. 北京，2015.

［2］U.S. Department of Transportation. National Transportation Statistics 2015—Bureau of Transportation Statistics［R］. Washington DC, 2015.

［3］The American Society of Civil Engineers. Report Cards for America's Infrastructure of 2013［R］. Virginia, 2013.

［4］日本国土交通省国土技术政策综合研究所. 道路橋の計画的管理手法に関する検討［R］. 东京，2006.

［5］中华人民共和国住房和城乡建设部. 城市桥梁养护技术规范CJJ 99—2017［S］. 北京：中国建筑工业出版社，2018.

［6］中华人民共和国交通部. 公路桥涵养护规范JTG H11—2004［S］. 北京：人民交通出版社，2004.

［7］中华人民共和国交通运输部. 公路桥梁技术状况评定标准JTG/T H21—2011［S］. 北京：人民交通出版社，2011.

［8］Department of Transportation. National Bridge Inspection Standards［S］. Washington DC, 2004.

［9］American Association of State Highway and Transportation Officials. LRFD Bridge Design Specifications［S］. Washington DC, 1998.

［10］US Department of Transportation Federal Highway Administration. Bridge Inspector's Reference Manual［S］. 2012.

［11］American Association of State Highway and Transportation Officials. The Manual for Bridge Evaluation［S］. 2011.

［12］American Association of State Highway and Transportation Officials. Guide Manual for Bridge Element Inspection［S］. 2011.

［13］US Department of Transportation. Recording and Coding Guide for the Structure Inventory and Appraisal of the Nation's Bridges［S］. Washington DC, 1970.

［14］光防災センシング振興協会. 光防災センサシステムの鉄道構造物設置に関する検討報告書［R］. 2011.

［15］社団法人土木学会. 既存のコンクリート構造、ガイドの性能評価［S］. 2014.

［16］Germany. DIN 1076, Highway Structures—Testing and Inspection［S］. 1999.

［17］Lauridsen J, Lassen B. The Danish Bridge Management System Danbro［R］. Management of Highway Structures, 1999.

［18］Department for Transport. BD 21/01, The Assessment of Highway Bridge and Structures［S］. 2001.

［19］公路桥梁一般目视检测手册［S］. 1996.

［20］Department of Transportation Federal Highway Administration. Asset Management Overview ［R］. 2007.

［21］Kaito K, Yasuda K, Kobayashi K. Optimal Maintenance Strategies of Bridge Components with an Average Cost Minimizing Principles［C］// Proceedings-Japan Society of Civil Engineers. Dotoku Gakkai, 2005：83.

［22］Lynch J P, Loh K J. A summary Review of Wireless Sensors and Sensor Networks for Structural Health Monitoring［J］. Shock and Vibration Digest, 2006, 38（2）：91-130.

［23］Zhang J, Guo S, Wu Z. Structural Identification and Damage Detection Through Long-gauge Strain Measurements［J］. Engineering Structures, 2015（99）：173-183.

［24］Wu Z, Zhang J. Advancement of Long-gauge Fiber Optic Sensors Towards Structural Health Monitoring［C］// The 6th International Workshop on Advanced Smart Materials and Smart Structures Technology（ANCRiSST2011），2011：25-26.

［25］Chen Y C, Yang C E, Kang S C. A Lightweight Bridge Inspection System Using a Dual-cable Suspension Mechanism［J］. Automation in Construction, 2014（46）：52-63.

［26］Abdel-Ghaffar A M, Housner G W. Ambient Vibration Tests of Suspension Bridge［J］. Journal of the Engineering Mechanics Division, 1978, 104（5）：983-999.

［27］Ibraham S. A method for the Direct Identification of Vibration Parameter from the Free Responses ［J］. Shock and Vibration Bulletin, 1977, 47（4）.

［28］Brownjohn J M. Structural Health Monitoring of Civil Infrastructure［J］. Philosophical

Transactions of the Royal Society: Mathematical, Physical and Engineering Sciences, 2006, 365 (1851): 589-622.

[29] Gul M, Catbas F N. Ambient Vibration Data Analysis for Structural Identification and Global Condition Assessment [J]. Journal of Engineering Mechanics, 2008, 134 (8): 650-662.

[30] Huang N E, Shen Z, Long S R. The Empirical Mode Decomposition and the Hilbert Spectrum for Nonlinear and Non-Stationary Time Series Analysis [J]. Proceedings of the Royal Society of London. Series A: Mathematical, Physical and Engineering Sciences, 1998, 454 (1971): 903-995.

[31] Catbas F N, Zaurin R, Gul M. Sensor Networks, Computer Imaging, and Unit Influence Lines for Structural Health Monitoring: Case Study for Bridge Load Rating [J]. Journal of Bridge Engineering, 2011, 17 (4): 662-670.

[32] Chen Z, Li H, Bao Y. Identification of Spatio-temporal Distribution of Vehicle Loads on Long-span Bridges Using Computer Vision Technology [J]. Structural Control and Health Monitoring, 2016, 23 (3): 517-534.

[33] Catbas F, Kijewski-Correa T, Aktan A. Structural Identification (St-Id) of Constructed Facilities: Approaches, Methods and Technologies for Effective Practice of St-Id [C] // Am Soc Civ Eng, 2011.

[34] Bergmeister K. Monitoring and Safety Evaluation of Existing Concrete Structures: State-of-art Report [J]. Fib Fédération Internationale du Béton, 2003: 22.

[35] 中华人民共和国交通运输部. 公路桥梁结构安全监测系统技术规程JT/T 1037—2016 [S]. 北京: 人民交通出版社, 2009.

[36] 中国工程建设协会. 结构健康监测系统设计标准CECS 333—2012 [S]. 北京: 中国建筑工业出版社, 2012.

[37] 江苏省质量技术监督局. 光纤传感式桥隧结构健康监测系统设计、施工及维护规范DB 32/T 2880—2016 [S]. 南京: 江苏省质量技术监督局, 2015.

[38] ISHMII SHM Standardization Committee. In Preparation. Level 1 - ISHMII Code: General Principles, Definitions and Approaches [S].

[39] Hey A J, Tansley S, Tolle K M. The Fourth Paradigm: Data-intensive Scientific Discovery Vol. 1. [M]. Microsoft Research Redmond, WA, 2009.

[40] Biswas R, Blackburn L, Cao J. Application of Machine Learning Algorithms to the Study of Noise Artifacts in Gravitational-wave Data [J]. Physical Review D, 2013, 88 (6): 062003.

[41] Mashey J R. Big Data and the Next Wave of Infras-tress [C] // Computer Science Division Seminar, University of California, Berkeley, 1997.

[42] De Mauro A, Greco M, Grimaldi M. A Formal Definition of Big Data Based on its Essential Features [J]. Library Review, 2016, 65 (3): 122-135.

[43] 中国计算机学会大数据专家委员会. 2014年中国大数据技术与产业发展白皮书 [R]. 2014.

[44] Hu H, Wen Y G, Chua T S. Toward Scalable Systems for Big Data Analytics: a Technology Tutorial [J]. IEEE Access, 2014 (2): 652-687.

［45］Goda K, Kitsuregawa M. The History of Storage Systems ［C］// Proceedings of the IEEE, 100 （Special Centennial Issue）, 2012：1433-1440.

［46］Fikes A. Storage Architecture and Challenges ［EB/OL］. https：//cloud.google.com/files/storage_architecture_and_challenges.pdf. 2010.

［47］Dean J, Ghemawat S. MapReduce：Simplified Data Processing on Large Clusters ［J］. Communications of the ACM, 2008, 51 （1）：107-113.

［48］Malewicz G, Austern M H, Bik A J. Pregel：a System for Large-scale Graph Processing ［C］// Proceedings of the 2010 ACM SIGMOD International Conference on Management of Data. ACM, 2010：135-146.

［49］Wu X, Kumar V, Quinlan J R. Top 10 Algorithms in Data Mining ［J］. Knowledge and Information systems, 2008, 14 （1）：1-37.

［50］周志华. 机器学习 ［M］. 北京：清华大学出版社，2016.

［51］Yaqoob I, Hashem I A T, Gani A. Big Data：from Beginning to Future ［J］. International Journal of Information Management, 2016, 36 （6）：1231-1247.

［52］Dean J, Corrado G, Monga R. Large Scale Distributed Deep Networks ［C］//Advances in Neural Information Processing Systems. 2012：1223-1231.

［53］章伟. 卓越科技推出自主研发隧道快速检测系统 ［J］. 市政技术，2015,33 （2）：10.

［54］Lecun Y, Bengio Y, Hinton G. Deep Learning ［J］. Nature, 2015, 521 （7553）：436.

［55］Goodfellow I, Bengio Y, Courville A. Deep Learning ［M］. Mit Press, 2016.

［56］Krizhevsky A, Sutskever I, Hinton G E. Imagenet Classification with Deep Convolutional Neural Networks ［C］// Advances in Neural Information Processing Systems, 2012：1097-1105.

［57］He K, Zhang X, Ren S. Deep Residual Learning for Image Recognition ［C］// Proceedings of the IEEE Conference on Computer Vision and Pattern Recognition, 2016：770-778.

［58］Chen L C, Papandreou G, Kokkinos I. Deeplab：semantic Image Segmentation with Deep Convolutional Nets, Atrous Convolution, and Fully Connected Crfs ［J］. IEEE Transactions on Pattern Analysis and Machine Intelligence, 2017, 40 （4）：834-848.

［59］Goldberg Y. A Primer on Neural Network Models for Natural Language Processing ［J］. Journal of Artificial Intelligence Research, 2016 （57）：345-420.

［60］Elman J L. Finding Structure in Time ［J］. Cognitive Science, 1990, 14 （2）：179-211.

［61］Pascanu R, Mikolov T, Bengio Y. On the Difficulty of Training Recurrent Neural Networks ［C］// International Conference on Machine Learning. 2013：1310-1318.

［62］Hochreiter S, Schmidhuber J. Long Short-term Memory ［J］. Neural Computation, 1997, 9 （8）：1735-1780.

［63］Graves A, Mohamed A R, Hinton G. Speech Recognition with Deep Recurrent Neural Networks ［C］//2013 IEEE International Conference on Acoustics, Speech and Signal Processing. IEEE, 2013：6645-6649.

［64］Fraley C, Raftery A E. How Many Clusters? Which Clustering Method? Answers via Model-based Cluster Analysis ［J］. The Computer Journal, 1998, 41 （8）：578-588.

［65］Xu D, Tian Y. A Comprehensive Survey of Clustering Algorithms［J］. Annals of Data Science, 2015, 2（2）: 165–193.

［66］Xu R, Wunsch D C. Survey of Clustering Algorithms［J］. IEEE Transactions on Neural Network, 2005, 16（3）: 645–678.

［67］Scikit–learn Developers. Comparing Different Clustering Algorithms on Toy Datasets［EB/OL］. http: //scikit–learn.org/stable/auto_examples/cluster/plot_cluster_comparison.html. 2018.

［68］Saxena A, Prasad M, Gupta A. A Review of Clustering Techniques and Developments［J］. Neurocomputing, 2017（267）: 664–681.

［69］Han J, Pei J, Kamber M. Data Mining: Concepts and Techniques［M］. Elsevier, 2011.

［70］Leskovec J, Rajaraman A, Ullman J D. Mining of Massive Datasets［M］. Cambridge University Press, 2014.

［71］Karypis G, Han E H S, Kumar V. Chameleon: Hierarchical Clustering Using Dynamic Modeling［J］. Computer, 1999（8）: 68–75.

［72］Hinneburg A, Gabriel H H. Denclue 2.0: Fast Clustering Based on Kernel Density Estimation［C］//International Symposium on Intelligent Data Analysis. Springer, 2007: 70–80.

［73］Xu X, Ester M, Kriegel H P. A Distribution–based Clustering Algorithm for Mining in Large Spatial Databases［C］// Proceedings 14th international Conference on Data Engineering. IEEE, 1998: 324–331.

［74］Feyyad U. Data Mining and Knowledge Discovery: Making Sense Out of Data［J］. IEEE Expert, 1996, 11（5）: 20–25.

［75］Jain A K, Murty M N, Flynn P J. Data Clustering: a Review［J］. ACM Computing Surveys（CSUR）, 1999, 31（3）: 264–323.

［76］Li S, Wei S, Bao Y. Condition Assessment of Cables by Pattern Recognition of Vehicle–induced Cable Tension Ratio［J］. Engineering Structures, 2018（155）: 1–15.

［77］Langone R, Reynders E, Mehrkanoon S. Automated Structural Health Monitoring Based on Adaptive Kernel Spectral Clustering［J］. Mechanical Systems and Signal Processing, 2017（90）: 64–78.

［78］Zhang J, Wang F-Y, Wang K. Data–driven Intelligent Transportation Systems: a Survey［J］. IEEE Transactions on Intelligent Transportation Systems, 2011, 12（4）: 1624–1639.

［79］Yuan J, Zheng Y, Zhang C. T–Drive: driving Directions Based on Taxi Trajectories［C］// Proceedings of the 18th Sigspatial International Conference on Advances in Geographic Information Systems. ACM, 2010: 99–108.

［80］Li Y, Zheng Y, Zhang H. Traffic Prediction in a Bike–sharing System［C］//Proceedings of the 23rd Sigspatial International Conference on Advances in Geographic Information Systems. ACM, 2015: 33.

［81］Wikipedia. Urban Planning［EB/OL］. https: //en.wikipedia.org/wiki/urban_planning. 2018.

［82］Zheng Y, Liu Y, Yuan J. Urban Computing with Taxicabs［C］// Proceedings of the 13th International Conference on Ubiquitous Computing. ACM, 2011: 89–98.

［83］Yuan J, Zheng Y, Xie X. Discovering Regions of Different Functions in a City Using Human Mobility and Pois［C］// Proceedings of the 18th ACM Sigkdd International Conference on Knowledge Discovery and Data Mining. ACM, 2012：186-194.

［84］Gandomi A H, Sajedi S, Kiani B. Genetic Programming for Experimental Big Data Mining：a Case Study on Concrete Creep formulation［J］. Automation in Construction, 2016（70）：89-97.

［85］Jootoo A, Lattanzi D. Bridge Type Classification：Supervised Learning on a Modified Nbi Data Set［J］. Journal of Computing in Civil Engineering, 2017, 31（6）：04017063.

［86］Gong J, Caldas C H, Gordon C. Learning and Classifying Actions of Construction Workers and Equipment Using Bag-of-video-feature-words and Bayesian Network Models［J］. Advanced Engineering Informatics, 2011, 25（4）：771-782.

［87］Ding L, Fang W, Luo H. A Deep Hybrid Learning Model to Detect Unsafe Behavior：Integrating Convolution Neural Networks and Long Short-term Memory［J］. Automation in Construction, 2018（86）：118-124.

［88］Kim H, Soibelman L, Grobler F. Factor Selection for Delay Analysis Using Knowledge Discovery in Databases［J］. Automation in Construction, 2008, 17（5）：550-560.

［89］Liu M, Frangopol D M, Kim S. Bridge Safety Evaluation Based on Monitored Live Load Effects［J］. Journal of Bridge Engineering, 2009, 14（4）：257-269.

［90］Okasha N M, Frangopol D M, Decò A. Integration of Structural Health Monitoring in Life-cycle Performance Assessment of Ship Structures Under Uncertainty［J］. Marine Structures, 2010, 23（3）：303-321.

［91］Akgül F, Frangopol D M. Lifetime Performance Analysis of Existing Steel Girder Bridge Superstructures［J］. Journal of Structural Engineering, 2004, 130（12）：1875-1888.

［92］Saad L, Aissani A, Chateauneuf A. Reliability-based Optimization of Direct and Indirect Lcc of RC Bridge Elements Under Coupled Fatigue-corrosion Deterioration Processes［J］. Engineering Failure Analysis, 2016（59）：570-587.

［93］Sun B, Li Z. Adaptive Image-based Method for Integrated Multi-scale Modeling of Damage Evolution in Heterogeneous Concrete［J］. Computers & Structures, 2015（152）：66-81.

［94］Lin Y Z, Nie Z H, Ma H W. Structural Damage Detection with Automatic Feature-Extraction through Deep Learning［J］. Computer-Aided Civil and Infrastructure Engineering, 2017, 32（12）：1025-1046.

［95］Cha Y J, Choi W, Büyüköztürk O. Deep Learning-based Crack Damage Detection Using Convolutional Neural Networks［J］. Computer-aided Civil and Infrastructure Engineering, 2017, 32（5）：361-378.

［96］Riveiro B, Dejong M, Conde B. Automated Processing of Large Point Clouds for Structural Health Monitoring of Masonry Arch Bridges［J］. Automation in Construction, 2016（72）：258-268.

［97］Cabaleiro M, Hermida J, Riveiro B. Automated Processing of Dense Points Clouds to Automatically Determine Deformations in Highly Irregular Timber Structures［J］. Construction and Building Materials, 2017（146）：393-402.

［98］Qi C R, Su H, Mo K. Pointnet：Deep Learning on Point Sets for 3D Classification and Segmentation ［C］//Proceedings of the IEEE Conference on Computer Vision and Pattern Recognition. 2017：652–660.

［99］Agarwal S, Furukawa Y, Snavely N. Building Rome in a Day［J］. Communications of the ACM, 2011, 54（10）：105–112.

［100］Byrne J, O'keeffe E, Lennon D. 3D Reconstructions Using Unstabilized Video Footage From an Unmanned Aerial Vehicle［J］. Journal of Imaging, 2017, 3（2）：15.

［101］Bao Y, Tang Z, Li H. Computer Vision and Deep Learning–based Data Anomaly Detection Method for Structural Health Monitoring［J］. Structural Health Monitoring, 2019, 18（2）：401–421.

［102］Beer G. Tunconstruct：a New European Initiative［J］. T & T international,（FEV）, 2006：21–23.

［103］Loupos K, Amditis A, Stentoumis C. Robotic Intelligent Vision and Control for Tunnel Inspection and Evaluation–the Robinspect EC Project［C］// 2014 IEEE International Symposium on Robotic and Sensors Environments（ROSE）Proceedings. IEEE, 2014：72–77.

［104］Group A. Home Page［EB/OL］. https：//arrb.com.au/home.aspx. 2016.

［105］University N. Voters Sensor Systems［EB/OL］. http：//www.neu.edu/voters. 2016.

［106］Talk J. Doctor Yellow：Japan's Legendary Bullet Train［EB/OL］. http：//www.japan-talk.com/jt/new/doctor–yellow–shinkansen–bullet–train. 2012.

［107］Ensco. Track Inspection Technologies［EB/OL］. http：//www.ensco.com/rail/track–inspection–technologies. 2016.

［108］李海浪, 王卫东, 康洪军. CRH 380b–002 高速综合检测列车总体架构设计［J］. 铁道建筑, 2014（2）：109–112.

［109］Fhwa. Long–term Bridge Performance Program［EB/OL］. http：//www.fhwa.dot.gov/research/tfhrc/programs/infrastructure/structures/ltbp/products.cfm#sec3. 2016.

［110］Yang Y S, Yang C M, Huang C W. Thin Crack Observation in a Reinforced Concrete Bridge Pier Test Using Image Processing and Analysis［J］. Advances in Engineering Software, 2015（83）：99–108.

［111］Ikeda T, Yasui S, Fujihara M. Wall Contact by Octo–rotor Uav with one Dof Manipulator for Bridge Inspection［C］// 2017 IEEE/Rsj International Conference on Intelligent Robots and Systems（IROS）. IEEE, 2017：5122–5127.

［112］Kim I H, Jeon H, Baek S C. Application of Crack Identification Techniques for an Aging Concrete Bridge Inspection Using an Unmanned Aerial Vehicle［J］. Sensors, 2018, 18（6）：1881.

［113］Kang D, Cha Y J. Autonomous Uavs for Structural Health Monitoring Using Deep Learning and an Ultrasonic Beacon System with Geo-tagging［J］. Computer-aided Civil and Infrastructure Engineering, 2018, 33（10）：885–902.

［114］Yankielun N E, Zabilansky L J. Bridge Scour Detection and Monitoring Apparatus Using Time Domain Reflectometry（TDR）. US. Patent 6, 100, 700［P］. 2000.

［115］Zarafshan A, Iranmanesh A, Ansari F. Vibration–based Method and Sensor for Monitoring of Bridge Scour ［J］. Journal of Bridge Engineering, 2011, 17（6）: 829–838.

［116］Abdel–Qader I, Abudayyeh O, Kelly M E. Analysis of Edge–detection Techniques for Crack Identification in Bridges ［J］. Journal of Computing in Civil Engineering, 2003, 17（4）: 255–263.

［117］Fujita Y, Mitani Y, Hamamoto Y. A Method for Crack Detection on a Concrete Structure ［C］//18th International Conference on Pattern Recognition（ICPR'06）. IEEE, 2006: 901–904.

［118］Yamaguchi T, Nakamura S, Saegusa R. Image-based Crack Detection for Real Concrete Surfaces ［J］. IEEJ Transactions on Electrical and Electronic Engineering, 2008, 3（1）: 128–135.

［119］Li G, Zhao X, Du K. Recognition and Evaluation of Bridge Cracks with Modified Active Contour Model and Greedy Search–based Support Vector Machine ［J］. Automation in Construction, 2017（78）: 51–61.

［120］Lee B J, Lee H D. Position-invariant Neural Network for Digital Pavement Crack Analysis ［J］. Computer-aided Civil and Infrastructure Engineering, 2004, 19（2）: 105–118.

［121］Lecun Y, Bottou L, Bengio Y. Gradient–based Learning Applied to Document Recognition ［J］. Proceedings of the IEEE, 1998, 86（11）: 2278–2324.

［122］Hinton G E, Salakhutdinov R R. Reducing the Dimensionality of Data with Neural Networks ［J］. Science, 2006, 313（5786）: 504–507.

［123］Szegedy C, Liu W, Jia Y. Going Deeper with Convolutions ［C］//Proceedings of the IEEE Conference on Computer Vision and Pattern Recognition. 2015: 1–9.

［124］Girshick R, Donahue J, Darrell T. Rich Feature Hierarchies for Accurate Object Detection and Semantic Segmentation ［C］//Proceedings of the IEEE Conference on Computer Vision and Pattern Recognition. 2014: 580–587.

［125］He K, Gkioxari G, Dollár P. Mask R–Cnn ［C］//Proceedings of the IEEE International Conference on Computer Vision. 2017: 2961–2969.

［126］Abdeljaber O, Avci O, Kiranyaz S. Real–time Vibration–based Structural Damage Detection Using One–dimensional Convolutional Neural Networks ［J］. Journal of Sound and Vibration, 2017（388）: 154–170.

［127］Gopalakrishnan K, Khaitan S K, Choudhary A. Deep Convolutional Neural Networks with Transfer Learning for Computer Vision–based Data–driven Pavement Distress Detection ［J］. Construction and Building Materials, 2017（157）: 322–330.

［128］Xu Y, Li S, Zhang D. Identification Framework for Cracks on a Steel Structure Surface By a Restricted Boltzmann Machines Algorithm Based on Consumer-grade Camera Images ［J］. Structural Control and Health Monitoring, 2018, 25（2）: E2075.

［129］Zhang A, Wang K C, Li B. Automated Pixel-level Pavement Crack Detection on 3D Asphalt Surfaces Using a Deep-learning Network ［J］. Computer-aided Civil and Infrastructure Engineering, 2017, 32（10）: 805–819.

［130］Jahanshahi M R, Masri S F, Padgett C W. An innovative Methodology for Detection and

Quantification of Cracks through Incorporation of Depth Perception [J]. Machine Vision and Applications, 2013, 24 (2): 227-241.

[131] Liu Y F, Cho S, Spencer Jr B. Concrete Crack Assessment Using Digital Image Processing and 3D Scene Reconstruction [J]. Journal of Computing in Civil Engineering, 2014, 30 (1): 04014124.

[132] Lu C, Yu J, Leung C K. An Improved Image Processing Method for Assessing Multiple Cracking Development in Strain Hardening Cementitious Composites (Shcc) [J]. Cement and Concrete Composites, 2016 (74): 191-200.

[133] Kim H, Ahn E, Cho S. Comparative Analysis of Image Binarization Methods for Crack Identification in Concrete Structures [J]. Cement and Concrete Research, 2017 (99): 53-61.

[134] Ni F, Zhang J, Chen Z. Pixel-level Crack Delineation in Images with Convolutional Feature Fusion [J]. Structural Control and Health Monitoring, 2019, 26 (1): E2286.

[135] Ni F, Zhang J, Chen Z. Zernike-moment Measurement of Thin-crack Width in Images Enabled By Dual-scale Deep Learning [J]. Computer-aided Civil and Infrastructure Engineering, 2019, 34 (5): 367-384.

[136] Ghosal S, Mehrotra R. Orthogonal Moment Operators for Subpixel Edge Detection [J]. Pattern Recognition, 1993, 26 (2): 295-306.

[137] Yoon H, Shin J, Spencer Jr B F. Structural Displacement Measurement Using an Unmanned Aerial System [J]. Computer-aided Civil and Infrastructure Engineering, 2018, 33 (3): 183-192.

[138] Li R, Liu J, Zhang L. Lidar/Mems Imu integrated Navigation (SLAM) Method for a Small Uav in indoor Environments [C]//2014 Dgon inertial Sensors and Systems (ISS). IEEE, 2014: 1-15.

[139] Sandler M, Howard A, Zhu M. Mobilenetv2: Inverted Residuals and Linear Bottlenecks [C]// Proceedings of the IEEE Conference on Computer Vision and Pattern Recognition. 2018: 4510-4520.

[140] Xue W, Wang D, Wang L. Monitoring the Speed, Configurations, and Weight of Vehicles Using An in-Situ Wireless Sensing Network [J]. IEEE Transactions on Intelligent Transportation Systems, 2014, 16 (4): 1667-1675.

[141] Bhaskar A, Chung E, Dumont A G. Fusing Loop Detector and Probe Vehicle Data to Estimate Travel Time Statistics on Signalized Urban Networks [J]. Computer-aided Civil and Infrastructure Engineering, 2011, 26 (6): 433-450.

[142] Ye Z, Zhang Y. Speed Estimation from Single Loop Data Using an Unscented Particle Filter [J]. Computer-aided Civil and Infrastructure Engineering, 2010, 25 (7): 494-503.

[143] Yu Y, Cai C, Deng L. Vehicle Axle Identification Using Wavelet Analysis of Bridge Global Responses [J]. Journal of Vibration and Control, 2017, 23 (17): 2830-2840.

[144] He W, Deng L, Shi H. Novel Virtual Simply Supported Beam Method for Detecting the Speed and Axles of Moving Vehicles on Bridges [J]. Journal of Bridge Engineering, 2016, 22 (4): 04016141.

[145] Kalhori H, Alamdari M M, Zhu X. Non-intrusive Schemes for Speed and Axle Identification in

Bridge-weigh-in-motion Systems〔J〕. Measurement Science and Technology, 2017, 28（2）: 025102.

［146］Bao T, Babanajad S K, Taylor T. Generalized Method and Monitoring Technique for Shear-strain-based Bridge Weigh-in-motion〔J〕. Journal of Bridge Engineering, 2015, 21（1）: 04015029.

［147］Helmi K, Taylor T, Ansari F. Shear Force-based Method and Application for Real-time Monitoring of Moving Vehicle Weights on Bridges〔J〕. Journal of intelligent Material Systems and Structures, 2015, 26（5）: 505-516.

［148］Zaurin R, Catbas F. Integration of Computer Imaging and Sensor Data for Structural Health Monitoring of Bridges〔J〕. Smart Materials and Structures, 2009, 19（1）: 015019.

［149］Zaurin R, Khuc T, Catbas F N. Hybrid Sensor-camera Monitoring for Damage Detection: Case Study of a Real Bridge〔J〕. Journal of Bridge Engineering, 2016, 21（6）: 05016002.

［150］Khuc T, Catbas F N. Structural Identification Using Computer Vision-based Bridge Health Monitoring〔J〕. Journal of Structural Engineering, 2017, 144（2）: 04017202.

［151］Cha Y J, Choi W, Suh G. Autonomous Structural Visual Inspection Using Region-based Deep Learning for Detecting Multiple Damage Types〔J〕. Computer-Aided Civil and Infrastructure Engineering, 2018, 33（9）: 731-747.

［152］Li R, Yuan Y, Zhang W. Unified Vision-based Methodology for Simultaneous Concrete Defect Detection and Geolocalization〔J〕. Computer-aided Civil and Infrastructure Engineering, 2018, 33（7）: 527-544.

［153］Ren S, He K, Girshick R. Faster R-Cnn: Towards Real-time Object Detection with Region Proposal Networks〔C〕// Advances in Neural Information Processing Systems. 2015: 91-99.

［154］Zhang B, Zhou L, Zhang J. A Methodology for Obtaining Spatiotemporal Information of the Vehicles on Bridges Based on Computer Vision〔J〕. Computer-aided Civil and Infrastructure Engineering, 2019.

［155］Uijlings J R, Van De Sande K E, Gevers T. Selective Search for Object Recognition〔J〕. International Journal of Computer Vision, 2013, 104（2）: 154-171.

［156］Sermanet P, Eigen D, Zhang X. Overfeat: Integrated Recognition, Localization and Detection Using Convolutional Networks〔J〕. Arxiv Preprint Arxiv, 2013: 1312.6229.

［157］He K, Zhang X, Ren S. Spatial Pyramid Pooling in Deep Convolutional Networks for Visual Recognition〔J〕. IEEE Transactions on Pattern Analysis and Machine Intelligence, 2015, 37（9）: 1904-1916.

［158］Girshick R. Fast R-Cnn〔C〕//Proceedings of the IEEE International Conference on Computer Vision. 2015: 1440-1448.

［159］Zitnick C L, Dollár P. Edge Boxes: Locating Object Proposals from Edges〔C〕. European Conference on Computer Vision. Springer, 2014: 391-405.

［160］Russakovsky O, Deng J, Su H. Imagenet Large Scale Visual Recognition Challenge〔J〕. International Journal of Computer Vision, 2015, 115（3）: 211-252.

［161］Zeiler M D, Fergus R. Visualizing and Understanding Convolutional Networks〔C〕// European

Conference on Computer Vision. Springer, 2014：818-833.

[162] Everingham M, Van Gool L, Williams C K. The Pascal Visual Object Classes（voc）Challenge［J］. international Journal of Computer Vision, 2010, 88（2）：303-338.

[163] Luo W, Xing J, Milan A. Multiple Object Tracking：a Literature Review［J］. Arxiv Preprint Arxiv, 2014, 1409.7618.

[164] Barcellos P, Bouvié C, Escouto F L. A Novel Video Based System for Detecting and Counting Vehicles at User-defined Virtual Loops［J］. Expert Systems with Applications, 2015, 42（4）：1845-1856.

[165] Mandellos N A, Keramitsoglou I, Kiranoudis C T. A Background Subtraction Algorithm for Detecting and Tracking Vehicles［J］. Expert Systems with Applications, 2011, 38（3）：1619-1631.

[166] Zhang Z. A Flexible New Technique for Camera Calibration［J］. IEEE Transactions on Pattern Analysis and Machine Intelligence, 2000：22.

[167] Miyagawa I, Arai H, Koike H. Simple Camera Calibration from a Single Image Using Five Points on Two Orthogonal 1-D Objects［J］. IEEE Transactions on Image Processing, 2010, 19（6）：1528-1538.

[168] inman D J, Farrar C R, Junior V L. Damage Prognosis：for Aerospace, Civil and Mechanical Systems ［M］. John Wiley & Sons, 2005.

[169] Sohn H, Farrar C R, Hemez F M. A Review of Structural Health Review of Structural Health Monitoring Literature 1996-2001［R］. Los Alamos National Laboratory, 2002.

[170] Li S, Li H, Liu Y. Smc Structural Health Monitoring Benchmark Problem Using Monitored Data from an Actual Cable-stayed Bridge［J］. Structural Control and Health Monitoring, 2014, 21（2）：156-172.

[171] Xia Q, Cheng Y, Zhang J. In-service Condition Assessment of a Long-span Suspension Bridge Using Temperature-induced Strain Data［J］. Journal of Bridge Engineering, 2016, 22（3）：04016124.

[172] Zhang J, Tian Y, Yang C. Vibration and Deformation Monitoring of a Long-span Rigid-frame Bridge with Distributed Long-gauge Sensors［J］. Journal of Aerospace Engineering, 2016, 30（2）：B4016014.

[173] 许德旺. 基于桥梁监测数据的结构性能三层次评估方法［D］：南京：东南大学，2011.

[174] Edgeworth F Y. Xli. On Discordant Observations［J］. The London, Edinburgh, and Dublin Philosophical Magazine and Journal of Science, 1887, 23（143）：364-375.

[175] Hawkins S, He H, Williams G. Outlier Detection Using Replicator Neural Networks［C］// International Conference on Data Warehousing and Knowledge Discovery. Springer, 2002：170-180.

[176] Malhotra P, Ramakrishnan A, Anand G. Lstm-based Encoder-decoder for Multi-sensor Anomaly Detection［J］. Arxiv Preprint Arxiv, 2016：1607.00148.

[177] Kim C, Lee J, Kim R. Deepnap：Deep Neural Anomaly Pre-Detection in a Semiconductor

Fab [J]. Information Sciences, 2018（457）: 1-11.

[178] Filonov P, Lavrentyev A, Vorontsov A. Multivariate industrial Time Series with Cyber-attack Simulation: Fault Detection Using an Lstm-based Predictive Data Model [J]. Arxiv Preprint Arxiv, 2016, 1612.06676.

[179] Tuor A, Kaplan S, Hutchinson B. Deep Learning for Unsupervised Insider Threat Detection in Structured Cybersecurity Data Streams [C] // Workshops at the Thirty-first Aaai Conference on Artificial Intelligence. 2017.

[180] Donoho D L. Compressed Sensing [J]. IEEE Transactions on Information Theory, 2006, 52（4）: 1289-1306.

[181] Candès E J. Compressive Sampling [C] //Proceedings of the International Congress of Mathematicians. Madrid, Spain, 2006: 1433-1452.

[182] Mallat S G, Zhang Z. Matching Pursuits with Time-frequency Dictionaries [J]. IEEE Transactions on Signal Processing, 1993, 41（12）: 3397-3415.

[183] Tropp J A, Gilbert A C. Signal Recovery from Random Measurements Via Orthogonal Matching Pursuit [J]. IEEE Transactions on Information Theory, 2007, 53（12）: 4655-4666.

[184] Figueiredo M A, Nowak R D, Wright S J. Gradient Projection for Sparse Reconstruction: Application to Compressed Sensing and Other Inverse Problems [J]. IEEE Journal of Selected Topics in Signal Processing, 2007, 1（4）: 586-597.

[185] Wipf D P, Rao B D. Sparse Bayesian Learning for Basis Selection [J]. IEEE Transactions on Signal Processing, 2004, 52（8）: 2153-2164.

[186] Bao Y, Shi Z, Wang X. Compressive Sensing of Wireless Sensors Based on Group Sparse Optimization for Structural Health Monitoring [J]. Structural Health Monitoring, 2018, 17（4）: 823-836.

[187] Bao Y, Li H, Sun X. Compressive Sampling-based Data Loss Recovery for Wireless Sensor Networks Used in Civil Structural Health Monitoring [J]. Structural Health Monitoring, 2013, 12（1）: 78-95.

[188] Sak H, Senior A, Beaufays F. Long Short-term Memory Based Recurrent Neural Network Architectures for Large Vocabulary Speech Recognition [J]. Arxiv Preprint Arxiv, 2014, 1402.1128.

[189] Li X, Wu X. Constructing Long Short-term Memory Based Deep Recurrent Neural Networks for Large Vocabulary Speech Recognition [C] // 2015 IEEE international Conference on Acoustics, Speech and Signal Processing（Icassp）. IEEE, 2015: 4520-4524.

[190] Graves A, Jaitly N. Towards End-to-end Speech Recognition with Recurrent Neural Networks [C] //International Conference on Machine Learning. 2014: 1764-1772.

[191] Liu S, Yang N, Li M. A Recursive Recurrent Neural Network for Statistical Machine Translation [C] // Proceedings of the 52nd Annual Meeting of the Association for Computational Linguistics （Volume 1: Long Papers）. 2014: 1491-1500.

[192] Sutskever I, Vinyals O, Le Q V. Sequence to Sequence Learning with Neural Networks [C] //

Advances in Neural Information Processing Systems. 2014: 3104–3112.

[193] Karpathy A, Fei-Fei L. Deep Visual-semantic Alignments for Generating Image Descriptions [C] // Proceedings of The IEEE Conference on Computer Vision and Pattern Recognition. 2015: 3128–3137.

[194] Jarrett K, Kavukcuoglu K, Lecun Y. 2009. What is the Best Multi-stage Architecture for Object Recognition? [C] // 2009 IEEE 12th international Conference on Computer Vision. IEEE: 2146–2153.

[195] Ioffe S, Szegedy C. Batch Normalization: Accelerating Deep Network Training by Reducing Internal Covariate Shift [J]. Arxiv Preprint Arxiv, 2015, 1502.03167.

[196] Kingma D P, Ba J. Adam: a Method for Stochastic Optimization [J]. Arxiv Preprint Arxiv, 2014, 1412.6980.

[197] Tian Y, Zhang J, Xia Q. Flexibility Identification and Deflection Prediction of a Three-span Concrete Box Girder Bridge Using Impacting Test Data [J]. Engineering Structures, 2017 (146): 158–169.

[198] Ko J, Sun Z, Ni Y. Multi-stage Identification Scheme for Detecting Damage in Cable-stayed Kap Shui Mun Bridge [J]. Engineering Structures, 2002, 24 (7): 857–868.

[199] Conte J P, He X, Moaveni B. Dynamic Testing of Alfred Zampa Memorial Bridge [J]. Journal of Structural Engineering, 2008, 134 (6): 1006–1015.

[200] Casciati F. An Overview of Structural Health Monitoring Expertise within the European Union [J]. Structural Health Monitoring and Intelligent Infrastructure, 2003: 31–37.

[201] Zhang J, Yan R, Yang C. Structural Modal Identification through Ensemble Empirical Modal Decomposition [J]. Smart Structures and Systems, 2013, 11 (1): 123–134.

[202] Measures R M. Structural Monitoring with Fiber Optic Technology [M]. Academic, 2001.

[203] Glisic B, Inaudi D. Fibre Optic Methods for Structural Health Monitoring [M]. John Wiley & Sons, 2008.

[204] Uchimura Y, Nasu T, Takahashi M. Time Synchronized Wireless Sensor Network for Vibration Measurement [J]. Sice Journal of Control, Measurement, and System Integration, 2008, 1 (6): 460–466.

[205] Daqing Z, Shunren H, Shuang L. Displacement Measurement Method Using Microwave Phase Radar with Active Transponder for Large Buildings [J]. Chinese Journal of Scientific instrument, 2018.

[206] Chan W S, Xu Y L, Ding X L. Assessment of Dynamic Measurement Accuracy of Gps in Three Directions [J]. Journal of Surveying Engineering, 2006, 132 (3): 108–117.

[207] Nassif H H, Gindy M, Davis J. Comparison of Laser Doppler Vibrometer with Contact Sensors for Monitoring Bridge Deflection and Vibration [J]. Ndt & E international, 2005, 38 (3): 213–218.

[208] Gentile C. Deflection Measurement on Vibrating Stay Cables by Non-Contact Microwave Interferometer [J]. Ndt & E international, 2010, 43 (3): 231–240.

[209] Oliver J, Kosmatka J. Evaluation of the Hilbert–huang Transform for Modal–Based Structural Health Monitoring Applications [C] //Nondestructive Evaluation and Health Monitoring of Aerospace Materials, Composites, and Civil Infrastructure Iv. International Society for Optics and Photonics, 2005: 274–286.

[210] Hamdi S E, Le Duff A, Simon L. Acoustic Emission Pattern Recognition Approach Based on Hilbert–huang Transform for Structural Health Monitoring in Polymer–composite Materials [J]. Applied Acoustics, 2013, 74 (5): 746–757.

[211] Ibrahim S. Random Decrement Technique for Modal Identification of Structures [J]. Journal of Spacecraft and Rockets, 1977, 14 (11): 696–700.

[212] James G, Carne T G, Lauffer J P. The Natural Excitation Technique (Next) for Modal Parameter Extraction from Operating Structures [J]. Modal Analysis–the International Journal of Analytical and Experimental Modal Analysis, 1995, 10 (4): 260.

[213] Parloo E, Verboven P, Guillaume P. Sensitivity–based Operational Mode Shape Normalisation [J]. Mechanical Systems and Signal Processing, 2002, 16 (5): 757–767.

[214] Bernal D. Modal Scaling from Known Mass Perturbations [J]. Journal of Engineering Mechanics, 2004, 130 (9): 1083–1088.

[215] Lopez–Aenlle M, Brincker R, Pelayo F. On Exact and Approximated Formulations for Scaling–mode Shapes in Operational Modal Analysis by Mass and Stiffness Change [J]. Journal of Sound and Vibration, 2012, 331 (3): 622–637.

[216] Au S K. Fast Bayesian Fft Method for Ambient Modal Identification with Separated Modes [J]. Journal of Engineering Mechanics, 2011, 137 (3): 214–226.

[217] Yuen K V, Katafygiotis L S. Bayesian Fast Fourier Transform Approach for Modal Updating Using Ambient Data [J]. Advances in Structural Engineering, 2003, 6 (2): 81–95.

[218] Askegaard V. Long Term Observation of RC–bridge Using Changes in Natural Frequency [J]. Nordic Concrete Research, 1988 (7): 20–27.

[219] Wood M G. Damage Analysis of Bridge Structures Using Vibrational Techniques [D]. Birmingham: University of Aston, 1992.

[220] Moorty S, Roeder C W. Temperature–dependent Bridge Movements [J]. Journal of Structural Engineering, 1992, 118 (4): 1090–1105.

[221] Farrar C R, Baker W, Bell T. Dynamic Characterization and Damage Detection in the I–40 Bridge Over the Rio Grande [R]. Los Alamos National Lab., Nm (United States) , 1994.

[222] Froli M, Hariga N, Nati G. Longitudinal Thermal Behaviour of a Concrete Box Girder Bridge [J]. Structural Engineering International, 1996, 6 (4): 237–242.

[223] Rohrmann R G, B Sler M, Said S, Et Al. Structural Causes of Temperature Affected Modal Data of Civil Structures Obtained by Long Time Monitoring [C]. Proc. SPIE Vol. 4062, Proceedings of IMAC–XVII: a Conference on Structural Dynamics: 1. 2000.

[224] Helmicki A, Hunt V, Shell M. Multidimensional Performance Monitoring of a Recently Constructed Steel–stringer Bridge [C] //Proceedings of the 2nd International Workshop on

Structural Health Monitoring. 1999：408-416.

［225］Barsotti R, Froli M. Statistical Analysis of Thermal Actions on a Concrete Segmental Box-girder Bridge［J］. Structural Engineering International, 2000, 10（2）: 111-116.

［226］Zhao J, Dewolf J T. Dynamic Monitoring of Steel Girder Highway Bridge［J］. Journal of Bridge Engineering, 2002, 7（6）: 350-356.

［227］樊可清，倪一清，高赞明. 大跨度桥梁模态频率识别中的温度影响研究［J］. 中国公路学报，2006，19（2）：67-73.

［228］Mondal P, Dewolf J T. Development of Computer-based System for the Temperature Monitoring of A Post-tensioned Segmental Concrete Box-girder Bridge［J］. Computer-aided Civil and Infrastructure Engineering, 2007, 22（1）: 65-77.

［229］Xu Y, Chen B, Ng C. Monitoring Temperature Effect on a Long Suspension Bridge［J］. Structural Control and Health Monitoring, 2010, 17（6）: 632-653.

［230］Moser P, Moaveni B. Environmental Effects on the Identified Natural Frequencies of the Dowling Hall Footbridge［J］. Mechanical Systems and Signal Processing, 2011, 25（7）: 2336-2357.

［231］Xia Y, Chen B, Weng S. Temperature Effect on Vibration Properties of Civil Structures：a Literature Review and Case Studies［J］. Journal of Civil Structural Health Monitoring, 2012, 2（1）: 29-46.

［232］Chen L, Qian Z, Wang J. Multiscale Numerical Modeling of Steel Bridge Deck Pavements Considering Vehicle-pavement interaction［J］. International Journal of Geomechanics, 2015, 16（1）: B4015002.

［233］Nie J G, Zhou M, Wang Y H. Cable Anchorage System Modeling Methods for Self-anchored Suspension Bridges with Steel Box Girders［J］. Journal of Bridge Engineering, 2013, 19（2）: 172-185.

［234］Wang F Y, Xu Y L, Sun B. Updating Multiscale Model of a Long-span Cable-stayed Bridge［J］. Journal of Bridge Engineering, 2017, 23（3）: 04017148.

［235］Li H, Ou J. The State of the Art in Structural Health Monitoring of Cable-stayed Bridges［J］. Journal of Civil Structural Health Monitoring, 2016, 6（1）: 43-67.

［236］Zhu Q, Xu Y, Xiao X. Multiscale Modeling and Model Updating of a Cable-stayed Bridge. I：Modeling and Influence Line Analysis［J］. Journal of Bridge Engineering, 2014, 20（10）: 04014112.

［237］Jiang S, Zhang J. Real-time crack assessment using deep neural networks with wall-climbing unmanned aerial system［J］. Computer Aided Civil and Infrastructure Engineering, 2019：1-16.